YING FA JIN DAI SHI

英法近代史

王铭 著

辽宁大学出版社

ⓒ王铭　2007

图书在版编目（CIP）数据

英法近代史/王铭著. 一沈阳：辽宁大学出版社，2007.6
ISBN 978-7-5610-5380-5

Ⅰ.英… Ⅱ.王… Ⅲ.①近代史－研究－英国②近代史－研究－法国　Ⅳ.K561.407　K565.407

中国版本图书馆 CIP 数据核字（2007）第 071526 号

责任编辑：窦重山　　　　　封面设计：邹本忠
责任校对：齐　悦

辽　宁　大　学　出　版　社
地址：沈阳市皇姑区崇山中路 66 号　　　邮政编码：110036
联系电话：024－86864613　网址：http://press.lnu.edu.cn
电子邮件：lnupress@vip.163.com
辽宁省印刷技术研究所印刷　　　辽宁大学出版社发行

幅面尺寸：148mm×210mm　　　　　印张：14.125
字数：360 千字

2007 年 6 月第 1 版　　　　2007 年 6 月第 1 次印刷
印数：1～2000 册
书号：ISBN 978-7-5610-5380-5　　　定价：30.00 元

序 言

　　《英法近代史》一书是王铭教授在其原《英法
近代史》（辽宁大学出版社，1998年版）的基础上
修改而成的。已故的我国著名世界历史学家王荣
堂先生曾为原《英法近代史》作序，说明该书是
一部"内容丰富、史料翔实、观点新颖、思路开
阔、通俗易懂的英法近代历史专著"。然而近些年
来，作者对议会制度、工业革命、文官制度、城
市化等一系列具有重要现实意义的问题又做了新
的探讨，决定对原书进行修改，使之适应当前我
国现代化的需要。

　　自近代以来，英国与法国一直被视为世界性
强国，在工业化、现代化进程中留下了许多经验
教训，产生了深远影响。

　　英国在16世纪时只是一个蕞尔小国，领土只
包括英格兰和威尔士，人口不超过500万人，但
在女王伊丽莎白一世的统治下开始崛起，国力日
益强大，国际地位迅速提高。17世纪时，英国发
生了资产阶级革命，虽然最后确立的不是资产阶
级共和国而是立宪君主制，但作者认为它确实是
当时世界上最先进、最民主的政治制度。指出，

1

它与其经济基础、阶级关系是相适应的，并由于 1689 年《权利法案》的颁布，确立了议会高于王权、司法独立于王权的政治原则，因而使议会成为最高权威。作者并对英国议会的产生、发展作了详细的介绍和深入的分析，使读者对英国的议会制度、责任内阁制有一个明晰的了解。

立宪君主制的确立为英国经济的迅速发展和工业革命的起飞创造了良好的政治条件和强有力的保障。作者指出，英国是世界上最早发生和完成工业革命的国家，其产生的影响是巨大而深远的。为此，作者深刻地阐述了英国工业革命的起因，指出从 1688 年到 18 世纪中期，英国的社会经济、政治制度、科学文化经历的深刻变化，导致英国首先开始了工业革命。

到 19 世纪 40 年代，英国完成了工业革命。50～60 年代，经济飞跃发展，工业在世界上居于垄断地位，英国成为"世界工厂"。随着工业革命的完成和经济高涨，英国的政治生活也发生了巨大变化，特别是资产阶级政治制度包括政府制度、政党制度、选举制度、文官制度等等，都得到重大发展。书中对英国的两党制与文官制度的演变作了专门的阐述，旨在使读者对资产阶级的政党政治、资产阶级对国家的管理有一个基本的了解。

英国是世界上长期实行两党制的国家，在几百年的时间里，基本上都是由两个最强大的政党轮流执政。但是，关于其两党制形成于何时，却众说纷纭，莫衷一是。本书作者主要从英国的两党制的阶级实质，两党制与立宪君主制、议会制、责任内阁制的相互关系上来考察并加以阐述的。作者认为，英国的两党制是一种典型的资本主义国家

2

的统治方式，是英国立宪君主制和政党政治充分发展的产物。而政党政治又离不开议会制、内阁制，因此，英国的两党制有一个较长时期的形成过程，作者对近代历史时期的保守党与自由党两党轮流执政时所推行的政策，特别是实施的许多改革均予以详细介绍和深入分析，加深了人们对于社会改革所起的重大作用的了解和认识，达到了以史为鉴的目的。

英国也是最早建立文官制度的西方国家。为了使读者对英国文官（公务员、文职服务人员）的任用、管理、权责、待遇等有一个全面完整的了解，作者不仅对近代英国文官制度的形成、演进作了阐述，而且对现行英国文官制度的内容、特点做了较为详细的论述，最后并介绍了其对西方各国产生的影响。

近代英国是殖民地遍及世界的国家，号称"日不落帝国"。作者通过大量史实，全面系统地阐述了从 17 世纪到 19 世纪三百年间英国争夺海上霸权和扩张殖民地的过程，强调指出大英帝国是在不断侵略扩张、剥削掠夺殖民地的基础上发展起来的，使读者了解英国的崛起与掠夺殖民地也是分不开的。然而到了 19 世纪晚期，英国逐渐失去了世界上第一工业强国的地位，而德国、美国却后来居上。作者深刻地分析了英国丧失工业优势的原因，指出关键因素在于英国的工业设备陈旧了，科技落后了。这说明即使拥有海外庞大的殖民地，可以容易地获取巨大资源和财富，但大国之间力量的消长的因素，主要还是工业和科技。

"法国是欧洲的天然大国"，在世界近代历史时期，法国也是典型的资本主义大国。法国的发展道路也独具特

3

色，与英国相比，有许多截然不同之处。作者在书中首先
着重论述了法国大革命与拿破仑帝国，特别是对于法国启
蒙运动思想家倡导的天赋人权、人民主权、自由、平等、
博爱等先进思想作了细致的分析，指出他们的理论和学说
不仅对法国大革命起了重大作用，而且对当时其他国家的
资产阶级革命的影响也不同寻常。

　　从 1789 年大革命到 1879 年法国共和制最终确立，法
国在君主制与共和制之间交替更迭，革命与战争接连不
断，社会长期动荡不宁。作者认为，法国政体之所以出现
多次反复，有两大方面的原因：一是法国本身固有的原
因，即封建专制主义传统根深蒂固，封建势力极其顽固；
资本主义经济基础薄弱，资产阶级力量不够强大；大革命
虽然摧毁了封建土地所有制，形成了大量小土地所有制，
但大量小农思想观念保守，摇摆于帝制与共和之间。二是
欧洲反动势力不断干涉。

　　史学界最新研究成果表明：尽管法国政局长期动荡不
稳，但整个 19 世纪法国经济还是不断向前发展的；尽管
法国工业革命没有"起飞"阶段，且较英国发展缓慢，但
到 19 世纪末 20 世纪初，法国已是世界工业强国之一。本
书作者充分吸取了这些研究成果，并对每个时期法国经济
的发展变化加以分析，找出其原因。

　　作者对法兰西第一帝国、第二帝国着墨较多，主要总结
其内外政策之得失。其中，对拿破仑的民法法典的进步作用
予以充分的肯定，对拿破仑三世的经济政策也予以充分介绍
和肯定。而正是在第二帝国时期法国完成了工业革命。

　　伴随工业化的进程，19 世纪上半期英国的城市化进程也

开始了。城市化是农村人口向城市转移、城市在国家经济、政治生活中的作用不断强化的过程,也是一个国家由乡村社会向现代化城市社会的演变过程。作者吸收了国内外史学界最新研究成果,着重论述了英国工业化时期英国城市化的原因与特点,并从整体上对第二次技术革命做了详细阐述。

　　总之,本书的内容,主要有三个特色。第一,对英法近代史中的某些重要问题,如英国工业革命及其社会后果、英国工业世界霸权的确立及其衰落、英国议会制度的产生和演进过程、英国文官制度的建立和对西方各国的影响、法国大革命的历史意义、法国启蒙思想家的历史地位、法国革命后复辟和反复辟的长期而又复杂的斗争以及法国的工业革命和技术革命等,均进行了具体而又深入的分析,并做出了恰如其分的历史结论。第二,在第三篇中,对工业化时代的近代城市、工业化时代的现代城市、第二次技术革命、19世纪70年代至20世纪初自然科学的新成就等四个问题写得十分简明、具体而又生动,给世界近代史增添了新的内容。第三,在历史附录中,对近代英国历届首相序列表、近代英国王室序列表、拿破仑的家庭成员、拿破仑任命的二十六位元帅等,译述颇为准确,有一定的参考价值,并会引起读者巨大兴趣。全书内容丰富,史料确凿,论述深刻,见解精辟。从这里可以看出,作者理论基础坚实,业务功底深厚,能够进行艰深的科学探索,从事高层次的科学研究。我作为本书的第一读者,非常希望此书能够早日与广大读者见面。

刘文英

2007年5月8日

目录
CONTENTS

1

目录
CONTENTS

目录
CONTENTS

绪论　西欧资本主义的产生

（一）资本主义关系的形成

资本主义生产方式是在封建社会内部孕育并成长起来的。早在14世纪，由于生产力的提高商品经济的发展和社会分工的扩大，意大利的一些城市就出现了资本主义萌芽，譬如北部的佛罗伦萨的呢绒业已拥有200多家手工工场，威尼斯的丝织业、玻璃制造业和造船业中也出现了手工工场。继意大利之后，在法国南部、莱茵河畔、德意志境内的一些城镇中，也出现了资本主义关系。到16世纪，资本主义手工工场已经在西欧许多国家中普遍出现。最初，多数是以简单协作为基础的分散的手工工场。随着生产的发展，集中的手工工场逐渐代替了分散的手工工场，并成为工业生产中的基本形式。

在15世纪与16世纪之交，由于商品生产的发展，农业中也出现了资本主义生产方式。农业中的资本主义萌芽最早出现于英国、尼德兰和法国的部分地区。一部分封建主为了增加收入，开始把土地从农民手中剥夺过来，按资本主义方式经营。一些富裕的农民也雇佣少地或无地的农民，从事小规模的资本主义农业生产。总之，进入16世纪，西欧许多国家的自然经济逐渐解体，国内外市场日益扩大，资本主义生产方式在封建社会内部成长起来了。

然而，资本主义生产的发展必须有大量的资本和雇佣劳动者，因而便出现了充满血腥和暴力的资本原始积累过程。

殖民掠夺是资本原始积累的主要手段之一，它始于新航路的开辟和美洲大陆的发现。从15世纪末到16世纪末，西、葡、荷、

1

英、法等国，通过海盗式的通商掠夺、奴隶贸易、对美洲金银矿的开采，获得惊人的财富，为资本主义的发展提供了巨额的资本。殖民掠夺还为资本主义的发展提供了廉价的劳动力、原料和广阔的市场。

在本国，资本原始积累通过发行国债、税收和剥夺农民的土地等方式来实现，而对农民土地的剥夺则是原始积累全部过程的基础，它在英国表现为圈地运动。马克思指出，圈地运动一方面使作为生产资料的土地转化为资本，另一方面使大量农民破产，转化为出卖廉价劳动力的雇佣工人。资本原始积累促进了封建生产方式向资本主义生产方式的转化。

阶级关系的变化，15世纪末至16世纪初，随着资本主义生产方式的出现和资本原始积累的进行，西欧社会阶级关系也发生了深刻的变化。

首先，新的生产关系的代表——资产阶级形成了。早期的资产阶级主要由手工工场主、大商人等构成，他们在资本主义商品生产日益得到发展的情况下，经济实力不断壮大，并且开始要求政治上的权力，摆脱封建制度的束缚，以便自由地发展资本主义。他们最初支持和依靠王权，希望通过王权的力量消除封建割据，建立中央集权的统一的民族国家，以利于资本主义的发展。后来，当专制制度成为资本主义进一步发展的障碍时，资产阶级才由支持王权转向抵制和反对它了。

在资产阶级不断壮大的同时，工业无产阶级的前身——手工工场的雇佣工人的队伍也不断壮大，同资产阶级的矛盾也发展起来。但在这时，他们主要是同资产阶级以及城乡其他劳动群众一道，共同进行反封建的斗争。

在商品经济的冲击下，封建贵族的地位开始发生变化，封建等级制度摇摇欲坠。在西欧许多国家，封建贵族尽管在政治、经济上仍拥有种种特权，但在商品经济和"价格革命"冲击下，经济地位日趋下降。他们为了维持其统治地位并满足自己的奢侈生活的需要，不断地加重对广大农民的剥削、压榨，从而引起农民更加激烈的反抗。在英、荷等国，已从封建贵族中分化出一部分资产阶级化的新贵族，这些新贵族既有较强的经济力量又有较高的政治地位，成为未来的资产阶级革命的领导力量之一。

维护封建专制统治的天主教会势力也受到沉重打击和削弱。15～16世纪发生于西欧的"文艺复兴"和16世纪的宗教改革运动，动摇了天主教会的神权统治，使之再也难以维持其长期以来为所欲为的统治地位。

综上所述，可以清楚地看到，进入16世纪时，西欧的社会关系已发生巨大变化，资本主义关系已经形成，西欧正在从封建主义向资本主义过渡。

（二）文艺复兴、宗教改革与尼德兰革命

文艺复兴运动　文艺复兴运动发源于14世纪的意大利，15世纪中期以后迅速扩张到法国、德国、瑞士、尼德兰、西班牙和英国，16世纪达到高潮。

文艺复兴运动是新兴的资产阶级反对天主教会、封建主义的文化革新运动和思想解放运动。当时，资产阶级刚刚形成，尚无力直接进行推翻封建制度的斗争，但为了反对封建制度维护本身的利益，他们首先在意识形态领域里展开了斗争，矛头直指封建制度的精神支柱天主教会。文艺复兴运动是在"复兴"希腊、罗马古典文化的旗帜下，从文学、艺术、哲学、科学、教育和政治思想等各个领域，向天主教会宣战，批判宗教神学世界观，宣扬新的资产阶级世界观和政治主张。这些观点和主张被称为"人文主义"或"人道主义"。由此可见，人文主义乃是同封建神学世界观和思想体系相对立的资产阶级世界观及其思想体系。倡导人文主义的思想家被称为人文主义者。

人文主义者以人为中心，赞美人性。他们认为人有理性，有崇

高的品质和无穷的智慧，是现实生活的主宰，因而要求尊重人，重
视人的价值。人文主义者倡导个性解放，强调"个人自由"、"个人
幸福"，反对封建等级制度，反对禁欲主义。他们认为人的现世幸
福高于一切，人人可以发财致富。人文主义者提倡理性，反对蒙昧
主义。他们嘲笑天主教士的愚昧无知，痛斥教会的烦琐哲学和神秘
主义，倡导科学知识，探索自然，提出"知识就是力量"的至理名
言。

　　文艺复兴运动强有力地动摇了教会的神学权威和精神统治，促
进了宗教改革运动的发生。它标志着封建文化的没落与资产阶级文
化的诞生。

　　宗教改革运动　　在文艺复兴运动的推动下，西方资产阶级又掀
起了另一场反封建反教会的斗争，即宗教改革运动。宗教改革首先
在罗马教廷掠夺和奴役最严重的德意志展开，随后迅速扩展到欧洲
各国。

　　16 世纪初，贪婪、腐败的罗马教廷乘德国政治分裂、皇权软
弱无力之机，大肆榨取德国的财物，激起民族义愤，在尖锐复杂的
社会矛盾中，罗马天主教会成为众矢之的。1517 年，德国维滕堡
大学神学教授马丁·路德（1483～1546 年）首先发难，公布了斥
责罗马教皇的《九十五条论纲》，从而引发了轰轰烈烈的宗教改革
运动。

　　马丁·路德主张建立不受教皇控制的德意志帝国的教会、简化
宗教仪式等。但是，随着宗教改革运动的深入，路德走上与封建诸
侯妥协的道路。继马丁·路德后，让·加尔文（1509～1564 年）
进而举起宗教改革的旗帜，在瑞士日内瓦创立了加尔文教，并把日
内瓦变成了一个政教合一的神权共和国。加尔文教主张"信仰得
救"，反对教阶制，要求廉价教会，并按照民主共和原则管理教会。
加尔文教在英国、法国、德国的西部和尼德兰等地，得到迅速传
播。

　　宗教改革运动在西欧产生了巨大影响。在宗教改革运动的推动

下，人们要求反对封建社会制度，建立一个消灭私有制、没有剥削、人人平等的天国，日益深入人心。可见，宗教改革不仅为早期资产阶级革命提供了思想武器，而且为资产阶级夺取政权开辟了道路。

1566～1609年尼德兰爆发的资产阶级革命，是首次资产阶级夺取政权的尝试。这次革命以资产阶级的胜利而告终。

16世纪中期，尼德兰已经成为欧洲资本主义经济较发达的地区之一。尼德兰北方各省城市的毛织业、麻织业、造船业已经相当发达。南方各省的冶金业、制糖业等行业的手工工场，也广泛地发展起来。可是，当时的尼德兰是西班牙的殖民地。西班牙对尼德兰推行专制政策，实行军事占领，残酷地迫害新教徒。在经济上，由于残酷的勒索、掠夺和颁布各种限制的法令，严重地阻碍了尼德兰资本主义经济的发展。这就使阶级矛盾和民族矛盾急剧尖锐化，革命成为不可避免。

16世纪五六十年代，尼德兰各革命阶层的反抗情绪日益增长。尼德兰资产阶级和贵族在城市工人、手工业者和广大农民的推动下，举起加尔文教的旗帜，于1566年首先在南方工业区掀起了资产阶级革命。经过长期的激烈斗争，终于取得了胜利。1581年，北方七省三级会议正式宣布废黜菲力浦二世的统治，成立"联省共和国"。联省共和国中以荷兰省为最大和最富，所以又称荷兰共和国。荷兰共和国是商业资产阶级和贵族联盟的寡头统治。

尼德兰资产阶级革命的胜利，为资产阶级发展开辟了道路。到17世纪初，荷兰的工场手工业、商业和海运业都得到迅速发展，造船业居于世界之首。商业资本的发达，国内外贸易事业的繁荣，使阿姆斯特丹成为当时国际的贸易中心。革命胜利后，荷兰开始向外扩张，逐渐地成为一个殖民强国和海上霸主。

但是，尼德兰资产阶级革命很不彻底，国内封建势力还相当强大，共和国的每个省份依然各自为政，政权掌握在富商和贵族寡头之手。国家的最高权力，属于各省教士、贵族和资产阶级代表组成

的三级会议。常设行政机关是国务会议，由 12 名委员组成，它的
首脑由奥兰治家族世袭。国务会议操纵在封建贵族手中。革命胜利
后，等级制度仍然存在，资产阶级在政治上仍受到很大限制。在经
济上，传统的呢绒业、麻织业享有盛名，造船业居世界首位，转口
贸易极为发达。农村中的封建势力严重存在。在思想方面，封建教
会势力还相当强大，资产阶级和封建贵族普遍信奉宗教，各教派之
间的斗争十分激烈。

可见，尼德兰革命是反对西班牙统治、争取民族独立的战争，
是一次地方性较强的民族革命。

到了 17 世纪末，荷兰发展的速度慢了下来，逐渐失去了海上
霸主地位，大英帝国雄起了。

第一篇

英 国 称 雄

一、17世纪英国资产阶级革命

（一）资产阶级革命前夕的英国社会概况

资本主义在封建社会内的成长

今天的英国是由英格兰、威尔士、苏格兰和北爱尔兰组成。但是，17世纪初英国领土只包括英格兰和威尔士。

17世纪初英国基本上是一个农业国家，农民在全国人口550万中占410万人。城市也不多，伦敦是最大的城市，人口有20多万人，其他城市最多2万人。

英国社会发展的最大特点就是资本主义经济深入农村。在15世纪末新航路开辟之后，海外贸易的扩大加速了英国工业的迅速发展。16世纪，英国出现了毛织工场，当时虽然多半是分散的手工工场，但它标志着英国资本主义生产关系的萌芽。到16世纪中叶，英国羊毛织品的输出占全部输出的80％；到17世纪初，毛织业逐渐遍及全国。与此同时，采煤、制铁、玻璃和造船等工业，也开始迅速地发展起来。这些工业多半雇用数百甚至数千工人，已属于集中的手工工场。

16世纪末，英国组织了许多海外贸易垄断公司，其中最大的是1600年建立的东印度公司（East India Company）。英国的海外贸易就是通过这些海外贸易公司劫掠海外财富，加速了国内资本主义的发展。到17世纪初，英国已有一些集中的手工工场，至于分散的手工工场则更为普遍。这一切表明，英国资本主义经济已经在封建社会内成长起来了。

英国的资本主义经济所以发展得这样早，有其特定的历史背景。14 世纪，英国就已废除农奴制，农民获得了人身自由，但是绝大多数农民没有耕地，必须租种地主的土地，向地主交纳封建地租和担负封建劳役。革命前，英国的自耕农占农民中的大多数。英国自耕农分为自由持有农（Freeholder）与公簿持有农（Copyholder）两种类型。前者可以自由支配土地，仅向地主交纳为数不多的贡赋，还享有某些政治权利；后者是由过去的农奴转化而来，对地主的依附关系较重，除了向地主交纳固定地租外，还须负担其他封建义务，例如，继承份地或份地转手时，继承人或土地使用者必须向地主交纳一定的贡赋。在农民中，公簿持有农人数最多，没有政治权利。此外，还有富裕农民，这是农民中的上层。他们对地主只交纳为数极少的代役地租，能雇用农民工人。农民中的下层是贫农与雇农。贫农的主要财产是茅舍，贫农又称"茅舍人"。雇农是丧失土地的农民，受雇于农场主和富农。在英国农村中，直到革命前，封建主还保有对农民尤其是对公簿持有农的行政和审判的权力。在农村中，农民的份地与乡绅贵族的土地交错在一起。除了耕地外，还有牧场、荒地、森林和沼泽。这些都是农村的公有财产，农民可以利用它们经营副业，尤其是贫农多半以此维持生活。此外，不列颠群岛气候温和，雨水充沛，水草丰盛，适于畜牧和养羊。英国农民几乎每户都以养羊为副业，为国内外呢绒工业提供羊毛原料，尤其是羊毛输出到毛织工业较发达的荷兰的佛兰德尔。英国农村很早就同国内外市场发生了联系。

圈地（Enclosure）就是地主强制用栅栏、篱笆等把农民的土地连成一片，驱逐居住其上的农民，放牧羊群，生产出售羊毛获利。15 世纪末，新航路发现之后，荷兰的佛兰德尔的毛织工业获得飞跃发展，羊毛价格昂贵，养羊有利可图；新航路发现后，英国也发生过"价格革命"，造成货币贬值，物价上涨，地租的实际收入顿减。这便使英国地主开始改变土地经营方式。最初他们强占公有地，尔后便驱逐佃农，把耕地变成牧场，其中公簿持有农受害最大。失掉土地的农民不是变为雇佣劳动者，就是沦为乞丐或流浪者。此外，16世纪亨利八世在宗教改革过程中，没收了576所修道院的土地，这些被没收的土地几乎占全国耕地总面积的1/6。国王将这些土地赐给宠臣、贵族或卖给大商人。有些得到土地的贵族又转手廉价售给商人，使许多商人变成了新地主。他们在土地上经营农场，驱逐佃农，不断扩大圈地。17世纪初，随着工商业的发展，城市人口增多，粮食、燃料和各种农产品价格上涨，于是地主的圈地不仅用以经营牧场，而且还大量经营农场。因此，在农业上开始使用人造肥料和播种机，并改善了轮种制，从而开始了农业生产的变革。16世纪到17世纪初，由于资本主义深入农村，旧贵族不断地分化，出现了一批资产阶级化的贵族，即所谓新贵族（Gentry）。这些新贵族有的兼营商业，有的经营牧场或农场，有的成为获得土地变成地主的富商和金融家。这些新贵族虽然都是土地贵族，但是他们不再依靠封建方式进行剥削，而是用资本主义方式经营牧场或农场，获得利润。形式上他们还有贵族头衔或特权，实质上他们反映的生产关系已发生了很大的变化。这些新贵族在经济上和资产阶级有共同利益，在政治上是资产阶级的代理人，在革命中自然便成为资产阶级的同盟者。值得注意的是，新贵族的经济势力当时比资产阶级强大得多，社会地位也比资产阶级高，所以他们在革命的联盟中居于主导地位。这些新贵族多半住在英国东部和南部城市附近的农村里，因为那些地区的圈地运动最为激烈。至于西部与北部仍是封建贵族占统治地区。他们多半依靠封建剥削，也极力地维护封建制度，成为封建专制统治的社会基础。

到17世纪初，英国新贵族和资产阶级的经济实力已经强大。他们迫切希望发展资本主义生产，极力要求改变封建的生产关系，强烈地反抗封建专制统治。那时，巩固与维护封建经济基础的上层建筑，除了封建专制政治制度外，还有宗教。

清教运动

英国在历史上一直信奉天主教，1530年英国王权对罗马教廷的特权无法容忍，同时需要取得教会的土地财产充实自己的经济力量，于是亨利八世以妻子卡特琳没生男孩为理由要求离婚，在遭到教皇拒绝后，亨利八世开始实行宗教改革，宣布英国教会与罗马天主教廷断绝关系，由英王任英国教会的首脑，英国宗教改称国教（Anglicanism）。英国国教教义有所革新，但仍保留了很多天主教的痕迹。于是 1560 年又出现了要求革新英国国教教会的清教运动。

英国的清教实质是加尔文教（Calvin），它是基督教中的一个激进教派。清教主张廉洁教会，不要和国王及政府有牵连，教徒生活简朴，提倡发财致富，把从事工商业活动视为神圣的使命。它认为每个教徒的心都可以同上帝相通，不必通过神父，认为在权威、法律面前人人平等；它主张教会机构民主化，废除主教，以选出的上层教徒治理教会。清教教义曲折地反映了新兴资产阶级的要求，是资产阶级和新贵族反对封建制度的思想武器。英国资产阶级革命时期，清教内部分成两派：一派是长老会派（Presbyterians）主张教会由长老管理，中央成立由长老组成的教长会议。这一派较为保守，其社会基础是大资产阶级和上层新贵族。另一派是独立派，主张每个教区应当独立，由教徒共同管理教会，这一派反映了中小资产阶级和新贵族的利益。这两派由于代表的阶级利益不同，他们在革命中展开了内部斗争。

当时在英国信仰清教的，不仅有资产阶级与新贵族，还有手工业者、工人、平民和农民。资产阶级与新贵族以清教为思想武器，号召并组织群众，借助群众的革命力量进行革命，以便达到他们反封建的政治目的。

都铎王朝的专制统治

1455—1485 年英国的约克家族和兰开斯特家族两大贵族家族之间展开了一场封建贵族内战——玫瑰战争，结果兰开斯特家族获胜。在这场内战中封建贵族相互残杀，力量几乎消耗殆尽。战争结束后，世袭的封建贵族所剩无几，封建统治基础极度削弱。随后开始的都铎王朝（1485～1603 年）亨利八世在位期间（1509～1547年），起用托马斯·克伦威尔进行政府机构改革。国家的财政管理机构从王室分出，设立 6 个财政法庭分管多种税收，降低了御玺处的地位，提高首席大臣官署的地位，把非正式的政务会内部核心组织发展为枢密院，并确定了枢密院对首席国务大臣的隶属关系。在行政机构改革的同时，都铎王朝吸收非贵族土地所有者和新兴工商业者进入国家掌权集团，扩大了统治集团的社会构成，以巩固都铎王朝的统治。都铎王朝把发展工商业确定为富国方针，采取了鼓励资本主义发展的经济政策。这样，新贵族和资产阶级的经济实力不断壮大，他们在地方政治中的影响增大了，他们的代表通过选举进入议会下院，到都铎王朝末年，资产阶级和新贵族羽翼逐渐丰满，在下院中占据了优势，使议会下院逐渐成为与王权对抗的机构。到伊丽莎白女王在位末期，议会下院反对派就敢于对伊丽莎白政府触犯资产阶级利益任意出售专卖权的做法展开斗争，议会下院反对派已作为新兴资产阶级和新贵族的政治代表出现。

斯图亚特王朝的统治

1603 年，苏格兰的斯图亚特（Stuart）王朝詹姆斯六世入主英国，称詹姆斯一世（James I）。他紧紧地依靠英国封建贵族和国教僧侣，鼓吹"君权神授"说，实行绝对封建专制统治。他对内不考虑议会的意见，任意征收新税，还极力扩大国教势力，迫害清教徒（Puritian）；对外则与西班牙结盟，反对向外发展，忽视建立海军和海外贸易据点，从而激起了资产阶级与新贵族对封建专制统治的无比愤恨。

1625 年，国王詹姆斯一世死，其子查理一世继位。查理一世（Charles I）1635 年又扩大船税的征收。从 1629～1640 年，封建政府又毫无节制地实施专卖权，垄断市场，造成工商业萧条和物价飞涨。资产阶级、新贵族和民众对于封建统治者深恶痛绝，革命情绪日益高涨。

首先是城乡群众到处掀起暴动。1607 年，英国中部各郡爆发过大规模的农民反圈地起义。17 世纪三四十年代又出现过"沼泽居民"起义。1630～1640 年，林肯郡爆发了大规模的反圈地的农民起义。与此同时，城市平民在苛捐杂税、失业与物价飞涨的威胁下，也时常举行暴动。例如，1617 年，伦敦手工业者和工人举行的大规模游行示威。所有这些起义和暴动，虽然还不是革命的开始，但它却动摇了封建专制统治的基础。查理一世即位后国家财政仍处于困难之中。他采取的强硬外交政策则加重了国家的财政开支。为了解决财政困难和扩充常备军，他在 1625 年 6 月召开议会，要求下院通过新税，遭到拒绝。1628 年，他又重新召开议会。下院以汉普顿和皮姆为首的激进派议员提出《权利请愿书》（Petition of right），要求国王保障臣民的人身自由与财产安全，并重申议会的征税权。国王拒不接受，并解散了议会，从此，议会停开有 11 年之久。在没有议会的时期，查理一世专横跋扈，一意孤行。他不仅恢复了星室法院（Star Chamber），即最高法院，作为专门审判政治犯的机构，还恢复了教会中的最高委员会（High commission Court），肆意迫害清教徒。普通百姓及清教徒受其迫害者不计其数。不堪压迫的大批清教徒逃往美洲。与此同时，查理一世颁布了各种罚款法令，如违犯森林法罚款、圈地法罚款和抗缴税捐罚款等。此外，查理一世于 1634 年又对沿海城市恢复了征收船税。

（二）英国内战与共和国建立

革命的爆发

1637 年，查理一世不仅要在英国实行封建专制统治，还想把专制制度推行到苏格兰。他强制苏格兰接受英国国教仪式和主教制，从而激起苏格兰人民的愤怒。1638 年，苏格兰的贵族与资产阶级发动了全面的反英战争。1639 年，苏格兰军占领了英吉利北部。为了平息苏格兰人的起义，查理一世于 1640 年 4 月召集议会，要求增加新税筹措军饷。新议会开幕之后，以皮姆等为首的下院激进派议员坚决要求国王停止没有经过议会同意所实施的一切非法税收，还要求惩处其宠臣斯特拉福（Earl of Strafford）与威廉·劳德（William Laud），查理一世拒不接受，并于5月5日解散了议会。这届议会由于时间短被称为"短期议会"。可是，伦敦市民及其他城乡劳苦大众经常举行暴动，苏格兰军又不断进攻，查理一世处境窘困，被迫于1640年11月再度召集议会。这届议会存在13年之久，史称"长期议会"（Long parliament）。

"长期议会"开幕后，资产阶级与新贵族便以议会为阵地同封建王权展开了激烈的斗争。他们通过了几项重要决议：废除国王在无议会统治时期颁布的一切法律；取消星室法院与高等法院；审判斯特拉福与威廉·劳德。国王虽然百般阻挠，但在群众的压力下，只得处死斯特拉福。

1641年1月，爱尔兰人民举行了民族起义，英国的革命形势更加高涨。12月，"长期议会"通过了《大抗议书》（The Grand Remonstrance）。其主要内容是，要求工商业自由发展，组织长老派教会和建立对议会负责的政府等等。《大抗议书》是革命开始时期资产阶级与新贵族的政治纲领，它要求建立君主立宪政体，以便保障资本主义经济的发展，并不想推翻君主政体。

"长期议会"在讨论《大抗议书》草案时，领导革命的新贵族与资产阶级议员争论非常激烈。在讨论中形成两派：一派是大资产阶级与新贵族上层分子的代表。他们主张建立长老派教会，使教会从属于议会，故称"长老会派"；另一派是中小新贵族与资产阶级的代表，他们反对教会从属于议会，主张信仰自由和教区或圣会的完全独立，故称"独立派"。当时在"长期议会"中占统治地位的是长老会派。在革命初期，两派虽有矛盾，但在反对封建专制统治的总目标上，还能团结在一起，共同对敌。但在革命胜利后便逐渐分裂了。

查理一世拒绝批准《大抗议书》。1月3日，国王亲自率军队进入下院，企图逮捕反对派领袖皮姆等人。当时，下院已将皮姆等5名激进派议员领袖隐藏起来，国王未能得逞。这时，伦敦市民纷纷武装，声言要用武力捍卫议会。郊区农民也积极支援，革命声势不断扩大。国王见势不妙，便于1月10日暗自离开伦敦。国王到北方以约克郡为基地组建反革命武装，准备讨伐议会。同时议会也开始积极地做军事准备。1642年8月22日，国王在诺丁汉誓师讨伐议会，内战开始。

内战的第一阶段

内战开始后，国内立即分裂为两个敌对阵营，即国王阵营与议会阵营。拥护国王的多半是封建贵族、天主教徒、国教僧侣及与王权有关的财政家和商业家。他们身佩长剑，头戴披肩假发，称为"骑士党"（Cavalry）；拥护议会的多半是新贵族、工商业资产阶级、城市平民、自耕农、工人、小生产者等。他们多半都是发短不掩耳的清教徒，称为"圆颅党"（Roundhead）。议会阵营内部阶级关系异常复杂，所以革命进程十分曲折。

1642年10月23日，议会军与王军首战于埃吉山。结果，议会军失利，王军乘胜占领牛津，并准备向伦敦进军。伦敦市民与城郊农民闻讯奋起保卫首都，王军才未能如愿。1643年夏，王军向北部进军，占领了林肯、约克和德比诸郡；在西部占领了布里斯托，还包围了格洛斯特城。同年年底，王军几乎占领了英格兰土地的五分之三，议会处境极其困难。

英国议会在军事上节节失利之后，便同苏格兰长老会派取得联系。1643年9月，双方缔结《庄严同盟和圣约》（Solemn League and Covenant），该约规定英国议会与苏格兰采取共同军事行动，一致对国王作战。此后，苏格兰便从北部进攻，英国议会军从南向北夹击，战局始有转机。1644年7月2日，奥利佛·克伦威尔（Oliver Cromwell）率领一支议会军在马斯顿草原大会战中，击溃王军，获得辉煌胜利。从此扭转了战局。

奥利佛·克伦威尔（1599—1658年）出生于亨丁顿郡一个破落的乡绅世家，是一位虔诚的清教徒。在1628年和1640年中，他先后两次被选进议会，是下院中激进派议员和独立派的领袖。内战开始时他认识到要想战胜国王，必须组织和武装人民群众。内战初期，克伦威尔在亨丁顿、剑桥等郡招募了一支主要由自耕农组成的骑兵队。其士兵是自耕农和手工业者，并且都是虔诚的清教徒。这支军队的军官多半来自下层，军队纪律严明，英勇善战，被誉为"铁骑军"（Ironsides）。

克伦威尔的军队虽然在北战场打了胜仗，但是南部战场的议会军仍然败退。因此，克伦威尔在议会中提出改革军队的建议。1645年1月，"长期议会"通过了改革军队的议案，建立了"新模范军"（New Model Army），任命费尔法克斯（Fairfax）为总司令，克伦威尔为副总司令，实权掌握在克伦威尔之手。与此同时，议会通过了《自抑法》（Self—Denying Ordinance），规定两院议员不得担任军队指挥官，惟克伦威尔例外。根据此法，许多贵族被解除军职。在新模范军中，除了最高统帅部还有少数贵族外，中下级军官几乎都是从下层群众中选拔的。新模范军的社会成分、宗教信仰和军纪均同克伦威尔的铁骑军一样，自耕农是其中的骨干。此外，许多手工业者、徒工和工匠都纷纷参加了新军，增强了新军的力量。由此可见，新模范军可谓是一支既勇敢又革命的军队。

1645年6月14日，新模范军在著名的纳斯比战役中，痛歼王军主力，接着势如破竹地攻克了王军控制的其他的一些地区。1646年5月，新模范军占领国王的大本营——牛津，国王逃到苏格兰，议会终于取得决定性的胜利。1647年2月，苏格兰议会以40万英镑的代价将查理一世交给英国议会。英国议会将他监禁在霍姆比堡。至此，第一次内战结束。

长老会派的政治主张是在英国建立一个君主立宪政体，保留国王。因此，在内战结束后，他们惟恐革命深入，立即宣布结束内战，准备同国王谈判。与此同时，长老会派控制的"长期议会"宣布长老会为英国国教，实施征收日用品消费税，把军事和其他一切负担都转嫁给人民；实行借款和没收保王党的财产，并将没收的土地高价拍卖。"长期议会"宣布取消骑士捐，取消领主对国王的封建义务，但仍保留了农民对领主的封建义务。此外，还废除了土地继承税和土地购买税，保留了对教会交纳什一税和担负的其他封建义务。

　　"长期议会"的上述政策只是维护新贵族和资产阶级上层的利益，因此激起城乡劳动群众的无比愤慨，于是便出现了代表城乡小资产阶级利益的平等派，其领袖是约翰·利尔本。利尔本在政治上主张实行普选权和建立资产阶级民主共和国；在经济上，提出工商业自由，改革税制和取消圈地，但他不反对私有财产。他提出的普选权并不彻底，既没有提出妇女的选举权，还反对工人、雇农、仆役和乞丐有选举权。平等派代表小资产阶级的利益。但利尔本的思想在士兵群众中特别受欢迎，也得到军队以外的广大小生产者的拥护。

　　"长期议会"面对人民不满和士兵革命情绪的高涨非常不安，于1647年3月宣布解散军队。这一决定遭到了士兵的强烈反抗，也遭到了独立派的反对。为推翻长老会派的统治，克伦威尔加紧笼络士兵，控制军队。6月，成立了由高级军官和士兵代表组成的全军会议。克伦威尔首先派兵将国王从议会的保护下夺过来，押解到由军队监视下的纽马凯特堡。同年8月6日，军队再进伦敦，用武力从议会中驱逐了11名长老会派议员，许多长老会派分子仓皇逃跑。从此，独立派控制了议会。

　　独立派控制议会之后，军队内部的独立派高级军官同多属于平等派的下级军官和士兵围绕政权形式和普选权的问题，展开了激烈斗争。独立派企图建立以独立派占优势的君主立宪政体。同年6月，独立派提出一个"建议要点"，主张保留君主和上院，要求根据财产资格选举新议会；而平等派（Levellers）则主张建立民主共和国，取消君主和上院。同年10月间，平等派提出《人民公约》（The Agreement of the People）要求废除国王，取消上院，对于年满21岁的男子实行普选权，并在普选的基础上建立一院制的议会，作为全国最高的权力机关。同年10月底至11月初，在伦敦附近的普特尼教堂举行全军会议。在这次会议上，两派展开了激烈辩论。11 月中旬，有几个团队的平等派士兵举行武装示威，要求实行《人民公约》。克伦威尔用武力镇压了这次示威，并逮捕和处死某些首要人物。平等派的斗争失败了。

长老会派乘独立派同平等派正在斗争之机，加紧了同保王党勾结。1647 年底，长老会派右翼分子帮助国王从囚禁中逃出，到了怀特岛，但不久即被扣留。同年 12 月，国王暗中与苏格兰议会长老会派右翼分子签订密约，准备消灭英国革命。1648 年 3 月初，英国各地到处发生保王党暴动。4 月间，伦敦还出现过王党与士兵的冲突。在爱尔兰，王党也积极地进行活动。与此同时苏格兰的勤王军已向英格兰推进并即将越境。所有这些，说明内战已经开始。

为了对付反革命进攻，克伦威尔被迫接受了平等派的《人民公约》，团结了军队。1648 年 8 月，在普雷斯顿战役中，克伦威尔粉碎了苏格兰的勤王军。9 月间，英军占领苏格兰首府爱丁堡，改组了苏格兰议会。苏格兰长老会派的左派议员取代右派掌握了政权，第二次内战胜利结束。

克伦威尔凯旋回师首都之后，立即派普莱德上校用武力从"长期议会"中清洗出 150 名长老会派分子，并且宣布取消上院，没收王室、保王党、教会和长老会派分子的土地，加以拍卖。普莱德清洗（Pride's Purge）以后的"长期议会"史称"残阙议会"（Rump Parliament）。此后，政权便落到独立派手中。

（三）共和国与护国政治

1649 年 1 月 27 日，议会与军队共同组织特别法庭，审判查理一世。1 月 30 日，将查理一世判处死刑。1649 年 3 月，议会宣布废除君主制，取消上院，成立国务会议。5 月 19 日，议会宣布建立英吉利共和国，行政权属于国务会议。此后，英国确立了一院制的议会制度。这时期的英国没有国王和贵族院。以克伦威尔为首的独立派在共和国中掌握了实权。

共和国的对内对外政策

英国虽然建立了共和国，可是，国内外形势仍然十分严峻。查理一世被处死后，保王党分子极端愤怒，许多贵族和伦敦的长老会派分子都投向了王党。他们同法国勾结，在爱尔兰与苏格兰宣布查理一世之子为英国国王，史称查理二世，积极进行复辟活动。1649年，英国国内经济状况异常恶劣，连年战争和农业歉收，引起物价高涨，工商凋敝，工人失业。共和国不仅没有改善人民处境的任何措施，反而加重捐税，增加人民的负担。在这种形势下，平等派又开始活跃起来。

1649 年 3 月，利尔本发表了《粉碎英国的新枷锁》小册子，极力抨击独立派共和国政府领导人，痛斥其背信弃义，要求实现《人民公约》，实现普选权，建立每年改选一次的一院制议会。1649年五六月间，平等派士兵到处掀起暴动。10 月，牛津的驻军也举行起义。然而，这些革命行动均被克伦威尔无情地镇压下去。平等派失败的主要原因是它没有坚强的组织和得力的领导，没有具体的经济纲领，因而不能团结广大劳动群众。

除了平等派运动外，英国农村又出现了比平等派更为激进的一个派别"掘地派"（Diggers）。它主张垦殖荒地或公地，认为英国人民不仅应有选举权，更应取得土地，所以又称为："真正平等派"。"掘地派"的思想家是杰拉尔德·温斯坦莱。他在其所著的《自由法典》一书中，把私有制财产说成是社会不平等的主要祸害。他主张人人都应享有土地及其劳动果实，并认为人类将来会团结在共同财产所有的社会中。可见，温斯坦莱是一位"乌托邦"式的共产主义者。他不理解社会发展的客观规律，也不懂得社会发展的阶段性。他幻想大地主能够自动地放弃自己的田产，实行公有制。温斯坦莱的思想反映了当时最穷苦农民的理想式的愿望。1649 年 4月，"掘地派"在塞利郡的圣乔治山（St. Georges Hill）实行集体开荒种地，此外，在北安普顿郡和肯特郡也有同样的事情发生。但议会与克伦威尔派兵驱散了他们。

　　早在 1641 年 10 月，爱尔兰举行了民族起义并宣布了独立。英国内战结束后，克伦威尔于 1649 年 8 月率军 12000 人和由 130 艘军舰组成的庞大舰队在都柏林登陆，占领了爱尔兰许多重要城市和沿海一带大片土地。英军所到之处烧杀淫掠无所不为，并残酷地洗劫了杜洛赫达和威尔斯福德两个沿海的大城市。爱尔兰人民被英军残杀了约有 50 万人，被英国没收的耕地和牧场约有 500 万英亩。英国政府发行了"爱尔兰份地债券"，将掠夺的爱尔兰土地抵偿军队的军饷和军火商人、工业家的债务。但是，许多士兵需要现款，多半将这种债券廉价卖给军官和投机商。因此，许多军官、投机商和军队的供应者，大发横财，变成了爱尔兰的大地主，克伦威尔也成了爱尔兰最大的土地占有者。

　　克伦威尔在远征爱尔兰的同时，还开始出兵镇压苏格兰的暴动。早在查理一世被处死后，苏格兰的封建贵族与长老会派便拥戴查理二世为国王起来反对共和国。1650 年 9 月 3 日，克伦威尔的军队在邓巴尔战役中，击溃苏格兰的主力军。次年，查理二世与苏格兰军恢复元气后又攻入英格兰境内，并向南推进。但是，在 1651 年 9 月，在伍斯特战役中，英格兰军队再次击溃苏格兰军，查理二世逃往法国。苏格兰被克伦威尔征服。

　　征服苏格兰后，共和国政府没收了苏格兰贵族、王党和氏族首领的土地，并将其高价拍卖。结果，这些土地多半落入英格兰和苏格兰的新贵族和大资产阶级之手。由于土地易主，新地主圈占土地，改变经营方式，从而破坏了英格兰和苏格兰人的传统封建土地关系。一部分农民被剥夺了土地，变成了佃农，或充当手工工场的工人。还有许多失去土地的农民，远涉重洋到美洲去寻找生路。1654 年，英国共和国政府将苏格兰并入英国，取消了英格兰和苏格兰交界的关卡，准许 31 名苏格兰议员参加英国议会。

　　为了对付荷兰的海上竞争，1651 年 10 月 9 日，英国议会颁布了《航海条例》(The Navigation Act)。该条例规定："凡外国商品输入英国，或英国商品输出到国外，只许用英船装载或用输入国或输出国的船只装运。否则一律禁止输入英国"。荷兰要求英国废除《航海条例》，遭到英国拒绝，于是引起三次英荷战争（1652～1654年、1664～1667年、1672～1674年）。荷兰战败后，被迫承认《航海条例》，并把它在北美的新尼德兰割让给英国。

与此同时，英国在1650～1654年还发动过对葡萄牙的战争，迫使葡萄牙与它缔结了通商条约，使英国获得葡属殖民地的贸易特权和关税优惠权。同时，英国又与丹麦缔结条约，使英国船只获得通过松德海峡进入波罗的海的航行权。总之，在克伦威尔统治时代，英国在外交上频频得手。打败荷兰之后，英国便进一步控制了海外贸易。

护国主政治

在共和国时期，英国的独立派议员在政治上满足现状，革命精神早已荡然无存。英国劳苦大众的要求并没有在共和国得到满足，贫困饥饿仍未解决，战争使他们的处境更加恶化。人民群众对共和国的政策极为不满。1653年，英国各郡时有暴动发生，使得新贵族与资产阶级坐立不安。他们为了巩固其政权和经济利益，便紧紧地依靠克伦威尔的军事力量，并想拥戴他建立军事独裁，甚而有人还希望他称国王。克伦威尔也有这种野心。1653年4月，克伦威尔强制解散了"残阙议会"。7月初，他召集了"小议会"，出席的代表均由克伦威尔亲自圈定。但是，"小议会"并不驯服，于是克伦威尔同年12月又解散了它。后来，由将军们领导的委员会把全部政权交给了克伦威尔，并拥戴他为英格兰、苏格兰和爱尔兰的终身护国主（Lord Protector），兼陆海军总司令。从此，英国的共和政治转变为护国政治。

1655年4月，克伦威尔把英国划分为11个军区，每个军区设1名少将主持军务和政务，直接对克伦威尔负责，开始了军事独裁统治。

1658年9月，克伦威尔病逝，其子理查·克伦威尔继任护国主，但理查·克伦威尔怯弱无能，控制不了局势。从此，护国主统治摇摇欲坠。

（四） 斯图亚特王朝复辟与 1688 年政变

斯图亚特王朝的复辟

护国统治的最后几年，英国发生了财政危机，过去拍卖没收土地的钱款均已消耗殆尽，国库空虚。广大群众对于军事独裁深为不满。17 世纪 50 年代后期，英国农民生活极苦，物价高涨，城市平民也难以度日，因此，怨声载道，反政府的革命情绪日益增长。这时，东部沼泽低地的居民时而举行暴动，其他地区也不安定。护国政府对于群众革命深感不安，便与过去曾被驱逐的长老会派议员实行妥协，共同对付群众的反抗。1659 年又恢复议会。原长老会派议员重新回到了议会。护国政府为了巩固自己的权力，不惜与过去的敌人建立联盟，甚而恢复旧制度也在所不惜。

克伦威尔死后，护国主的统治极其不稳，护国政府中的高级军官操纵了实权。这种军人政权不久又遭到议会的反对。议会中的长老会派议员千方百计想要恢复过去旧政体。同时在议会中混进的王党分子则企图使查理二世复辟。军队与议会虽然有矛盾，但是这时的军队已经失去革命斗志，没有什么社会基础，已经成为独立派新兴的大资产阶级和新贵族的统治工具。此外军队内部争权夺利的斗争非常尖锐。长老会派议员与王党分子秘密勾结，利用这些矛盾，控制军队为斯图亚特王朝（Stuart）复辟创造条件。

1660 年 2 月间，君权的拥护者苏格兰驻军司令蒙克突然率军回到伦敦，控制了政局，召开新的议会策划复辟。1660 年 4 月间，查理二世与议会达成协议，并发表了《布列达宣言》（Declaration of Breda）。在这个宣言中，查理二世声明在内战中被没收的王党和教会的土地不予追回；保证宗教信仰自由；赦免反对君主政体的革命者。1660 年 5 月，查理二世回到伦敦登上王位，斯图亚特王朝复辟（Stuart Restoration）。

英 法 近 代 史
YING FA JIN DAI SHI

复辟时期的英国

查理二世所以能回国做英国国王，是由于新兴的大地主和大资产阶级的妥协。因此，他即位之后不得不顾及他们的利益。例如，对于革命时期没收的土地，不予追回，并承认新地主的所有权和新下院的征税权，允许宗教信仰自由，不追回被没收的王室土地；取消国王以前享有的封建特权；实行重商主义，保护英国海外贸易，执行《航海条例》等政策。在 1660 年还实行了对输入英国的粮食、牧畜和肉类征收高额关税的政策，同时还颁布了所谓"定居法"，禁止雇农任意离开受雇地区，以便保证大农场主获得充分的廉价劳动力。所有这些政策都是讨好资产阶级与新贵族的。

但是，查理二世在流亡法国期间，受法国影响很深。他梦寐以求地希望在英国能实行像法国路易十四那样的封建专制统治。他不愿完全听从大资产阶级与新贵族的议会。因此不久，他就撕毁了《布列达宣言》，开始实行一系列为恢复封建专制做准备的政策。例如，恢复上院；迫害"弑君者"和反对君主封建政权拥护共和的人；恢复革命前的旧选举制度，召开骑士议会成员，以增强封建贵族在议会中的势力；用国库开支购回国王与教会在革命时期所损失的土地。在对外政策上，查理二世接受法国津贴，准备扩充常备军，并把敦刻尔克卖给法国。此外，查理二世还想恢复天主教。1670 年，查理二世同法国签订《多佛尔条约》（Treaty of Dover），规定在英国恢复天主教和英法联合对荷兰作战等协议。议会对于查理二世这些反动措施不断提出抗议。

17 世纪 70 年代，国王与议会的冲突在讨论《排斥法案》（Exclusion Bill）时已达到尖锐的程度。这时，查理二世年事已高，急需确定王位继承人。在讨论这个问题时，议会内部截然分裂为两个党派。一派是托利党（Tories），它当时代表着封建地主与国教僧侣的利益，拥护君主专制，赞成信仰天主教的查理二世之弟约克公爵詹姆斯为王位继承人。另一派是辉格党（Whigs），这一派代表着大、中资产阶级和新兴地主与新贵族。他们反对君主专制，坚持资产阶级议会制度，要求取消詹姆斯的王位继承权。

1679 年，为了防止国王任意逮捕和迫害臣民，辉格党人在议会中提出了"人身保护法案"（Habeas Corpus）。这一法案虽遭贵族院反对，终在辉格党人的压力下，于 1679 年通过。该法规定：若无法院拘票，不能任意逮捕人。被捕的人有权要求立即送往法院，否则就应予以释放。如果警官拒绝，就要受到处分。这一法律旨在限制政府滥捕无辜，在反封建专制斗争中具有进步作用。

1688 年政变

1685 年查理二世病逝后，其弟詹姆斯继承王位，称詹姆斯二世。詹姆斯二世比查理二世更为反动。他首先加强托利党在议会中的势力，扩充常备军，极力镇压反对他继承王位的人。他秘密地接受法国的津贴，加强在英国恢复天主教会及封建专制的统治，甚而明目张胆地让天主教僧侣担任地方政府的军政要职，将权力交给天主教徒。詹姆斯二世实行宗教宽容政策，准许天主教徒和不信奉国教者参与公共生活。这一偏袒天主教徒的政策使英国国教会大为反感，有 7 名主教反对这一政策，詹姆斯逮捕了他们，并交付法庭审判。结果，法庭审判 7 名主教无罪释放。詹姆斯的各种倒行逆施的政策不仅遭到新贵族和资产阶级的反对，也遭到国教僧侣的抵制。因为恢复天主教就意味着恢复在亨利八世时期所没收的天主教教会的地产，这将极大地损害国教僧侣和宗教改革中获利的土地贵族的经济利益。当时，法国已经取消了《南特敕令》，极力迫害胡格诺教徒（Huguenots），很多从法国逃到英国的胡格诺教徒是有技术的手工业者，他们在英国人民中间讲述法国天主教如何迫害胡格诺教徒的悲剧情景，激起了英国人民对天主教的恐惧与厌恶。因此，广大的英国人民对詹姆斯恢复天主教的意图深感不安。当时英格兰举国上下对于天主教的仇视情绪与日俱增。在这种情况下，托利党与辉格党便联合起来，共同反对詹姆斯二世，决定废黜詹姆斯二世，迎立詹姆斯二世的长婿、信奉新教的荷兰执政者奥伦治的亲王威廉（Willan of Orange）为英国国王。1688 年 11 月初，威廉率领

11000 名步兵和 3000 名骑兵，分乘 500 艘战船，由 60 艘战舰护航，在英国西南托尔比港登陆，向伦敦进发。詹姆斯二世的廷臣纷纷倒向威廉方面。詹姆斯二世已众叛亲离，无法抵抗，只好逃到法国。1689 年 1 月，英国议会宣布詹姆斯二世"自行退位"。议会向威廉提出了《权利法案》（Bill of Rights），作为即位的条件。该法案规定，未经议会同意国王不得停止现行法律的效力，不得征收任何捐税，也不得征召军队。它限制了国王的财政、立法和军事权。1689 年 2 月 13 日，威廉在接受议会提出的《权利法案》之后，被宣布为英国国王，称威廉三世（William Ⅲ）。这就是 1688 年政变。

1688 年政变使大资产阶级（即大农场主、土地所有者、工商业家和金融资本家）取得了政权，建立了立宪君主政体，这种政体促进了后来英国资本主义的发展，为英国的全面崛起、称雄于世，创造了政治前提。

（五）英国资产阶级革命的历史意义

1688 年政变后，英国建立的立宪君主政体在英国历史上具有划时代的意义。尽管在这个政体中掌权的是金融资产阶级、大地主和大商人，这次革命并没有彻底地废除封建关系，还保留着国王、贵族院、旧的选举制度和农村中部分的封建残余。然而，这次革命推翻了封建专制统治，为英国资本主义的发展扫清了道路，为 18 世纪 60 年代的工业革命提供了制度保障。革命后的英国已从封建社会变为资本主义社会。

英国革命是一次早期的资产阶级革命，它对于欧洲甚而世界都有深远的影响。革命后，英国建立的资产阶级议会制度为欧洲树立了一个榜样。后来，各国资产阶级在革命胜利后组织资产阶级国家政权时，无不以英国的议会制度为蓝本。在革命中产生的英国资产阶级的自由思想和唯物主义思想也有深远的世界历史意义。例如，平等派倡导的民主思想与普选权要求，对于英国和欧洲一些政治思想家产生巨大影响。托马斯·霍布斯在其所著的《利维坦》一书中，阐明了国家起源的契约学说，否认了"君权神授"，打击了教会神学；约翰·洛克在其所著的《政府论》一书中，充分发展了资产阶级国家学说，他倡导天赋人权，极力推崇君主立宪制度。霍布斯与洛克的学说对于后来法国的启蒙思想和美国革命都起过很大的作用。

二、从"贵族民主制"到
"等级君主制"的英国

（一）盎格鲁—撒克逊时代

公元5世纪中叶，正处在原始社会解体阶段的中北欧的3个日耳曼人部落盎格鲁人、撒克逊人和朱特人开始入侵不列颠，很快形成若干小国争雄称霸的局面，时间长达近300年。公元597年，罗马教廷派遣奥古斯丁到不列颠的肯特王国传教，受到王室的热情接待，并在坎特伯雷建立了第一座教堂。此后，不列颠的许多居民都成为了基督教徒。基督教的传播统一了大多数不列颠居民的宗教信仰，成为凝聚不列颠人思想的纽带。9世纪中叶，不列颠人联合打击丹麦人入侵，公元871年5月，威塞克斯国王阿尔弗雷德率军在爱丁顿与丹麦人展开激战，取得决定性胜利，迫使丹麦人退居北英格兰。为此，阿尔弗雷德被英格兰人公认为领袖。阿尔弗雷德死后，几代继任者征伐不止，终于在10世纪中叶赶走了丹麦人，并迫使威尔士人和苏格兰人称臣，威塞克斯国王成了整个不列颠的统治者，英吉利统一国家终于形成。

盎格鲁—撒克逊（Anglo—Saxons）时代，是不列颠国家产生和统一形成的时代。此前，盎格鲁—撒克逊人正处在原始社会解体阶段，建国之后，人们的思想冲破氏族观念，出现了阶级，以往的氏族民众会议也不复存在。然而，由于受原始社会氏族军事首领公选制的影响，在新国家中产生了特有的中央机构，即"贤人会议"（Witenagemot）。"贤人会议"的成员主要是教士、贵族和地方官员，会议由国王主持，会期不定。"贤人会议"职权范围广泛，他

28

二、从"贵族民主制"到"等级君主制"的英国

们与国王共同商讨国家税收、外交、防务和分封等重大决策问题。此外,"贤人会议"也是国家的最高法庭,有权审理各种讼案,包括涉及王室和达官显贵的要案。可见"贤人会议"作为民主制机构,它拥有行政、立法和司法权力,它不仅是国王的助手,又能制约国王。由此可见,"贤人会议"是英国封建社会初期,在继续保存原始社会的群体表决,多数通过原则的基础上,演变成的一种新型民主制。

盎格鲁—撒克逊时代的晚期,在地方形成了以郡、区、村三级管理为主,城镇为辅的半自治性的管理制度。郡政府是半自治式的非常设的地方会议,每年开两次会,出席者主要是教会上层人士和大小土地所有者。郡政府职权广泛,主要负责贯彻国王命令,维持地方治安和管理地方公务,但更主要的是为国王管理税务,行使司法等职能。各郡划分为若干百户区。由于各郡面积不等,所辖百户区数目也不等。在百户区内设有百户长和百户会议。百户长由郡长任命,百户会议每周召开一次,其成员构成和职能与郡会议类似,但它更偏重于处理民众财产诉讼案和维护地方治安。

百户区下属的村庄是在农村公社基础上演变而成的社会最基层组织。村长由百户长指定或由村民推选,负责召集村务会议,处理邻里纠纷,缉捕盗贼等,重大事务或案件需交上层机构处理。

自治市也是地方一级政府单位,其自治程度比郡要大一些。自治市主要是盐、铁、毛织品以及其他产品的出产地和造币点。自治市的政权机构是市政会,每年召开3次,其职能类似郡、区会议。在大城市里又划分为若干区,设有区会议和区法庭,主要处理商业诉讼等案件。各城、区会议成员大多由市民推选,实际上都被贵族富豪控制着。

由于历史的原因,盎格鲁—撒克逊时代使英格兰人跨越了野蛮的奴隶制社会阶段,并很快结束了封建割据状态,他们带着原始社会末期极为珍贵的民主制的遗产,适应着社会的需要,逐步形成了中央集权的国家。在这个国家中,国王与社会上层人物共同行使国

家权力，并形成了以郡、区、村为主，城镇为辅的半自治性的地方
行政和司法管理体系，在地方政权中也充分体现了贵族民主制的特
点。

（二）诺曼证服后的封建化时代

1066年，位于欧洲大陆诺曼底的威廉公爵率军征服了英格兰，
称威廉一世（William Ⅰ）。威廉一世为了笼络人心，保持社会稳
定，征服英国后曾在形式上保留过盎格鲁—撒克逊人的"贤人会
议"和各郡的地方组织，只是剥夺了盎格鲁—撒克逊贵族的土地，
将其按功劳大小分赐给随他出征的诺曼底的骑士，使他们成为英国
社会的新贵族，成为威廉一世统治英国的主要社会基础。在意识形
态方面，威廉一世更换了英国教会的主教，改任法籍的僧侣为主
教，这是威廉一世统治英国的思想基础。此外，威廉一世还在全国
范围内实行"土地清丈"，加速农民的农奴化。威廉一世虽然保留
了"贤人会议"，但其成员却是从效忠他的新封的贵族中选派的，
所以，此时的"贤人会议"已经蜕变成只是贯彻国王意图的"大会
议"（The Great Council）了。这种"贤人会议"已经没有任何能
力限制国王的权利，原始社会末期古老的民主遗风也已经尽失殆
尽。为了加强王权，威廉一世建立了一个由其近臣组成的顾问会
（Curia Regis）。顾问会实际上是代理国王执行司法、立法和行政的
中央行政机关。威廉一世还建立了司法与财政机构，这两个机构是
封建统治的两把利剑。司法和财政机构都是由宗室大臣执掌，并由
专门人才辅佐。司法部内设有法院，财政部内设有国库，管理审判
事务则有大法官，管理财政事务则有度支大臣，法官要巡回各地组
织法庭。郡长由国王任命，每年要两次向财政大臣呈报本郡收支账
目。郡长成为国王控制地方的真正代表。由于建立了法院和财政机
关，中央政府也相应增加了许多行政部门和各种大臣。根据统治的
需要，中央政府机构比盎格鲁—撒克逊时代扩大了。威廉一世就这

样在英国逐渐地建立起一整套中央集权的封建统治机构，从而加强了王权。诺曼征服使盎格鲁—撒克逊时代的贵族民主制遭到破坏。但在威廉一世统治时期，各地方组织基本上还保留了盎格鲁—撒克逊时代的形式，只是民主的遗风已经不复存在。

（三）威廉二世到亨利二世的统治时期

英国封建化时代主要经历了四代君王的统治，即威廉一世、威廉二世、亨利一世、亨利二世的统治。在威廉二世和亨利一世统治时期，由于国王要对地处欧洲大陆的诺曼底和英国本土两地跨海统治，需要经常离开本土，所以在中央政府设置了宰相一职。宰相职务是一种类似摄政的高级官吏，在国王离开英国本土时，代行国王职权，主要处理司法、财政等重大事宜。

在威廉一世和威廉二世统治时期，中央政府和王室依然混为一体，王室官员多由一些贵族世家成员出任，逐渐形成了世袭的惯例。官职的世袭限制了人才的选任，导致官员基本素质和政府工作效率下降。亨利一世即位后采取了有效措施革除政弊，广泛选择忠实可靠，才干出众的人担任要职，提高了政府的管理水平和工作效率。亨利一世为加强中央对地方的控制，还对传统的郡、区进行改造。首先改变过去只任命大贵族为郡守的做法，而将忠于王室又有才干的中、小贵族也纳入挑选之列。此外，亨利一世还经常调换郡守的任区，以防止他们久居一地结党营私，形成反叛势力。为了强化统治，亨利一世还任命近臣兼任重要地区的郡守，甚至管辖数郡，使各郡的统治权牢牢掌握在国王之手。此外，亨利一世还建立了王室法官巡回审判制度，检查郡守工作，发现玩忽职守，假公济私者，即由王室法官代行郡守之职。对统治势力较弱的北部地区，亨利一世则派遣精兵强将，修建城堡工事，并委任可靠的军政长官镇守。

亨利二世即位时正值英格兰在斯蒂芬（Stephen）时期经历了

10 多年的动荡，许多大贵族藐视王室，大势营造城堡，拥兵自重，攻伐兼并，扰乱乡里，致使中央和地方行政管理、司法体制失效，政令不通，岁入不继。其中地方司法体制更是混乱。领主法庭和庄园法庭几乎包揽了对地方治安、农村民事和刑事案件的司法审判权，中央鞭长莫及。中小贵族和民众都渴望加强中央政权，清除旧弊，稳定社会。

有鉴于此，亨利二世采取了一系列有效的改革措施：（1）下令拆除所有未经王室同意而建造的城堡；（2）要求贵族补交在斯蒂芬时期拖欠的捐税，并无情地镇压那些抗税或企图骚动的封建领主；（3）收回内战中被大贵族侵占的王室地产，恢复中小贵族的原有封地；（4）从社会上广选政治精英，逐步擢用提拔，使之成为当朝新贵。

亨利二世的改革涉及到行政、军事和司法等许多方面，但重点是司法改革。自 1163 年起，亨利二世多次推行新法，其措施大致分为两个方面。其一，扩大王室法院的管辖权，削弱领主法庭和庄园法庭的权限；其二，加强巡回审判制度，扩大王室法院的司法管辖权，巡回法庭的工作使案件审理明显趋于公正。加强巡回法庭的作用也促进了后来陪审团制度的产生和推广。

与此同时，为了建设常备军，亨利二世取消了由威廉一世创建的封建骑士的军役，代之以纳税即交所谓"盾牌钱"抵充军役。所以，自 1159 年起，亨利二世使用骑士交纳的"盾牌钱"，招募雇佣军，从而加强了军队的战斗力，加强了王权，削弱了国王对地方贵族、封臣的依赖。

（四）从"贵族民主制"到"等级君主制"

13 世纪，英国的城市开始涌现并有所发展，出现了市民阶级。在农村中，由于亨利二世时期取消了各封建主骑士的军役，以纳税代之，从而使封建骑士们能致力于经营农业和牧羊业，专心追逐盈利，其经济势力日益增大。久而久之，他们的利益便同工商业者的利益日趋一致。这些新兴的阶级势力都是纳税的基本群众，他们已经成为一种不可忽视的政治力量。

13 世纪初，英国在约翰国王统治时代，经常同法国作战，屡遭失败，并丧失了许多在法国的领地。另外，这时期约翰国王反对教皇也没有成功，反而每年需向教皇交纳 1000 镑贡税。在约翰统治时代由于连年战争和纳贡，国库日益空虚，约翰为了增加收入，横征暴敛，肆意违反封建惯例，经常额外征收大贵族的捐税，甚而没收他们的土地。此外，约翰还任意增加城市市民的新税，因此引起社会各阶层的极大愤懑。1215 年，在大贵族的领导下，骑士和市民联合举行一次大暴动。暴动者包围了伦敦，迫使约翰于 6 月 15 日签署了著名的《自由大宪章》（Magna Carta）。暴动者在《自由大宪章》中提出了某些保障城市市民的若干权利，初次把市民阶层视为一种政治力量。大宪章也给予了自由农民某些法律保障。尤其重要的是大宪章肯定了王国的"大会议"的权力，强调国王只有取得这个"大会议"的同意才能向封建主征收额外的临时税或附加税。这说明"大会议"有决定国王征税的权力，从而限制了王权，置王权于"大会议"所制定的封建法律约束之下。由此可见，大宪章体现了两个基本原则：第一，国王必须遵守法律；第二，如果国王违法，臣民有权强迫他遵从。《自由大宪章》所体现的这两条原则，为后来在英国形成的议会，提供了议会限制王权的理论根据。

1258 年，亨利三世为他的儿子谋取西西里的王位，急需筹款。为此他不惜破坏《自由大宪章》，强迫贵族和骑士交纳其收入的三分之一作为税款。于是，以西门德·孟福尔（Simonde Montfort）为首的一些大贵族和骑士与市民联合，俘虏了亨利三世及其子爱德华。之后以孟福尔为首的贵族集团便成了英国的实际统治者。1265 年，孟福尔召集了有产者各阶级的联合代表大会，这次大会打破了先例，不仅邀请大贵族封建主和骑士，也邀请了市民代表参加，这是城市市民代表参加国家召开的政治性会议的开始。

英 法 近 代 史
YING FA JIN DAI SHI

　　孟福尔贵族集团统治不久，就为拥护国王的另一批贵族推翻。
1272 年亨利三世之子爱德华即位，称爱德华一世。在爱德华统治
时期，由于连年战争，缺乏经费，贵族反对派又有东山再起的危
险。在这种内外交困的形势下，爱德华一世想像孟福尔那样，召开
一个有国王、贵族、骑士和城市富裕市民代表参加的各阶层组成的
议会，以便解决征收新税问题。1295 年，爱德华一世召开议会，
出席约 400 多人，其中有大主教、主教、教士、修道院院长、伯
爵、男爵、骑士和城镇市民的代表。从这些代表的成分来看，他们
分别代表着社会上的三个阶层。第一是贵族（Nobility），第二是教
士（Clergy），第三是平民（Commons）。显而易见，这次议会已不
是纯粹的封建贵族的"大会议"了，它是封建社会中代表各有产阶
级的、具有全国规模的一种"等级议会"。此后议会就以 1295 年这
次议会为榜样经常召开，所以 1295 年的英国议会被称之为"模范
议会"（Model Parliament）。从 1295 年议会召开起，议会便成为
英国封建国家的一种固定的政治机构，它属于政治上层建筑的一个
组成部分。英国因此亦就从"贵族民主制"演变成"等级君主制"
的封建国家了。

三、英国立宪君主制的形成
和内阁制的诞生

（一）立宪君主制的形成

1688 年政变之后，英国的新贵族和金融资产阶级同土地贵族实行联合，共同拥戴荷兰执政者奥兰治的威廉亲王入主英国做国王，称威廉三世。此后，英国国王即威廉三世必须根据议会的决议进行统治，而英国的土地贵族、新贵族和金融资产阶级就通过议会掌握了政权。他们"把旧的封建法权形式的很大一部分保存下来，并且赋予这种形式以资产阶的内容，甚至直接给封建的名称加上新的含义"。英国的土地贵族、新贵族和金融资产阶级就这样在英国逐步地开始建立起立宪君主政体，又称议会君主制。后来这种立宪君主政体又演变成责任内阁制和政党政治。

1689 年，英国新议会把《权利宣言》作为法案由议会正式通过，称为《权利法案》（Bill of Rights）。这个《权利法案》从法律上打下了限制国王的权力和确保议会权力的基础。后来，英国议会又通过了一系列的补充法案。例如，《叛乱法》（Mutiny Act.）、《三年法》（Friennial Act.）和《市镇法》等等，尤其重要的是1701 年通过的《王位继承法》（The Act of settlement）。所有这些法律都为英国建立议会制度奠定了坚实的法律基础。无论是威廉三世或安妮（Queen Anne）女王都是根据这些法律统治着英国，其中有许多条款确实从法律上保证了议会的权力，从而使国家主权从国王之手开始转移到议会之手。兹将其转变的具体过程略述于下：

首先，是王位继承问题。在封建社会时期，广泛地宣传"君权神授"，人们把国王视为上帝的代表，只有国王及其家族才有资格做国王。所以，人们也认为王位应该是世袭的，只有王室的直系亲属才能继承。1688年政变时，詹姆斯二世逃离英国，王位虚悬，托利党与辉格党在迎立信仰新教的荷兰执政者奥兰治亲王及詹姆斯二世之长女玛丽入主英国继承王位时，在谁做国王这个问题上，曾有过争执。托利党主张玛丽为王，以便保持斯图亚特的封建世袭传统；而辉格党坚决反对。后来，由于威廉坚持为王，不然不接受邀请，这说明英国国王的继承权，不再按旧的封建世袭传统来继承，而是按照议会的决议来选择了。这就改变了不受法律干涉的封建世袭原则。1701年，议会通过了一个《王位继承法》（Act of Settlement），明确规定，威廉死后无嗣，则由玛丽之妹安妮继承，安妮死后无嗣则由其旁系詹姆斯一世之外孙女、信仰新教的汉诺威选帝侯的妻子索菲亚及其后裔继承。这就把王位继承问题用议会立法加以固定下来。这种变化说明此后英国议会有权决定国王的废立。英国国王必须依靠议会，而不是议会依靠国王，这已经成为英国宪法的一个重要原则。英国史学家格林在其《英国史》一书中，曾有过这么一段话："从此，威廉和安妮女王都是根据《权利法案》和《1701年王位继承法》的规定做英国国王的；他们也要根据这个法案的规定在英国实行统治；后来汉诺威王朝乔治一世及其后代，也是根据《王位继承法》做了英国的国王，也是根据这些法案的规定在英国进行统治的"。这就充分说明了英国国王的权限已经受到了限制，已被置于英国议会的监督和控制之下了。

第二，剥夺国王的财权与军权问题。在《权利法案》中，有些条款明确规定最高立法权属于议会。例如，《权利法案》规定不经议会同意，国王无权停止任何法律条文，不能释放由于现行法律被捕的任何罪犯。在《1701年王位继承法》中曾规定，法官行为良好，国王不能免职，只有议会两院同意才能撤免法官。所有这些规定确保了议会的立法权和司法权。与此同时，该法案又规定，国王不得擅自设立任何关于教会事务的委员会或法庭。这是为了巩固新

三、英国立宪君主制的形成和内阁制的诞生

教即英国国教的宗教地位和政治地位，防止恢复天主教。该法案又规定只有信仰新教的人才能成为英国国王等。这些条款在于确保土地贵族和金融资产阶级的政权。在《权利法案》中，明确规定，绝对禁止国王不经议会同意征收捐税；绝对禁止国王不经议会同意在平时征集和维持军队。接着，又颁布一个《叛乱法》（Mutiny Act.），其中规定，在非常紧急的时期，为了国家安全，必要时国王可以征募和维持军队为一年，但也必须得到议会的同意。这些条款无疑地确保了议会的财权和军权。

议会只有确保其财权与军权，才能确保其最高立法权和议会的主权地位。因为财权和军权是统治权的基本保证。查理一世所以能解散议会和实行专制统治，就是因为他有军权；克伦威尔所以能打败查理一世，后来又自称护国主，因为他掌握了新模范军的军权。所以，1688年政变之后，英国新贵族与资产阶级吸取了这些历史教训，他们在制定《权利法案》时便注意了财权与军权。他们认识到只有使议会掌握了财权与军权，才能巩固议会的最高立法权，才能成为国家的主宰。

第三，国王必须按照议会的决议办事，国王的法令必经议会同意才能执行。1701年王位继承法中有一条规定，国王的一切上谕都须有有关大臣签署才能生效。在《权利法案》中规定非经议会同意，国王不得征税。以后议会又通过了一个《政府行政费用供给法案》（Civil List Act.），议会将国家的每年收入分为两大部分：一为行政费，海陆军除外；二为皇室费，两者合称为"Civil list"。这两种费用有一定的规定，没有特别理由不得变更。此外，还有非常费，这种费用须经议会讨论通过后才能进行分配，凡是临时军费和特殊费用非经议会同意不能支付。因此，国王若想征集与招募军队，或者若想办理一些特殊行政事务就得提请议会研究、讨论与通过，才能提供经费。由此可见，国王既无财权又无军权，只有依靠议会才能进行统治。

威廉三世即位之初，凡当国务大臣者，若非从议会多数党议员

中选任，则预算不易通过。所以，国王势必从议会多数党议员中选任大臣，否则，没有经费就寸步难行。

从以上三点来看，1688年政变后，英国议会的最高立法权确实有了法律保障。议会也开始成为英国国家的主权机关。但是，最初，这些规定也只是一些宪法原则，它扩大了议会权力，缩小了国王的权力，但国王还不是虚君。在威廉三世和安妮女王统治时代，国王还有行政大权，他能任免大臣。大臣还是国王的奴仆，而不是议会选举出来的。大臣服从国王，而不服从议会。同时，国王还有权批准、中止或延缓议会的法案（直至1707年才被废止）。国王有权封赐贵族爵位，增补上院议员，以便牵制下院。国王是国家的元首，是全国军队的最高统帅，对外代表国家，有权委派驻外使节，有权对外宣战、媾和与缔结条约，所以，国王还掌握着外交大权。在威廉三世和安妮女王时代，英国的任何政党还不能取代国王的权力，议会还不能使国王完全服从它。例如，1698年，威廉三世未征求政府和议会的意见，竟擅自同别国签订了反法同盟条约即"奥格斯堡联盟条约"（League of Augsbury）。这件大事直到1700年才为议会所知。此外，威廉三世为了对外战争也不顾《叛乱法》（Mutiny Act.）的规定，竟擅自维持军队达数年之久，人数在数万人以上。

正由于国王还有许多行政与外交大权，他能收买议员，安插亲信，操纵议会和政府。所以，在这一时期，英王只是权力缩小了，还不是虚君，只不过他与封建国王不同，不再是绝对的君主，王权要受到议会的一定限制，立宪君主制开始形成，英国资产阶级议会制度产生。总之，这时期英国资产阶级政治制度还处在初建阶段。只到出现了内阁制，有了首相，而且政党变成了具有现代意义的资产阶级政党，并能控制议会和内阁而使国王变成虚君的时候，英国的资产阶级议会制度才算臻于完善，也就是英国立宪君主政体的彻底形成。

（二）英国内阁的由来

内阁与内阁制的内阁不同，内阁是中央政府的核心，国家行政中枢，而内阁制的内阁不仅是行政的中枢，而且它还作为立法与行政的纽带而成为英国议会制度的一个组成部分。所以，英国的议会制度又称之为责任内阁制。英国的内阁制并非一朝一夕建成的，它在革命后又经历了一个很长的历史演变过程，才逐渐完善。

早在 11 世纪，诺曼王朝统治时代，威廉一世为了加强封建统治，设立了御前会议或称咨政院，原文叫做"Curia Regis"。该院由国王的宠臣组成。他们作为国王的顾问、咨询，协助国王处理一切立法、行政和司法事务。这是英国最早的中央政府机构。它的首脑是国王。国家的一切立法、行政和司法大权都集中在国王一人之手。13 世纪英国有了议会，但也是附属于国王，是国王的御用工具。到了 15 世纪，亨利六世时代，国王设立一个较小的行政机关，又译为常设咨议会（A Small Permanent Council）。这是一个代表国王执行行政事务的专门机构，后来演变成枢密院（The privy Council）。在查理一世统治时代（1625～1649 年），枢密院中又设立了许多常设委员会及临时委员会，分掌各项行政事务，其中以掌管外交的常设委员会权力最大，也最为英王所信赖。后来，这个委员会对于国家大事几乎无所不问，从而成为国家的统治中枢。在复辟王朝时代，查理二世觉得枢密院的议员人数太多，团体太大，对于讨论国家大事，保守机密极不方便，于是，他经常只召集五六名重要大臣和在议会中有权势人物集聚于密室商讨和决定国家大事，当时就被称之为内阁（Cabinet）。查理二世的近臣克拉伦顿（Clarenden）成为诸大臣之首，即内阁的首席大臣，他能控制一切。他用旧选举制度操纵选区和选民，制造出一个"骑士议会"，支持国王，有力恢复封建专制。当时的内阁并不等于内阁制，当时的首席大臣亦非首相。因为内阁大臣都由国王任命，是国王的奴仆，惟国王马首是瞻,内阁不过是国王的御用工具,首席大臣也只是国王的宰相而已。

到了威廉三世统治时期,这样的内阁仍然存在。虽然那时议会已成为国家的最高立法机关,但是内阁大臣仍然由国王任命,是国王的奴仆,其首席大臣也不是首相,只听从国王,代替国王处理国家大事。所以,在威廉三世时代的内阁也不是内阁制,而是中央政府的行政核心。但是,威廉三世时代的内阁又与查理二世时代的内阁有所不同。因为在威廉三世时代议会已成为国家主权机关,内阁大臣的一切政治活动都必须对议会负责,执行议会的决议,受到议会的监督和限制。《1701年王位继承法》曾有一条规定,即大臣对议会负责,不对国王负责,凡国王的上谕均由有关大臣签署。然而,大臣还是由国王任命的,受国王的影响,这个矛盾只有等到内阁制的形成和首相职务的确立才得到解决。

(三) 英国内阁制的诞生

在威廉三世统治时期,英国的国内外形势非常紧张,爱尔兰有詹姆斯党叛乱,苏格兰也不驯服,而英荷又处在对法作战时期。在这种情况下,威廉三世即位之初,想团结内部以便对法作战;他在组织第一任内阁时,采取不偏不倚的态度,选任各派著名人物担任国家职务。威廉三世任命托利党著名活动家丹比伯爵为枢密大臣,选任辉格党著名活动家史留兹伯里(Shrewsbury)伯爵为国务大臣,选任中间派著名人物哈里法克斯(Halifax)勋爵为掌玺大臣,那时,辉格党在议会中是多数党。辉格党人坚决要求审判在查理二世和詹姆斯二世时代帮助国王恢复专制的托利党人,拒绝通过威廉三世所颁布的《赦免法》。威廉无奈,解散议会,重新选举,使托利党在议会中占了多数,遂使《赦免法》得以通过。但是,党争并未停息。威廉三世本想达到团结的目的,没有实现。由于党争,国家政务难以进行,影响对法作战。1693~1696年,威廉三世采纳了大臣桑德兰（Sunderland）伯爵的建议，选任一向支持对法作战的辉格党人组成清一色的辉格党内阁。当时，议会中的多数党是托利党。为此，辉格党政府利用职权收买、贿赂等行政手段，在次年大选中使辉格党取得了多数议席，于是辉格党便成为议会中的多数党。自此，内阁大臣与议会多数派议员同属一党，使立法与行政得到融洽，政务才畅行无阻。从此，选任大臣必须从议会下院的多数党中选任，便成为英国宪政的一个先例，而且内阁大臣必须是下议院议员也成为惯例。

（四） 最早的首相沃尔波

1714 年，安妮女王逝世，根据《王位继承法》，汉诺威王室乔治一世（George I）继承了王位。从此英国进入了汉诺威王朝的统治时代，第一个国王称为乔治一世（1714～1727 年）。新国王为了酬谢辉格党拥戴之功，第一任内阁即批准了以唐森（Townshend）为首的辉格党人组织内阁。托利党人由于暗通詹姆斯党，有恢复斯图亚特王朝的意图，因此名声扫地。此后，辉格党人执政长达半个世纪之久，造成了辉格党人贵族寡头统治时期。

在唐森内阁时期，罗伯特·沃尔波被任命为主计大臣。他是唐森的姻兄。1717 年，沃尔波曾因参加以王储为首的政府反对派，一度离职。1720 年，英国发生了"南海公司丑闻"，有些内阁大臣和王室亲贵都同此事有关，因而导致内阁垮台。为了解决这个问题，沃尔波重新被任命为主计大臣，负责处理南海公司事件。沃尔波在平息"南海公司事件"上，发挥了理财的才能，立下了功绩，博得了英国国王和统治集团上层的信赖。1721 年，他再度担任财政大臣职务，并历时有 20 多年之久。财政大臣实质上位于各大臣之上。因此，他能够获得控制全局和总揽政府政务的机会。这是他后来所以能成为第一任首相的主观条件。此外，客观条件对于沃尔波掌握实权，成为第一任首相，也起了极重要的作用。

英 法 近 代 史
YING FA JIN DAI SHI

第一，乔治一世是德国人，即位之时，就已经 54 岁。他多年生活在德国，对于英国国情毫无所知，尤其是对于英国的议会制度非常不习惯。他讨厌议会的讨论喋喋不休。他不懂英语，出席内阁会议时，必须用拉丁语或借助翻译，非常别扭。最初几年，他还勉强参加内阁会议，久之索然无味。自 1718 年起，他就不再出席内阁会议了，把政务完全交给一些重要大臣去讨论、研究和决定，其中主要是财政大臣。这样一来，便为沃尔波创造了获取实权的良好机会。国王不出席内阁会议，沃尔波经常代理国王主持会议，久之，他的政治地位便高于诸大臣之上。1727 年，乔治二世即位，他的英语虽然可以，但沉湎于酒色，倦理政事。乔治二世也不习惯于英国的政治生活，不愿甘当处处受议会限制的立宪君主。为了清闲自在，他也常常不出席内阁会议，并经常到汉诺威夏宫居住。当他离开英国期间，将政务交给王后卡罗琳（Carolin）代为处理。而卡罗琳非常信任沃尔波，便将全部政权交给了沃尔波。长此以往，国王在政府中的作用与地位就日益削弱。而沃尔波的权势则日益增长，终于成为政府的实际首脑。

第二，沃尔波博得了下院多数议员的支持与拥护，也是他能成为第一任首相的重要原因之一。18 世纪的英国政党，还不是现代意义的政党。无论是托利党或者是辉格党都没有一个固定的纲领，没有严格的组织纪律，不过是议会中的松散的政治派别。党员往往根据自己的主张加入或退出某个党。所以，沃尔波虽然是辉格党人，而辉格党人在下院议员中占多数，是一个多数党，但不等于说这些辉格党议员都能始终支持沃尔波内阁的政策。而且那时的政党还没有一个公认的党魁，只是一些著名的国务活动家，所以，沃尔波必须争取下院多数议员的支持，才能使内阁的政策得以顺利贯彻。那么，沃尔波怎样争取下院议员的支持呢？

沃尔波占据下院议员的席位时间很长。1723 年英王曾赐封他以贵族爵位，他坚持不受，请国王转赐其子。因为接受封爵就要做上院议员而放弃下院议员席位。他不愿放弃下院议员席位的目的，主要是想深入下院，多同下院议员接触，以获取对他的支持。从 1701 年起，他一直是下院议员，前后长达 41 年之久，直到晚年他才接受王室封赐为奥福德伯爵称号。

沃尔波当政期间，执行了一些有利于土地贵族和金融资产阶级利益的政策，是博得下院多数议员拥护的主要原因。例如，他对内实行缩减土地税，就博得土地贵族的欢心；对外实行和平政策，就有利于金融资产阶级。此外，沃尔波极力利用政府职权，拉拢、收买与贿赂一些议员，对维护内阁的政策也起到了很大的作用。由此可见，沃尔波执政达 21 年之久，他既能操纵内阁，又能控制下院，那时沃尔波虽然还不能称为辉格党惟一领袖，但他的作用，形同下院多数党的党魁，实际上也就形同英国首相。不过那时还没有明文规定，他的职称还是财政大臣，不称首相。

总之，英国在乔治一世和乔治二世统治时期已开创了英王不参加内阁议会，而财政大臣（实质上已成为首相）领导了内阁的先例。内阁的首脑不是国王而是最主要的首席大臣——即首相，内阁完全摆脱了国王的控制。1742 年，沃尔波内阁由于对西班牙战争失利遭到下院多数党的攻击，于是沃尔波内阁辞职。这就造成另一个先例，即当下院不信任内阁的政策时，这个内阁则须辞职。这就充分体现了内阁对议会负责而不对国王负责的原则。

根据上述原因，一般史学家均认为英国的内阁制是在沃尔波时代建立的。沃尔波就是英国历史上第一任首相。虽然那时首相这个名称还没有法律规定，也没见于公开文件，但他的职权实际上已等于首相。但是，值得注意的是，这时期只是具备了这种制度的一些基本原则，还不够完善。它还需要一个历史演变过程，才能日臻完善。1783～1784 年，小皮特（William Pitt，1759～1806 年）内阁时期，由于遭到下院多数党的攻击，内阁便解散了下院，宣布举行新的选举。结果，新选出的下院多数党支持小皮特的政策，小皮特又重新组阁。于是又创造了一个先例，即倘若内阁在下院失掉了多数党议员的信任，内阁可以解散它，重新选举出的下院多数党议会对于内阁表示信任，这个内阁就可以继续执政，否则就应辞职，而让位于新选出的下院多数党去组成新的内阁。这个惯例便充分体现了责任内阁制的意义。由此可见，到了18世纪末，英国的责任内阁制才算形成。至于英国的两党轮流执政，政党制度，还须等到1832年议会改革之后，才逐渐地完善起来。

从1689年开始到18世纪末这一历史阶段中，主要是土地贵族和金融资产阶级通过两党即托利党与辉格党执掌政权。18世纪辉格党执政的时间较长，其中与金融资产阶级和工商业有联系的土地贵族占据优势。土地贵族的势力既然很大，他们就要尽量地保留旧的选举法，保留"腐朽市镇"的选区与议席的人数，控制选票；那时的政党还不是具有现代意义的资产阶级政党，王权还有影响。直到19世纪30年代、40年代，英国工业革命已经完成，伴随着大机器生产的普遍建立，工业资产阶级的经济实力已经壮大时，在英国才具备了两党轮流执政的条件。1832年，英国实行了议会选举的改革，尤其是1867年议会又实行选举法的第二次改革，取消许多"腐朽市镇"，增加了新兴工业城市的选举权和议席名额。此后，工业资产阶级参预了政权。英国的托利党蜕变为保守党，辉格党蜕变为自由党。无论是保守党或自由党都已成为纯粹的资产阶级政党。这两个政党也都具有了全国性的组织，可以控制全国的选民。从此，英国的议会制度才开始有两党轮流执政，首相是议会中多数党的党魁，其权力才开始增大。"19世纪70年代，首相可以选择他需要的大臣，国王对于内阁的影响只限于劝告，首相是内阁与国王之间联系的惟一渠道"。在1878年《柏林条约》中，才第一次加上首相这一名称。在该条约中，迪斯累里被称为"英国女王陛下的第一财政大臣和首相"。到1905年，首相职务才为法律所承认。此后正式公文就时常提到首相了。

1884～1885年英国实行第三次议会改革，进一步扩大选举权。1911和1949年英国议会两次通过《议会法》，限制上议院的权力，提高下议院的权力。自1902年以来，英国首相都来自下院，因为

三、英国立宪君主制的形成和内阁制的诞生

下院已成为政治活动的主要场所，下院对于政府的命运起决定作用，特别是对财政法案。20世纪初，英国工党兴起，自由党衰落。此后，英国保守党和工党都有全国性的组织，有自己的纲领，有较严格的纪律。从此，英国的内阁制就成为首相必须由下院多数党中的党魁选任，内阁对议会负责，国王是虚君；实质上是政党操纵内阁，内阁控制议会这样一种统治形式。

四、19 世纪的英国议会改革

（一）1832 年英国议会改革

18 世纪下半叶，英国开始了工业革命。在拿破仑战争时期，英国工业又有所发展。1815 年以后，英国的机器工业发展得更快。1813 年英格兰与苏格兰的织布机总共只有 230 架，到 1820 年增加到 15000 架。继棉纺业发展，毛、麻、丝织业也都逐渐地采用了机器。随着机器工业的发展，运输业也得到了改善。1825 年英国在达林顿与斯托克顿之间建成了第一条公用铁路。1830 年又筑成了从利物浦到曼彻斯特之间的铁路。此后，英国开始了建筑铁路的热潮。除铁路外，公路的建筑与航路的开辟也非常迅速。交通运输的改进，密切了国内外各地之间的经济关系，促进了国内市场的统一，便利了英国的海外贸易，加速了英国资本主义经济的发展。

与工商业发展的同时，英国的农业也发生了深刻的变化。1815 年，逐渐地采用了农业机器。因此，土地更加集中，小农的破产更加迅速。19 世纪 40 年代，英国农民作为一个阶级来说，已经被消灭了。

随着工农业的发展，英国人口也剧烈的增长。1801 年英国第一次户口调查时，除了爱尔兰外，全英人口是 1090 万人，到 1851 年已达到 2100 万人。不仅人口剧增，而且农业人口与工业人口的比例也发生了巨大变化。在工业革命以前，英国东南部是工商业最发达、人口最稠密的地区，而北部与西北部多半是一些市镇较小和人烟稀少的农业地区。工业革命以后，西北各地出现了煤矿与铁矿，建立了许多工厂，有些地区还成为冶金业、采矿业、纺织业与陶器制造业的中心。因此，人口大量地涌向西北，在那里出现了许多新兴的大工业城市。在这些新兴的城市中，人口增长得极为迅速。1801 年到 1804 年，曼彻斯特的人口从 35000 人增加到 353000 人，增加了 10 倍。伯明翰的人口从 23000 人增加到 181000 人，增加了近 9 倍。其他城市如利兹与设菲尔德各增加了 3 倍。哈里法克斯增加了 2 倍。伦敦人口也达到了 220 万。到 19 世纪 40 年代，英国的城市居民已占全国总人口的四分之三。总之，工业革命以后，经过几十年的光景，由于经济的发展，英国社会发生了剧烈的变化。过去人烟稠密的南部人口已经开始大量流入北方工业区。在城市中，有些旧的市镇已经衰落，并成为无人或人口很少的居民区，即所谓"腐朽的市镇"。工业革命前，北部的利物浦是一个不重要的小市镇，曼彻斯特还是一个村落，伯明翰不过是一处荒僻的沙山。工业革命后，它们都已经变成了十数万人口以上的大工业城市。可是按照旧的选举制度，各郡农村区与旧市镇仍有选派议会议员的名额。例如，1831 年，英国南部各郡总人口约有 326 万人，只能选出议会议员 68 人。又如南部康瓦尔有 30 万人口，全境选民仅千人，能选议员 42 人。而北部的兰开夏郡有 133 万人，只能选出 14 名议员。其他新兴城市如伯明翰、曼彻斯特虽有 10 万以上人口，而利兹与设菲尔德人口也在 5 万人以上，在议会中却没有一名代表。至于那些所谓"腐朽的市镇"仍保有议员名额。例如，老萨隆姆已成为一片荒凉的山岗，居民不过 12 人，房子仅有 5 所，仍能选派议员 2 名。丹尉次本已淹没于北海，议员名额仍未取消。波西尼只是 13 家的一个村落，还保有议员名额 2 名。土地贵族对这种奇怪的现象熟视无睹，顽强地维护旧选举法，不愿改革。

1815 年维也纳会议以后，欧洲大陆各国先后出现王朝复辟。英国议会在托利党的操纵下，为了维护土地贵族的利益，于 1815 年颁布了一个《谷物法》。该法规定小麦价格在国内市场一夸脱不到 82 先令时，不准外国粮食进口。这便把粮价人为地提高了。于是，物价上涨，工人所得的工资只能糊口，无力购买工业品，从而缩小了国内市场。由于英国实行《谷物法》，建筑了关税壁垒，各国也相应地实行保护关税。这样一来，从外国输入的原料价格就昂贵，企业主的成本就很高。同时，英国输出的工业品由于各国关税高而必然要提高价格。这样，英国商品在国际市场中便失去了竞争能力。要想废除《谷物法》，工业资本家就必须有政治力量，掌控议会。可是，那时工业资产阶级在议会中几乎没有代表，因为他们的实力多半在英国北部的新兴工业城市，而这些城市又很少有选举议会议员的权利。此外，工业资本家所居住的人烟稠密的新兴工业地区的居民又多半不是选民。所以，工业资产阶级从维护本阶级利益出发，极力主张改革议会的选举制度。

1818年，在工业资产阶级的发动下，英国各地的群众集会喊出了要求改革议会和取消《谷物法》的呼声。1819年民主改革达到高潮。"彼得卢惨案"就是这种高潮的标志。1820年2月，又发生了暗杀内阁大臣的加图街事件。3月间，在格拉斯哥及其附近地区有6万工人开始举行政治性罢工。虽然这些事件先后被镇压下去，但是政府为了缓和危机形势不得不实行一些温和改革。例如，1823年修改了《谷物法》，降低了关税的税率；1824年废除了"结社法"，允许工人组织工会。自此，工会有了合法的地位。

1825年，英国发生了全国性的经济危机，到1830年经济危机达到最高峰。经济危机时期，工厂倒闭，农业歉收，民不聊生。因此，饥民骚动此起彼伏，工人罢工屡见不鲜。1829年底，伯明翰的工业资产阶级成立了"保卫公共权力政治协会"，这个组织把宣传议会改革作为自己的任务。1830年，银行家伯明翰议会议员托马斯·阿特武德创立了一个"伯明翰政治联盟"，吸收了许多工人参加。1831年，手工艺人洛维特和赫瑟林顿又建立了"工人阶级全国联盟"，这是一个伦敦手艺工匠组织，《穷人卫报》是这个组织的机关报，这个报纸以通俗的形式宣传普选权，并介绍了社会主义的革命思想。但它没有超出欧文主义的空想理论。

这时期英国的托利党与辉格党的主张也有了显著的变化，它们已不是一个阶级的政治代表，而是各种阶级代表人物的混合体。在辉格党中还分化出一些主张议会改革的左翼分子。这些辉格党议员在议会中不断攻击托利党的政策，要求改革。1830 年 10 月，威灵顿内阁在内外强大压力下被迫辞职。国王授命辉格党领袖格雷伯爵组阁。辉格党领袖之一约翰·罗素在下院提出一个温和的改革法案。其中提到重分选区，取消某些腐朽市镇的代表名额，给没有代表的新兴工业城市代表名额。但是法案没有提出取消选举权的财产资格的限制，没有提出按人口划分选区。但它仍遭到了托利党的激烈反对。托利党的领袖之一罗伯特·皮尔说："我不愿意打开一扇我认为不可能再关闭的门。"结果这个法案在下院遭到了否决。于是内阁解散了下院。1831 年 5 月，议会进行重新选举，辉格党又占了多数。1831 年 9 月，下院通过了这个法案。可是，10 月间贵族院又把它否决了。当时贵族院多半是主教和在对法战争时期发了横财的土地贵族，它是一个极端保守的营垒。这样，资产阶级激进派要求改革，就必须借助议会之外的群众斗争了。

辉格党的改革法案虽然很温和，但是它提出消灭腐朽市镇，取消某些贪污腐化的政治现象，还是博得人民群众的好感，广大人民群众也把这个法案视为实现普选权的开端。因此，当议会拒绝法案之后，全国各地到处举行大规模的游行示威。1831 年 10 月间，为了支持改革法，伦敦举行了 6 万人的示威游行。伯明翰、曼彻斯特和爱丁堡各大城市也举行了成千上万人参加的群众大会。在伦敦街道上，群众用石子击打警察，并打碎了主教和托利党贵族住宅的玻璃窗。在诺丁汉，群众焚毁了城堡。在布里斯托尔，暴动者甚至把城市占领了好几天。有些城市的工人武装起来，并号召举行总罢工。同时，农村的雇农运动也猛烈起来。在爱尔兰也不平静，爱尔兰农民拒绝向英国教会交纳地税，抗拒租税，打死税吏。爱尔兰的民族解放运动者竭力主张取消英爱合并，争取爱尔兰独立。

在这种带有全国性的、波澜壮阔的革命运动的形势下，格雷内阁被迫宣布辞职。为了稳定局势，国王不得不再次授命格雷组阁。

但格雷要求国王同意增加贵族院议员人数，以便通过《改革法》。这样一来，托利党与土地贵族屈服了。1832 年 4 月 13 日贵族院通过《改革法案》。1832 年 6 月 7 日国王批准了这个改革法。于是成为正式法律。

1832 年改革法共 36 项内容。第一项指出："鉴于议会众议院的选举议员办法历来弊端百出，宜采取有效措施加以矫正之；宜剥夺许多微不足道的选区产生议员的权利，将该项权利授予人口稠密、资源富饶的大城市——使陛下臣民中许多从未参与其事者享受此项权利。"根据这次改革法，取消了人口不到 2000 人的 30 个"腐朽市镇"。每个市镇原有的 2 名议员的名额，也改为一名，把空出来的 143 个代表名额中的 65 个名额分配给没有代表名额的新兴的工业城市，其余名额分给各郡的农业区。改革法仍旧保留了选举人的财产资格，规定地主或房主一年收入为 10 镑者，租地经营为 50 镑者才有选举权。城市居民必须是每年收入达 10 镑以上的房主和年付 10 镑以上的房租的房客，才有选举权。因此，选举人数增加的不太多。在伯爵领地内由 241000 人增加到 376000 人；在城市中，由 188000 人增加到 286000 人。议会的议席仍以土地贵族和金融资产阶级占绝大多数。总之，这次改革法只是扩大了一些选民的人数，取消一些"腐朽市镇"的代表名额，调整了某些选区。但是，没有从根本上触动土地贵族在议会中的政治权势，只不过使大工业资产阶级和中产阶级部分地参加了政权。

纵然如此，1832 年议会改革，在当时历史条件下，对于英国资本主义工商业的发展仍有一定促进作用。因为大工业资产阶级在议会中取得发言权之后，就能推行某些有利于工商业发展的政策。此外，英国议会的改革法，对于当时欧洲大陆各国也有深刻的影响。那时，法国虽然已爆发"七月革命"，但只是金融贵族独占统治权。法国工业资产阶级还没有参加政权。至于沙皇俄国、普鲁士、奥地利、西班牙等一些欧洲大陆国家，还都处在封建专制统治之中，还受反动的"神圣同盟"的控制。因此，英国的 1832 年议会改革法，对于那些国家影响很大。

（二）1867 年英国议会改革

1832 年英国议会改革，只使工业资产阶级上层加入了金融资产阶级和土地贵族组成的政权。然而，到 19 世纪 50～60 年代，英国社会情况发生了巨大变化。大工业获得飞速发展。英国的经济在世界上已居垄断地位。英国的海外殖民地已经遍及全世界。这时，英国工业资产阶级在国家经济与政治生活中的地位与作用就更加重要了。可是，工业资产阶级的中、小阶层与广大工人群众在政治上仍处于无权地位，因此，他们必然要为进一步改革选举制度而进行坚决的斗争。

19 世纪 40 年代，以要求普选权为中心内容的宪章运动失败之后，英国工人受工联主义的影响，只热心于改善眼前处境的经济斗争，曾走上脱离政治斗争的道路。1857 年经济危机之后，工人群众要求普选权的运动又逐渐地恢复起来。60 年代初，有些工会就已提出了改革选举制的问题。1864 年在伦敦成立的第一国际，在推动和领导英国工人争取改革选举制度的斗争中也发挥了重要的作用。与此同时，以科布登、布莱特为首的资产阶级激进派也在为争取议会改革而奋斗。

1865 年初，英国资产阶级激进派向第一国际总委员会发出邀请要求合作。总委员会同意以激进派接受普选权的口号为条件，同资产阶级激进派暂时结为联盟。同年 5 月 13 日，在伦敦成立了"全国改革同盟"。在同盟执委会的 12 名执行委员中，有一半是第一国际委员会的代表，即工人的代表；另一半是资产阶级激进派的代表。"改革同盟"在全国各地设立了分支机构，散发告工人的宣言，号召工人群众积极地为争取普选权和秘密投票进行斗争。在"改革同盟"的号召下，争取选举改革的群众运动便在全国各地如火如荼地展开了。

英 法 近 代 史
YING FA JIN DAI SHI

　　1866 年，经济危机又将来临，工厂开始萧条、生产开始缩减、工人失业率开始逐渐地增高。在如此严峻的形势下，自由党罗素内阁为形势所迫，同年 3 月向议会提出一个温和的改革议案，准备把郡里的选民财产资格降为 10 英镑，城市中的选民财产资格降为 7 英镑，扩大选民 40 万。这个温和的改革议案既没有满足激进派的要求，又遭到保守派的强烈反对。因此，议会否决了这个议案。6 月间，罗素内阁被迫辞职。女王授权德比组阁。7 月间，保守党领袖德比伯爵组阁，迪斯累里做财政大臣。议会否决了改革议案之后，愤怒的群众继续为实现普选权进行斗争。同年 6 月 27 日和 7 月 2 日，数万群众自发地在伦敦特拉法加广场举行盛大的群众大会，高呼要求普选权的口号。7 月 23 日，在“改革同盟”的号召下，在伦敦海德公园举行一次全伦敦的工人群众大会，与会者约有 20 多万人。他们不顾内政大臣的禁令，捣毁了约有半英里长的公园的栅栏，涌进公园会场。在会上群情激昂，强烈要求改革。政府进行任何干涉也无济于事。争取普选权的群众运动，热血沸腾势不可挡，不久便从伦敦扩大到全国。此后，在曼彻斯特、伯明翰、格拉斯哥等大工业城市中都先后召开了群众大会，参加者约有数十万人。由此可见，在“全国改革同盟”的号召下，争取议会改革运动已经在全国汇成一股不可抗拒的洪流。这时，爱尔兰的革命也出现了高潮，并同英国国内争取改革的群众运动相互呼应，对英国政府构成了极大的威胁。在这种情况下，保守党内阁为了争取群众击败自由党而巩固自己的政权，不得不考虑改革选举制度的问题。1867 年 3 月，保守党内阁财政大臣迪斯累里提出一个新的议会改革方案。可是，这个议案仍遭到激进派反对，于是保守党被迫再作让步。5 月 6 日又制订了一个新的改革议案，7 月 15 日，新的改革法案又经过自由党的修改和补充之后，在下议院才得到通过。1867 年 8 月 15 日，上议院也通过该法案，后经女王批准成为法律。

　　1867 年法案规定：在城市，凡是缴纳贫民救济金的房主和每年缴纳 10 镑以上房租，定居不少于一年的房客才有选举权；在农村，每年在私有土地上的收入达5镑或交纳12镑租金的佃户才有选举权。此外，根据这个法案又取消46个"腐朽市镇"的议席。在议会中，大工业城市的地位提高了。曼彻斯特、伯明翰、利物浦和利兹都增加了一个席位，伦敦增加到4个席位。这次改革选举制度使工业资产阶级各阶层和工人阶级的上层都得到了参预政权的机会。选民总数由135万增加到225万人。而1861年英国人口调查据官方统计总数为24525000人，1871年为27431000人。由此可见，这次选举改革后，全国成年男子一半以上仍然没有选举权。妇女也没有选举权。这次改革还没有实现普选权和秘密投票。直到1872年格莱斯顿自由党内阁实行改革时，才得到解决。尽管如此，1867年的议会改革毕竟是英国政治制度资产阶级民主化的一个重大的发展。

1867年英国议会的第二次改革是英国工业资产阶级在政治上的重大胜利。从此，工业资产阶级完全有了参预政权的机会。不过，土地贵族在政治上虽然已经丧失了优势，但在上议院以及中央和地方政府机构中还有相当大的势力。纵然如此，改革之后，英国的君主制原则和贵族政治都遭到毁灭性的冲击，而资产阶级的民主制原则获得了巨大的胜利。此后，资产阶级将要完全统治英国了。

1867年议会改革使一部分工人获得了选举权。新增加的选民人数有一半是工人。因此，两个政党在竞选时就不能忽视工人的力量。要想争取工人的选票，就得考虑工人生活状况和政治地位。这次选举改革后，虽然还没有彻底取消财产资格的限制，但是已经大大地降低了。实际上，这次选举改革已经不再把财产作为选举权最主要的条件了。财产特权遭到一定的冲击。此外，在这次讨论改革法案时，有些议员提出过妇女选举权的问题，虽然遭到否决，但它说明英国社会有识人士已注意到妇女的选举权问题，并开始为妇女争取选举权进行斗争。

19世纪40～50年代以后，在英国逐渐实行自由贸易政策和经济不断高涨的形势下，英国的两大政党之间的区别基本消失，他们都已经变成了资产阶级的政党。1867 年议会改革后，两党在竞选中都必须争取大众的选票。因此，两党都建立了全国性的、为争取工人群众的组织和协会；同时，随着选民的增多，政党的领袖也必须向群众进行竞选演说。从此，英国人民的政治生活便从封闭转向开放。两党的政治活动不能再限于贵族政治的形式而要搞资产阶级大众政治。这时，两党已不再是松散的联盟，而是相对团结的、有明确政纲的、有共同拥戴的领袖，并且有较严格纪律的政治集团。所有这些，说明英国已经开始成为具有现代意义的资产阶级两党制的国家了。

自由党领袖格莱斯顿在他第二次组阁时期，曾于 1884 年使英国议会实现了第三次改革。1884 年英国议会通过的改革法案，使农业工人获得了选举权，因而英国选民人数便从 250 万人扩大到 450 万人。1885 年，格莱斯顿内阁又使议会通过了一个《市政府组织条例》，规定凡本市市民不论有无财产，均可选举本市官吏。1894 年，格莱斯顿第四次组阁时，还提出了《地方政府改革法案》，获得上下两院通过。该法案是实行郡以下的区的改革，即由地方纳税人选出的区务会议代替了过去的区评议会，从而剥夺了地方贵族及国教僧侣的特权。

五、英国的政党和两党政治

(一) 英国的政党

在世界上，英国是最早就有了议会（parliament）和议会制度的国家，也是最早就有了政党和政党政治的国家。英国通过议会制度或政党政治实现了君主立宪制的政体。所以，英国也是最早建立君主立宪制的国家。

英国的政党源于 1679 年查理二世统治时代。1679 年 5 月间，反对国王专制的一派议员在议会中提出一个《排斥法案》（Exclusion Bill），要求取消詹姆斯的王位继承权，永远禁止他回国，否则处以叛国罪。在议会同国王围绕王位继承权问题的斗争中，议会内部分裂出两个党：一为托利党即后来的保守党，这个政党是从宫廷党演变而来的，它代表着封建地主与国教僧侣的利益，拥护国王专制统治，反对《排斥法案》；二为辉格党，即后来的自由党。这个党是从地方党演变而来的，它代表着大、中资产阶级的新贵族的利益，反对君主专制，拥护议会制度。他们都是清教徒，要求取消詹姆斯的王位继承权，主张推选蒙默思公爵为王位继承人。蒙默思是查理二世的私生子，是一位新教徒。在查理二世统治时代的议会还不是现代的议会制度，而是国王的御用工具，那时出现的两个党还不是现代意义的政党，也不是政党政治，只是两个政治派别。英国的现代议会制度、内阁制以及政党政治都是经过近代 200 多年的历史发展和演变才形成的。

早在 1688 年政变之后，奥伦治的威廉在接受英国议会提出的《权利法案》之后，才成为英国国王，称为威廉三世。《权利法案》

以及在威廉三世时期的英国议会又先后通过了一系列的增强议会权力的法案，如《三年法》、《皇俸法》、《王位继承法》等都是增强议会权力、限制国王权力的基本法律。根据这些决议和法律，充分说明今后英国国王必须遵循议会所通过的法律进行统治，不得独断专行。这样一来，议会便成为国家的最高权力机关，国王的权力受到法律的限制。这种受到法律限制的君主政体，就是英国资产阶级最初创建的资产阶级议会制度，又称之为立宪君主制。这种制度的实质就是政权逐渐地落入议会中在下议院占统治地位的多数党之手。

最初，英国国王的权力虽然受到极大的限制，但他还不是虚君，还有行政权和王室的许多特权。那时，英国的托利党与辉格党还都不是现代意义的政党，实质上只是两伙依靠某些贵族为首领的松散的政治集团。而且两党的首领都是土地贵族的代表人物。这时土地贵族本身业已分化：有些成为与工商业有直接关系的新贵族；有些还是抱残守缺的封建贵族。新贵族是资产阶级利益的代表者。他们在政治上多半主张君主立宪制，属于辉格党。18世纪辉格党人执政的次数最多，时间最长。辉格党历届大臣的政治活动都坚持和遵守议会制度，对于英国议会制度的最终形成和日益完善起过重大作用。英国旧贵族多半都是托利党人，他们在政治上主张君主专制制度。然而在1688年政变后，大多数托利党人也放弃了君权无限的原则，放弃了君权神授的信念，在议会里他们同辉格党的斗争主要是关于租税和对外政策方面的个别问题。那时，英国两党都没有严格的党纪，也没有公认的共同领袖。土地贵族因经济条件的变化在政治立场上也时常发生游离和变化。因此，脱党和转党的现象是经常发生的。

19世纪50～60年代，随着英国工业革命的完成和经济高涨，其政党情况也发生了巨大变化。1832年议会改革以后，在英国政治舞台上占优势的是由辉格党转化而来的自由党。最早的辉格党是商人、金融资产阶级和一部分资产阶级转化的土地贵族的政治联盟。在18世纪中期，辉格党执政50多年。到了18世纪末，它才开始瓦解和衰落。从 19 世纪起，随着工业革命的发展，工业资产阶级的势力日益强大，辉格党内部开始分化出辉格党左翼。他们开始同新兴的工业资产阶级接触，有些工业资产阶级的代表人物也加入了辉格党，使辉格党在新的阶级基础上又开始复兴。1832 年议会改革以后，辉格党右翼逐渐地分裂出去。50 年代，辉格党左翼同资产阶级激进派、皮尔（Robert Peel，1788～1850 年）派取得联合。不久，辉格党便采用了自由党的名称。自由党是代表工业资产阶级的利益。50～60 年代，英国工业迅速发展，极大地提高了工业资产阶级在政治和经济生活中的地位。主要代表工业资产阶级利益的自由党，从 50 年代起开始长期执政。在 50～60 年代的 20 年间，自由党单独执政和与其他党派联合执政约有 15 年之久，其中仅自由党的创建人之一帕麦斯顿（Henry John Palmerston，1784～1865 年）担任内阁首相就有 10 年之久。帕麦斯顿任首相时，为了工业资产阶级的利益，他坚持自由贸易和对外扩张侵略的政策，为资本主义工业的发展创造有利条件。可是，帕麦斯顿属于自由党中较保守的一派，他满足于 1832 年议会改革以后建立的以土地贵族和工业资产阶级上层联盟为基础的两党制的君主立宪政体，他反对进一步民主改革。这说明当时执政的自由党是代表工业资产阶级上层分子的利益。而工业资产阶级的中、下层，仍然被排斥在政权以外。这时，托利党也转化为保守党。最早的托利党是土地贵族的政党，非常保守。早在 1714 年安妮女王逝世时，信奉新教的汉诺威选帝侯入主英国之后，托利党便开始处于衰弱状态。从 18 世纪末到 19 世纪 20 年代，由于金融资本家和一些军需承办商加入了托利党和乔治三世企图实行君主专制，又依靠托利党，托利党的政治势力才壮大起来。以小皮特（William Pitt，1759～1806 年）为首的新托利党领导了对拿破仑法国的战争。小皮特内阁垮台后，托利党又陆续执政 30 多年。到 19 世纪 30 年代，由于资本主义大工业的迅速发展，工业资产阶级经济势力与政治势力日益强大，从而冲破了旧的传统观念和保守势力，地主阶级的政治特权发生了动摇，托利党为形势所迫只得做些让步。1832 年议会改革之后托利党丧失了独占政权的地位。1834 年，托利党领袖皮尔在塔姆沃斯选区发表一个宣言，其中提到用"新的托利主义"改造托利党。从此，"保守党"的名称开始广泛地使用了。1846 年，皮尔废除《谷物法》（Corn Law）时，托利党开始大分裂。以德比（Earl of Derby, 1799～1969 年）和迪斯累里（Benjamin Disraeli, 1804—1881 年）为首的坚持保护主义的托利党人起而反对皮尔废除《谷物法》。以皮尔为首的革新派从托利党中分裂出去，形成了皮尔派。

19 世纪 50～60 年代，以德比和迪斯累里为首的保守党，长期处于在野地位。此时，他们便在组织上将保守党扩建成为一个有中央和地方组织的全国性的大党。1867 年，保守党建立了中央组织。它是从原来的保守党全国联盟和宪政联合会发展而成的。保守党在英格兰和威尔士 12 个选区内组织了选民组织，在苏格兰和爱尔兰还有一些独立团体。但是，保守党的政治主张已经不能适应当前资本主义工业大发展的新形势，所以，它必须改弦更张，才能摆脱困境。于是该党领袖迪斯累里提出了改造保守党的纲领：对内放弃保护关税政策，实行微小的社会改革；对外积极扩张，建立庞大的殖民帝国。改造后的保守党终于适应了形势。因此，它在 1874 年大选时获胜。从此，保守党在英国政治舞台上，始终扮演一个重要的大党角色。

除了保守党与自由党两大主要政党外，还有几个独立的政治团体在当时的政治生活中也发挥一定的作用，例如，自由贸易派。其主张是降低关税，实行自由贸易；建立"节约政府"，降低生产费用；削减军费，避免战争；改革选举制度，使更多的工业资产阶级参预政权。自由贸易派与自由党关系密切，它对于当时自由贸易政策的实施及改革运动的进一步发展，起过推动作用。

代表工业资产阶级利益的自由党和代表金融资产阶级及土地贵族利益的保守党在主张和要求上虽然有所不同，但其根本利益基本一致，所以并不妨碍他们结成联盟共同进行统治。资本主义工业的大发展促进了农业和金融业的共同繁荣。工业的发展需要更多的原料和粮食，从而使国内农产品的市场日益扩大，土地贵族从中受益；资本主义大工业的发展又促进了信贷业的发展，金融资本家因此获利。由此可见，工业资产阶级同土地贵族、金融资产阶级之间的利益日益接近，保守党与自由党所代表的阶级差别也日渐消失。在英国实行自由党与保守党轮流执政的条件已经成熟了。

（二）英国的两党政治

英国的两党制度是一种典型的资本主义国家的统治方式，是英国立宪君主制和政党政治充分发展的产物。它的基本特征是在两个主要资产阶级政党中由议会中占多数席位的政党组织责任内阁，成为执政党，行使国家统治权力。议会中占较少数席位的政党成为在野党，亦称反对党。两党轮流执政，立宪君主只是在法律上有很大的权力，而实质上，大权都已落到内阁之手，国王不过是一位统而不治的虚君而已。19 世纪 50～60 年代，轮流执政的自由党和保守党都执行以大资产阶级利益为主的内外政策，形式上是各党轮流执政，其实是金融贵族、土地贵族和工业资产阶级上层的联合统治。

19 世纪五六十年代，英国政府感到自身经济势力强大，政局稳固，因此它选择自由主义政策作为治国方针。在不触犯资产阶级根本利益的范围内，实行一些社会改革，允许言论、出版、集会和结社的自由；工人组织和民主团体也可以合法存在，也允许外国政治流亡者到英国避难。从 1842 年秋天起，恩格斯就住在英国的曼彻斯特，1844 年，马克思也到了英国，后来长期侨居英国，一直到病逝。1864～1872 年，伦敦曾是第一国际总委员会的所在地。在这一时期，英国政府还实行了一些自由主义的改革政策。例如，1858 年保守党德比（Earl of Derby，1799～1869 年）内阁时期，取消了对犹太人政治权利的限制。1855 年 5 月，帕麦斯顿自由党内阁和 1870 年 6 月格莱斯顿（William Ewart Gladstone，1809—1898 年）自由党内阁先后颁布了两次关于文官制度改革的枢密院命令，以公开考试的方法择优录取政府常任文官。文官制度的改革在一定程度上打击了保守势力，使政府部门成为执行资产阶级意志的有力工具。

1868 年，迪斯累里的内阁垮台后，自由党领袖格莱斯顿继而组阁。从此以后，英国开始保守党与自由党通过大选轮流执政。这时期，两个政党的政治纲领虽然有些不同，但是也相差不多，都是具有现代意义的资产阶级政党。就这个意义上说，从这时起，英国具有了现代意义的资产阶级两党轮流执政，英国的君主立宪政体才算开始臻于完善。

在 19 世纪最后 30 年中，保守党与自由党轮流执政。它们的政策在本质上无甚差别。就对外政策来说，两党都主张对外扩张和加强殖民地的掠夺，不过在策略方面，保守党较为露骨些。在对爱尔兰问题上，保守党反对实行任何让步政策，而自由党则认为应使用一些隐蔽的策略，在爱尔兰实行微小的土地改革和一些有限的自治，来巩固英国在爱尔兰的统治地位；在对内政策上，两党都一致使用局部的让步，来稳定国内局势，不让第三党主要是工人政党兴起。

英国两党政治在 19 世纪 70 年代以后，表现得特别明显。在选举议员时，只有这两党才能提出候选人。因此，选民只能在这两党提出的候选人中进行投票。70 年代，这两大政党还先后在各地建立了"预选会"。"预选会"逐渐变成了服从党魁意志的工具。

六、英国近代史中的爱尔兰问题

(一) 17世纪爱尔兰人民反英斗争

早在 12 世纪，爱尔兰就沦为英国的殖民地，但仅限于沿海一带地区。那时，英国势力并没有深入内地，还没有征服整个爱尔兰岛。

英国革命之初，1641 年 10 月，爱尔兰爆发过起义。当时，英国国内正闹革命，无力对付爱尔兰的起义，及至革命内战结束后，1649 年 8 月，克伦威尔才率军征讨爱尔兰，英军在爱尔兰所到之处，残酷地杀害起义者和平民，并占领和没收了爱尔兰沿海一带大片土地。为了筹措军饷和偿还国债，英国议会把从爱尔兰没收来的土地加以拍卖。这些土地都落到英国大地主、大工业家、大商人和高级军官之手。爱尔兰人民失掉了土地之后，有的变成了英国地主的佃农，忍受无情的剥削；有的被迫移居该岛的西部荒凉地带以维持生存；有的沦为奴隶被送到美洲；有的移居欧陆当了雇佣兵。那时，爱尔兰居民约有 150 万，此后就只剩下一半多。

18 世纪乔治三世统治时期，爱尔兰仍由英国派遣的总督及其任命的部长来统治。总督与各部部长对英国内阁负责。爱尔兰保存两院制的议会，选民团体比英国更受限制。爱尔兰居民多半是天主教徒，可是天主教徒都没有选举权。大多数议席被少数新教徒大地主所控制。他们在 300 个议席中控制着 219 个。此外，英国政府还不断公布新法律，其中规定："英王对于爱尔兰拥有发布法律的完全权利。"由此可见，爱尔兰人民受着英国的政治、经济、民族和宗教等各种压迫。1741 年，爱尔兰发生旱灾和饥荒，饿死 40 多万人。尽管如此，地主还是因为农民欠租将其赶走，把耕地改为牧场。地主的暴戾及其圈占土地造成农民灾难重重。为了生存，农民便铤而走险，同地主进行斗争。他们组织了许多秘密团体，其中有个叫做"白汉协会"的秘密组织，于1761年在里考里克地区开始同地主进行积极斗争。这个组织的成员通过破坏藩篱、破坏牧场、赶走牲畜等恐怖手段，希望能达到改善租地条件，提高雇农工资的目的。这个组织的活动持续了多年，其活动蔓延到许多郡。英国政府曾多次出动军队镇压，也无济于事。后来又出现了许多其他协会。可是，这些"协会"多半是由新教徒组织起来的，活动多半是地方性质的，没有一定的政治目的，结果迭遭失败。

(二) 18世纪爱尔兰人民反英斗争

18世纪70年代，北美爆发独立战争，法国与西班牙正同英国作战，在这种形势下，英国政府害怕法国乘机侵入爱尔兰，又无力派兵保护爱尔兰。因此，英国不得不希望爱尔兰的议会设法采取措施，保卫自己。

1778年，爱尔兰议会开始征集志愿兵以防法国可能的进攻。到1779年年底，志愿兵已达10万余人。征集志愿兵的领导权都掌握在爱尔兰大资产阶级之手。他们为了自己的利益，借助志愿兵的力量迫使英国政府做了一些让步。1780年1月，英国议会废除了排挤爱尔兰贸易的一系列限制。此外，爱尔兰还要求英国议会放弃对爱尔兰的立法权，缓和天主教徒处境的困难，英国政府也被迫同意了。英国政府先取消了禁止天主教徒取得继承权和长期租地的一切限制，又在1782年5月同意授予爱尔兰以独立立法权。1783年，爱尔兰在形式上似乎取得了自治权，实质上，行政权仍在英国内阁所任命的总督及其高级官吏之手，他们对英国内阁负责，英国国王仍是爱尔兰的行政最高首脑。这种制度在爱尔兰造成行政与立法权之间的矛盾和不断的冲突。尽管如此，这些改革毕竟还是改善了一些爱尔兰的状况，比如对天主教徒的刑法减轻了，爱尔兰也可以开办学校，天主教徒也可以买地和租地了。这样一来，使爱尔兰的工农业得到了一些发展。1796 年爱尔兰冶金业的产量几乎增加了一倍，棉织与麻织的产量到 19 世纪初增加了两倍多。

英国政府对爱尔兰的让步，也只是有利于爱尔兰部分的资产阶级，并没有使爱尔兰获得完全的独立，所以英、爱之间的关系仍然紧张。1785 年，小皮特内阁曾建议对爱尔兰实行一些改良政策，以便加强爱尔兰与英国（宗主国）的关系。他建议《航海条例》不再适用于爱尔兰，允许爱尔兰同英国所有的殖民地贸易；在关税问题上爱尔兰和英国的商品平等待遇等等。然而，皮特的这些建议遭到英国议会的否决，未能通过。主要是因为英国的商业资产阶级极力反对。

1789 年法国革命推动了爱尔兰人民的革命风潮。1791 年，沃尔弗·唐恩组织了一个"联合爱尔兰人协会"。这个协会和宗旨在于不分宗教信仰，把全体爱尔兰人团结起来，共同努力"争取以公民、政治和宗教自由原则为基础的完全立法改革"。这个协会的领导者虽然多半都是新教徒，但他们却热情支持完全解放天主教徒。"联合爱尔兰人协会"的许多成员崇信托马斯·潘恩的思想。这个协会纲领的某些要点成为后来英国宪章主义者要求的先声。例如，他们要求：实行男子的普选权；平均选举区；每年召集议会；议员发薪。他们也提出了经济要求，首先是要求实行土地改革，废除教会什一税，降低地租等等。这个协会很快就有 9 万多人参加，其中有工人、农民、雇农、城市中小资产阶级和知识分子，此外还有一些新教教徒和天主教徒。

这个协会企图借助法国的势力帮助他们达到目的。协会曾向法国督政府求援。法国督政府也想利用爱尔兰对付英国，所以法国曾派欧什将军率领法国舰队远征爱尔兰。只是因为风浪太大，军队无法登陆而没有成功。后来，法国又多次企图远征爱尔兰，由于种种原因没有实现。英国政府对此极为害怕，因此它加紧迫害协会，逮捕协会的领导者，流放协会会员。协会计划在 1789 年 5 月 23 日发动起义。可是英国政府事先又破坏了协会领导起义的组织，逮捕其领袖，使这次起义计划遭到失败。其失败的原因，主要是天主教大贵族倒向政府，其次是内部分裂，没有统一行动计划，没有统一领导，结果遭到了镇压。起义被镇压后，1801 年 1 月议会通过了一个"合并法案"，把爱尔兰同英国合并起来。根据这个合并法案，取消了爱尔兰议会，让爱尔兰出 100 名议员到英国的众议院，派数名议员到英国贵族院，其中 28 名是世俗贵族和 4 名僧侣贵族。爱尔兰派到英国贵族院的议员由贵族选出，终身任职不得世袭。爱尔兰的天主教徒不能进入议会。英国国教仍然统治一切，旧的土地制度也没有改变。英、爱合并之后，天主教问题更加尖锐。因为那时天主教徒已经在大不列颠联合王国总人口中占 25%，如果取消这么多公民的政治权利，国家怎么会得到安宁呢？所以，18 世纪末，小皮特任首相时就建议解放天主教徒。可是，由于国王乔治三世的反对而被否决了。

（三）19 世纪 50～60 年代爱尔兰人民反英斗争

英国对爱尔兰的殖民统治

伴随着英国工业的发展，英国资产阶级与新贵族，对于爱尔兰人民的剥削与压迫，日益加重。从 17 世纪中叶以来，爱尔兰的土地几乎完全被英国地主霸占。爱尔兰的农民多半都成了英国土地贵族的佃农，遭受着英国地主的无情剥削。1835 年，全爱尔兰的农产物的总值为 3600 万镑，其中 3000 万镑成了地租、赋税，什一税和商人的利润。只有 600 万镑属于实际生产者，农民只获得自己劳动的 16%，其余都落入英国地主和英国统治者之手。爱尔兰农民赤贫如洗，半数以上的人只靠马铃薯维持生活。至于那些无力缴纳地租的爱尔兰人民，经常被逐出耕地，大批农民死于饥饿，或为饥饿所迫离开爱尔兰。在 1845～1850 年期间，马铃薯歉收，爱尔兰人民因饥饿而死亡更多，因此人口锐减。从 1845 年到 1851 年 6 年间，爱尔兰人口由 850 万降到 650 万，大批农民被迫迁居大西洋彼岸的加拿大和美国，寻找谋生之路。

早在 1815 年，英国议会通过了一个《谷物法》，规定，爱尔兰是惟一可以自由向英国输出粮食的地方，爱尔兰成为英国工业基地的粮仓。1846 年英国废除《谷物法》之后，破坏了爱尔兰粮食自由输入英国的专利权，使爱尔兰的小麦失去了在英国市场的垄断地位，从而破坏了爱尔兰的农业经济。在爱尔兰的英国地主，自《谷物法》废除后，多半由种植小麦转为经营畜牧业。这样一来，地主便把佃农赶出土地，把小块土地合并成为牧场，爱尔兰的小农经济日趋崩溃，变成了英国工业原料和廉价劳动力的提供地。

同一时期，爱尔兰的小手工纺织业也遭到了英国机器制造业和自由输入的廉价纺织品的冲击。在 1841～1881 年期间，爱尔兰纺织工业工人从 69 万多人减到 13 万人，爱尔兰几乎没有民族工业，为数很少的造船和织麻等工业，几乎全都是英国资本经营的。爱尔兰民族工业的发展道路被英国的殖民统治所截断，失去土地的农民除了流亡海外，只能到英国境内充当廉价劳动力。在英国的爱尔兰工人的工资比英国工人低得多，他们的处境极其恶劣。

爱尔兰人民不仅在经济上遭受英国地主、英国殖民统治者的剥削，而且在政治上也受尽了民族压迫。英国政府在 1801 年颁布爱尔兰合并条例后，又颁布一系列强制条例，剥夺了爱尔兰人民的一切政治权利，并建立了野蛮的警察统治制度，有 25000 名英国军人驻防爱尔兰，用以镇压爱尔兰人民的反抗，保护各种苛捐杂税，特别是什一税的征收。到过爱尔兰的恩格斯曾给马克思写道："宪兵、僧侣、律师、官吏、地主们满眼都是，无论什么工业一点也没有，如果没有农民的贫困跟这种情形相应的对照，那就很难明白所有这些寄生虫是靠什么生活的……爱尔兰可以说是最早的英国殖民地，由于他们的地理位置接近，而且是一个完全被老一套办法统治的殖

英 法 近 代 史
YING FA JIN DAI SHI

民地；从这里不难看出，所谓英国公民的自由是以殖民地压迫为基础的。"（见《马克思恩格斯全集》第 22 卷，第 143～144 页）。

爱尔兰人民反对英国殖民者的斗争

面对英国殖民者的残暴压迫，爱尔兰人民曾不断起来反抗。继 18 世纪末爱尔兰统一党的起义后，爱尔兰农民先后又组织了白衫会（White boys）、绿带会（Ribbonmen）等秘密组织。这些秘密组织不断地袭击地主庄园，杀死最仇恨的大地主及其管理人。起义者虽然遭到英国统治者的野蛮镇压，但是，爱尔兰人民对于英国殖民者深恶痛绝，反抗的怒火从未熄灭。19 世纪 50～60 年代出现的芬尼党（Fenian）运动，把这种反抗推向新的高潮。芬尼是爱尔兰历史上一个英雄部落的名字。

芬尼党运动是 50～60 年代爱尔兰人民反抗英国殖民统治，争取民族独立的运动。1858 年流亡美国的爱尔兰爱国者麦诰尼、斯蒂芬斯和多哈尼等人建立了一个革命秘密组织，叫做"爱尔兰革命兄弟会"。为了便于活动，对外称芬尼兄弟会。"芬尼"一词来源于爱尔兰古代传说中的英雄芬·麦克·可姆霍尔率领的部落的名称，故通称"芬尼党"。不久，斯蒂芬斯返回爱尔兰进行活动，同年，在他的领导下，建立了爱尔兰的芬尼兄弟会。1863 年出版机关报《爱尔兰人民》。

芬尼党人的斗争目标是推翻英国殖民统治，建立独立民主的爱尔兰共和国。在他们发布的《告爱尔兰人民书》中宣称："我们的目的是建立一个在普选及保障一切劳动果实基础上的共和国。"芬尼党党员的誓言是：忠诚于正在建立中的爱尔兰共和国。在芬尼党的纲领中土地占主要地位。他们坚决主张没收地主土地，分给爱尔兰人民。他们认为，"地主没有占有土地的权利"，"土地是公共财产而属于全人类。"宣称"爱尔兰的土地并不为爱尔兰人所有，而是掌握在自私自利的专横的贵族寡头手中。因此我们声明：我们要用武力夺回我们的土地。"土地问题是爱尔兰问题的核心，英国地主占有了爱尔兰的土地，就可以残酷剥削爱尔兰人民。马克思指

66

出："爱尔兰土地问题一向是社会问题的惟一形式，因为这个问题对绝大多数爱尔兰人民来说是一个生存问题，即生或死的问题，同时，它又是同民族问题分不开的。"（见《马克思恩格斯全集》第 4 卷，第 379 页）芬尼党的斗争策略是以武装起义来推翻英国殖民统治。他们认为："只有宝剑才能拯救爱尔兰。"但是他们不去发动对英国统治者充满仇恨的爱尔兰广大人民群众一起进行斗争，而是把武装起义局限在少数革命家的军事密谋上。

芬尼党是爱尔兰资产阶级民族主义者的组织。其领导人麦诰尼和斯蒂芬斯参加过 1848 年起义，其成员多半是工人、农民和中、小资产阶级知识分子，其中中、小资产阶级知识分子起领导作用。它的组织建制具有军事性质，在纽约设有总部，其下设若干支部，支部下设若干小组。芬尼党发展很快，除爱尔兰和美国外，在澳大利亚、南美、加拿大及英国的伦敦、曼彻斯特、格拉斯哥等地都有芬尼党人的组织。

芬尼党人积极地在爱尔兰本土和美国准备武装起义。1865 年 9 月，芬尼党总部给斯蒂芬斯的一份有关起义行动的通知落到了叛徒之手，事泄。革命者遭到大批逮捕，但其组织本身没有被破坏，仍继续活动。美国内战后，大批参加过美国内战的爱尔兰官兵加入了芬尼党，使其力量大增。1866 年 5 月和 1870 年 5 月在美国的芬尼党成员，在麦诰尼和奥尼尔的领导下，突入加拿大，打算在那里掀起反英起义。可是，很快又遭到了失败。1867 年 2 月，芬尼党成员又在爱尔兰的都柏林等 11 个城市发动起义，展开英勇的反英斗争。起义者被英军打垮。英国统治者逮捕 169 人交付法庭审判。大部分领袖被判处无期徒刑或长期监禁。1867 年 11 月，在曼彻斯特处死三个芬尼党的革命者，后被称为"曼彻斯特三烈士"。爱尔兰人把这天定为国丧日。直到现在，爱尔兰还纪念这个历史的日子。

马克思和恩格斯热烈关注"芬尼党"的革命行动，并和芬尼党一些革命者保持联系。马克思和恩格斯高度评价芬尼党运动的性质，但也尖锐地指出了运动的弱点，他们公开出来为芬尼党人辩护，在报纸上进行宣传，要求赦免被判罪者。第一国际总部也曾几次开会讨论爱尔兰问题，通过了支持爱尔兰运动的决议，赞成爱尔兰脱离英国独立和爱尔兰的土地革命。

马克思指出："爱尔兰是英国土地贵族的堡垒。对爱尔兰的剥削不仅是他们的物质财富的主要来源，而且也是他们最大的精神力量。……爱尔兰是英国贵族用来维持他们在英国本土统治的最重要的工具。"（见《马克思恩格斯全集》第 4 卷，第 379 页。）

"芬尼党"所发动的爱尔兰革命运动，终于被英国殖民者镇压下去了。它的失败原因在于领导运动的小资产阶级知识分子没有和广大爱尔兰人民，尤其是和工农群众真正联系起来；没有在解决土地问题的口号下，发动农民群众参加革命运动；没有与英国工人运动相结合，只是以布朗基主义原则为基础，靠狭隘密谋举行起义，结果势单力薄，其失败是难免的。

然而"芬尼党人"争取爱尔兰独立的宏伟理想、坚定毅力和献身精神都深深地鼓舞了爱尔兰广大人民群众，启迪了更多的人为爱尔兰民族独立而斗争。他们的精神和事业是永垂不朽的。

芬尼党的起义也打击了英国统治者，使他们认识到再不能按照旧的方法统治爱尔兰了。1869 年，自由党首相格莱斯顿执政后，通过了废除爱尔兰国教会的法令。从此，爱尔兰国教会处于与英国教会及其他教会的同等地位，这样，便在民族宗教自由方面向前迈进了一步。

（四）19 世纪最后 30 年和 20 世纪初爱尔兰人民的民族解放斗争

19 世纪最后 30 年爱尔兰人民的民族解放斗争

1867 年反英的芬尼党运动失败以后，英国统治者对爱尔兰人民的压榨依然非常厉害。19 世纪 70 年代，农业恐慌与歉收，再加上英国地主的残酷剥削，使爱尔兰农民陷于饥饿与死亡之中。例如，1851 年爱尔兰人口为 650 万人，到 1900 年则减至 450 万人，死亡率之大，异常惊人，饥荒与死亡迫使爱尔兰人重新起来与英国统治者进行斗争。农民时常进行暴动，烧毁地主的住宅，杀死地主的管家，破坏地主的牲畜和耕地。英国政府在暴动地区公布戒严令，对于暴动者，施行残酷的镇压。

镇压并不能削减爱尔兰人民的反抗。爱尔兰人除了公开暴动外，另一斗争的方法就是"同盟抵制"，或称"波伊柯特运动"（Boycott）。

波伊柯特运动，是由一个英国地主的管家波伊柯特引起的。一次波伊柯特在爱尔兰一个小城镇里为英国地主收租，农民群众要求他减租，而他却以退佃威胁农民，并召集警察驱散他们。为了回答这一粗暴的压迫，当地爱尔兰农民团结在一起，与波伊柯特断绝关系，不为他工作，不和他做交易，结果波伊柯特被迫离开该地。从此，爱尔兰农民与英国压迫者作斗争时，往往采用这种抵制方式，这种斗争方式称之为波伊柯特运动。

在爱尔兰农民不断的反英斗争中，1879 年，出现了一个领导农民斗争的组织——土地联盟（Land League）。这个联盟的组织者与领导者是迈克尔·得维特。他是一个农民的儿子，幼时他父亲被地主从土地驱逐出去。他当过雇工，后来又做了工人。青年时，他就参加了芬尼党，曾被捕入狱，徒刑期满后，他仍继续为爱尔兰的民族解放奋斗不息。得维特领导的土地联盟，主要是争取土地改革，这个联盟就是以波伊柯特运动为其主要的斗争方式。

得维特不久和英国议会中爱尔兰议员的领袖巴涅尔取得了联系。巴涅尔是一位爱尔兰的资产阶级民族主义者。19 世纪 70 年代后，他在英国下院为爱尔兰的自治（即在不列颠帝国范围内的自治）不断进行斗争，巴涅尔建议爱尔兰议员们利用各种方法来阻碍议会工作，即采取妨害议程进行的方法，争取通过爱尔兰的自治议案。为了得到群众的支持，巴涅尔参加了土地联盟，并当选为该盟的主席。

英 法 近 代 史
YING FA JIN DAI SHI

格莱斯顿在他第一次组阁时，就企图以微小的改革，收买爱尔兰的人心。1870 年在爱尔兰颁布一个土地法，该法规定保障被驱逐的佃户，赔偿其改进土地所受的损失；1881 年，在爱尔兰建立一个特殊的土地裁判所，最后向农民保证只要缴纳地租，就不会被驱逐。但是，这个法律并没有保护农民不被驱逐。与颁布一些土地法令的同时，格莱斯顿还取消了爱尔兰的人身保护法，来加强对爱尔兰的警察统治。以巴涅尔为首的爱尔兰议员，在下院中，用妨害议程方法，阻碍这些法律的通过，但是没有什么效果。当该法案通过后，格莱斯顿就逮捕了巴涅尔和得维特等土地联盟的领袖。这时，土地联盟领导者起来号召农民拒绝缴纳地租。农民一致响应这个号召，地主用武力驱逐佃户，反抗运动依然在增长着，芬尼党分子的革命活动也开始活跃起来。

1882 年，爱尔兰总督卡文迪斯和他的助手在都柏林被芬尼党分子刺死。这种恐怖政策对于爱尔兰人民并无好处。因为引起英国统治者对于爱尔兰人民采取一系列的高压手段。

在 1885 年议会议员选举后，自由党已失去了议会的多数。格莱斯顿为了保持政权，便与巴涅尔签订一个密约。根据这个密约，格莱斯顿保证议会通过爱尔兰自治法案，而巴涅尔和爱尔兰的议员必须支持格莱斯顿政府。这个协议确定后，引起了英国自由党的分裂，以约瑟夫·张伯伦为首的自由党人组成了"自由统一党"。约瑟夫·张伯伦是一个极端的帝国主义分子，他反对爱尔兰自治，企图把爱尔兰完全变成英国的殖民地。因此，在下院，"自由统一党"和保守党联合起来，否决了爱尔兰的自治法。格莱斯顿政府垮台，而保守党重新执政。它的政策是加紧镇压爱尔兰的民族解放运动。

20 世纪初爱尔兰人民的民族解放运动

19 世纪末 20 世纪初，爱尔兰工业发展起来了，无产阶级队伍随之成长壮大，这就给爱尔兰人民反英斗争开创了新局面。1898 年成立了爱尔兰社会党，其领导人是詹姆斯·康诺利。社会党提出了建立独立的爱尔兰共和国的口号。

六、英国近代史中的爱尔兰问题

由于爱尔兰的问题，使英国国内的矛盾更加尖锐。阿斯奎斯政府最初希望用1903年通过的关于地主土地售与农民的法律来削弱爱尔兰的民族解放运动，结果落了空。1905年，在爱尔兰又出现了一个新的政党，叫"新芬党"。这个党的政纲是以爱尔兰自己的力量去争取爱尔兰的民族解放，而不再依据英国议会的自治法。这个政党的创始人是爱尔兰文学家格里非斯。他号召抵制英货，拒绝纳税，反抗英国的统治，使爱尔兰成为一个独立共和国。但是新芬党是一个小资产阶级政党，在英国议会中的爱尔兰代表们，都是一些资产阶级民族主义者，他们反对新芬党的思想和策略，仍然主张和英国议会合作以争取爱尔兰在大不列颠帝国范围内的自治。新芬党人的运动迫使爱尔兰的资产阶级民族主义者们更加积极地努力争取爱尔兰自治，以便使爱尔兰人跟着他们走，不跟新芬党人走。1910年的议会选举，便重新提出爱尔兰的自治问题。在这次选举中，自由党在议会中没有获得多数席位，它为了维持政权，不得不取得工党和爱尔兰议员的支持。工党无条件地支持了自由党，而爱尔兰的议员们则提出准许爱尔兰自治来作为其支持的交换条件。自由党为了取得爱尔兰人的支持，便同意将自治法案提交议会。自由党认为给予爱尔兰一定限度的让步，将会有利于英国在爱尔兰的统治，在大战爆发时，也能稳定后方。受到爱尔兰议员支持的自由党内阁，经过长期拖延以后，于1912年向议会提出了关于爱尔兰自治法案，根据这一法案，爱尔兰的权力交给由两院组成的爱尔兰议会，议会中的上院由英国政府任命，下院根据现行选举法选出。法案规定，爱尔兰议会无权处理战争与媾和、领导武装力量、对外贸易和征收新税以及社会立法等问题。此外还规定，英国议会撤销都柏林议会通过的任何法案，行政权仍然操在英国总督手中。但就是这样一个自治法案，也遭到了英国保守党的坚决反对，保守党一向占多数的上院三次否决了自治法。可是，在下院第三次通过它以后，根据1911年改革上院的法案，爱尔兰自治法由国王签字后便发生了效力。保守党在议会中企图阻止通过爱尔兰自治法案失败以后，便采取了其他的斗争方式。保守党人利用在北爱尔兰的阿尔斯特郡的英国人对于爱尔兰自治的不满，进行煽动。阿尔斯特郡的英国人不仅展开反自治的宣传，而且也准备了战斗的武器。1913 年，阿尔斯特郡人的武装有 10 万人之多。爱尔兰的民族主义者也组织了义勇部队。1914 年夏，爱尔兰处于内战的前夕。6 月份，爱尔兰义勇军和阻止他们运输违禁武器的英国军队发生了流血冲突。不久世界大战爆发，爱尔兰事件才没向前发展。爱尔兰自治法案虽经国王签字，但由于英国政府忙于大战，此法案实行日期被搁延下去了。

大战结束后，爱尔兰问题又被提到日程。1919 年 1 月，爱尔兰新芬党宣布成立共和国并组织爱尔兰共和军，准备用武装斗争争取民族独立，内战迫在眉睫。1919 年 12 月，英国首相劳合·乔治提出地方自治法修正案，规定爱尔兰实行自治，但北爱尔兰的六个郡不属于都柏林议会管辖。这个修正案于 1920 年通过，成为正式法律。修正案并未使新芬党人满意，爱尔兰的共和军和英国皇家爱尔兰保安队进行了战斗。1921 年 10 月，劳合·乔治出面与新芬党代表进行谈判，最后双方达成协议：英国承认爱尔兰自由邦为享有自治、自决的全权自治领。但为防务起见，某些港口仍然留给大不列颠控制和使用。北方六个郡不属于爱尔兰自由邦。从此，这六个郡被称为"北爱尔兰"，隶属英帝国管辖。

七、英国近代的对外扩张与
大不列颠殖民帝国的形成

（一）18 世纪的英国对外扩张

　　通称英国是一个"日不落"国，盖因其殖民地遍及世界，统治领域涉及到东西两个半球之故。如今会说英语者可以走遍天下，其原因也在于此。英国为什么能从一个蕞尔小国一跃而为一个殖民大帝国呢？主要的原因是英国在 18～19 世纪为了发展资本主义经济，不断地争夺海外市场和掠夺殖民地，不断地进行扩大侵略战争所造成的结果。

　　1688 年政变之后，在威廉三世统治时代，英国开始实行议会制度。在这种制度下，最初政权实际上落入新贵族上层分子、商业金融资产阶级和封建大贵族之手，而新贵族上层分子与商业金融资产阶级在其中日益占据首要地位。他们热衷于发展工商业。为了发展工商业的需要，他们主张对外扩张，争夺海外市场和掠夺殖民地。欲达此目的，英国必需制服法国。因此，18 世纪，英国的对外政策，主要是同法国争夺世界贸易霸权。

　　那时，法国国王路易十四野心勃勃，企图在欧洲大陆称霸。为了维护荷兰的利益和生存，荷兰执政者奥伦治亲王在 1686 年就组织了一个秘密的防御同盟——奥格斯堡同盟（League of Augsbury）。荷兰、西班牙、哈布斯堡奥地利、神圣罗马帝国、布兰登堡、萨瓦、瑞典和意大利的许多小邦都参加了这个同盟。"同盟"的目的是共同防止法国在欧陆称霸。但是，这个"同盟"的建立并没有挡住路易十四的侵略和扩张。法军在 1688 年又重新侵占了莱茵河沿岸的许多领土。奥伦治亲王入主英国后，英国也参加了这个"同盟"，从而壮大了"同盟"的实力。

奥格斯堡同盟与法国的战争持续了七年之久，双方不分胜负。1697年，双方签订《里斯威克和约》，战争结束。《里斯威克和约》最重要的内容就是法王承认奥伦治的威廉为英国国王，不再帮助"王位觊觎者"詹姆斯二世及其儿子进行复辟活动；此外，路易十四在商业上也给予英国许多好处。但是，这个《和约》并没有解决英法之间的根本问题，这只是暂时的休战。不久，西班牙王位继承战争就爆发了。

1701年，西班牙国王查理二世死后无嗣，从而出现了王位继承问题。法王路易十四之孙和神圣罗马帝国的皇帝利奥波尔德（奥地利哈布斯堡家族）都同西班牙国王查理二世有姻亲关系，有权继承王位。因此，这两个人便成为争夺西班牙王位的主要人物。英国既不希望西班牙王位落到波旁王朝之手，也不愿意落到哈布斯堡王朝之手。因为无论是哪一方面继承了西班牙王位都会获得世界霸权，英国的商品就不能再进入西属殖民地。英国政府不会忍受这种结局。1698年，威廉三世同路易十四签订了第一个分割西班牙遗产的密约。可是，不久，预定的西班牙王位继承人——巴伐利亚王子突然逝世，结果第一个密约便失效了。1699年6月又签订了第二个分割条约，确定查理大公为西班牙王位继承人，但永远不得与神圣罗马帝国合并。由于这些条约都是背着西班牙国王秘密签订的，查理二世得知后非常恼怒。这个问题在西班牙内部也引起了亲奥派与亲法派的剧烈斗争。结果，亲法派得到了胜利。查理二世临终决定，把自己的全部遗产让给法国路易十四的孙子安茹伯爵菲利普，条件是西班牙和法国两个王国永远不得合并。1700年10月，查理二世签署了这份遗嘱，不久他就与世长辞了。1701年初，安茹伯爵菲利普到西班牙继承王位，称菲利普五世。可是，法王路易十四并未遵守法、西永不合并的遗嘱。他一方面宣布菲利普五世有继承法国王位的权利，并扬言"比利牛斯山脉已不复存在"；另一

七、英国近代的对外扩张与大不列颠殖民帝国的形成

方面，他派大军开往西属尼德兰，命令西班牙总督和副王服从他，并且占领了许多重要城市和一些堡垒要塞。1701年9月16日，詹姆斯二世去世，路易十四到圣日耳曼瞻仰他的遗容时，公然违背《里斯威克和约》承担的义务，竟宣布承认詹姆斯二世的儿子为英国国王，并将永远维护其权利。这个消息传到英国之后，不仅辉格党，就连托利党的绅士们也感到十分愤慨。他们主张采取坚决的行动。下议院通过了对法战争的巨额经费。1701年，英、荷首先向法国宣战。不久"奥格斯堡同盟"其他各国也先后向法国宣战。这次战争是由于西班牙王位继承引起的，故称西班牙王位继承战争。

西班牙王位继承战争实际上是在1701年2月间法军入侵荷兰时就已开始。1702年5月，英国才向法国宣战。这时威廉三世已经逝世，安妮女王任命马尔博罗公爵约翰·丘吉尔为英国全军总司令。1704年，马尔博罗公爵率领的同盟军在布伦海姆附近（多瑙河北岸）大败法军。这是战争的转折点。同年，英国海军又占领直布罗陀。1707年，在拉米伊村英军获得重大胜利，把佛兰德尔从法国人手中解放出来。最后在1708年英国及联盟军占领里尔城，法国因战争失利，被迫求和，并同意相当苛刻的条件。

最初，英国辉格党主张继续战争，迫使路易十四接受更为苛刻的条件，而托利党主张停战签订和约，两党争执不休，一直到1711年底，英国才和法国签订了预备和约。英国退出战争迫使其他国家也开始和谈。1712年初，西班牙王位继承战争各参战国在乌特勒支开会，1713年4月11日签订了《乌特勒支和约》（Treaty of Utrecht）。

根据《乌特勒支和约》，英国获得最大的利益。它获得了直布罗陀、米诺卡岛上的海军基地、哈得孙湾周围的土地、纽芬兰和阿卡第亚；此外，英国还取得了"贩卖奴隶的垄断权"。英国取得贩奴垄断权之后，英国殖民者、资产阶级和商人几年之内便获得了神话般的惊人利润。《乌特勒支和约》还承认了菲利普五世为西班牙国王。总之，这个和约在本质上就等于分割了西班牙，它把西属尼

德兰和意大利的领土交给了奥地利，把西属美洲和非洲殖民地上的一些特权交给了英国。这些特权就经济意义来说，差不多就等于把这些殖民地都让给了英国人。由此可见，1702～1713 年的西班牙王位继承战争使英国获得了巨大利益，而法国失掉了西欧的霸权。从此，开始了英国在海上的称霸时代。

1713 年以后，欧洲出现了一个和平的间歇阶段。路易十四在1715 年的逝世也促进了和平关系的巩固。因为法国摄政王奥尔良公爵并不支持詹姆斯·斯图亚特在英国复辟的野心，还加强了法国同英国辉格党之间的友好关系。1716 年，英、法和荷兰还缔结了一个《三国同盟条约》。英国和法国郑重声明，相互保证英国王位今后必须由新教徒继承；而西班牙永远也不得同法国合并；法国必须把詹姆斯·斯图亚特王朝的觊觎王位者从阿维农赶走。

1713 年以后，英国同西班牙的关系比较紧张。西班牙并不甘心让英国占据直布罗陀和据有贩卖奴隶贸易的垄断权。西班牙对此耿耿于怀，千方百计地总想收复直布罗陀和取消英国贩奴垄断权。1718 年，英、西发生了战争。那时，英国组成了一个英、荷、法、奥四国联盟，共同抵制西班牙。英国舰队不仅使西班牙舰队遭受巨大损失，也破坏了西班牙的许多港口上的防御工事和造船厂。西班牙由于孤立无援只好停战。1721 年缔结了《马德里条约》。这个《条约》再次肯定了《乌特勒支和约》的条款，另外西班牙又给予英国某些商业特权。

当然，和平局面维持不久，法国千方百计地要想取得英国在西班牙享受的那些商业特权。西班牙也极力想收回被英国占去的直布罗陀和西属殖民地的商业特权。到 18 世纪 30 年代，英法关系又开始紧张。因为法国同西班牙波旁王朝支系缔结了反对英国的"王族同盟"，法国答应帮助西班牙收复直布罗陀；而西班牙答应把从英国收回的西属殖民地的商业特权转交给法国。此后，西班牙便开始限制英国在西属殖民地中进行贸易，从而引起英国商船同西属殖民地当局的冲突。在一次冲突中，英国海盗船只的船长金肯斯（Jen-

七、英国近代的对外扩张与大不列颠殖民帝国的形成

kins) 被西班牙捕获，割去耳朵，热衷于争夺海外殖民地的一些辉格党人利用这个事年，极力鼓吹与煽动，要求英国政府对西班牙开战。由于这股势力非常强大，沃尔波内阁不得不屈服。1739 年，英国终于对西班牙宣战。这就是所谓的"金肯斯割耳之战"。这一战也成为 18 世纪英国争夺海上霸权和夺取海外殖民地而进行的一系列战争的前奏。英国的主要敌手自然是法国，主要的攻击力量也是指向法国。

在 1739 年英西战争中，最初，英国只同西班牙展开了激烈的战斗，不久，法国因为同西班牙有同一王族的血缘关系也参加到西班牙一边共同对英国作战。沃尔波内阁由于初战失利而垮台。后来英西战争也就同 1740 年开始的奥地利帝位继承战争合并在一起了。

奥地利帝位继承战争是在国际环境非常复杂的情况下爆发的。奥地利在西班牙王位继承战争后得到了加强。1733 年，波兰王位继承战争中亲奥的奥古斯特三世夺得王位之后，又增强了奥地利反普鲁士的力量。但是，奥地利帝国是一个多民族的封建农奴制专制的国家，国内阶级矛盾与民族矛盾交织在一起，国力非常虚弱。1735~1739 年，奥地利在同土耳其的战争失败后，其弱点更加暴露无遗。与此同时，普鲁士的统治者弗里德里希，利用欧洲列强的矛盾，以欺诈、背叛和各种阴谋诡计等种种卑鄙手段，扩张领土，加强实力，成为奥地利在德意志境内的竞争对手。尤其是 18 世纪，普鲁士国王弗里德里希更加野心勃勃，穷兵黩武，企图称霸德意志。因此，普鲁士同奥地利的斗争日益尖锐。

至于法国，在西班牙王位继承战争之后，虽然已经削弱，但它仍然把奥地利和英国视为主要敌人。路易十五继位之后，仍然继续推行所谓"东方栅栏"的对外政策，即联合瑞典、波兰和土耳其反对奥地利。同时，它还想拉拢普鲁士，以便加强这个联盟。因此，法国除了积极插手波兰和土耳其问题外，还支持普鲁士的扩张，帮助它同奥地利进行战争。至于英国，它对于欧洲大陆一直采取所谓"均势政策"，即不使任何国家在大陆上占有统治地位。它用建立对

英 法 近 代 史
YING FA JIN DAI SHI

立的联盟方法来均衡大国之间的力量，甚至使之彼此厮杀，以便削弱英国在欧洲大陆上的竞争对手。这样，便有利于英国集中力量向海外进行殖民扩张。因此，英国为了削弱法国，便积极地支持奥地利。于是英、奥、荷建立了一个反法联盟。

1740 年，奥地利哈布斯堡王朝皇帝查理六世逝世，其女玛丽亚·铁列西亚继位。普王弗里德里希背弃他先人的诺言，不承认玛丽亚·铁列西亚（Maria Theresa）的帝位，要求奥地利将西里西亚最富裕的工业区让给他之后，他才能承认。这一要求遭到了玛丽亚·铁列西亚的坚决拒绝。于是，弗里德里希派兵占领了奥地利的西里西亚。从此开始了 1740～1748 年的奥地利帝位继承战争。法国、西班牙、巴伐利亚和萨克森先后参加到普鲁士的反奥同盟，法国在战争中最为积极，实际上，它成为反奥同盟的领导者。英国站在奥地利一边。英、奥结盟还得到了匈牙利贵族力量的支持。匈牙利派出大批军队帮助奥军占领了巴伐利亚。英国虽然也派兵在大陆上同法国打了几次仗，乔治二世在他的幼子坎伯兰公爵的陪同下，御驾亲征。在德丁根战役中同法军展开了激战，虽然取得了胜利，但对于整个战局没有发生决定性的影响。后来英军便撤回国内对付 1745 年年轻的"觊觎王位者"对英国的入侵。以后英国主要是用大量的金钱支持奥地利，可是奥地利在大陆上的各条战线均被普鲁士打败。1745 年，普、奥在德累斯顿缔结单独和约，普鲁士占有了西里西亚，并承认哈布斯堡家族的帝位继承权，承认玛丽亚·铁列西亚的丈夫弗兰茨一世为神圣罗马帝国的皇帝。此后，奥地利和其他反奥同盟的军事行动又持续了几年。英国殖民者在一支海军舰队的支援下，夺取了法国在北美的最坚固的堡垒——路易斯堡。到 1748 年才同法国缔结了《亚琛和约》（Treaty of Amiens）。此后，这场为时 8 年的战争才算结束。

奥地利帝位继承战争的后果是普鲁士的实力加强了，成为了欧洲的大国。它不仅要同奥地利在德意志争霸，在对外政策和对欧洲的国际关系方面也产生了重大的影响。战后，普、奥之间的关系仍

七、英国近代的对外扩张与大不列颠殖民帝国的形成

然十分紧张。奥地利女皇玛丽亚·铁列西亚下定决心要收复西里西亚，她扬言，为了收回失去的西里西亚，不惜"卖掉自己最后一条裙子"。为此，奥地利不久就同它的世仇法国结盟，还把沙皇俄国拉到一起，建立了一个反普鲁士的同盟。这个同盟的建立，成为日后"七年战争"的前奏。

1748 年《亚琛和约》以后，英法之间虽然已经讲和，但是争夺殖民地的局部战争从未停止。1755 年，英、法在加拿大争夺殖民地的军事行动开始了。所以，英、法双方在欧洲大陆都积极地寻找盟国。英国首先同普鲁士缔结联盟，代替了昔日英奥同盟。英国认为新起的普鲁士比奥地利强大得多，它能够更好地保护汉诺威领地，并且也是牵制法国的最有力的力量。这样，英国可以腾出手来，集中力量掠夺法国海外殖民地。于是，英国把给奥地利的补助金转交给普鲁士。普鲁士为了对付俄国和法、奥，也想利用英国的力量实现它称霸德意志的野心。1756 年 1 月 16 日，英、普两国签订了同盟条约。该约规定，双方反对任何敌人进攻两国的领土，英普双方共同制止敢于入侵德意志领土的任何外国军队。这个条约使奥地利极为愤慨，也使沙皇俄国倒向法国。法奥两国虽有世仇，这时也不得不结成同盟以便共同对抗英、普。奥地利希望法国帮助它从普鲁士手中收复西里西亚，它愿意将比利时的一些省份让给法国。1756 年 5 月，奥地利同法国缔结了《凡尔赛条约》，双方保证各自提供 24000 人的军队，援助另一方反击任何侵略者。接着，俄国也参加了这个同盟。于是，以英国和普鲁士为一方，以法国、奥地利、俄国、西班牙、瑞典和萨克森为另一方的两大军事同盟形成了。1756 年 5 月，法军攻占英国在地中海的战略基地米诺卡岛，同年 10 月，普鲁士派兵侵入萨克森和波希米亚。"七年战争"从此正式爆发。

普、奥、俄在欧洲大陆为了扩张领土和争夺欧洲霸权而战。但是，它们之间的战争受到英法争夺海上霸权和殖民地的斗争所制约。因为这场战争的主要内容是英、法争夺海上霸权和殖民地的战争。首先是英、法在北美因边境争端开始的斗争助长和促进了普鲁

士同奥、俄的战争。由此可见，"七年战争"是一场普鲁士在德意志争霸和英、法在海外争夺殖民地交织在一起的具有世界性的殖民战争。

战争初期，英国几乎每战皆败。早在 1755 年，英军在北美进攻杜肯堡就遭到了惨败。1756 年，英国在地中海上的米诺卡岛海军基地又被法国占领。法军在北美还攻占了在安大略湖的沃斯威里要塞。法国的 43 艘船摆脱了英国海军的封锁，运载 3500 名援军及作战物资顺利地到达了加拿大。所有这些，说明在战争伊始英军节节败退，处境不利。

其实，英国在经济和海军实力方面均优越于法国。战争初期，英国所以失利，主要原因有以下几点：第一，英国内阁软弱无能，内阁首相纽卡斯尔公爵只善于搞党派斗争，不懂外交与军事。他在主战与主和两派之间摇摆不定，没有一个统一的政策；第二，内阁中的主战派没有一个战略思想和主攻目标；第三，海陆军将领庸碌无能，因循守旧，指挥失措。由此可见，英国若想取得战争的胜利，必须改组内阁，调整战略方针，明确主攻方向，振奋海陆军士气，才能转败为胜。后来老威廉·皮特（William Pitt，1708～1778 年）参加了内阁，并掌握了军事大权，战局才有所变化。

老威廉·皮特是 18 世纪英国最杰出的资产阶级军事家和政治家，出身于一个英国显宦的家庭。他幼年时代，就读于伊顿公学和牛津的三一学院，及长，转到乌特勒支大学攻读法学。1735 年，老皮特作为袖珍选区老萨拉姆（Old Sarum）的代表被选为下议院议员，从此便开始了他的政治生涯。

最初，老威廉·皮特参加了政府反对派，属于辉格党的所谓"爱国者"，或称反叛的辉格党人。这些反对派都集中在威尔士亲王弗里德里克周围。他们攻击辉格党内阁的政策。老皮特进入议会的第一次演说，就极力攻击沃尔波内阁的和平政策，抨击旧的选举制度，谴责辉格党的寡头统治。他极力主张英国应该积极地向外扩张，夺取新的殖民地。他认为，英国要想强大和繁荣，必须发展海外贸易，夺取海外殖民地，不应只限于维护欧洲大陆上汉诺威王室

七、英国近代的对外扩张与大不列颠殖民帝国的形成

的利益；不应只搞欧洲联盟，应放眼世界，击败法国劲敌，夺取新的殖民地。显而易见，老皮特的政治主张是代表英国新兴工商业资产阶级利益的。

1757年7月，英国新内阁为了争取战争的胜利，起用老皮特，并赋予他军事全权。老皮特采取一系列的措施，迅速地扭转了战局，使英国终于赢得了最后的胜利。

英、法争夺殖民地是"七年战争"的主要内容。在海外，英法利益冲突的主要地区是在加拿大和东印度。所以，老皮特的战略方针主要着眼这两个地区。首先英国要夺取法国的殖民地加拿大。因此，他主张以北美战场为主，把加拿大作为主攻方向。老皮特让由英国资助的普鲁士军队在欧洲同法国作战，以便把法国主力部队牵制在欧洲大陆。这样，英国可以利用海上优势，集中兵力进攻法属加拿大。与此同时，英国在海上封锁法国，不让它的陆军和海军增援北美。当时，法国陆军庞大，而海军虚弱，英国全面地封锁和监视法国的大西洋港口，尤其是严密监视布雷斯特港口，以便拖住法国舰队，非经过战斗则无法逃脱。所以，在强大的英国海军封锁下，法国要想从欧洲运兵和军事物资到北美则困难重重，非常不易。总之，老皮特的战略方针和主攻目标制定得十分符合实际。在战略上，他能正确地处理欧洲战场与美洲战场、陆战与海战之间的关系。因此，英国在这次战争中能取得胜利，老皮特的战略计划与战术思想起到了巨大的作用。

为了保证战争的胜利，老皮特还进行了许多改革。他罢免了无能的军官，不按门第和资历，只按能力提升一批精力充沛的、又有才干的年轻军官。他知人善任，把人才安插到适当的岗位，充分发挥他们的专长与才智，从而提高了英军的素质与战斗力。至于法国的军官都是贵族出身，其升降完全以国王路易十五及其宠妃彭巴杜的好恶为依据，其腐朽无能可想而知了。此外，老皮特非常重视行政效率，凡事都以身作则，亲自过问。他亲自拟定作战计划，布置每次战役的细节。他虽然体弱多病，但绝不缺勤，甚至带病工作。

他也严格地要求部属不得玩忽职守，赏罚严明，绝不宽恕。为了提高工作效率，老皮特对于文件与命令的内容都有详细记录，将其编成目录随时备用。为了指导战争，老皮特还刻苦学习法语、历史和心理学，以便掌握法国动态，分析法国的战略，做到军事家必须遵守的"知己知彼，百战不殆"的原则。所有这些，都是老皮特出奇制胜、打败法国的重要因素。

1758年，老皮特掌握军权后，按照他的战略计划，兵分三路向法属加拿大进攻。第一路由阿默斯特将军和沃尔夫准将率领的英军在海军的支援下，沿着圣劳伦斯河去进攻魁北克；另一路英军在艾伯克指挥下攻占赫德森河谷入口处的乔治湖地区，在到达魁北克之前同阿默斯特和沃尔夫会师；第三路军在福布斯准将带领下从宾夕法尼亚出发，沿俄亥俄河谷而上，去攻打俄亥俄河和密西西比河沿岸法国堡垒群中的杜肯堡要塞。英国海军的任务主要是阻止法国援军离开法国。1758年，宾夕法尼亚方面的英军攻克并摧毁了杜肯堡（Fort Duguesne）要塞，（后来英国将它改名为匹兹堡）。1759年，英军又夺取了尼加拉和提孔德罗加堡垒，从而打开了英军前往密西西比河的道路。同时，英军也在加拿大采取了攻势。1760年5月，英军占领了魁北克，同年9月又占领了蒙特利尔。实际上，这意味着英军已经完全征服了加拿大。

英军在加拿大所以能取得如此巨大的胜利，也同北美殖民地人民的支持分不开。英属北美殖民地当时约有200万人。战争初期，英属北美13洲殖民地人民并不愿意出兵和拨款支援战争。因为北美人民在1745年曾攻克法国占领的路易斯堡，但被英国用来与法国交换了印度的马德拉斯，使北美人极为不满。英属北美殖民地人民还认为这次战争是英国与法国的战争，与殖民地人民毫无关系，此外他们又怕英国再次出卖他们，加之英国轻视殖民地人民等等。所有这些原因，造成了英属北美殖民地人民对战争的冷淡和不合作的态度。老皮特为了动员殖民地人民参加战争做了大量的工作。首先从思想上解除他们的顾虑，让他们参加"英国皇家兵团"，给

七、英国近代的对外扩张与大不列颠殖民帝国的形成

予很高的荣誉；此外把殖民地的民兵编入正规军，享有与英国官兵同等权利和待遇，并且尽量地提拔殖民地人担任军官。同时，老皮特在英国议会中也经常为殖民地人民的利益争辩。结果，殖民地人民纷纷参加军队，支援战争。在战争期间，北部殖民地共有17500多人参加了军队，南部人口稀少也有5300多人。他们骁勇善战，对英国的胜利作出了贡献。

在东印度，英国的东印度公司利用土邦的矛盾，采取收买、供应武器和欺骗等卑鄙手段，征服了一些土邦。英国人依靠这些方法还打败了印度最富庶的土邦孟加拉邦主。1757年，在普拉西战役中，克莱武又击溃了法军，这次胜利保障了东印度公司完全控制了孟加拉。在争夺孟加拉的同时，英国人也对卡拉提克进行争夺。法国人企图占领英属马德拉斯，但是没有成功。可是，1760年，英军却包围了法属本地治里（Pondicherry），迫使法国守军在1761年1月退出堡垒。这个堡垒被英军夷为平地。从此，法国在印度的统治势力完全被消除了。孟加拉的法国傀儡米尔·卡塞姆企图起义反抗英国的统治，不久又被英国人镇服下去。1764年，在布克萨尔附近的战役以后，英国才巩固了在孟加拉的统治。这时，英国人已占据整个恒河沿岸，成为"印度斯坦的真正主人"。英国的东印度公司也由一个商业强权变成了军事的和拥有领土的强权者。

英国在印度的地位巩固之后，法国不仅在印度丧失了地盘和权势，而且在非洲和其他地区的损失也不小。如塞内加尔、小安的列斯群岛的马提尼克、格森纳达、圣卢西亚和托贝戈也有重大损失。因此，法国不得不同英国进行和平谈判。

可是谈判拖延很久，因为老皮特感到英国既有力量，又占优势，便提出一些极为苛刻的条件。第一，他要求法国停止帮助奥地利，但英国还得保留无限地援助普鲁士的权利；第二，在战争期间凡是英军占领的法属殖民地，都得归属英国。这种苛刻的要求，不仅引起法国的愤慨，就是英国本国也有一些人认为过火。

旷日持久的战争使得某些人的利益大受损失，而另一些人从战

争中大发横财，所以在英国辉格党内部对于战争是否继续的问题，也分成了两派，这就影响了英国的对外政策。

战争耗费了巨大的款项。英国在七年战争中总战费为 8200 万镑，其中约有 6000 万镑是靠借债得到的。为了支付日益增加的国债及其利息，政府不断地增加租税，尤其是对关税的征收更加严厉。这不仅影响了居民中的劳动阶层，也部分地影响了资产阶级和地主，因而造成辉格党人内部的分裂。成分非常复杂的辉格党统治集团的经济利益彼此分歧，必然要影响辉格党内阁的对外政策，使其不易统一。与殖民地企业有关的资产阶级，坚持继续战争，直到彻底击溃法国为止。另一部分辉格党人对于 1760 年所取得的战果已经心满意足，主张尽快停止战争。与辉格党有联系的地主，也不愿意继续进行战争，因为战争对他们没有带来商业与殖民地资产阶级所得到的那样的好处。

皮特是代表侵略性最强、但人数不太多的殖民资产阶级的利益。在英国已经占领了印度和美洲各主要据点以后，他们还要继续作战。这不仅遭到托利党反对派的强烈攻击，而且也遇到了大多数辉格党人的抵制。因此，皮特的地位发生了动摇。1760 年即位的乔治三世非常敌视皮特，更加使皮特的地位不稳。1761 年 10 月，皮特被迫辞职，把职位让给了王室的宠臣布特勋爵。

乔治三世即位后，改组政府，布特掌握大权。他开始同法国进行谈判，1763 年 2 月在巴黎同法国签订和约，史称《巴黎和约》。《巴黎和约》对法国的要求是非常苛刻的。其中规定：（1）在北美，法国将加拿大及其附近的全部领土——布雷顿角岛、圣劳伦斯各岛、全部俄亥俄河流域、密西西比河左岸（新奥尔良除外）都让给英国。此外，英国还从西班牙取得了佛罗里达。为此法国要把密西西比河的右岸交给西班牙。（2）在加勒比海地区，小安的斯群岛（Lesser Antilles）的一部分——圣文孙特（St. Vincent）、格林纳达（Grenada）也交给英国。（3）在非洲，整个塞内加尔除戈里亚岛外，都落入英国之手。（4）在印度，只给法国留下五个城市，即本地治里、卡里卡尔、亚纳昂、昌德纳戈尔和马埃。而且这几个城市只许作为商站，不得建筑防御工事。《巴黎和约》标志着七年战争以英国彻底打败法国取得巨大的胜利而告终，在七年战争中，英国所以能取得这样的胜利，固然威廉·皮特起过很大的作用，但更主要的是英国已经是一个资本主义国家，正是英国的经济形式比法国先进，才使英国获得了胜利。从历史发展的观点来看，早在17世纪，工业的英国就已经战胜了商业的荷兰；到了18世纪，资产阶级的英国又战胜了封建专制的法国。所有这些胜利，归根到底，在很大程度上，应归功于17世纪英国资产阶级革命的胜利。如果没有这次政治革命的胜利，若想在18世纪打败法国，取得争夺海外殖民地的胜利是不可能的。

英国在斗争的决定性关头把自己的主力集中在殖民地上，因为英国富强，能够用大量的金钱雇佣弗里德里希二世在欧洲作战。法国则被专制封建贵族的腐化挥霍消耗得没有力量，没有钱收买别国的军队，不得不把自己的兵力分散在欧洲及殖民地战场。所以到处挨打，终遭失败。总之，七年战争巩固和扩大了英国在海外的殖民地，为不列颠殖民帝国的形成奠定了基础。

（二）19世纪上半期的英国对外扩张

英国资本主义经济的迅速发展，是与对殖民地的掠夺密切相联系的。在资本主义进一步发展的过程中，英国资产阶级的胃口越来越大。它对外进行疯狂的侵略，从1838年到1849年间，仅十年的光景，英国就侵占了拥有850万人口以上的殖民地的领土。

七年战争以后，英国将法国驱逐出印度，此后英国的东印度公司独占了印度贸易的垄断权。它以加尔各答为据点，利用印度土邦之间的分裂和落后，不断地向印度内地深入。18世纪末到19世纪初，英国先后征服了印度南方的迈索尔和北方的马拉提国家的一部分，并占据了莫卧儿帝国的首都德里，从而把莫卧儿帝国的皇帝变成为英国的傀儡。到 19 世纪 30～40 年代，英国又继续向印度腹地侵入。1843 年英国殖民者夺占了印度的信德公国；1846 年占领了克什米尔；1848 年兼并了印度北部重要战略地区和谷仓——旁遮普省，1849 年 3 月，英国将旁遮普划分为英属印度的一个省。至此，英国东印度公司彻底地征服了印度。英国把印度变成了主要商品销售市场和原料产地。英国纺织品的总产量有四分之一运销到印度。由于英国的商品充斥在印度市场，致使印度的纺织工业遭到排挤，使印度工人大批失业、贫困、饥饿和死亡。此外，印度的农民也因英国殖民者的摧残而陷于严重的赤贫。例如，印度古老的公社土地所有制被英国殖民者给消灭了，广大的农民被束缚在宣布为国有的土地上，负担着沉重的赋税与封建租役。印度的农作物如棉花、米、糖和茶等，多半都被英国殖民者掠夺去，而印度农民则处于饥寒交迫的贫困生活之中。这就是英国殖民者在印度所制造的悲惨景象。正如马克思所说："英国破坏了印度社会的整个结构……印度失掉了他的旧世界而没有获得一个新世界，这就使它的居民现在所遭受的灾难具有了一种特殊的悲惨的色彩。"（见《马克思恩格斯选集》第 2 卷，第 64 页。）

印度人民对于英国殖民者曾进行了坚决抵抗。例如，旁遮普的年轻士兵，组成了"五人团"决心保卫国境，但终因孤立无援又缺乏坚强的领导而失败。

英国的东印度公司是侵略印度的急先锋。它拥有自己的海军和陆军，设有法庭和其他镇压机关。在侵略印度的进程中，东印度公司在印度的势力壮大起来，这使它同英国国内的工业资产阶级发生了矛盾。1813 年，英国政府取消了东印度公司对印度贸易的垄断特权。从此，英国国内资产阶级便跟印度殖民地发生了直接的关系。印度便成了英国工业品的销售市场和原料产地。1833 年，修改东印度公司章程时，公司的特权稍有削减，其中包括准许英国工商界人士较广泛地从事对华贸易。尽管如此，东印度公司仍然是一个势力强大的经济机构和政治组织。

七、英国近代的对外扩张与大不列颠殖民帝国的形成

为了保证到印度的通路和扩大对亚洲各国的侵略，英国在1839年占领了亚丁港，并继续在马六甲半岛扩展自己的领地。同年，英国殖民者曾发动过对阿富汗的侵略战争，由于阿富汗人民的坚决抵抗，未能得逞，只好在1842年同阿富汗艾米尔签订了条约，暂不侵占这个国家。对中国，由于第一次鸦片战争（1839～1842年），英国占领了香港，并迫使清政府开放了一系列的通商口岸，为列强侵入中国打开了大门。1840年，英国侵占了新西兰，1842年，侵占了婆罗洲北部（沙捞越公国，即今加里曼丹岛北部的马来西亚），1843年侵占了南非的纳塔尔。

总之，到19世纪中叶，英国已成为世界上最大的殖民帝国，它拥有殖民地领土200多万平方公里，人口1亿人。英国资产阶级就依靠这个辽阔的殖民帝国大发横财，用从殖民地各族人民中掠夺来的巨额财富，加速了英国国内资本主义的飞速发展。随着英国工业生产的发展，英属殖民地也日益成为英国的廉价原料的重要产地和英国工业品的销售市场。这就是英国实行大规模殖民地扩张政策的主要原因。同时，在英国国内当社会矛盾十分尖锐时，就有大量移民到殖民地去。在30年代，迁往殖民地的移民约有50万人，而在40年代则已超过120万人。

19世纪五六十年代，英国资产阶级侵略政策的忠实执行者主要是帕麦斯顿。他三次担任外交大臣，在1855～1865年间，除了很短的间隔外，他两度出任自由党内阁首相。

帕麦斯顿以自由主义作伪装，将自己打扮成其他国家、民族独立和自由的保护者，实际上，他却把英国资产阶级的侵略魔爪伸向了世界各地。五六十年代，英国参加过的历次殖民战争，几乎都与帕麦斯顿的名字有关。这些战争暴露了英国对外政策的侵略实质。

1854～1856年，英国参加了克里米亚战争。这是一次英法同俄国争夺近东势力范围的战争。战争结果，英法打败了俄国后，土耳其成了英法的附庸国。克里米亚战争后，英法两国又开始把侵略矛头重新转向远东的中国。1856年，英国以"亚罗号"事件为借

口，对中国发动了第二次鸦片战争，强迫中国在 1858 年签订了使中国人民进一步受奴役的《天津条约》。1856 年，英国还对伊朗发动侵略战争。不久，由于印度爆发民族大起义，英国政府才不得不暂时放弃彻底奴役伊朗的计划。在南非，英国对土著克索萨人诸部落发动了毁灭性的战争，并把他们赶出自己的家园。1859 年，英国人残酷地镇压了印度的民族大起义。

在 50 和 60 年代期间，英国殖民者为了霸占新西兰，对新西兰土著居民毛利人进行毁灭性战争，英国殖民者残酷地屠杀毛利人，霸占其田园、抢劫其财产、焚烧其房屋，惨绝人寰，目不忍睹。1860 年，英法联军又对中国发动野蛮进攻，纵火焚烧圆明园，迫使清朝统治者签订割地赔款的屈辱的《北京条约》。1863 年，英国强迫日本"开放"贸易。1865 年，英国当局用野蛮手段镇压了牙买加岛上起来反对种植场主的奴隶起义，450 名起义者未经审判就被处死。

1852 年，英国夺占了缅甸很大一部分领土，把它并入印度领地。1854 年，英国吞并印度西部的俾路支，从而使阿富汗失去了出海口。1860 年，英国在马六甲半岛上的领地也在继续扩大。

19 世纪 70 年代以前，英国在非洲侵占的领地，主要是在非洲大陆沿海地区。英国在南非有两个殖民地即开普与纳塔尔（Natal）。1868 年，英国对巴苏陀兰实行了保护制。这些领地成了以后英国进一步侵入非洲的战略基地。

总之，在 1850～1870 年间，英国殖民地的人口从 1.3 亿人增长到 2 亿人左右，其中还没有把印度土邦计算在内。

（三）19 世纪最后 30 年和 20 世纪初的英国对外扩张

19 世纪 70 年代，英国开始丧失世界工业霸权地位，为了补偿这一损失，便加紧剥削殖民地，同时也特别关注对新的殖民地的掠夺。

迪斯累里任首相时，英国的外交政策主要放在殖民地的掠夺上。迪斯累里认为不列颠帝国的重心是在印度。所以，他企图将印度直接置于英国统治之下。1876 年，维多利亚女王根据迪斯累里的建议，为自己加上了印度女皇的称号，而迪斯累里也因此被女皇封为比康斯菲尔德伯爵。此外，迪斯累里还企图把英国势力扩张到俾路支和阿富汗，想向北伸展，这样就和俄国发生了冲突。因为俄国这时也想把阿富汗变成它的势力范围。于是，俄国将英国视为主要敌人，英国也非常痛恨俄国。

俄国为了取得黑海海峡，支持巴尔干半岛的斯拉夫人起义，反抗土耳其，因而造成 1877～1878 年的俄土战争。这次战争本来俄国得到胜利，可是由于英国的积极干涉，俄国没有取得它要取得的地方。迪斯累里巧妙地恐吓沙皇政府，迫使它同意修改《圣·斯特法诺和约》(Treaty of San Stefano)。在 1878 年的柏林会议上，由于英、奥和德国三国的压力，俄国只得放弃许多胜利的果实。迪斯累里在这次外交上取得的胜利，巩固了英国在东方的地位。1878 年，英国迫使土耳其将地中海东部的重要战略基地——塞浦路斯岛割让给它。

但是，迪斯累里并不满足于在近东的胜利，他还想将英国势力扩张到阿富汗。1879 年，英国发动侵略阿富汗的战争，终于使阿富汗承认了英国的保护。

早在 19 世纪 70 年代初期，英国已开始对非洲进行侵略。在格莱斯顿内阁时期，就夺取了奥伦治自由邦的金刚石矿区。1877 年，迪斯累里组阁后，他为了英国金矿资本家的利益，企图吞并德兰斯瓦尔，结果引起布尔人的坚强反抗。英勇的布尔人给予英国侵略者以沉痛的打击，使英国的侵略目的没有能够实现。这就是第一次英布战争（1880～1881 年）。

英国对南非的侵略虽然暂时遭到一些挫折，但对于埃及的侵略却获得成功。1875 年，英国政府从埃及收买了苏伊士运河的股票，

英 法 近 代 史
YING FA JIN DAI SHI

共 176602 股的股票，价值 1 亿法郎。自此，英国取得了对这条运河的经济控制。1882 年，格莱斯顿内阁以埃及国内发生以阿拉比为首的争取民族独立运动为借口，以武力占领埃及，把埃及变成了英国的殖民地，从而保障了英国对埃及的政治控制。

　　为了巩固对埃及的统治，英国政府便进一步侵略苏丹。1883年秋，英将希克顿率领 1 万英埃联军攻入苏丹。在乌拜伊德附近同苏丹马赫迪的起义军展开激战。希克斯和所有军官均被击毙，生还者只有 500 人。1884 年，英将戈登又率军重新侵入苏丹，占领了喀土穆。可是，起义者不但夺回了苏丹最大的城市——喀土穆，还杀死了戈登。英国殖民者遭到几次打击后，只好暂时放弃了苏丹。1898 年英军在基钦纳指挥下，以极其残酷的手段，终于将东苏丹征服。在这里值得注意的是，英军占领东苏丹，引起了法国嫉恨。为了阻止英国完成东苏丹的彻底征服，法军从它在刚果河流域的属地进入尼罗河下流，抢先占领法绍达（Fashoda）。英法之战似不可免。后因英国政府的严厉抗议，而法亦不愿与英国决裂，终于让步。东苏丹便完全落到英国之手。

　　英国占领东苏丹以后，次年又发动一次侵略布尔人的战争，史称第二次英布战争（1899～1902）。英国发动这次战争的目的，在于将德兰斯瓦尔共和国和奥伦治共和国变成英国的殖民地。1899年战争开始时，英国非常轻视布尔人，以为一举可以灭亡这两个共和国，但事与愿违。由于布尔人熟悉地形，准备充分，机动灵活，给英军以突如其来的袭击。英军在这次侵略中损失 2500 人，大炮12 门。英军的惨败，震动了英国朝野，英国政府不得不大量增援。后来英国政府使用了 20 万以上的兵力，在 1900 年才占领了这两个布尔人的共和国的主要中心地带。布尔人虽然失去了一些重要城市，但他们并没有屈服，到处组织游击队继续作战。英勇的布尔人的游击队神出鬼没地给予英军很大的打击。英军为了使布尔人屈服，采用残酷手段，毁灭村庄，屠杀成批的俘虏。布尔人的抵抗终被镇压下去了。1902 年 1 月，荷兰政府出面调停。5 月，英布双方

七、英国近代的对外扩张与大不列颠殖民帝国的形成

签订和约。根据和约，布尔人放弃独立的要求，奥伦治和德兰斯瓦尔两个共和国被英兼并。英国政府为了缓和布尔人的反抗，给予他们自治。

英布战争结束后，英国着手"重建"南非。为了恢复金矿生产，1904 年，英国政府与清政府签订了《劳工章程》，在德兰斯瓦尔招募 5 万多名华工。1909 年，英国议会公布南非法案，1910 年 5 月 31 日，英国将德兰斯瓦尔（Fransvaal）、奥伦治（Orange）同英属海角殖民地和纳塔尔（Natal）合并成一个联邦，命名为南非联邦，成为不列颠的一个自治领。

到 19 世纪末，英国的殖民地已遍及全世界。早在 19 世纪中叶，有一部分英国殖民地享有一些自治权利。到 19 世纪末和 20 世纪初，享受自治权的殖民地就更多了，其中有南非联邦、加拿大、新西兰和澳大利亚联邦。在这些自治殖民地（又称自治领）中的居民，主要是英国人，仅在南非联邦黑人占多数，但他们毫无权利，并遭受残酷剥削与压迫。在加拿大、澳大利亚和新西兰，实际上原来的土著居民几乎都被英国殖民者杀光了。在所有的自治殖民地中，只有白人才能享受到自治权利，土著居民是没有份儿的。

在英国的自治殖民地中，农业经济占优势。加拿大在经济上是英国诸多自治领中最发达的自治领。它以大农场经营为主，对外输出小麦。19 世纪末，加拿大的资本主义工业也开始成长起来。其他自治领的经济发展上都不及加拿大。澳洲联邦牧畜业发达，牲畜场最多，规模亦大，澳洲的羊毛供应给全世界。但羊毛贸易全部为英国资本家所把持。此外，澳洲的金矿亦落在英国资产阶级之手。

在南非的海角殖民地中，也是牲畜场占优势，在纳塔尔主要是蔗园。南非沦为英国殖民地后，白人不断地移民该地，并夺占土著的土地。20 世纪初，南非 500 多万土著，仅有 2550 万英亩土地，而 150 万白人则占有 2.3 亿英亩土地。失去土地的土著，变成了英国资本家和地主的雇佣劳动者，受其野蛮的剥削与压榨。

英国这个帝国主义国家，大部分是依靠掠夺印度发展起来的。

英 法 近 代 史
YING FA JIN DAI SHI

印度是一个物产丰富而人口众多的国家。在 20 世纪初，其人口约有 3 亿，英国加上它的一切殖民地在内，也不过 1 亿人口。印度沦为英国殖民地后，一直到 20 世纪初，仍是一个毫无自治权利的殖民地。

英国政府任命的总督在印度是太上皇。印度的高级官吏，都由英国人担任，印度人只能担任低级官吏。英国殖民者残酷地剥削印度人民，造成印度农民大批的破产。印度农村经常出现鼠疫和霍乱病，死亡率很高。仅在 1896～1906 年间，印度人民因饥饿而死亡的就达 1000 万人之多。

英国殖民者压制印度工业的发展，限制对印度输入机器，不广设学校，限制印度儿童学习文化，企图使印度永远成为一个落后的农业国，成为英国原料和廉价劳动力的供给地。英国的对外战争和对殖民地侵略所用的开支，多半是从印度人民身上榨取来的。

除了自治领和印度外，英国还拥有其他的殖民地。如早在 16 世纪已占领的西印度群岛的许多岛屿。在 19 世纪 70 年代以前，英国在非洲拥有海岸线上的某些据点。19 世纪 70～90 年代，英国在非洲占领了广大的领土。在东非有埃及、东苏丹、乌干达和肯尼亚；在西非有尼日利亚和黄金海岸；在南非有贝专纳（Bechuana）和罗得西亚（Rohdesia）。在亚洲，英国于 19 世纪 70 年代征服了俾路支和马来半岛，在 80 年代又征服了缅甸。此外，在大洋洲中，英国也占据了较大部分的岛屿。

总之，英国资产阶级从广大的殖民地中榨取超额利润，英国资本主义是借着广大殖民地人民的鲜血和汗水发展起来的。

八、格莱斯顿及其内阁的社会改革

（一）格莱斯顿生平

威廉·爱华特·格莱斯顿（William Eeart Gladstone）是 19 世纪下半期英国维多利亚女王时代的最著名的国务活动家和首相。他的名声所以显赫，主要是他能顺应历史潮流，审时度势地实行了许多有关社会政治、司法、军事和文化教育的改革。这些社会改革对于英国资产阶级巩固其统治和对英国社会的发展都有极大的促进作用。

1809 年 2 月 29 日，格莱斯顿出生于利物浦一个富商家庭。他的父亲约翰·格莱斯顿是苏格兰人。他在利物浦经商，后来从事海外贸易，往来于东西印度，依靠经营西印度群岛的种植园和贩卖奴隶发家致富，成了利物浦的显赫市民。约翰·格莱斯顿不仅是巨商大贾，还是托利党人。在 1818 年到 1827 年间，他曾做过下议院议员，属于坎宁派。威廉·格莱斯顿在幼年时期在思想上就曾受过坎宁的影响。

1821 年威廉·格莱斯顿进入伊顿公学读书。1828 年考入牛津大学神学院攻读神学，同时他还学习古典文学与数学。那时，牛津大学同伊顿公学一样都是英国统治阶级上层贵族的子弟学校，是托利党的老巢，其中教师与学生多半都是英国国教教徒。他们在思想上抱残守缺、墨守成规，反对任何改革。格莱斯顿最初思想也是很保守的。他厌恶自由，反对改革，把旧制度视为天经地义，不能改动。1831 年 12 月，格莱斯顿在牛津大学毕业后，本想从事宗教圣职，由于其父的劝阻，才投入了政界。1832 年春，他正在意大利

英法近代史
YING FA JIN DAI SHI

旅游时，突然收到一位同学的父亲老托利党人纽卡什尔公爵一封信，让他作为托利党候选人参加纽瓦克（Newark）地区的下议员竞选。格莱斯顿闻讯立即回国参加竞选，结果获胜。1833年1月，英国议会改革后的第一届议会开幕时，格莱斯顿作为纽瓦克托利党议员进入了下议院。从此，他便开始了61年之久的政治生涯。

1834年12月，格莱斯顿在罗伯特·皮尔（Robert Peel）第一届内阁中担任不重要的职务，最初在财政部，后来当了殖民部次官。皮尔同其他老托利党人不同，他认为托利党应适应新的时代潮流，实行一些有利于工商业资产阶级的自由主义政策。皮尔是一个温和的托利党人。在皮尔的影响下，格莱斯顿的思想有了巨大的变化。1835年3月，皮尔下台，梅尔本（Viscount Melbourne）组阁。在梅尔本执政的七年中，格莱斯顿没有在政府中任职。他除了旅行外，便致力于写作。由于他的才干和家庭关系，不久就在下议院的托利党议员中成为新兴的重要人物之一。初期他在议会中的活动，还表现出极为强烈的托利主义。后来，他能够顺应潮流，逐渐地从保守主义转向自由主义。他走向自由主义的第一步，是在皮尔的第二届内阁时期（1841～1846）。

19世纪40年代，英国的工业革命已经完成，工业资产阶级迫切要求政府实行自由贸易。1838年以后，英国宪章派争取普选权的斗争也日益剧烈，以布莱特（Bright）和科布登（Cobden）为首的自由贸易派反对《谷物法》的斗争也非常活跃。在这种形势下，老辉格党人由于多半出身于土地贵族，不仅反对普选权，也反对废除《谷物法》；而新的辉格党人则认为要巩固贵族统治，就必须改弦易辙，适应潮流，实行自由贸易，扩大选举权，才能稳定局势。至于托利党主要是土地贵族和金融资产阶级的代表者，一般都是保守的，反对任何改革；但是，皮尔却能审时度势，主张实行自由贸易政策。有许多年轻的托利党人都赞成皮尔的这种主张。于是，在执政的托利党中便分化出一批以皮尔为首的温和托利党人。他们主张在保持大地主和金融资产阶级统治的基础上，应重视一下工业资

94

产阶级的利益，实行若干自由贸易的政策。

1841 年，英国举行大选。结果托利党获胜，罗伯特·皮尔再度受命组阁。格莱斯顿在皮尔第二届内阁中，最初任商业部副大臣，1843 年，升为商业部大臣，参加了内阁。在皮尔的领导下，格莱斯顿取消了 1200 多种商品的进口税，降低了 750 多种原料和粮食的进口税。格莱斯顿所实行的关税改革，说明他较皮尔更为激进。这些改革为英国实现自由贸易政策开辟了道路。1846 年 6 月，皮尔内阁联合某些辉格党议员，迫使议会通过了废除《谷物法》的议案，从此开始了英国实行自由贸易的先声。1847 年秋，英国举行议会选举，格莱斯顿作为牛津大学选区代表，被选为下院议员。他没有参加辉格党罗素的内阁（1846～1852）。这时，格莱斯顿在表面上虽然还是一个托利党人，但在思想上已经发生了巨大的变化。1850 年初，皮尔逝世，格莱斯顿对托利党的原则更加失去了信心，开始探索新的道路。1852 年，罗素自由党内阁垮台，女王授命托利党领袖德比伯爵（Earl of Derby）组阁。迪斯累里（Benjamin Disraeli）担任财政大臣兼下院领袖。格莱斯顿虽被邀参加内阁，但他拒绝了。同年年底，迪斯累里提出一个维护土地贵族利益的预算草案，遭到格莱斯顿的猛烈抨击，从而造成下院中托利议员的分裂，结果德比伯爵内阁垮台。此后，辉格党、托利党中的皮尔派（Peelites）和爱尔兰自治派议员组成联合内阁。由皮尔派阿伯丁（Eart of Aberdeen）任首相。格莱斯顿担任财政大臣。1853 年 4 月，格莱斯顿向议会提出政府年度预算，并发表了精彩的演说。这次演说充分显示出他的领导才干。不久，他决定大量削减税收，建议取消所得税，增加遗产税。可是，克里米亚战争爆发后，他的财政规划落了空。他又决定尽量用税收来支付战费。1854 年，他把所得税增加了一倍。同年 1 月，阿伯丁内阁倒台，格莱斯顿同意参加帕麦斯顿内阁。1859 年格莱斯顿决定加入由辉格党演变而成的自由党。他在帕麦斯顿自由党内阁中担任了财政大臣。从此，格莱斯顿便同托利党彻底决裂。

在 1859～1865 年期间，格莱斯顿一直担任财政大臣。1860年，他支持同法国签订商约，并得到议会通过。这个条约使英国贸易额在短期内增长一倍，并开创了英国实行自由贸易政策的新篇章。此外，格莱斯顿还废除了新闻纸税。在报上不断呼吁废除关税。他在下议院几次提出预算案，并为此发表过非常精彩的演说。他提出了对于动产和不动产都应征收继承税，用以代替当时所实行的只对动产征税的遗产继承税法。他主张减少税收，紧缩军事开支，力促英国贸易的繁荣与发展。总之，他的财政工作非常成功，并取得了卓著的成就。

1865 年 10 月，帕麦斯顿逝世。自由党人罗素（Lord John Russell）继任首相，格莱斯顿仍任财政大臣兼下议院领袖。罗素在格莱斯顿推动下，曾提出过温和的第二次议会改革议案。这个改革法案被上议院否决。罗素内阁因此辞职。保守党人德比组成新内阁，迪斯累里任财政大臣。德比内阁为了争取群众适应形势，提出了更加激进的《议会选举改革法案》，最后终为议会两院通过。这就是 1867 年英国议会的第二次改革。1868 年 2 月，德比因病辞去首相职务，由迪斯累里继任首相。

1867 年，罗素退出政府后便不再积极参加政治活动。此后，格莱斯顿成了自由党的领袖。当时，自由党虽然是在野党，但它在下议院的席位却占居多数，迪斯累里内阁无法统治，他便解散议会重新选举。大选结果，自由党的议席仍占居多数。1868 年 12 月，迪斯累里内阁宣告辞职，女王授命自由党领袖格莱斯顿执政。

（二）格莱斯顿首届内阁的各项社会改革

从 1868 年 12 月 9 日到 1874 年 2 月 21 日，格莱斯顿第一次担任内阁首相约有 6 年之久。在这 6 年中，实行了许多社会的和政治的改革。这些改革在英国近代历史中享有很重要的地位，并为英国后来各种制度现代化奠定了基础。兹就其中最主要的几项改革，分

八、格莱斯顿及其内阁的社会改革

别论述如下：

第一，关于爱尔兰问题。

格莱斯顿出任首相之后，把主要精力用在解决爱尔兰问题和对内政策上。他曾说过："我的任务是绥靖爱尔兰。"1867年，爱尔兰芬尼党发动的起义被镇压之问题始终是当时英国政治生活中的一件大事。

为了解决爱尔兰问题，格莱斯顿采用怀柔与镇压相结合的两手政策。1869年，他放弃了保护财产和国教的信念，毅然取消了英国教会在爱尔兰的国教地位，使之成为纯粹自愿加入的宗教团体。1870年，格莱斯顿又颁布了一个《爱尔兰土地法》（The Irish land Act of 1870）规定地主不能随意驱逐已交纳税金的佃农。

第二，关于文官制度的改革。

自从1688年"光荣革命"之后，英国虽然建立了资产阶级议会制度，议会享有最高立法权和财政权，但是行政大权却仍掌握在王室之手，国王与大贵族操纵着国家各级官吏的任命大权。他们任人惟亲、卖官鬻爵、贪污腐化，致使行政官吏庸碌无能，行政效率极低。如果说在工业革命完成以前，英国的工业发展还不够快，群众文化水平还低，国内外事务还不甚复杂，这种局面尚能勉强维持；那么到了19世纪40年代以后，工业革命业已完成，国内外事务日益繁杂，群众文化水平有所提高，这种局面就难以维持下去了。这时就迫切需要有才干有经验的行政人员，不断地提高行政效率，不然就难以处理各项行政事务。1852年，在阿伯丁内阁（Aberdeen）时期，格莱斯顿任财政大臣时，他极力鼓吹改革文官制度，并曾派屈维廉和诺斯科特（Treve lyan and Northcote）进行过深入调查。1853年11月23日，屈维廉和诺斯科特草拟了一个调查报告。这个报告首先揭露了旧文官制度的腐朽和各种弊端，把恩赐制（Patronage）视为是这些弊端的根源，建议废除恩赐制，实

97

行公开考试。① 可是，这份报告提交议会讨论时，由于贵族议员的反对，没有得到通过。

1855 年，在帕麦斯顿内阁（Palmerston）于 5 月 21 日颁布枢密院令，规定建立文官委员会（The Civil Service Commission），负责文官考试事宜②。1859 年，又颁布了常任文官年老退休条例。然而，这些规定均没有付诸实施。直到格莱斯顿第一届内阁时期，1870 年枢密院令才正式规定某些高级文官必须通过公开考试，择优录用。到了这时，才彻底废除了官职恩赐制（Patronage），从而消除了土地贵族和王室控制官吏任免的垄断权力。此后要求高级文官必须受过高等教育，具有丰富的文化知识和实际工作经验，要求低级文官必须受过中等教育，具有一定的文化基础。这样一来，录用与晋升的阶梯不再是财产和社会关系，而是才干与能力。至此，屈维廉和诺斯科特的报告才得到实现。文官考试制度实施之后，英国政府的高级文官均具有渊博的知识和丰富的行政领导经验，在执行任务方面得心应手，运用自如，从而大大地提高了行政效率。通过考试录用的文官多半来自中产阶级。这对于巩固资产阶级的统治，发展资本主义经济都有极大的好处。英国的文官考试制度对当时世界各国也有借鉴作用。

第三，关于初等教育制度的改革。

与改革文官制度的同时，格莱斯顿也改革了初等教育。在格莱斯顿任首相之前，英国的国民教育同欧洲大陆许多主要国家比较起来，还是十分落后的。英国政府不创办学校，一切学校都是私立的，主要由教会创办。所以，全国国民教育多半都掌握在贵族和教会之手，带有极其浓厚的宗教色彩。贫苦家庭出身的子女难以就学，文盲非常多。但是，到了 19 世纪 50～60 年代，英国的工农业生产发展得非常迅速，新技术不断出现，没有文化知识和不识字的工人已经应付不了现代化的工业。同时，英国的殖民地遍及世界各

---

①②详见本书"英国文官制度的演进"部分。

地，国外贸易频繁，竞争剧烈。没有文化知识也难以创造新发明，运用新技术，无法同外国竞争。因此，落后的教育与现实的社会需要不相适应。所以，提高全民文化教育水平已经成为时代的需要。英国资产阶级积极要求实行教育改革。1870 年，在格莱斯顿第一届内阁时期，议会通过教育大臣 W．E·福斯特（W．E．Foster）提出的《初等教育条例》（The Act of Elementary Education）。该条例规定在英国各地划分学校区，（Local School board），实行强迫教育。教育局的成员均由选举产生，该局可以使用议会拨款建立学校聘任教师、创办初等教育，并且还可以向当地居民征收教育税。教育局创办的学校虽然也设置宗教课程，但不分宗教派别，都可自由选学。穷苦家庭的子女，如无钱入学，可由该局资助学费。这个条例实施之后，在全英各地除了私立学校外，又有了公立学校。两种学校并存，为青少年学习开辟了广阔的道路，为后来英国实行义务教育打下了良好的基础。1880 年以后，英国便逐渐地实行了义务教育。90 年代，英国实行了免费初等教育，从而使英国国民教育得到了普及，文盲也逐渐减少乃至于消灭了。此外，1871 年，格莱斯顿内阁又使议会通过了改革大学教育制度的法案。该法案规定天主教徒和不信仰国教者均可报考牛津和剑桥大学。显而易见，格莱斯顿内阁的教育改革消除了贵族和教会对教育的垄断权力，为英国普及与发展世俗教育创造了条件，并为英国进入现代文明社会开辟了道路。

第四，关于军事制度的改革。

在克里米亚战争时期（1853～1856 年）英国军队暴露出许多弱点。在 1866 年普奥战争时期，普军打败了奥国，接着，在 1870 年普法战争时期，普军又打败了法国。普鲁士军队这些接连不断的胜利，说明它的军队装备、素质与军事制度十分优越。这已引起英国朝野上下的关注与深思。从此，英国统治集团便意识到威灵顿公爵时代的军事制度已经过时，应付不了现代的战争。于是，改革军事制度就成为刻不容缓的事情了。

英 法 近 代 史
YING FA JIN DAI SHI

在格莱斯顿第一届内阁时期，1870年陆军大臣爱德华·卡德韦尔（Mr. Cardwell）提出了一个军事改革方案，规定取消军队中的鞭笞制度，废除购买军阶制度，以后军衔擢升不靠金钱与人事关系，只靠才能与功绩。与此同时，还废除了双层管理制度，把近卫骑军置于陆军部管辖之下，总司令必须服从陆军大臣指挥。此外，也把服役期限缩短为6年，预备队亦为6年，扩大预备役军人队伍，建立正规的预备军，部队的建制以郡为单位进行改编，步兵重新配备了马蒂尼—亨利式步枪（Martin—Henry Breech—loading Rifles）。凡此种种改革，使日后英国军队的战斗力大大地增强了，从而为英国军队建立近代军事制度打下了良好的基础。

第五，关于司法制度的改革。

在格莱斯顿任首相之前，英国通行的古老司法制度极为混乱。法院种类繁多，机构重叠。数百年来，起诉人往往就同一案件必须在两个法院同时起诉。诉讼程序复杂，手续繁琐，既费钱又费时间。19世纪上半期，英国历届政府虽曾有过一些改革，均无成效。1873年，在格莱斯顿第一届内阁时期，大法官色尔本（Selborne）提出一个司法改革法案，得到议会通过。这个法案便被称为《1873年司法条例》（The English judicature of 1873）。根据这个条例，把原有的四大法院即最高民事法院（The Court of Common pleas）高等法院（The Medievel Queen's Bench），财政法院（亦译作高等法院）（The Exchequer）和平衡法院（The Equity Courts）加以合并，成立惟一的最高法院（The Supreme Court of judi cature）；原有的四大法院变成了分院，各类法院经过调整合并以后，诉讼程序简单了。诉讼人既省钱又省时间，打官司就方便多了。所以，司法条例的实施也为英国近代司法制度的建立奠定了基础。

第六，关于工会立法。

早在1799年和1800年，英国政府颁布了一个《结社条例》，禁止任何集会与结社。所以，那时英国工人阶级根本不能有自己的合法组织。1824年，英国统治集团为了缓和社会矛盾，废除了

《结社条例》，此后英国工人阶级可以组织工会。然而，1825年，英国议会又通过了了一个《工会法》，把工会的活动只限于争取提高工资和缩短工作日的斗争上，不准工会有其他任何活动，由此可见，工会虽然合法化了，但它受到种种限制，难以展开活动，无所作为。1871年，格莱斯顿内阁使议会通过一个《工会条例》（The Trade Union Act of 1871），取消了过去对工会的各种限制，使工会完全合法化。但是又附带规定一条不准工人在罢工时设置纠察队。尽管如此，这个条例的实施，毕竟使工人的活动获得相当的自由，有其进步作用。

第七，关于选举改革。

1832年和1867年，英国先后实行过两次选举改革。可是，这两次改革着重废除了腐败市镇（Rotten town）的议席，增加新兴城市的议席，只是改变了选举人的选举资格的限制，扩大了一些选民的人数，并没有实现普选制。选举人的人数虽然扩大了，可是还是公开的投票，投票人往往受到地主和有钱有势者的要挟，不能自由地表达自己的意愿。1872年，在格莱斯顿第一届内阁时期，议会通过了秘密投票法（Ballot Bill）。此后采取秘密投票制，投票人就可以摆脱地主和雇主的威胁，而能自由地投票了。这条法律实施之后，在一定程度上保证了选举的自由。

1884年，在格莱斯顿第二届内阁时期，议会又通过了第三次议会选举制的改革法案。该法案规定：除了地主及租地人外，在农村区域，凡年出10镑以上房租的人，都赋予选举权。这个法案实施以后，选民人数就从250万人增加到450万人。可是，选举权也只能扩大到小农和部分农业工人，至于仆役和靠父亲生活的男子以及一切妇女还都没有选举权。尽管还没有实行普选制，在当时历史条件下，这也是一大进步。

1885年，议会通过重新分配议席的法案，该法案规定，凡居民不满15000人的城市都被取消了单独代表权，而并入所属各郡的相近地区，凡居民不满5万人的城市只保留一个议席，除了22个中等城市外，一律划分为单议员选区。这次重新调整选区的议席，使各地区的议席大致接近于均等。这对于新兴的大工业城市有相当好处。虽然这些改革还不是尽善尽美，但它对于英国工业资产阶级十分有利，它也为日后英国实行普选制，完善选举制度奠定了基础。

第八，内阁制的加强。

19 世纪 70 年代以后，英国的保守党和自由党先后都在各地建立了党的组织，即所谓"预选会"。党的领袖就通过这个组织控制全党。地方的"预选会"必须遵照党魁的意志提出各选区的候选人。选进议会的党员必须服从党魁的领导。如果违背党魁的意图和党的政策，下次选举就不可能被提名为候选人。由此可见，英国政党的领袖在党内具有一定的权威。这样，每次大选之后，由多数党党魁组成的内阁自然能够控制议会下院多数党议员。显而易见，内阁比议会的作用更大，内阁的地位加强了。实际上，这就是英国两个资产阶级政党轮流执政。执政党控制议会，统治着英国这个国家。

英国很早就已实行了地方自治。中央对地方行政事务无权过问，地方的行政司法大权多半操纵在地方贵族（乡绅）之手；各郡的全部行政警察司法大权也都由治安法官（The justice of peace）管辖，中央不加过问。治安法官也多半由地方贵族担任。因此，各郡的当权者实际上都是贵族。郡以下各区的行政事务，也都被教区的国教僧侣和地方贵族所把持。他们通过"评议会"统治区内居民。由此可见，所谓"地方自治"只不过是地方贵族的统治。1872年，格莱斯顿内阁重建了内政部，开始干涉地方行政事务。最初该部只是监督地方自治机关的活动，对于地方贵族权力做了初步限制。1894 年，自由党内阁实行了区的改革：取消了由地方贵族控制的区评议会，成立由地方纳税人选出的区务会议代替它。这样，便剥夺了地方贵族及国教僧侣的权力，加强了中央政府在地方的统治势力，也加强了中央对方的控制。

八、格莱斯顿及其内阁的社会改革

总之，格莱斯顿的社会改革，在英国近代历史中享有很高的盛名。他的社会改革总括起来主要涉及到三个方面：第一，在教育方面，为英国普及教育打下了良好的基础。普及教育是建立一个现代文明国家的先决条件。没有普及教育就不能提高全民族的文化水平，就不能改变落后的状态。第二，在宗教方面，格莱斯顿扩大了信教自由，消除了英国国教在宗教、教育和政治上的垄断地位，从而消除了贵族统治的基础，为资产阶级议会民主开辟道路。第三，在政治方面，格莱斯顿实行秘密投票制，实行第三次议会选举制度的改革和重新调整选区，扩大了资产阶级的议会民主和自由，使工业资产阶级便于控制政权。与此同时，格莱斯顿改革军事制度和司法制度，建立全国党的组织机构和设立内政部监督地方自治等问题，也都是从根本上消除了贵族在政治和军事上的垄断，削弱王室的特权，从而加强与提高了内阁的权力与地位。实质上，加强了资产阶级政党的统治。由此可见，格莱斯顿的社会改革，在政治上极大地摧毁了贵族地主的统治地位，在经济上促进了资本主义工商业的发展，所以，英国资产阶级把格莱斯顿称之为 19 世纪最伟大的政治家和首相。

19 世纪 70 年代以后，英国的经济发展十分缓慢。在这个时期，美国与德国在工业生产方面逐渐地赶上并超过了英国。可是，英国在政治上和社会机构上都实行了改革，并在各方面都有许多成就，所以，英国的国内政治非常稳定，国力仍然强大。这不能不归功于格莱斯顿和迪斯累里的各项社会改革。英国学者所以歌颂他们，其原因就在于此。

以上所述，格莱斯顿的社会改革，仅仅是其中某些已经实现的政策。当然，他的社会改革还不止于此。格莱斯顿最关心爱尔兰问题。他在四次任首相期间，为了绥靖爱尔兰，曾多次提出过爱尔兰的土地改革条例（The Irish Iand Act），爱尔兰自治法案（The home Rule Bill）和爱尔兰的宗教改革政策等，但都没有成效。

格莱斯顿在其首届内阁时期所提的宗教改革政策就遭到英国国

教僧侣的愤恨，他的教育改革也因没有建立一个大众的世俗教育体系，也使不信国教者不满。1872 年布鲁斯（Bruce）提出的《特许法案》，没有满足啤酒酿造主的基本利益，使这些工业的经营者倒向保守党。1873 年 3 月，格莱斯顿又试图使议会通过第三个爱尔兰改革法案，想建立一所爱尔兰大学，以便使无法受到高等教育的罗马天主教徒享受这种权利。结果在议会中只得 3 票，遭到否决，格莱斯顿因此辞职。当时只因保守党领袖迪斯累里拒绝组织新内阁，才使格莱斯顿的政府又继续存在下去。同年 8 月，他改组内阁，自任财政大臣就废除所得税问题，议会不予通过。他在 1874 年 1 月突然解散议会，举行新的大选。结果，保守党获得了绝对多数的议席，他的内阁便垮台了，保守党迪斯累里出面组阁。

（三）格莱斯顿后三届内阁的政策

1875 年，格莱斯顿在公开集会和议会中发表了慷慨激昂的演说，谴责土耳其素丹政府残酷地镇压巴尔干各族人民的暴行，并猛烈抨击迪斯累里内阁支持土耳其的外交政策，痛斥这种政策是一种既不道德，又是机会主义的小人政府的外交政策。可是，迪斯累里主张用实力维护大英帝国的利益，积极推行扩张侵略政策，那时，他深得女王与某些资深人士的赏识，所以格莱斯顿还无力动摇其内阁。

然而，英国在非洲同祖鲁人的战争和对阿富汗的扩张侵略，都遇到了种种的困难，加之国内经济衰落，群情激愤，1880 年春，在新的大选中，自由党以压倒多数取得胜利，女王虽然厌恶格莱斯顿也不得不再请他组阁。1880 年，格莱斯顿第二次组阁并兼任财政大臣。

格莱斯顿在第二次担任首相时期，其情况就不如第一次组阁时那样好了。这时党内已出现了裂痕。格莱斯顿第二次出任首相后，首先要解决的还是爱尔兰问题。19 世纪 70 年代末，全欧发生农业危机。爱尔兰农业歉收，佃农交不了租金，地主改变经营方式，大批驱逐佃农，成千上万的爱尔兰农民流离失所无家可归。1879 年，迈克尔·戴维德（Michael Davitt）组织"土地同盟"（Land League），领导农民同地主进行斗争。这个"同盟"的纲领旨在消灭英国地主，使爱尔兰农民获得小块耕地。其斗争方式是"抵制运动"，即当地主迫害佃户时，"同盟"组织佃户集体拒绝交租，号召家仆拒绝服役。这个抵制运动不久便发展成为全爱尔兰的抵制运动。农民自发地起来斗争，焚烧庄园，打死地主，形势十分严峻。与此同时，在英国议会中的爱尔兰议员团领导人巴涅尔（Parnell）也提出要求爱尔兰在大英帝国范围内实行自治。他们在议会中用无休止的演说扰乱议会日程，以期实现其目的。巴涅尔同"土地同盟"建立关系，使自治运动与农民骚动结合在一起，给英国在爱尔兰的统治造成极大的困难。

为了安抚爱尔兰，1881 年，格莱斯顿内阁制定一个《土地条例》，(Irish land Act of 1881)，规定了地租标准，确定 15 年不变，在这期间地主不得任意驱逐农民。可是，巴涅尔企图迫使格莱斯顿做出更大的让步，还在继续斗争，破坏和阻碍土地法的执行。为了实施《土地条例》，格莱斯顿采用《强制条例》（Coercion Act），逮捕了戴维德、巴涅尔和土地同盟参加者 1000 多人。爱尔兰人民对于这种暴行怒不可遏，展开了更加激烈的斗争。格莱斯顿鉴于镇压无效，便改弦更张，同狱中的巴涅尔进行谈判。1882 年双方达成协议。同年 5 月，巴涅尔获释。但几天之后，英国刚派的新任爱尔兰事务大臣卡文迪斯（Frederick Cavendish）勋爵及次官伯克（Bulek）在都柏林被爱尔兰民族主义者暗杀。为此，格莱斯顿又采取了新的镇压手段。他颁布了为期 3 年的《防止罪行法》（The Crime's Bill），并取消了法庭的陪审制，建立特殊的刑事法庭，破坏土地同盟的组织，大肆逮捕爱尔兰反抗者，加强恐怖政策。结果，自由党的自由主义原则遭到破坏，格莱斯顿政府的威信一落千丈。

英 法 近 代 史
YING FA JIN DAI SHI

格莱斯顿在其第二届内阁时期，虽然没能解决爱尔兰问题，但他却实现了英国议会的第三次改革。1884 年，格莱斯顿内阁使议会通过改革法案，农业工人获得了选举权，因而英国选民人数从 250 万扩大到 450 万人。1885 年，又使议会通过了《议席重新分配法案》。早在 1882 年，格莱斯顿政府还使议会通过了《市政府组织条例》，规定凡本市市民不论有无财产，均可选举本市官吏。

然而，格莱斯顿的外交政策从 1882 年起又走上了迪斯累里的老路。1882 年，格莱斯顿内阁以保护英国在埃及的财产为名，派军队镇压了埃及人民的民族解放运动，命令英舰炮轰亚历山大港，最后占领了埃及。1885 年，英、埃联军在东苏丹遭到马赫迪起义军的痛歼，格莱斯顿内阁派戈登（Gordon）前往增援。当戈登在喀土穆被围时，格莱斯顿没有及时增兵解围，戈登终于被起义者杀死，英国统治集团对此十分不满。1885 年，英国在中亚细亚扩张，同俄国发生了尖锐的冲突，几乎引起一场战争。他坚持原则，使他的威信得到恢复。

1885 年 6 月 8 日，保守党议员和爱尔兰议员联合投票，否决了格莱斯顿内阁的预算法案，格莱斯顿被迫辞职，保守党领袖索尔兹伯里（Salisbury）继任首相，但他的内阁只存在半年。1885 年 11 月～12 月，英国举行大选，爱尔兰人投了保守党人的票，结果，自由党所得议席稍多于保守党。1886 年 2 月，格莱斯顿再度组阁。这是格莱斯顿的第三次内阁。

当格莱斯顿第三次组阁时，已具有让爱尔兰实行自治的决心。他的许多同僚因为反对爱尔兰自治拒绝入阁，其中有哈廷顿和其他自由党领袖，只有约瑟夫·张伯伦（Joseph Chamberlain）参加了政府。可是，格莱斯顿对张伯伦的安排有些欠妥。张伯伦当时在自由党内的地位仅次于格莱斯顿。格莱斯顿不团结张伯伦，他的政策就难以实现。1886 年 4 月 8 日，格莱斯顿向议会提出了《爱尔兰自治条例》（Irish Home Rule）。为此，他在议会发表了长达 3 个小时的语意动人的十分精彩的演说。但是，以约瑟夫·张伯伦为首的具有维护大英帝国对外扩张侵略思想的"自由联合主义者",极力抨击与驳斥格莱斯顿提出的《爱尔兰自治条例》,这样便造成了自由党的分裂。张伯伦为首的自由联合主义者便同保守党联合起来,共同反对格莱斯顿。《自治条例》提交议会两个月之后,在二读时就被否决了。有 93 名自由党议员投票反对政府。格莱斯顿虽然解散了议会,但在新的大选中仍然失败,不得不宣告辞职。

格莱斯顿下台之后,仍未灰心。他以最大的努力去说服英国选民。在各种集会场合中,他发表演说,说明让爱尔兰自治是一种正义的明智的措施。他的演说受到群众欢迎。他在爱尔兰人、苏格兰人、威尔斯人和英格兰的非国教教徒中间树立起威信,但是英国上层阶级和国教僧侣对他非常反感。格莱斯顿为了争取爱尔兰人的支持,曾同巴涅尔合作。可是,1890 年由于奥西(O'shea)离婚的原因他又同巴涅尔发生了争吵。这对于爱尔兰自治又是一个挫伤。1891 年,在他领导下的自由党在纽卡什尔起草一个具有广泛自由主义的改革纲领,其中宣扬爱尔兰自治,所以在 1892 年大选中,爱尔兰人投了他的票,结果,自由党以超过 40 议席的大多数取得了竞选的胜利。

1892 年 8 月 16 日,格莱斯顿第四次组阁。内阁阁员全是他提名由女王任命的。在这次内阁中,格莱斯顿又于 1893 年 2 月向议会提出第二个《爱尔兰自治条例》(Irish Home Rule)。为了通过这个条例,格莱斯顿在议会中同张伯伦、鲍尔弗等展开了激烈的辩论。会议开了有 85 次之多。结果,这个条例在下议院只以微弱的多数获得通过。但在上议院二读时,却以 41 票对 419 票遭到了否决。因此,爱尔兰的自治没有实现。此后,上议院经常同格莱斯顿内阁作对,只有 1894 年,政府提出的《地方政府改革法案》(The Local Government Act),获得上下两院通过。该法案是实行郡以下的地方改革,即由地方纳税人选出的区务会议代替过去的区评议会,从而剥夺了地方贵族及国教僧侣的特权。

《爱尔兰自治条例》被否决后,许多同僚都不再支持格莱斯顿了；而他也反对同僚们提出的增加税收和海军军费开支的计划。这时，格莱斯顿已是年老体弱，无力从事过劳的政务。1894 年 3 月 3 日便向女王提出辞呈。

1898 年 5 月 19 日，格莱斯顿在哈瓦登（Hawrden）逝世，葬于威斯特敏斯特教会墓地。

格莱斯顿是 19 世纪后半期英国最杰出的首相之一。他在第一次任首相期间（1868～1874），为英国工业资产阶级做了许多事情。在经济上实行自由贸易，在政治上实行自由主义，对于英国工业发展起过促进作用。到 19 世纪 60～70 年代，英国的工业在世界上居于垄断地位，资产阶级议会民主也得到进一步的发展。这时，英国两个政党的轮流执政、君主成为统而不治的虚君、责任内阁制的确立等等都已进入了完善阶段。这种政治制度对于当时英国的社会经济发展具有巨大的作用。可是，到了 70 年代末，英国工业发展出现了下降征兆，英国资产阶级渴望对内加强统治，对外积极扩张，于是格莱斯顿的自由贸易与自由主义政策便不再受欢迎了。格莱斯顿之后的三届内阁则无所作为，随着自由竞争向垄断经济过渡，到 20 世纪初，自由党也就日益衰落了。

九、迪斯累里及其内阁的政策

（一）迪斯累里生平

本杰明·迪斯累里（Benjamin Disreali，1804—1881）是19世纪下半期英国著名的政治家和文学家，是保守党的领袖，也是保守党的奠基者。他曾三次出任财政大臣，两次任首相，是维多利亚女王时代与格莱斯顿齐名的著名的首相之一。他在任首相期间，积极地推行殖民扩张政策，是大英帝国殖民政策的执行者和捍卫者。

迪斯累里1804年12月21日出生在伦敦的一个意大利籍犹太人后裔的家庭。他的祖父在1748年从意大利迁居到英格兰，最初在英国经商。迪斯累里的父亲是一个文学家。迪斯累里从小受其父亲影响，酷爱文学。

迪斯累里在童年时代，其父因与犹太教教会发生冲突，断然退出犹太教，改信奉英国国教。所以，迪斯累里在3岁时就接受了英国国教的洗礼。这件事对于他后来的政治前途有极大影响。因为在1858年之前英国法律规定，信仰犹太教者不准参加议会活动。迪斯累里在幼年时代没有受过正规的教育，只是在一些私立学校学习。但他经常同其父亲来往的学者和文学家接触，并经常从父亲的图书室里取书自学，所以，在幼年时代，他就学到了许多东西，尤其是文学作品。1830年，他游历了地中海沿岸和中东一带的国家，开阔眼界，增长了知识。这次出游对他的写作和后来从事外交工作都有极大的好处。1831年，迪斯累里回国后，便写了几部著作。与此同时，他还经常同文学界和政界人物往来。从这一年起，他决心从政，并积极地参加议员竞选活动。那时，他还没有参加任何政党，因而在最初几次竞选中，均遭失败。1835 年，他参加了托利党。1837 年大选时，他作为肯特郡梅德斯通市选区的托利党候选人，被选为下议院议员。从此，开始了他的政治生涯。

　　1837～1841 年，迪斯累里追随罗伯特·皮尔（Robert Peel，1788～1850 年）。1841 年皮尔组阁时，他向皮尔索要官职未成，从此便脱离了皮尔，并时常同皮尔派人物分庭抗礼。在皮尔内阁时期，迪斯累里虽然未能入阁，但他在下议院中却控制着一个托利党的小集团，叫做"青年英国"（young England）。这个团体主要是由几个年轻的托利党人组成。迪斯累里是该团体的领袖与鼓舞者。"青年英国"对于托利党皮尔派的现实主义采取批判的态度。"青年英国"是浪漫的、贵族的政治观点。他们逃避现实，美化中世纪社会生活，希望有一个事实上已不存在的昔日的黄金时代。在那里，人们和贵族都能和平共处，并共同拥戴一个有权威的君主、贵族院和一个有良心的教会。次年迪斯累里出版一部小说叫做《西比尔；或称两个民族》（Sybil；or the two Nations）。在这部书中，他具体地分析和描述了工人运动和宪章运动发生的原因和性质。显而易见，以迪斯累里为主体的"青年英国"的政治理论，不过是当时日趋没落的英国贵族的一种思想意识。实际上，他既反对自由贸易派，又反对宪章运动。正如马克思所说的，"青年英国"的理论是一种所谓的"封建的社会主义"。1845 年初，"青年英国"团体中许多领导人都参加了皮尔内阁，于是"青年英国"垮台了。

　　1846 年《谷物法》的废除成为迪斯累里政治生涯的转折点。在废除《谷物法》之后，托利党发生了分裂。托利党的许多昔日当权人物几乎都忠实于皮尔；而托利党的极端派即保护贸易派，在斯坦利勋爵（Lord Stanley）的领导下，形成了反皮尔派。班廷克（Lord George Bentinck）原为下议院托利党领袖，1848 年逝世之后，这个地位便落到迪斯累里的身上。后来，迪斯累里逐渐地变成了斯坦利勋爵的得力助手（斯坦利勋爵在 1851 年其父死后，继承了德比伯爵的称号，以后即以此名称）。

九、迪斯累里及其内阁的政策

1852 年，辉格党内阁垮台，德比伯爵继而组阁。在这届内阁中，迪斯累里被任命为财政大臣。同年 12 月，为了讨好土地贵族，他提出一个有利于土地贵族的财政预算案，遭到议会的否决，最后导致德比内阁的辞职。此后，托利党处于在野党的地位有 6 年之久。在这期间，辉格党也发生了变化，有些皮尔派和资产阶级激进派参加了辉格党，从此，辉格党改称自由党。

1865 年，自由党领袖约翰·罗素勋爵（Lord John Russell）组阁。他提出一个《议会改革法案》。这个法案由于保守党议员的强烈反对和自由党内阁分歧未被议会通过，罗素内阁因此辞职。继之，德比伯爵第三次出面组阁，迪斯累里仍任财政大臣。在这届内阁中，迪斯累里为了搞垮自由党，在 1867 年提出一个更激进的议会改革法案。这个法案得到各派的支持，遂得到议会的通过，女王批准后，付诸实施，史称第二次议会改革。这是保守党的一次胜利，迪斯累里也因此名声大振。

（二）迪斯累里内阁的政策

1868 年 2 月，德比因病退职，首相一职由迪斯累里继任。同时他已经成为保守党的领袖。可是，这年秋天英国举行大选，自由党又取得了胜利。迪斯累里只做了几个月的首相就下台了。1868 年，自由党领袖格莱斯顿出面组阁。

从 1868 年 12 月到 1874 年 2 月，保守党处于在野党的地位有 6 年之久。在这期间，迪斯累里加强保守党的建设和管理工作。1872 年 4 月，他在一次演讲中特别强调要保卫君主、保卫贵族院和教会。迪斯累里还声明保守党要以大英帝国利益为重，应极力对外进行扩张，他特别关心印度问题。这些主张都迎合了英国资产阶级渴望争夺海外市场的心愿；在同一次演讲中，迪斯累里还提出改善人民生活状况的措施。例如，改善住宅和建立卫生制度等等。在外交方面，他提出对俄国实行强硬外交；要在海外炫耀大英帝国的实力；要积极地向外扩张。迪斯累里在阐明保守党政纲的同时，还抨击自由党的自由主义及其软弱的外交政策。

1872 年 12 月，迪斯累里的妻子突然逝世，他非常痛苦。因为他的妻子对于他无限忠诚，又善于料理家务使他的生活非常幸福。同时，妻子死后，他也不能占有妻子在伦敦的房产，因为这份遗产应由他的侄儿继承。所以，在物质上迪斯累里也受到了损失。这时，迪斯累里已经 68 岁了，年事已高，身体不佳，但是他不顾个人的辛苦与得失，还百折不挠地要在政治上作出一番事业来。

1873 年，英国的政治形势有所变化，格莱斯顿曾提出辞职，女王让迪斯累里继任首相。迪斯累里鉴于保守党在议会中居于少数派地位，组阁不利便拒绝组阁。格莱斯顿不得不重返旧任。1874年，格莱斯顿突然解散议会，重新举行大选。结果，保守党取得了胜利，女王宣召迪斯累里组阁，这是他的第二届内阁（1874～1880年）。

迪斯累里很有才干，也有抱负，不过他掌权时期太晚了。他在第二次组阁时期，年已 70 岁，可谓风烛残年，异常衰老。但是他还是取得了一些成就。他的第二届内阁力量很强，有许多具有丰富的政治经验和行政才能的同僚。其中内政大臣理查德·克罗斯就是一位不平凡的政治家。而且迪斯累里同女王的关系也非常和谐。女王在政治上非常保守，她十分厌恶格莱斯顿及其自由主义，而喜欢迪斯累里。同时，迪斯累里对于女王也能极尽恭维之能事，颇得女王的欢心。所以，迪斯累里的内阁也能得到女王的大力支持而增强其实力。

迪斯累里做首相之后，为了争取选民，他着手制定了一些比格莱斯顿更能使群众满意的，对群众更有实际利益的社会改革计划。他的"托利民主"并非一句空话而有实际内容。1875 年，他的内阁取消了关于工人痛恨的禁止设置纠察队的条文，修改了《主仆法》，在形式上规定了工人和雇主之间的平等地位。同年又颁布了《食物和药品销售法》和《公共卫生条例》 （Public Health Act

1875)，终于使英国有了合理的卫生法规。此后又颁布了《工匠住宅法》，这是解决住房的第一个措施。所有这些，都是一些有利于群众生活的措施，从而使保守党在群众中的威信逐渐地提高了。为了适应资产阶级的愿望，迪斯累里极力推行殖民扩张政策。1869年苏伊士运河通航，该运河除了法国人控制很多股票外，埃及统治者伊斯梅尔·帕夏掌握着运河股票总数的一半。1875年，埃及财政危机，伊斯梅尔由于挥霍无度负债累累，急欲出卖运河股票。这一消息最初由一位英国的新闻记者报告给英国外交部，而英国外交部认为购买这种股票纯属荒谬并不予理睬。然而，迪斯累里却从其中看到了好处。他未通过议会急忙从友人罗斯切尔兹（The Roths-childs）那里筹措400万英镑，在同年11月底购买了运河股票。英国购得了运河股票的半数以后，便控制了苏伊士运河。在经济上，英国资产阶级可以增加巨额收入；在政治上，英国的势力伸入埃及，排挤了法国；在军事上，英国能够控制和保护通往印度和亚洲的海路，具有极大的战略价值和经济实惠，它为英国国家和资产阶级带来极大的好处。因此，不久英国议会便认可了这笔债款。

1876年初，迪斯累里为了把印度彻底变成英国的殖民地和炫耀"英帝国"的伟大，他建议议会授予维多利亚女王"印度女皇"的称号。英国议会通过了这个建议。维多利亚女王兴高采烈地接受了这个称号，于是印度便成为英国女王皇冠上一颗宝珠。为了表彰迪斯累里的功绩，女王封他为比康斯菲尔伯爵（Earl of Beacons-field）。

从1876年到1878年，迪斯累里的精力主要用在对外政策上。那时，在奥斯曼帝国统治下的巴尔干各族基督教臣民，不堪忍受土耳其政府的暴虐统治，起而反抗，遭到镇压。俄国为了控制巴尔干各小国，便以保护巴尔干各族人民的名义出面干涉，结果造成俄、土关系紧张。1877年4月，俄国对土耳其宣战。次年1月，俄军打到了君士坦丁堡城下，俄国人的胜利使英国为印度的安全极为担心。迪斯累里料到俄军虽然抵达君士坦丁堡城下，但已精疲力竭，

英 法 近 代 史
YING FA JIN DAI SHI

只要英国态度强硬出面干涉，它就会让步。于是，英国派出一支铁甲舰队驶入金角湾，在马尔马拉海峡同俄军对峙，但未交锋。俄国无力对英国作战，便急忙结束战争，迫使土耳其签订了一个《圣·斯特法诺和约》（Sanstefano）。这个条约实际上使俄国控制了巴尔干诸小国。欧洲列强决不能容忍这种局面存在，英国要求召开国际会议。1878 年夏，在柏林会议上，迪斯累里迫使俄国修订了条约，英国从土耳其取得了塞浦路斯岛。迪斯累里满怀喜悦地回到伦敦，受到了人们的热烈欢呼。女王要授予他以公爵的贵族称号，他没有接受，只接受了嘉德勋章。到这时，迪斯累里的声望已达到顶峰。

1879 年，迪斯累里的政治命运开始多舛，在南非英国同祖鲁人作战时，在伊桑德尔瓦纳，英军被祖鲁人消灭了一个营；在近东，英国侵略军占领了阿富汗许多城市，但遭到阿富汗人民游击队的强烈反抗，英国驻在喀布尔公馆的人员也遭到屠杀。与此同时，1879 年的经济危机与农业衰退给英国人民生活造成很大的困难。所有这些，使迪斯累里内阁的统治地位发生了动摇。1880 年，英国举行大选，保守党遭到失败，自由党取得了胜利。迪斯累里被迫下台，格莱斯顿出面组阁。这时，迪斯累里还留任保守党的领袖。在这期间，他虽已年逾古稀，却还要挤出时间，不辞劳苦，完成了一部《恩迪密昂》（Endymion）著作。这是一部很好的政治性小说。在这部书中，他总结了自己早期的政治生活，笔调明快，令人回味。可是，他的健康日益恶化，1881 年 4 月 19 日，病逝在伦敦寓所。

迪斯累里在英国资产阶级心目中是一位 19 世纪下半期最杰出的政治家和首相之一。许多英国学者和政治家都把他视为保守党的缔造者。正是他把传统的不适合时代的托利党的旧政纲，改造成为适应时代潮流的新政纲；正是他把四分五裂的托利党改造成为富有生命力的保守党；也正是他健全了保守党的组织机构，把党变成了具有全国性的政党，迪斯累里使英国没落的上地贵族和大资产阶级结成一体，用适应资本主义发展的新政纲，巩固了贵族的统治。他在首相任内，为了争取选民，提高党的威信，实行了一些社会改革。他为了满足工业资产阶级渴望掠夺殖民地的愿望，而极力推行向外扩张政策。他为大英帝国夺取海外殖民地和扩大势力范围做了不少事情，这些政策正适应英国的资本主义从自由竞争向垄断过渡的需要。所以，英国资产阶级对他称颂备至。

十、索尔兹伯里及其内阁的政策

（一）索尔兹伯里生平

索尔兹伯里（Robert Arthur Salisbury，1830—1903）是英国保守党的著名领袖之一，是 19 世纪晚期同格莱斯顿和迪斯累里一样都是最著名的英国国务活动家和首相。他曾四次任外交大臣，三次任内阁首相。他在执政期间，实施过许多有益的社会改革，也积极地推行对外扩张政策，为英国资产阶级带来许多好处。

1830 年 2 月 3 日，索尔兹伯里生于英格兰的哈特菲尔德一个贵族家庭。他的父亲詹姆斯·谢西尔曾任掌玺大臣和两届保守党政府的枢密大臣。索尔兹伯里是个虔诚的英国国教教徒。1840～1845 年就读于伊顿公学。1847～1849 年在牛津大学神学院读书。那年，他才 18 岁。在学习期间，体弱多病，医生劝他到海外旅游。在 1851～1853 年期间，他到过开普殖民地、澳大利亚、塔斯马尼亚和新西兰等地。这次出国旅行，开阔了他的视野，增长了知识，使他对于外交事务产生了浓厚的兴趣。在这期间，他也恢复了健康。他的思想业已成熟，并野心勃勃地想在政治上大干一番。1853 年回国后，他作为斯坦福市（Stamford）选区的代表被选入下议院。从此，开始了他的政治生涯。

1857～1865 年间，索尔兹伯里在许多杂志上发表过很多文章，其中最有代表性的是 1858 年写的《关于议会改革》一文。在这篇文章中，他突出地表达了他当时的思想观点，坦率地承认当代政治中的功利主义，明确地表示抛弃老托利主义和封建因素等等。更值得注意的是，他在一些文章中毫不妥协地谴责约翰·罗素政府的对外政策，由此而名声大振。

　　1866 年 6 月，自由党罗素内阁垮台后，在德比内阁中，索尔兹伯里出任印度事务大臣。1868 年 4 月，索尔兹伯里的父亲去世，他继承了父亲在贵族院的议员席位和侯爵称号。

　　索尔兹伯里在政治上是非常保守的。1868～1874 年，他伙同其同僚共同反对过格莱斯顿的各项社会改革，尤其是反对 1867 年英国议会第二次改革。他的保守思想在当时却博得一些保守党主要人物的赞赏。1874 年 2 月，保守党在大选中获胜，迪斯累里受命组阁，索尔兹伯里再度出任印度事务大臣。1876 年 5 月，土耳其政府残酷地镇压了保加利亚人民的起义。这一事件轰动全欧。沙皇俄国准备武装干涉，英国为了抵抗俄国准备支持土耳其。当时，迪斯累里的东方政策在国内受到格莱斯顿的猛烈抨击。内阁内部也存在着意见分歧。1876 年 12 月，在君士坦丁堡举行东方问题会议，索尔兹伯里作为英国的全权代表参加这次会议。最初他同情保加利亚人，主张英国从土耳其危机中摆脱出来，避免同沙俄冲突。1877 年 4 月，俄土战争爆发。迪斯累里首相主张积极干涉，索尔兹伯里与殖民地事务大臣卡纳丰勋爵却极力反对，可是，同年 12 月上旬，战局急剧变化，土军主力被击溃，俄军逼近君士坦丁堡，形势十分严峻。这时，索尔兹伯里改变了态度，转而强烈要求英国政府出兵，干涉俄土战争。英国派出舰队驶入博斯普鲁斯海峡，威胁俄国，迫使它进行谈判。1878 年 3 月 3 日，俄土双方签订了《圣·斯特法诺和约》（Treaty of San Stefano）。该约规定保加利亚由俄国保护，并扩大保加利亚的领土，从而使海峡与君士坦丁堡处于保加利亚的威胁之下。这个条约无疑地对俄国有利。俄国借此可以控制海峡和独霸近东。因此，英国伙同欧洲其他列强反对这个和约，要求召开欧洲列强国际会议重新讨论俄土和约的问题。同年 3 月 27 日，英国内阁召开会议，商讨对策时，索尔兹伯里坚决主张对俄国施加压力。首相迪斯累里也决定使用武力干涉俄土战争。同年 4 月，索尔兹伯里被任命为外交大臣。从此，他的政治生涯又迈上了一个新的台阶。在处理东方危机问题，索尔兹伯里发挥了其外交才能。

1878 年 4 月初，索尔兹伯里致函其他各中立国家，强调指出《圣·斯特法诺和约》只对俄国有利，却损害了欧洲各国的利益。因此，这个条约必须由欧洲国际会议加以裁决。这个通函起了很大的鼓动作用，当时被称之为"索尔兹伯里通函"（The Salisbury Circular）。结果，在英国和欧洲列强的压力下，俄国被迫作出了让步。1878 年 6 月 13 日，在柏林召开了著名的国际会议。索尔兹伯里以副代表身份随同首相迪斯累里参加会议，并在会议中发挥了很大的作用。会议结果，迫使俄国在海峡问题上作出让步，而英国还有一个意外收获，它从土耳其手中获得了地中海上的战略要地塞浦路斯。迪斯累里与索尔兹伯里在柏林会议上取得的外交胜利，受到英国朝野的极大赞许。当他们回到英国时，都认为他们为英国带来"和平与荣誉"。

1880 年 4 月英国大选，保守党失败，迪斯累里内阁垮台，索尔兹伯里也离开了外交大臣的职位。不久，迪斯累里病逝，索尔兹伯里成为贵族院的领袖。他与斯坦福·诺斯科特共同领导保守党。他坚持了迪斯累里实行的改革方针，使保守党进一步适应土地贵族和大资产阶级的要求。他在公共场所发表演说时，经常表达他的见解和观点。他轻视特权，对于传统惯例也不感兴趣，但他并不属于保守党的左翼，他从不使用激进派或民主主义者的词汇。他经常谈论的是：信心使经济稳定；和睦与相互信赖是一切道德和物质幸福必不可少的基础。他支持住房改革运动，热心提倡用国家经费解决社会弊端。他反对格莱斯顿政府的爱尔兰立法。1885 年 6 月 8 日，格莱斯顿内阁垮台，女王授命保守党领袖索尔兹伯里组阁。

（二）索尔兹伯里内阁的政策

索尔兹伯里在他第一届内阁时，不仅做首相，还兼任外交大

臣。他的首届内阁仅有 7 个月。在这期间，爱尔兰问题仍是新政府
需要大力应付的问题。索尔兹伯里政府的爱尔兰政策决定不恢复
《防止罪行法》或其中的任何部分（该法令当时已期满），但是要认
真地执行普通法，通过有力地执行普通法取得有效地统治爱尔兰。
显而易见，索尔兹伯里政府虽然放弃了对爱尔兰的高压政策，缓和
公众的情绪，但仍然坚决反对爱尔兰自治。他推行的以普通法统治
爱尔兰的政策也遭到失败，爱尔兰许多地区都出现了抵制运动。索
尔兹伯里又想重新采取镇压政策。他向议会提出一个镇压爱尔兰民
族联盟的议案。1886 年 1 月，该议案遭到议会否决，索尔兹伯里
当即辞职。自由党领袖格莱斯顿第三次组阁。然而格莱斯顿这次内
阁只维持几个月就垮台了。同年 7 月 20 日，维多利亚女王又召见
索尔兹伯里再度组阁。他的这次内阁得到自由党合并派的支持。
1886 年索尔兹伯里组成的第二届内阁存在有六年之久，这届内阁
施行了许多社会改革的政策。首先加强了对爱尔兰的统治。1887
年，政府又颁布了一个重新修改过的《防止罪行法》，授予爱尔兰
总督有宣布某一团体为"非法"和某一地区为"发生骚乱"的权
力。随后，这届内阁便着手于地方行政改革，主要是调整和简化行
政，划清管理权限，加强地方政府的职能等等。长期以来，英国议
会总是以零散的立法来应付突发事变，结果法案重叠，每项法案又
各有其不同的机构予以执行，从而造成管辖权、机关和区域的惊人
重叠、交叉和彼此冲突。1881 年，在英格兰彼此不相隶属的地方
当局有 27069 处，其中包括 52 个郡，239 个自治市，4981 个形形
色色的区和 21310 个不同的教区，此外，还有 41 个港口卫生机关
等。为了清除这种混乱状况，1888 年，颁布了英格兰《郡议会法》
（Act of County Council)，规定设立 62 个行政郡，60 多个郡级市，
每个郡或郡级市都设有一个议会，并规定了地方议会的职能。1889
年，又本着同样的方针，通过了苏格兰地方政府法和伦敦郡改革
法。索尔兹伯里内阁的上述改革，结束了英国近半个世纪存在的地
方政府的混乱状态，简化了行政区域，统一了行政机构，加强了英

国内政的管理。这些社会改革是有积极作用的。与此同时，索尔兹伯里还进行了其他一些社会改革。1889 年，颁布专科教育法，授权郡、市议会举办专科教育，并准许为此目的征收地方税；1890～1891 年，又先后采取措施加强初等教育，由国家拨款补助地方当局创办初等教育，并把初等教育变成免费的义务教育；1888 年，通过一项法案扩大了雇主对工人在雇佣期间遭到意外事故时应负的责任；1890 年颁布的工厂法，加强了地方当局对工厂卫生条件和有危险性的行业的管理；1890 年，颁布的住宅法案在一定程度上缓和了住宅过于拥挤的矛盾；1887 年，还颁布过商标法。所有这些，都具有进步意义。

索尔兹伯里一贯坚持"光荣孤立"的外交政策。1887 年 1 月，他开始兼外交大臣时，就把精力放在对外事务上。根据当时的国际形势，他虽然采取支持"三国同盟"以对法、俄的政策，但他还竭力挫败德国宰相俾斯麦煽动英俄冲突的阴谋。为此，他利用匈牙利贵族对俄国的敌视，促使奥地利和德国对抗沙俄；与此同时，他利用意大利和奥地利的矛盾，维持地中海、亚得里亚海的现状来巩固英国在埃及的地位。1887 年 2 月，索尔兹伯里政府同奥、意签订了《地中海协定》（Mediterranean Agreements 1887），1889 年 12 月，又签订了第二次《地中海协定》，签约各方共同保证维持地中海、黑海和亚得里亚海沿岸地区以及北非沿岸地区的现状。关于《地中海协定》，索尔兹伯里在给俾斯麦的信中明确表示：他希望协定成为"反对俄国可能侵略的有效屏障"。但是索尔兹伯里并没有进一步同德、意建立同盟，他仍坚持"光荣孤立"，不同他国结盟。1889 年，俾斯麦甚至向他建议缔结反法同盟，索尔兹伯里断然拒绝。

英、法在争夺埃及的斗争中，关系是非常紧张的。可是，英国同德国的矛盾也很尖锐。所以，索尔兹伯里在对待法国时非常小心。他认为只要英国能保住埃及，对于法国的一切要求都可以考虑，尽量避免直接冲突。在瓜分非洲的斗争中，索尔兹伯里内阁为英国实现"开普—开罗计划"即"2C 计划"做出了很大贡献。1886～1890 年间，索尔兹伯里内阁确定了英国在东非的殖民地和势力范围；1891 年，英国占领了尼亚萨兰（即马拉维），从而使英国在南非的殖民地得以深入内陆，并从南、西、北三个方面包围了布尔人的两个共和国。1889 年，英国唆使埃塞俄比亚皇帝约翰四世率军攻打马赫迪起义军，削弱了苏丹的军事力量，为英国最后吞并苏丹奠定了基础。此外，英国在同法国争夺西非的斗争中也占优势。

1895 年 6 月，索尔兹伯里第三次组阁，任首相兼外交大臣。这届内阁存在七年。在对内政策上，并无甚多建树，只是在 1897 年通过一个《工人补偿法》（The Workmen's Act），1898 年通过一个《犯罪证据法》（The Criminal Evidence Act）。他的活动和成就主要在对外事务上，索尔兹伯里这次组阁时，英国在国际上正处于孤立境地。继"三国同盟"之后，又出现了一个"法俄协定"，国际形势十分紧张。尽管如此，索尔兹伯里仍然坚持传统的"光荣孤立"政策。他采取"均势政策"，利用欧陆列强之间的相互矛盾，为英国从中取利。

索尔兹伯里玩弄外交手腕企图利用 1894～1896 年间土耳其屠杀亚美尼亚人事件造成的近东危机，对土耳其施加压力或者用瓜分土耳其的办法确保英国永久占领埃及。但是，由于列强之间矛盾重重，索尔兹伯里的如意算盘没能实现。1896 年初，由于开普殖民地总督罗德斯策划袭击德兰斯瓦尔（Transvaal）的事件，引起德国极大的愤怒，从而英德关系恶化。在这种情况下，索尔兹伯里又想拉拢俄国对付德国，同俄国达成瓜分土耳其的协议。1896 年 9～10 月，他一再向俄国表示，如果埃及由英国占领，英国则在黑海海峡上对俄国让步，并考虑讨论有关苏伊士运河自由通航的其他保证问题。可是，俄国因与法国有"俄法协定"关系，没有同意索尔兹伯里的建议。在近东危机期间，意大利与奥匈帝国曾要求英国政府明确其对"地中海协定"所承担的义务。这时，英国对于任何带

英 法 近 代 史
YING FA JIN DAI SHI

有反对俄法性质的条约，一概不明确规定其应承担的义务，何况，这时，英德矛盾非常尖锐，索尔兹伯里更不能答复了。

1897～1898 年，欧洲列强掀起一股瓜分中国的狂潮。索尔兹伯里为了巩固英国在中国长江流域一带的势力范围和扩大在中国的权益，便同俄、德等国展开角逐，结果，英国控制了中国海关税收，强行租借了九龙半岛和威海卫，并攫取了沪宁和沪杭甬等铁路的修筑权。在非洲，19 世纪 90 年代，苏丹南部地区已成为英、法各自实现其非洲殖民帝国计划的关键地区之一。为此，英法两国展开了激烈的争夺。1892 年 2 月，法国乘英国正忙于镇压苏丹马赫迪（Mahdi）起义之时，派马尔尚率领法军从法属刚果出发，向尼罗河上游挺进，而于 1897 年底到达法绍达（Fashoda 今科多克），宣称对该地实行"有效占领"。1898 年 6 月，英将基钦纳镇压了马赫迪起义之后，立即率军南进，也到达法绍达与法军对峙。索尔兹伯里随即电告英国驻法大使蒙森，声明英国对该地区有不容争议的权力，但可以就尼罗河流域以外的领土同法国进行协商。法国作了让步。最后，沿着乍得湖、刚果河同尼罗河之间的分水岭划定了双方的殖民地疆界。索尔兹伯里最后一次外交成就，是消除了法德对英布战争的干预。

1900 年 11 月，索尔兹伯里只做首相不再兼任外交大臣了。外交大臣一职交由兰斯多恩勋爵担任。1901 年 7 月，兰斯多恩主张同日本结盟，12 月得到内阁多数成员的赞成。1902 年 1 月，索尔兹伯里放弃了"光荣孤立"政策，签署了《英日同盟条约》。7 月，他因病辞去首相职务。1903 年 8 月 2 日病逝，终年 73 岁。

十一、20 世纪初英国工党的形成 与自由党政府的社会改革

(一) 工党的成立

英国资本主义进入垄断阶段以后，货币工资在 1900 年到 1908 年间仅上升百分之一，而生活费的上升却高得多。在十年中，工资的上涨与生活必需品价格的上涨作对比，实质上，工资下降了 10％左右。1900 年，英国失业工人人数占工人总数 2.5％；1907 年占 6％；1909 年占 7.7％。为了提高工资，各地的职工会时常组织工人罢工。为了对付罢工，企业家们也组织了雇主议会理事会，企图成立破坏罢工的组织。1897 年，伦敦的机器制造业工人为了要求八小时工作制宣布联合罢工。企业家们联合起来对付这次罢工，并且调来许多军队。同年，南威尔士的矿工和北威尔士石板制造场工人的罢工，均因企业主调来军队给镇压下去了。1899 年，最高法院竟公然判决工会必须负责向企业主赔偿罢工所造成的损失。

1900 年，南威尔士达甫盆地的铁路工人举行了罢工。铁路公司控告铁路工人职工会，要求赔偿因罢工而遭受的损失。1901 年法院宣判职工会担负赔偿的责任。职工会上诉到贵族院，贵族院维护企业主的利益，仍然维持原判。结果铁路公司获得巨大赔偿，而职工会一共被罚款 3.5 万余镑。这次判决的结果否认了 1871 年保证职工会不受这种控告的法律，实质上等于宣布罢工为非法。在达甫盆地铁路公司控告的判决案不久，接着又发生过不少类似的诉讼判决。

企业主对工人的加紧进攻和不断地削弱与破坏职工会的结果，不仅引起工人群众的愤懑，就是那些职工会的领袖们也害怕赔偿损失。这样一来，工会会员们就考虑到有建立一个强大的独立政党的必要。早在1899年，即在达甫盆地铁路工人罢工事件发生之前，职工联盟就举行过代表大会，研究如何在下院中争取扩大工人代表数目的问题。1900年，又召开一个具有职工会、独立工党、费边社和社会民主党联盟代表参加的代表大会。在这次大会中成立了一个组织，命名为"工人代表委员会"。这个委员会的目的只限于在选举时提出工人候选人，以便在议会中组成离开自由党而独立的党团。但是这个委员会成立之初，因为经费及其他种种困难，没有开展工作。达甫盆地工人罢工事件判决之后，促使各工人团体积极地注视这个委员会，工人代表委员会才获得充分的经费和人力，工作始得开展。不久社会民主党联盟退出这个委员会。于是委员会的实际领导权完全落入了独立工党之手。该党前任领袖拉姆塞·麦克唐纳被选为委员会的书记。1906年，工人代表委员会改名为工党。

工党建立之初的纲领强调议会斗争和工会工作，主张采取和平斗争的方式，工党的成立标志着英国工人已经意识到建立自己政党的必要性。

(二) 自由党政府的社会改革

20世纪初，英国自由党政府的一些社会立法和社会改革对于英国以后的发展具有非常重要的意义。20世纪初，英国的世界工业霸权的地位已经丧失，美德在工业生产上已赶超过了它。英国国内工业需要技术更新，有些工厂生产缩减，工人失业现象比较严重。与此同时，国际形势也非常紧张。欧洲业已出现两大军事集团，英德矛盾十分尖锐。为了准备战争，英国急需提高生产，缓和国内矛盾。在这种形势下，有些自由党的有识之士认为旧的自由主义观点已经不适应当前形势，必须改弦更张，采取"新的自由主义"政策，才能稳定社会和准备战争。于是在 20 世纪初，几届自由党内阁先后实施了一系列社会改革和社会福利立法，内容广泛，切合实际。对于稳定社会和加强备战起了很大的作用，也为英国后来的发展奠定了基础。

1905 年 12 月，在坎贝尔·班纳曼（Henry Campbell Bannerman，1836～1908 年）的自由党内阁时期，劳合·乔治（David Hoyd George）担任外贸大臣。他在自由党政府的社会改革政策方面做了不少的事情。1906 年，劳合·乔治提出了《商船条例》，在该条例中，提出改善海员的生活条件，同时要求提高新造船只的吨位，以增加英国的海运能力。同年，自由党促使议会通过一项法律，禁止强迫工会赔偿企业主在罢工时所遭受的损失。1907 年，劳合·乔治提出《专利和设计条例》，防止外国窃取英国人的发明创造，保护英国人的发明权。在劳资冲突的问题上，自由党政府极力采取调解手段，防止工人罢工斗争的扩大。1907 年秋，铁路工人同资方发生纠纷，工人举行了罢工。劳合·乔治以政府代表的身份出面调停，纠纷得以解决。在解决这次纠纷中，政府制定了一整套解决劳资冲突的复杂程序，从而把工人斗争的范围限制到劳资谈判桌上来加以解决。

为了缩小农村的贫富差距，坎贝尔·班纳曼自由党内阁又实行了四项土地法案。土地法案规定，上院如果在该地需要某些小块土地时，有权强购地主的土地。把强购来的土地变为国有土地，然后以小块出租，并规定每块不超过 50 亩。这样便满足了一部分农民对土地的需要。坎贝尔·班纳曼内阁还使议会通过一项《行业纠纷法》。这项法律实施之后，便消除了 1901 年因达甫盆地铁路公司的控告对工会造成的威胁。

1908 年，阿斯奎斯（Herbert Henry Asquith 1852～1928 年）出任自由党内阁首相。劳合·乔治在这届内阁中担任财政大臣，他仍然致力于社会改革。在他的建议下，1908 年成立了伦敦港务局，统一协调港口运输，解决了伦敦港运输混乱的问题。在社会福利方

英 法 近 代 史
YING FA JIN DAI SHI

面，同年，内阁又使议会通过了一项关于养老金法案。该法规定：
凡 70 岁以上年收入不超过 31 镑者均能得到国家养老金。只是长期
依靠救济生活和获释出狱还不到 10 年的人除外。尽管如此，这项
养老金制度无疑地给一部分穷人带来了希望，也消除了在业工人后
顾之忧。值得注意的是，养老金法明文规定，不因领取养老金而失
去任何政治权利。这就意味着养老金制是公民应有的权利，并非因
贫穷而接受的救济。同年，议会通过了矿工 8 小时工作日的法案。
这是英国历史上第一次对男性成年工人制定的工作日的法律。1909
年，议会又通过了"行业委员会法"，它规定在"血汗制"行业由
劳资双方派出数量相等的代表，并由商务部指派主席组成协商委员
会，对本行业工人的最低工资额作出规定。这是第一次把最低限额
工资原则纳入英国劳动法典。

　　1909 年，阿斯奎斯自由党内阁又使议会通过了一项《劳工介
绍法》，为失业者寻找工作。次年 2 月 1 日，第一批共有 83 个劳工
介绍所开业。这是由国家直接资助和管理的全国性劳工介绍机构。
1911 年议会又通过了一个《失业保险法案》。该法案共分残疾和失
业两个部分。关于残疾部分，该法案规定，雇主对于职工在雇佣期
间受伤应负责。这项法案是由国家协助各种组织如互助会、职工会
和其他的一些互助团体，自发地组织起来，帮助一些人在残病期间
解决工资收入的一个尝试。这项法案适用于 16～70 岁的一切体力
工人，以及每年薪金不超过 160 镑如文书之类的其他一些职员。保
险金费用按不同比例由雇主、职工和国家分担。一般职工分担二分
之一。关于失业部分，法案规定的基本原则，主要是帮助解决每个
被保险人在具有工作能力期间所处的暂时失业困难。福利金的标准
应该是帮助工人度过短期的失业，而不是供给他长期的全部生活
费。这项法案多半适用于从事建筑、造船、铸铁、伐木和车辆装配
等变动的行业中的工人。法案还规定，福利金申请人必须向劳工介
绍所的职员证明，他在过去 5 年内曾经在一个被保险的行业中工作
达 26 个星期以上，而且确实找不到工作。这项法案对于被保险的

十一、20世纪初英国工党的形成与自由党政府的社会改革

人和整个社会一直是具有不可估量的价值。1911年，阿斯奎斯内阁还使议会通过一项《健康保险法》。根据该法规定，因患病、伤残或分娩不能工作的工人，均可得到相应的保险金。患病者还可免费得到健康保险医师的治疗。《健康保险法》的施行，是第一次使工人的健康得到社会的关心，使工人在抵御病残的灾害时，不是孤立无援或被迫求助于令人感到羞辱的济贫法。这是依靠国家组织起来的社会力量来解决的。这已成为一个公民应有的权利。

实行这些社会福利方案，需要国家巨额开支。因此，与此同时，自由党内阁也做了一些财政改革的事情。1907年，阿斯奎斯任财政大臣时就强调，应把所得税视为财政收入的最好途径。他在这年的国家财政预算中，第一次在所得税中分为劳动所得的收入和不劳而获的收入和累进的原则。翌年又制定了以养老金制为目标的财政预算案，从而开辟了国家财政服务于社会福利的先例。劳合·乔治承袭了这些改革而又作了进一步的发展。1909年4月29日，劳合·乔治在下议院提出了为实施一系列社会福利法案而筹款的所谓"国民预算案"。该法案提出根据收入多少和性质，规定不同的所得税率，对于每年收入500镑以下的家庭，给予儿童津贴，对于每年收入5000镑以上的家庭，其超过3000镑部分征课超额所得税；同时，大量增加遗产税、烟酒和土地税。征收土地税时，首先对土地进行测量与估价，然后先收增值税，对产业买卖或继承过户，规定要缴纳全部金额的20％。对租地人在租田期满时，课以增值部分的10％为归佃税，而对未开发的土地的地基价值，课以每亩半便士的年税。劳合·乔治强调，这是将"通过减少一小部分人的快乐来缓和千百万人的悲哀"。显而易见，这项预算法案是调节利益关系的社会立法，它使国家财政为社会立法服务，从而使发展社会福利事业成为国家活动的主要任务之一。这同过去英国人信仰的绝对私有财产原则，在经济上只讲自由放任，国家不予干涉，在政治上发挥个人自由，自由竞争，国家不予帮助的旧自由主义观念大相径庭。

　　这项财政预算法案遭到大地主们和一些贵族们的激烈反对。在保守党人占多数的上议院里，他们打破了禁止上议院否决下议院所通过的财政法案的多年的规定，否决了劳合·乔治提出的财政预算法案。按照英国的惯例，上院对下院的财政法案是没有否决权的。这样便发生了自由党内阁同上议院的矛盾。1910年1月，解散议会，与此同时，阿斯奎斯向全国呼吁，号召人们谴责上议院的行径。1911年，大选后召开新议会，阿斯奎斯主持开幕式。为了削减上议院反对派的势力，他建议国王在上议院再封授一批足够数量的贵族，以确保下议院议案的通过，国王接受了这项建议。1911年8月10日，下议院对"财政法案上院不得使用否决权"的议案进行了表决，议案获得通过。议案规定：财政法案不需要上议院批准，至于其他法案，如果下院在至少两年的期间，经过三次表决通过，不经上议院的批准，即可呈请国王签字生效，立即成为法律。8月18日的议案得到国王的批准。此后，上议院只有拖延法律通过的作用，而不能否决法律。贵族在上院中的残余势力从此基本消失了。

十二、英帝国主义与大战准备

（一）19 世纪最后 30 年的英国经济

英国曾是一个先进的资本主义国家，它的工业革命发生得最早，并在 19 世纪中叶就已进入完成阶段。那时，英国已成为所谓世界的工厂，成为世界上工业霸权国家。

但是到 19 世纪 70 年代，西欧某些国家的工业产品，已经能从国内市场排斥英货，到了 80～90 年代，美国和德国工业产量，尤其是冶金工业，在世界市场上也开始排斥英国。例如，1871 年，英国铁的产量为 660 万吨，德国为 150 多万吨，美国为 170 万吨；到了 1900 年，英国的铁产量增至 900 万吨，德国的铁产量增至 850 万吨，而美国已增至 1380 万吨；在钢的产量上，1871 年，英国为 30 万吨，德国为 25 万吨，美国为 7 万吨，到了 1900 年，英国只增到 490 万吨，而德国已增至 660 万吨，美国达到 1020 万吨。由此可见，在 19 世纪最后 30 年中，英国逐渐失去了世界上第一工业强国的地位。到 1913 年，英国冶金产量仅为 1300 万吨，而德国已增到 1930 万吨，美国增加到 3900 万吨；在炼钢产量方面英国仅为 770 万吨，德国已增到 1830 万吨，而美国增至 3130 万吨。除此之外，早在 19 世纪 90 年代，德国的化学工业与电气工业已经大大地超过了英国。总之，19 世纪末到 20 世纪初，英国在工业产量方面已降到世界的第三位。

英国工业为什么比美国和德国发展缓慢了呢？其原因有以下几点：

1. 英国是一个老牌的资本主义国家。70 年代以后，它的机器工业已显得陈旧,资本家不愿破坏旧的企业装备而代之以新技术,因此阻碍着新技术与新发明的采用,而新兴的美德两国就没有这种障碍,它们可以充分利用现代化科学技术,建设新的企业。

2. 19 世纪 40 年代以后的英国自由贸易政策,也妨碍英国企业的集中。因此,在企业的经营上也比较分散与弱小,而美德两国以及其他一些国家多半实行保护关税政策,阻止英国商品在国内市场的倾销,从而发展了本国的工业。新兴的工业国家,一开始就建立了大企业,利用了新发明,因此,在工业发展的速度上就比较快。

3. 英国早就是一个殖民帝国,拥有广大的海外殖民地。资本家多半将资本投入银行和国外,尤其是殖民地中去,这样他们可以获得超额的利润。因此,减少了在国内工业上的投资,妨碍了新企业的发展。

所有这些,充分说明在资本主义过渡到垄断资本主义的阶段中,资本主义发展的不平衡性更为加剧了。

虽然英国的世界工业霸权已经衰落,但是它还拥有广大的海外殖民地,保持着世界上商业、银行资本和海军的优越力量。

就殖民地来看,在 1876 年,英国殖民地的面积为 2250 万平方公里,殖民地人口总数为 2.52 亿人。而当时英国本土面积只有 34.004 万平方公里,其人口总数为 2970 万人。在 1880～1900 年间,英国又取得 370 万平方公里的新殖民地,到 1914 年,英国殖民地的面积已增到 3350 万平方公里,而人口总数增到 4 亿多人。由此可见,英国殖民地的面积几乎是英国本土的 100 多倍。

英国资产阶级在 200 多年间从其广大的殖民地中,掠夺了大量的财富。他们将巨大的资本投入银行事业,通过银行再将资金投入殖民地,或贷给其他国家,从而获得更多的利润。因此,就银行事业来说,没有任何一个国家的银行事业像英国那样发达。英国银行在全世界各地都有支行,这些支行就是执行对殖民地投资和对别的国家放债以谋取高额利息的机构,伦敦成为世界的金融中心。

为了维持对广大殖民地的统治和对落后国家的掠夺,英国始终保持着强大的海军，并占据着许多重要的海军基地，如马耳他岛、直布罗陀海峡、苏伊士运河、亚丁、新加坡和香港等地。在商业方面，英国的商船不仅运送本国的商品，也运输其他国家的商品。因此，尽管它的工业已呈落后，而在贸易上还保持着世界的首位。例如，1890 年，英国商船吨数在全世界占 48％，到 1913 年还保有40％，伦敦不仅是世界的金融中心，而且还是世界的最大商港。

总之，从 19 世纪 70 年代起，英国已逐渐丧失了从前的工业霸权，但它还保持着世界银行家、第一海军大国和殖民地强国的地位。

（二）英国的资本输出与垄断组织的形成

19 世纪末 20 世纪初，英国拥有世界上最广大的殖民地，资本输出占据世界首要地位。

例如，在 1850 年到 1880 年间，英国的国外投资增加五倍，即从原来 2 亿镑增加为 10 亿镑。到 1905 年又增加了一倍，成为 20亿镑。到 1913 年又增加了一倍，已达到 44 亿镑。据罗伯特·吉芬爵士估计，"英国国外贸易的利润总计是 18000 万镑，而国外投资的收入竟占 9000 万镑。在 1912 年时，英国国外投资收入的总额，已达 1.76 亿镑。"由此可见，资本输出比商品输出所获得的利润多得多。

在殖民地和落后国家中，资本缺乏，地价较低，工资微薄和原料便宜。因此，在这些地方投资可以获得超额的利润。这就是英国资产阶级所以非常愿意将资本投入殖民地和半殖民地国家中的原因。例如，在 20 世纪初，英国仅从印度一个国家中，每年就榨取到 1.5 亿镑。由此可见，不列颠殖民地帝国是在许多国家人民的灾难上建立起来的。

资本输出的增加，必然使银行事业迅速地发达起来，英国银行在 19 世纪末就开始走向集中和垄断。

英 法 近 代 史
YING FA JIN DAI SHI

1890 年，英国有 110 家股份银行，到 1910 年，银行的数目减至 54 家，因为当时出现了最大的金融垄断集团——五大银行。它的存款额在 1900 年占英国所有储蓄银行全部存款的 28%，1916 年占 37%。英国的五大银行掌握着领导英国全部银行系统的英格兰银行，其中最大的老板是洛特柴尔德、什列德尔、克林瓦特等。英国银行不仅影响英国本国及其殖民地的国民经济，而且也影响着全世界。在 1904 年，英国有 50 家殖民银行，在这些银行管理下的分行竟达 2279 个，它的势力几乎遍布世界，伦敦成为世界的金融中心。英国银行除了对殖民地和落后国家进行有利的投资，获取超额利润外，还对其他国家实行贷款，以取得高额利息。由此可见，英国已成为大高利贷者和殖民剥削的国家。正由于英国将资金多半投到国外，尤其是殖民地，同时也由于英国是一个老牌的资本主义国家，采用现代化技术有些阻碍，所以英国本国的工业的集中化过程较之美国和德国慢得多。19 世纪晚期到 20 世纪初，英国的工业如采煤和部分纺织工业仍然是非常分散的，并且还保持着陈旧的装备，技术水平也很落后。虽然如此，在英国的工业中，也还出现了不少的垄断联合。例如，在 90 年代，英国出现了纱棉托拉斯。此外，在化学、水泥和烟草等工业中，也建立了若干的垄断组织。

随着英国对外掠夺殖民地的加强和军国主义的增长，垄断联合的建立在重工业方面发展得特别快。19 世纪末，在冶铁工业、炼钢工业、航运业和造船业中，多半建立了垄断组织。例如，阿姆斯特朗和威克斯这两个公司，就将制造武器和造船业联合在一起，"帝国化学工业"公司将许多大化学工厂集中在它一家之手。总之，在 1902 年，英国已有 57 家托拉斯和其他各种形式的垄断联合组织。

如果新的发明和发现对它们不利，它们就妨碍其实现。例如，英国的采煤垄断公司，多年来都阻止运输业的电气化，因为这会减低铁路运输对煤的要求。垄断组织形成后，必然阻碍技术的进步，使现代科学和技术所拥有的巨大潜力不能充分发挥，但对军事工业的发展却很有利。

（三）英国的大战准备

在 19 世纪 70～90 年代中，英国在国际间的主要敌手，并不是德国，而是法国和俄国。从 90 年代开始，英德之间的关系开始恶化，德国的商品把英国的商品从许多国家中排斥出去，德国的殖民地扩张，到处打击英国殖民地的势力。19 世纪末和 20 世纪初，德国提出重新分割世界的要求，并积极扩军备战，从而威胁着英国。因此，20 世纪初，英德之间的矛盾成为世界大国之间的主要矛盾。

1902 年 7 月 11 日，索尔兹伯里辞职，贝尔福（Arthur James Balfour，1848～1930 年）接任首相，组成保守党政府。这时正值新君爱德华七世临位，英布战争结束之时，许多善后工作有待处理。另外，当时英国除了在远东 1902 年同日本缔结了同盟外，在欧洲还没有一个盟友，欧洲战争日益迫近。在新的形势下，"光荣孤立"政策使英国日益陷入困境。因此，寻求盟友，积极备战，就成了贝尔福这一时期的主要指导思想。

1903 年 11 月，贝尔福改组了战争委员会公署（the War Office Committee），采纳了陆军委员会和总参谋系统方面的许多有关备战的建议。贝尔福还支持费希尔（Fisher）废弃过时的舰只，创建无畏舰，从两个舰队扩充至三个，并建立了海军战争委员会，在贝尔福指导下，英国与德国展开了海军竞赛，因而财政支出猛增。

20 世纪初，英法和解的条件已逐渐成熟，英国为了对付它的最危险的敌人——德国，便于 1904 年同法缔结了协定，从而放弃了长期孤立的政策。根据《英法协定》，法国承认英国对埃及的侵略，而英国不阻碍法国对摩洛哥的征服。1905 年以后，英国的主要任务就是积极准备对德作战。

为了准备战争，英国陆军大臣霍尔顿要求增加军费开支，建立一支适合于大规模欧洲战争的陆军。贝尔福政府把以前散布于全世界的英国海军，都集中于北海，并在英国东海岸建立了许多新的海军基地。1905 年，英国试制成功了无畏舰的新型主力舰。1905 年，自由党重新执政。1908 年，英国政府决定建造八艘主力舰，并采取了以两艘军舰对付德国每一艘新造军舰的海军政策。

扩军备战的结果，使国家工业日益军事化。

（四）第一次世界大战前的国际关系及大战的爆发

从 19 世纪 90 年代起，英德之间的关系就异常紧张，德国尽量在各处对抗英国的殖民地政策。例如，1894 年，英国打算在刚果租借一块土地，以便把英属南非和北非的尼罗河流域连接起来。可是，德国与法国联合起来破坏了英国这一企图。1893 年到 1894 年，德国在南非布尔人共和国进行反英的阴谋。1898 年，德得到土耳其的同意，获得建筑巴格达铁路的租让权，这就给英国在近东的权益以最大威胁。尤其重要的是，1898 年，德国着手建造强大的舰队，企图打破英国在海上的优势，英国对于德国处处破坏它的殖民政策，和德国本身的殖民地野心，非常恐惧。但是，在 19 世纪末到 20 世纪初，英国既怕俄国在远东扩张，又与法国有旧殖民地的矛盾，所以，一时无法对付德国。

帝国主义国家间的矛盾是错综复杂的，除了英德这一主要矛盾外，还有法德、俄德以及俄奥之间的矛盾，这些矛盾也是不能调和的。

德法矛盾早在普法战争后，就存在着。这种矛盾主要表现在阿尔萨斯、洛林的问题上，如果说 19 世纪 70 年代，阿尔萨斯、洛林问题是战略问题，那么，19 世纪末，德法两国进入帝国主义阶段后，它还具有非常重要的经济意义。德国非常缺乏铁矿，重工业的大亨们总想夺取靠近德国边境的法国的丰富铁矿地区，而法国仍拟恢复阿尔萨斯与洛林的领土，并企图夺取萨尔煤矿区域，此外，在摩洛哥的问题上也加剧了德法的矛盾，由此可见，德国殖民侵略政策，不仅威胁了英国，也威胁了法国。

除了英法、德法的矛盾外，俄德之间也存在着深刻的矛盾。这种矛盾主要表现在近东问题上。日俄战争之际，俄国把注意力主要放在远东政策上，德国便乘机极力向近东伸张势力，获得了建造巴格达铁路（三B铁路之一段）的租让权，这就引起了俄国的恐惧。沙俄一直把土耳其，尤其是达达尼尔海峡，看作是自己的势力范围。因此，在日俄战争结束及沙皇镇压了俄国第一次革命之后，俄国就把注意力重新放到了近东，极力阻止德国势力向远东的扩张。

在近东问题上，俄国与奥匈帝国也有矛盾。因为奥匈在巴尔干加紧扩张，也大大地威胁着俄国在近东的利益。

此外，意大利同法国争夺突尼斯失败后，也开始靠拢德国以对抗法国的攻击。

以上诸种矛盾，终于导致1882年5月签订德、奥、意同盟条约，三国同盟军事集团于是形成。1891年，法、俄缔结协定；1904年4月，英、法签订协约；1907年8月，英、俄签订协约，于是协约国军事集团也最终形成。

20世纪初，帝国主义之间的矛盾愈演愈烈。1911年的摩洛哥危机，1912年到1913年的两次巴尔干战争，都险些演成大战；1914年夏，帝国主义之间的矛盾已达到极点，真是山雨欲来风满楼，大战有一触即发之势。

1914年6月28日，塞尔维亚民族主义者在萨拉热窝刺死了奥国皇储费朗兹·斐迪南（Archduke Ferdinand）大公，奥国以这一事件为借口，于7月28日对塞尔维亚宣战。奥塞战争爆发后，俄国开始局部动员，英国也发表声明：如果法、比卷入战争，英国将站在法国方面。7月31日，德国要求俄国停止军事准备，遭到拒绝。8月1日，德国对俄宣战。8月2日德国向比利时政府提出最后通牒，要求准许德军通过比利时开赴法国边境，并于8月3日对法宣战，比利时政府拒绝了德国的要求，并向伦敦求援，于是英国

135

政府为此向德国提出最后通牒，要求不许破坏比利时的中立。英国最后通牒的限期是伦敦时间 8 月 4 日 23 点止。到 23 点 20 分，英国大臣温斯顿·丘吉尔（Winston Churchill）在内阁会议上报告说，他已向所有的舰队发出无线电报，命令英国军舰对德作战。

战争从欧洲爆发，但不久日本与土耳其也均参战。所以战争就越出了欧洲的范围。随着战争的进展，战争的范围愈来愈广泛，不仅限于欧陆，也在海洋上进行，不仅限于欧亚两洲，英法也在非洲掠夺德属殖民地，从而变成一次具有世界规模的战争。

十三、英国文官制度的演进

所谓文官制度（The Civil Service），是指西方国家的政府，以法律为依据对各级文官分门别类进行管理的一系列的规章制度，是整个政治制度的一部分，目的在于选贤任能，提高行政效率。英国是世界上最早建立文官制度的国家，它在 1870 年就确立了文官制度，截至目前为止已有一百三十多年。英国文官制度的形成和确立经历了长期、曲折和复杂的过程。它大致经历了"恩赐官职制"、"政党分赃制"和"考试择优录用制"等三个历史阶段。现在英国的文官制度是 1968 年改革后的产物。英国文官制度在形成和确立的一百多年中，不仅对英国，而且对西方各国的人事制度变革都产生过深刻影响。在新的历史时期，我们探索英国文官制度的产生过程及其特点，不仅能使我们全面、系统、深刻地认识西方文官制度的实质及其作用，还有助于我国在人事制度的改革和公务员制度的建立和完善中有所借鉴。

（一）"恩赐官职制"和"政党分赃制"时期

1295 年以后英国虽然建立了议会制度，但是在 17 世纪中叶英国资产阶级革命之前，英国仍是一个封建君主专制的国家，国王集立法和行政大权于一身，官吏全由国王任命，官吏的选用和升迁，不是靠个人的真才实学和政绩，而是凭门第出身和对国王的忠诚。由于官职是国王恩赐的，所以，所有的官员都是国王的臣仆，一切听命于国王。英国资产阶级革命之后，确立了资产阶级君主立宪制，但以默认的方式保留了国王许多特权。由于国王仍握有录用官员之权，为了恢复失去的封建专制统治，他便利用手中的权力，大肆封官许愿，笼络人心，扩大自己的势力。所以，不少昏聩无能之辈在国王的庇护下仍在政府中高居要职。可见，在英国资产阶级革命胜利初期，议会对国王的均衡和制约关系是极不稳定的，这种关系不断发生变化，又经常遭到破坏当时封官许愿、卖官鬻爵的现象司空见惯，政治丑闻屡见不鲜，政府声名狼藉。由于财政、税务和邮政部门的官员握有重权，他们便成了国王和封建贵族营私行贿的主要对象。新兴的资产阶级认识到，这种官吏制度严重阻碍资本主义经济发展，也不利于资产阶级在政治上、组织上对抗封建地主阶级的政治势力，为了维护既得利益，他们在 1694 年使议会通过了一项税务人员不得充当下议院议员的法令。1701 年议会又在《王位继承法》中规定，从汉诺威王朝以后，凡领取皇家薪俸和养老金的官员都不得为下院议员。为了使议会能控制各部，这个法律同时又规定，各部大臣例外，可以同时是下院议员。1710 年，议会又颁布法令规定任何邮政人员，如果通过口头、书信或其他方式运动选民，就要受到罚款和免职的处分。从此以后，在英国的官吏队伍中便开始有了"政务"和"事务"官的区分。

到 19 世纪，英国的两党制日益成熟，内阁开始由在竞选中获胜的政党组成。于是，哪一个政党在竞选中获胜上台执政，就把各种官职作为"胜利果实"进行公开分赃，分给他们的支持者。所以，每次执政党的更替和内阁的变迁，都要引起政府人员的大换班，使政府工作混乱。可见，无论是"恩赐官职制"还是"政党分赃制"，都有严重的弊端。一个是营私舞弊，买卖官职，无功受禄的现象盛行，使不学无术、游手好闲之徒充斥官场宦海；另一个是执政党更替，国家工作人员大换班，造成政府行政系统的大动荡，缺乏政策的连续性。这两种官制都严重地影响社会稳定和发展。

（二）1870 年英国文官制度的确立

为了使内阁在更迭时政府各部门的工作保持稳定，1805 年在财政部首先设立了一个专管日常事务的常务次官。这样在财政部便有了两名次官。一名是政务次官，在议会和政党活动中辅佐财政大臣；另一名是常务次官，主持财政部的日常工作。常务次官及其属下都称为"文职服务员"，按规定他们不得参加政党活动，也不与内阁共进退。此后，各部都以财政部为榜样，相继设立了常务次官，并成为制度。

19世纪40年代，英国完成了工业革命，而欧洲大陆的工业革命在1815年以后才开始，使英国成为世界上最先进的强国，在工业上堪称"世界工厂"。1832年英国议会改革后，工业资产阶级参与了政权，代表工业资产阶级利益的自由党开始长期执政。他们从功利主义原则出发，迫切要求建立一个廉价政府，以便提高行政效率，节约开支，能把更多的资金用来发展经济。然而当时的文官体制极不适应新形势的需要。为了适应生产力的发展，提高政府部门的工作效率，必须对文官体制进行整顿和改革。因此，从19世纪50年代起，英国政府对文官体制展开较全面的改革工作。

1852年，阿伯丁（Aberdeen）政府的财政大臣格莱斯顿（W. E. Gladstone）指派屈维廉（G. M. Trevelyan）与诺斯科特（Northcote）调查和研究英国文官队伍的现状。1853年底，他们拟出一个"关于建立英国常任文官制度的报告"。这个报告充分揭露了当时文官体制的腐败和弊端，并提出了一个全面改革文官体制的建议，其主要内容如下：（1）文官录用须经公开考试，内容应注重知识与实用性。（2）高级文官考试的内容应以牛津和剑桥大学的课程为准。（3）成立相应的管理考试机构，其成员必须摆脱党派和裙带关系的影响。（4）应试者经考试合格录取后，须分配到有关部门接受培训半年至两年后再酌情录用。（5）平时要对被录用文官的工作情况进行严格的考核，并根据其工作成绩予以提升。这个报告当时遭到贵族院反对而未通过，然而，它却成为"英国近代文官制度的基础文件"。

1855年，帕麦斯顿（Palmerston）政府又颁布关于"录用王国政府文官的枢密院命令",并决定成立文官制度委员会,负责考试事宜,这一命令奠定了考试用人的组织基础,这种用人和晋升的方式又称为"功绩制"。不过,这次改革并不彻底,因为它不要求实行公开考试,只是对被推荐人员进行审查。

1870 年 6 月,格莱斯顿政府又颁布了第二个改革文官体制的法令,该法令规定大部分文官均需通过公开竞争考试,择优录用。这样一来,剥夺了贵族垄断官职的特权,提高了政府的行政效率。这次文官制度的改革,最终确立了英国文官制度,这也是世界上创立的第一个较为完整的现代的文官制度。其主要内容大致如下:(1)一切文官,除了少数最高级官员外,均需通过公开竞争考试才能录用。(2)文官有高低两级之分,高级文官负责执行政策,低级文官负责办理日常事务。(3)凡考试合格者,经培训后,按成绩高低分配到相应的机关工作。

英国文官制度的创立是工业资产阶级在上层建筑领域里反对封建残余势力和资产阶级保守势力的一次巨大胜利,从此剥夺了封建保守势力对行政机构的控制,使政府行政部门开始成为执行政府意志的可靠工具。当时著名的经济学家、英国东印度公司高级官员约翰·斯图亚特·穆勒说,文官制度改革在英国历史上是"形成一个历史时代的最大的公务革新之一"。

(三) 1870～1968 年英国文官制度的改革

从 1870 年英国文官制度的确立到第一次世界大战,英国文官制度又经过多次改革,使之逐步完善。1890 年,由于行政事务日益繁杂,原来的两大等级结构已极不相适应,英国政府又重新调整了第一和第二等级,其主要内容大致如下:(1)在第一等级中再划分三个级别,均按大学毕业考试类似的科目,通过公开的竞争考试,从 20～24 岁的青年中选拔优秀人才充任。(2)在第二等级中也划分为三个级别。此外,再增加一个执行机构抄写的级别。(3)

为了尽快提拔人才，第二等级升入第一等级由原来的十年改为至少服务八年。

可是，这时英国文官制度还有一个很大的缺陷，就是第二等级的考试内容与英国当时中等教育课程内容有很大差距。为此，1912～1915年，英国政府成立了以麦克唐纳（J. R. Macdonald）为首的委员会，对现行文官制度进行调查研究。该委员会认为，一个国家的文官制度与教育制度应有密切关系，各级文官的考试应和学校的课程设置和程度统一起来，或者学校的某些课程设置也要考虑到社会的需要。该委员会主张取消第一、第二等级，改设行政级，将原来第一、第二等级的录用条件统一起来，消除等级隔阂。这样使有行政才能的人不至于长期被埋没。该委员会还主张，一切文职官员的升迁，不应专凭部门首长的推荐，而应有一个统一的考核制度。由于第一次世界大战的爆发，麦克唐纳委员会的建议未能付诸实施。到第一次世界大战末期，1918年1月，政府重新研究了麦克唐纳委员会关于修改等级结构，以便同教育制度衔接起来的建议，采纳了报告中的大部分意见，并提出了具体的改革措施，把原文官的等级结构划分为五级。即：（1）行政级（其中包括若干职级），考试程度与大学毕业程度相当。（2）一等书记级，报考年龄为18岁，考试程度与高中毕业程度相当。（3）二等书记级，报考年龄为16岁，考试程度与初中毕业程度相当。（4）女书记级，报考年龄为17～18岁，考试程度与二等书记相同。（5）速记打字级。

在第二次世界大战期间，英国的文官制度变动不大。二战结束后至1968年间，英国政府对文官制度又作了新的调整，主要是将文官分成了两大类。第一类是行政人员，第二类是专业人员。两类人员加到一起共为六种等级：（1）行政级，是文官中的高级官员。行政级官员分为常务次官、副常务次官、次官、助理次官、特等主管、主管与助理主管等。（2）执行人员级，是在行政人员领导下负责政策执行和政府机关的一般管理工作。执行人员分为高等执行官、执行官、事务员、事务助理等等。（3）办事员级，在行政人员和执行人员的指导下，办理日常事务性工作。办事员主要包括簿记员、处理申诉案件的人员以及协助高级官员准备文件的资料人员。（4）专业人员级，其中科学人员分为科学官员级，相当于行政级；实验人员级，相当于执行级；助理科学人员级，相当于办事员级。（5）助理办事员级，包括各种助理工作人员，如打字员、速记员、复印机管理员以及其他办公设备的管理人员等。（6）勤杂人员级，包括通讯、文件保管员、清洁卫生员和司机等工作人员。以上这些，就是"二战"后形成的英国文官制的等级结构，它一直延续到1970年底。

（四）现行英国文官制度的内容及其特点

第二次世界大战后，英国国内外形势发生重大变化，大英帝国已经降为二流国家。这些变化对英国现行文官制度形成产生了重要影响。在"二战"时期，英国的文官队伍迅速膨胀。由于特殊时期增加的文官到和平时期除一部分经过学习和培训能适应新工作外，相当一部分人成了新时期政府工作的沉重负担。重视通才一向是英国用人的传统。可是，半个多世纪以来，由于生产力的发展，国家的职能日益转向经济管理，特别是"二战"后，出现了工业国有化的新趋势。这样现有的文官队伍就日益不能适应新形势的需要。随着战后西欧"福利国家"趋势的出现，国家公益活动日益增加，使文官的职责更加具体和繁重。战后科学技术的飞速发展，尤其是五六十年代，欧美等国发生了新技术革命，使政府的专业化程度日益加强，科技人员的作用日益显著，这就不能不促使行政管理体制的改革。

总之，英国原有的文官制度同战后出现的新形势越来越不相适应，已经引起人们的普遍不满。为了压缩文官数量、提高政府工作效率和文官素质，以适应新科学技术所带来的新形势需要，英国政府决定对常任文官制度再次进行改革。

十三、英国文官制度的演进

1966 年初，英国首相威尔逊（J. H. Wilson）任命苏色克斯大学副校长富尔顿（Fulton）勋爵组织委员会，负责研究并制定改革英国文官制度的计划。1968 年，该委员会在调查研究的基础上，提出了一个必须打破通才一统天下局面的《委员会的报告》，报告指出在文官队伍中，要增加专业人员的比重，实行专业化管理的建议，这无疑是要求今后考试任用的人员必须具备专业知识，而不仅是以读过历史和古典文学为条件。这就要求大学毕业生、研究生和其他同等学历的人在任职前必须到文官学院（the Civil Service College）和其他大学、研究所再次进修，使之能具备既全面又具体的工作能力。英国政府基本采纳了《富尔顿报告》的意见，于1968 年开始对文官制度进行改革。其主要内容有以下几点：第一，在中央政府设立文官事务部（the Civil Service Department），由首相兼任该部大臣，取代原来由财政部兼管文官委员会，以加强文官的政治地位。文官事务部的日常事务由掌玺大臣负责。该部的常务次官是负责行政事务的最高首脑称文官长。文官事务部的主要职能有：（1）负责文官的人事管理；（2）决定文官的编制、工资和养老金；（3）负责高级文官的任命和向首相推荐各部大臣的人选等等。文官委员会是文官事务部的一部分，具体负责文官的考试和录用。第二，打破过去六类人员的等级结构，开始实行"公开结构"，将过去的六类人员打乱，代之以职业为基础的类别，共分为十大类。其中有综合类、科学类、专业技术类、秘书类、社会安全类、训练类、法律类、警察类、研究类和资料处理等十大类①。这次改革把上下层文官合为一类，使他们升擢的机会相对增多。某些有才能的事务人员也有可能直接进入行政行列，因此在一定程度上刺激了某些下层文官的积极性。第三，重视专家和专业技术人员的作用，并赋予他们应有的权力。这次改革后，政府机关中大大地增加了专家

---

① 综合类包括行政人员、经济学家、统计学家、新闻官员、图书管理人员等。专业技术类包括建筑师，测量勘探人员、电力和机械工程师、制图员和航海部门人员等。

143

和技术人员的数目，到 1978 年英国文官队伍中的专家人员已达
45 000 人，比 1968 年增加了一倍。高级官员大都具有大学毕业的
学历，并注重专业对口。第四，修改录用文官的原则，避免考试内
容严重脱离实际的现象，并采取以口试为主的新方式，考试内容带
有综合考查的性质，同时扩大录用范围，广招社会贤士。第五，
1968 年改革以后成立了文官学院。它的主要任务是，对各级行政
人员进行专业知识培训，对于高级文官开设宏观管理课程；此外，
学院还设有对行政问题、政府机构与职能问题的研究机构，可为政
府出谋划策。《富尔顿报告》是《屈维廉与诺斯科特报告》发表以
来，在文官制度方面的重大发展。它反映了英国垄断资产阶级在新
形势下，要求政府进一步发挥专家学者的作用，以便提高行政工作
效率的强烈愿望。1968 年改革后的实践证明，虽然富尔顿委员会
提出的建议没有全面实施，而且在一些关键的问题上改革得也不够
彻底。尽管如此，1968 年英国文官制度改革后无论是在提高文官
素质方面，还是在提高政府工作效率方面，仍然取得了较显著的成
绩。

　　1968 年英国文官制度改革后的主要内容与特点有：（1）考试
录用制：1918 年英国开始实行公开竞争考试制，规定所有新录用
的人员除特殊部门外，无论职位高低必须经过一定的考试程序。对
于应试人员的资格要求按其报考的不同级别而有所不同，对于报考
行政级文官者的要求较高；年龄须为 20 岁至 27 岁，学历应为大学
毕业并获得第一或第二等荣誉学位者。所谓第一、二等荣誉学位，
系指对优秀大学生授予的学位。对报考行政学员的要求是，年龄为
20 岁至 28 岁获得荣誉学位的大学生，或者是年龄为 21 岁至 22 岁
在文官职位上服务已满两年者。对于报考执行级文官者的要求是，
年龄为 18 岁至 27 岁，学历为大学或文法学校毕业者。所谓文法学
校，按英国教育制度规定，小学毕业生大部分升入普通中学，只有
少部分通过竞争考试升入为高等学校输送人才的文法学校。对于报
考事务级者的要求是，年龄为 16 岁至 18 岁，中等学校毕业程度或

退役军人。对于报考勤杂人员级者，年龄一般在 20 岁以下，须为各种职业学校的毕业生。(2)考绩晋升制：英国文官制度建立之初，文官晋升主要凭资历。1968 年改革后，采用了重表现、看才能的"功绩制"，并建立了所谓的"公开结构"。这样，在一定程度上打破了过于依赖上级的主观判断，从而发挥了个人的首创精神。晋升的原则一般要根据现职年资和服务成绩等而定。对主管以上的高级文官比较注意功绩，对于低级文官比较注重年资。但是，各部也未尽相同。一般情况是任职四至六年提升一级，升迁由各部临时组成的升迁委员会负责，其成员要根据晋升职位的不同而有所差异。文官晋升的考试和考查一般包括下列十项：即知识面、性格、判断力、责任心、创造力、可靠性、机敏程度、监督能力、热情程度和行为道德等。目前在英国晋升最快的是行政学员出身的文官，他们晋升到文官的顶峰如果顺利只需要十六年时间①。1968 年英国文官制度的改革虽然使"论功行赏"的原则在文官晋升问题上得到了进一步贯彻，但等级森严的传统做法仍然占主导地位。(3)培训制度：1968 年改革后，英国开始对文官进行大规模的培训，主要方式有集中在文官学院培训、部门培训和利用外单位培训等三种形式。培训课程注意应用性。新录用的文官一般要经过两年的录用期训练。第一年熟悉政府机构和通常的工作程序，第二年则进行初步的专题研究并学习掌握新的管理设备和科学技术知识。两年期满后，经过考核再安排具体工作。对一般在职文官也经常给予学习和培训的机会。对于 18 岁以下的年轻低级文官每周都有法定的一天学习时间。成年文职人员主要利用业余时间学习，或定期到文官学院或各种培训中心接受短期训练。(4)工资制度：英国文官的工资待遇比较优厚，一般文官的薪金略高于企业职工的工资，其工资制度主要强调四项原则：第一，比较平衡原则。是指政府文官的工资

---

① 行政学员出身的文官晋升的顺序是行政学员——高级执行官——主管——助理次官——次官——副常务次官——常务次官。

要同文官系统以外的职员工资有一个公正的比例，同其他行业或私营企业职工的工资保持大体平衡或略高。英国政府认为，这是保持文官队伍稳定的必要条件之一。第二，适应物价原则。就是文官的工资必须随着物价上涨而相应提高，以保证文官的实际收入不因物价上涨而下降。第三，同工同酬原则。主要是指妇女同男子在公职岗位上做相同的工作，必须给予相同的报酬，不得歧视妇女。第四，定期提薪原则。各级文官每年都按照工资等级表逐步提薪。凡在病假六个月内、年度休假和有紧急任务可休"特种假"等期间，工资仍然全部照发。年度休假的长短，按工龄和等级决定，每年最少三周，最多六周。至于女公职人员可享受三个月的产假，工资全部照发。英国文官实行每周五天的工作制，每周标准办公时间是41～42小时，如工作需要加班，则领取相当于平时工资一倍半的加班费。5. 纪律惩戒制度：英国公职人员必须遵守《荣誉法典》的规定。凡是公职人员，必须忠于国家。无论何时，只要国家需要，即应为国家效劳。政府要求公职人员忠实可靠，像司法官员那样，给人以公正不阿的印象，以免使政府威信受到损失。保密是英国文官的法定义务。凡利用职权泄露国家机密者，根据《国家机密法》应予严惩。这项规定不仅适用于文官任职期间，也适用于文官职务终止之后。英国政府还规定国家机关的公职人员一律不准经商，不准从事与本部门业务有关的任何赢利事业。在文官纪律中，英国特别强调文官不准参加政治活动，不准发表批评政策与措施的意见，任何时候都必须对政治问题保持缄默。公职人员违反纪律，犯有过失，部门首长可以给予警告处分，也可以呈报上级给予停职或撤职处分。但根据"公正原则"的要求，任何长官在对公职人员行使撤职处分时，必须做到下列两点：（1）应将处分的理由和事实用书面告知被处分者；（2）公职人员有权向有关部门提出申诉。在复审时，被处分者可以请友人、律师、工会代表等为自己辩护。如果事实证明处分不当，处分者将要受到相应的处分。6. 退休制度：英国的第一部文官年老退休法是在1834年制定的，到1942年贝弗里奇为政府起草了《社会保障和有关服务》的报告。其基本原则是：不论社会保障受益者的收入多寡，均按统一标准领取津贴和缴纳国民保险费；社会保障的目的是满足国民基本生活需要等，1965年进行了修订，1971年政府又制定了退休金法。按照退休规定：(1) 关于退休年龄一般不得低于 60 岁，年满 60 岁以后，任何时候都可以退休，没有固定的年龄限制。(2) 关于退休金。工龄满五年的公职人员，可以领取退休年金。其数额为本人最后三年工作期间最高年薪的八十分之一再乘以工龄。工龄满十年或超过十年的公职人员，退休后可领取的退休金不少于本人工资的六分之一，工龄满四十年的公职人员，不少于本人工资的六分之四。退休者也可以领取一笔一次性的退休补贴。补贴的数额是退休金的三倍。同在职公务人员一样，退休年金的数额也随物价上涨指数相应进行调整。(3) 由于健康情况不佳而退休。服务不满十年，因为身体原因不能胜任职务者，按其服务年数发给退职金，每服务一年发给相当于一个月工资的退职金。(4) 由于机关撤销或精简机构而离职者，酌情发给退职金。其数额一般不得超过因身体情况而退休的退休金。(5) 亡故公职人员，工作五年以上死亡或不满五年因公亡故者，发给一次性抚恤金。(6) 女公职人员，工作六年以上因结婚、料理家务和生孩子而退职，发给退职金。其数额为工作一年，发给一个月工资，累计增加，但是不能超过十二个月薪金的总和。以上可见，英国是十分重视运用法律手段来建立和保障文官制度的。文官制度的法制化作为强制力迫使文官循规蹈矩，并以法律为手段来保障文官的切身利益，这样既维护了文官制度的严肃性，又调动了文官的工作积极性，从而保证了文官系统机制的正常运行。

十四、英国文官制度对西方各国的影响

　　1870 年英国常任文官制度确立后，基本上满足了工业资产阶级要求国家机器适应和保护生产力发展的愿望，所以很快为西方各国所采用。首先是加拿大和美国在英国的影响下，分别于 1882 年、1885 年建立了常任文官制度。法国和德国由于长期保留着封建官僚制度，采用现代常任文官制度较晚，到第二次世界大战后，法国和联邦德国才真正确立现代文官制度，但亦效仿的是英国。日本和意大利，战前由于法西斯主义的统治，也是到"二战"后才确立现代常任文官制度的。到目前为止，绝大多数发达国家都采用了常任文官制度，第三世界有些民族独立的国家也已经或正在效仿采用这种制度。

　　虽然世界各国在建立文官制度的初期大都效仿英国的制度，但又有很大的不同。其主要不同之处是，各国在建立文官制度时都十分注重结合本国历史的发展和现实状况。比如就其对文官的素质要求而言，英国是老牌资本主义国家，由于传统的习惯比较注重文官的学历和使用"通才"。而美国是后起的资本主义国家，由于科学技术发达比较注重文官的实际工作能力和使用专业人才。就其考试择优录用而言，由于英国注重使用"通才"，重视学历，所以他要求文官必须从最低级职务做起，逐级提升。而美国由于注重专业人才，所以在遵循逐级提升这一原则的同时，还强调高级文官不一定必须从最低级升任，政府以外的各界人员只要参加公开考试合格，即可进入政府的有关部门担任相应的职务。英美两国的这一特点在西方都很有代表性。就职位分类而言，英国实行"品位分类"即因人而分，注重人的等级与级别。而在美国实行的是"职位分类"，更注重职位的特点。目前西方各国对职位分类一般都采取这两种形式。就其对文官的管理而言，英美主要采用"分权式管理"的方法，而法国则比较强调"中央集权式的管理"。虽然各国文官制度有着不同的特点，但就其基本内容来说是一致的。我认为，在诸多的共同之处中有两点更重要。

其一，西方各国都十分重视文官的"知识化"和"专业化"。尤其是在第二次世界大战之后，随着科学技术的发展，电子计算机等先进技术的广泛运用，随着政府对政治、经济和社会生活的干预日益增多，政府迫切需要各方面的专家和技术人才参与行政管理。在英国经过 1968 年文官制的改革后，在政府机构里大大增加了专家和科技人员的数目，到 1978 年英国文官队伍中的专家人数已达到 4.5 万人，比 1968 年增加了 1 倍。美国联邦政府各级官员中，知识化和专业化的程度也有日益提高的趋势。在 1923～1945 年罗斯福任总统期间，任命的助理部长中三分之一有大学学历。到 1961～1963 年肯尼迪任职期间，十分之九的部长助理都有大学学历。据统计在这两届政府之间的 30 多年里，在 800 多名部长助理中，有一半人获得过硕士学位和博士学位。日本更是如此，据 1975 年日本人事院统计表明，中央政府机关中的 50 万公务员中，高等学校毕业的占 90%；在高级官员中基本上全是大学毕业生，其中尤以东京大学的毕业生为最多。法国政府也非常重视公务员的"专业化"和"知识化"。为了达到这一目的，政府尤为注重对公务员的专业培训。第二次世界大战前，法国文官队伍的主要来源是 1871 年创办的"巴黎私立政治科学学校"的毕业生，但它远远不能满足政府对具有"专业化"和"知识化"人才的需要。1945 年戴高乐政府着手创办了"国立行政学校"，专门培养新型高级文官。1979 年"国立行政学校"创立 34 年后，在政府掌握行政实权的高级文官中，将近一半是该校的毕业生。其中总统府、总理府和部长办公厅的主要成员以及各省省长多半是该校毕业的。可见，国立行政学校已成为法国新的一代政界人物和高级文官的摇篮。西方各国行政部门工作日益复杂化，使政府对文官尤其高级文官，应具有较

高的文化水平和较强的专业素质的要求愈来愈迫切。可见，文官的
"知识化"和"专业化"已成为当代文官制度发展的趋势和潮流。

其二，目前西方各国普遍重视运用法律手段建立和保障文官制
度。如英国的《吏治澄清法》、美国的《联邦文官法》或叫《彭德
尔顿文官法》、日本的《吏纲要》以及《国家公务员法》等。这些
法律一般都明确规定了文官或公务员的职责范围、法律地位及其权
利和义务。文官只对国家的法律和法定的职责履行义务。文官行使
权力，执行任务均以法律为依据。与此同时，文官对国家、对国
民、对上级、对下级以及所属的部或署等都有法定的关系。其职
位、地位、待遇等都依照法律受到保障。文官不因违法失职、渎
职，将不会受到免职、停职等处分。反之，文官或公务员的行为一
旦超出法律授权范围或违反法律规定，便是违法渎职，要受到司法
制裁。如瑞士的《联邦公务员章程法》规定："一切公务员都应恪
尽职责，维护联邦利益……，公务员无论无意失职还是玩忽职守，
都要受到制裁或受到法律追究并承担刑事责任。"文官制度的法制
化有利于健全和完善文官系统。运用法律作为强制力迫使文官循规
蹈矩，并以法律为手段来保障文官的切身利益，既维护了文官制度
或公务员制度的严肃性，也调动了文官的工作积极性，从而保证了
文官系统机制的正常运行。

由上述可知，文官是为国家为公众服务的，是一种崇高而光荣
的职业，他们是以公正清廉赢得声誉。因此，当文官本身就是一种
光荣，维护文官廉洁的声誉，是参加文官考试时绝大多数人就有的
信念和思想，他们并以此自豪。正是这种高度的荣誉感，使他自
尊、自重、自律。当然，英国的文官制度并非尽善尽美，还有许多
值得研究的问题，但它也确有很多独特的优点，值得我们研究、学
习和借鉴。

第二篇

在动荡中崛起的法国

一、18 世纪法国资产阶级革命

（一）法国大革命发生的社会根源

18 世纪末，法国是一个封建专制的农业国家。它在政治上实行封建专制统治，在经济上实行封建土地所有制。农业是社会的主要经济，工商业处于次要地位。那时，法国总人口有 2600 万人，其中农民有 2300 万人。所以，农民是当时法国社会中的最基本群众。法国社会财富的直接生产者虽然主要是农民，然而土地却多半属于国王、贵族和天主教会。他们占有全国耕地 90％以上。国王是最大的封建领主，至于贵族与高级僧侣也都是独据一方的大封建主。他们享有司法权和封建特权，不从事土地经营，而是把土地分成小块租给农民，榨取农民的劳动果实，过着游手好闲、骄奢淫逸的寄生生活。

法国农民在封建专制统治下，不仅要向封建领主交纳地租，负担名目繁多的封建义务，还要向教会交纳什一税，向国王交纳各种国税以及交纳日用必需品税，如食盐和葡萄酒税等。此外，农民每逢宗教节日，还得向神甫送礼，农民举办婚礼或丧葬等大事的时候，农村的教士又以所谓"圣礼"的名义进行勒索。至于地方官吏任意向农民征收种种附加税更是司空见惯。据统计，法国农民每年交纳给封建主、教会和国王的各种租税与贡金要占其全年总收获入的四分之三，只有剩下的四分之一或五分之一才属于自己。

法国农民惨遭封建剥削，经常处于极端贫困的状态。他们无力改善生产工具，多半是墨守成规，耕种技术和工具非常落后，当时同英国比较，几乎落后了几个世纪。

英 法 近 代 史
YING FA JIN DAI SHI

尽管如此，18世纪下半期，法国的工商业却有了显著的发展。纺织业、化工业和采矿业都相当发达。如里昂的丝织工业拥有6.5万工人，奥尔良的纺纱工场中装备了法国制的英国式纺纱机，昂赞的煤矿有4000多工人，最著名的克勒左工厂已使用最新式的技术设备。法国沿海城市如马赛、波尔多、南特和卢昂，不仅有资本主义手工工场，而且也是法国对外贸易的重要商业港口。总之，到了18世纪下半期，法国的资本主义手工工场已经成为先进的工业企业。

但是，封建土地所有制、封建剥削、封建特权、行会制度、封建专制政府的各种管理工商业的法规等等，处处都束缚着法国资本主义经济的发展；自给自足的封建自然经济造成的封建割据。关卡林立、度量衡与货币的不统一，也是国内外贸易发展的极大障碍。要想扫除这些障碍，就必须打倒封建专制统治。

从路易十四统治时代开始，法国国王就主张君权神授、"朕即国家"、实行绝对的封建专制统治。国王具有征税权，而每年国家的收支向来不公布。王室经费与国家财政混在一起，国王可以随意支配，随意将国库里的存款用来赏赐新贵或替王族还债。法国国王操有生杀予夺的大权，他的意志就是法律。他随时都能使用"密札"，把反抗他的人送进巴士底监狱，凡与国王或王后接近的大臣都能取得这种"密札"，加害他们的敌人或反对者，法国人民的安全毫无保障。法国国王自己有常备军。军官都是贵族出身的子弟，士兵除了被强征的农民与城市贫民外，还有外国雇佣兵。这些雇佣兵多半是瑞士人和德国人。

法国封建专制制度是国王用征服、通婚和收买等手段，逐渐使大封建主臣服于自己而形成的。大封建主臣服于国王后，变成了宫廷贵族。他们居住在凡尔赛，接受国王的恩赐与俸禄；同时还保有领地上的土地所有权与封建特权。国王也只要求臣服于他的大封建主输款尊王，并不想彻底消除领地上原有的风俗与习惯；也不要求改变领地上原有的法律与行政制度。所以，革命前，法国的地方行

154

政区域非常紊乱，除了旧省又在其上设立了司法区。路易十四又在各省设置管辖区，通称税区。因此，省与省之间隔阂甚大，彼此保有地方习惯。内地关卡林立，语言、文字、法律、货币和度量衡不统一，从而极大地阻碍了资本主义工商业的发展。

法国，封建统治者用法律明文规定法国社会分为三个等级。第一等级是僧侣，第二等级是贵族，第三等级是资产阶级，其中还包括农民、工人、城市贫民和小生产者，如小业主、小商人和工匠等等。第一与第二等级又称为特权等级。他们有政治特权，不交纳任何捐税，僧侣只交纳自愿贡物。第三等级在政治上没有特权，并要交纳一切国税。18 世纪下半期，由于工商业经济在法国封建社会内的发展，法国社会人际关系发生了剧烈的变化。贵族内部分化出不同的阶层，其中有高级贵族与低级贵族。高级贵族多半住在凡尔赛，又叫"宫廷贵族"。在高级贵族中还有一些贵族化的资产阶级，叫做"穿袍贵族"。穿袍贵族在高等法院里担任法官，所以又叫"法官贵族"。这种贵族的头衔和法官的官职都是用金钱买到的。他们多半出身于大资产阶级即大银行家、包税专卖人、大工商业家和殖民地的农场场主。国王派到各省的监督也多半是这种出身于资产阶级的穿袍贵族。穿袍贵族独占了封建国家的司法权和行政权。他们和宫廷贵族一样，都热心地拥护封建君主专制制度，维护封建统治阶级的特权，公开反对任何改革。

农村中的低级贵族，其生活日益贫困，但他们仍然以"门第"自居，轻视劳动。低级贵族与高级贵族之间存在矛盾，尽管如此，低级贵族仍是农民的直接剥削者与压迫者。在僧侣中，除了高级僧侣如大主教和主教外，还有低级僧侣如牧师与副牧师。低级僧侣多半出身于第三等级，其收入微薄，生活困难。因而，在特权阶级中又分化出对于资产阶级革新表示拥护和表示反对的两派。有些受了资产阶级自由主义思想影响的贵族和僧侣都倾向革新，反对封建专制与特权，但不主张废除君主制，只主张实行君主立宪。这些人被称为"自由派贵族"。至于绝大部分僧侣与贵族，还都维护封建特权与封建君主专制。国王、封建贵族与僧侣几乎都是革命的对象。

在第三等级即非特权阶级中，主要是农民。他们因为受到封建剥削与压迫，极其痛恨封建专制制度。革命前，就不断发生农民暴动，从 1752 年至 1768 年，仅在诺曼底省就发生过 6 次农民起义。城市工人与平民和手工工场工人、行会学徒、帮工与短工直接遭受到封建统治者的压榨与剥削，经常受到封建政府苛捐杂税和官吏的敲诈勒索，他们对封建统治者的罪恶感受最深，是革命中最积极的力量。因此，城市平民也时常举行暴动。城乡暴动动摇了封建专制统治的基础。

当时，法国资产阶级内部分为大、中、小几个阶层。每一个阶层对革命的态度都不一样。大资产阶级是指金融资产者。金融资产者主要由包税专卖人、银行家和大房产主等构成。他们的利益同封建统治政权有着密切的联系，所以，他们不希望彻底地推翻封建专制统治，只希望在政治上进行某些改革。大工商业资产阶级主要由手工工场场主、船主、殖民地农场主、大工业主和大商人等构成。这些人多半与封建统治政权关系不大，因此在反封建斗争中，他们不像金融资产者那样坚持君主立宪政体和坚决拥护国王，而是主张从根本上进行政治改造，使资产阶级取得完全的统治。可是，在大工商业资产阶级中，绝大多数是温和的共和主义者，主张在法国实行温和的共和制度。在中、小工商业资产阶级中，有一些激进的民主主义者，称为资产阶级革命民主派。能反映群众的某些要求。所以，他们在革命中起了积极的领导作用。小资产阶级是由工匠、小店主、小业主和小商人构成的。他们在革命中接近于资产阶级革命民主派，主张推翻君主制，建立民主共和国。这些小生产者和城市下层群众均被称为"无套裤汉"。（那时贵族穿紧身的套裤，而平民都穿普通的长裤，被贵族讥讽为无套裤汉）。18 世纪中叶，法国资产阶级就以思想斗争开始了他们反封建专制的革命运动。

（二）革命前夕的启蒙运动思想家

随着资本主义经济在法国封建社会内的发展和社会阶级矛盾的日益尖锐化，资产阶级的思想意识便逐渐地形成起来。法国资产阶级思想意识早在 17 世纪就开始发生，到 18 世纪下半期已达到成熟阶段。

资产阶级由于它的物质生活条件不同，而形成了与封建主不同的另一种世界观。它要求发展工商业，要求自由贸易，要求新技术与新发明。这种世界观自然就归结到反对迷信、反对封建特权和反对一切阻碍工商业发展的封建制度。因此，资产阶级的力量成长起来之后，便积极要求推翻阻碍资本主义发展的封建制度，建立资产阶级的统治。为了达到这一目的，资产阶级一定要和封建专制主义者作殊死的斗争。资产阶级首先在思想上集中力量来打击宗教和教会。

革命前，法国出现了许多杰出的启蒙思想家。他们的理论和学说在不同程度上，深深地影响着法国人民，推动了革命。因此，法国资产阶级革命的途径与英国不同。法国革命的方式已经抛弃了"宗教外衣"，这就是说，法国资产阶级革命已经不用宗教迷信来作挡箭牌，掩饰自己对封建专制制度的进攻，而是公开地举起反对宗教黑暗势力，争取人类理性解放的旗帜，号召人民为建立一个"理性王国"而奋斗。

查理·路易·孟德斯鸠（1689～1755 年）出生于波尔多的一个穿袍贵族家庭。幼年时代在教会学校受过古典教育，后来研究法学。1716 年他继承其伯父的遗产、爵位和职务，当过波尔多的法院院长。1726 年，他辞去公职，到欧洲旅游，在英国待的时间最长，精心观察和仔细研究了英国的议会制度。1731 年，他回法国后，便隐居波尔多附近一座庄园，从事研究与写作。他的著作很多。他不仅是一位社会学家和政治思想家，也是历史学家。他是

英 法 近 代 史
YING FA JIN DAI SHI

18 世纪上半期杰出的法国启蒙运动思想家之一。

孟德斯鸠最早的一部著作是 1721 年发表的《波斯人信札》。这是一部文学作品。书中假托两个到欧洲旅行的波斯人的通信，猛烈抨击和辛辣讥讽法国的封建专制制度和社会风俗习惯。1734 年，孟德斯鸠的第二部重要著作《罗马盛衰原因论》问世。在这部著作中，他探索了历史更替的基本原因。他认为罗马之所以兴旺，其原因在于建立了共和制。在共和制时代，统治者贤明，有开明的立法，社会秩序井然有条，人人都热爱祖国和关心祖国。后来，罗马实行了君主政体，出现了暴政，对外疯狂掠夺，对内专横跋扈，破坏法纪，民风不古，道德败坏，此乃其衰亡的原因。显而易见，孟德斯鸠企图通过这部著作表明自己的政治主张，他认为政治制度和法治以及社会风俗习惯等等在社会发展中是起决定性的因素。他反对法国封建专制的暴政，宣扬法治和民主与自由。1748 年，孟德斯鸠发表第三部最著名的著作叫做《论法的精神》（旧译《法意》）。在这部书中，孟德斯鸠充分地阐明了三权分立的学说。他认为国家的目的在于保护政治自由，而自由就是每个公民有权去做只是为法律所许可的事情。孟德斯鸠把政权划分为立法、司法、行政三个部分，并且强调彼此分立。他认为立法权必须操在"人民代表"之手，行政权归属于世袭的君主，司法权由选举出来的常任法官掌握。孟德斯鸠说："每个国家的政治自由的最好保证，就是政权的分立。"这个著名的三权分立的理论，后来成为许多资产阶级国家宪法的理论基础。

孟德斯鸠是英国议会制度的热烈拥护者，或者说他是一位君主立宪制度的拥护者。孟德斯鸠认为立法权原则上应属于全体人民，不过需由人民选出代表来执行。同时，孟德斯鸠还认为应建立人民代表的下院与贵族代表的上院，每院都有权否决另一院的决议，而两院的决议也要受到君主的制约。

孟德斯鸠批判专制暴政，痛责宗教上的盲从和迷信，宣扬人权、政治自由和信教自由等思想，在当时对于反对封建主义和促进资产阶级革命的产生与发展有其巨大的作用。他的学说后来成为法国自由派贵族和金融资产阶级在法国资产阶级革命中的政治主张。

　　弗朗斯瓦·马利·阿鲁埃·伏尔泰（1694～1778 年）是 18 世纪上半期法国杰出的启蒙运动思想家。他是一位多才多艺的文学家、史学家和政论家。在青年时代，他就常写讽刺诗，描写法国人民贫困惨况，攻击宫廷贵族的奢侈腐败和封建统治的残暴，因此，曾两次被关进巴士底监狱。出狱后，他到英国呆了三年，研究英国的政治制度、牛顿的科学思想、洛克的哲学以及英国的文学和戏剧。他对于英国的社会制度极为崇拜。

　　伏尔泰的著作甚多，举凡哲学、历史、文学、戏剧和自然科学等均有所著述。他的主要哲学著作有《哲学通信》和《形而上学论》；他的史学著作主要有《路易十四的时代》和《查理十二》等；他的文学作品有《查迪格》（又名《命运》）等。此外，他还写了许多剧本。在伏尔泰的著作中，贯穿着非难天主教、痛斥教会神学和抨击王权神授等革命思想。他把教皇说成是"两足禽兽"，把教会的历史说成是一部迫害、抢劫、谋杀和胡作非为的历史。伏尔泰大肆宣扬天赋人权、人身自由、思想自由和信仰自由。因此，他主张改造封建法庭、设立陪审制度、禁止任意逮捕人、改善监狱制度和废除酷刑等等。同时，他还主张取消繁杂的各种习惯法规，统一立法，要求封建贵族与僧侣和平民一样，都应交纳捐税。

　　伏尔泰是自然神论者。他反对一切宗教，但他还认为人们必须有一个至高无上的上帝。他认为上帝的存在对于维护社会道德和社会福利是必要的。他说："即使没有上帝，也要捏造一个来"。他认为如果人们失去了对上帝的信仰，就会给社会造成恶果。

　　在对历史的研究上，伏尔泰反对专门叙述帝王将相的个人事迹，主张研究整个民族的文化、社会经济和风俗习惯；他也反对以欧洲为中心的历史偏见，主张面向世界，对人类一切民族的文化成就平等看待；他也重视东方的历史，对于中国文化评价很高。

　　伏尔泰虽然攻击封建制度，抨击天主教，但他并不反对君主制，最初他主张实行"开明君主专制"，后来见于第三等级同封建专制的斗争非常激烈，他又同意实行君主立宪制；他虽然同情被压迫被剥削的劳苦大众，但他却反对群众革命运动；他希望有一个理性王国，这个理性王国是由有教养的人来统治。伏尔泰反对绝对君主专制和强调天赋人权的思想，在当时历史条件下，起了鼓动革命的积极作用，对于欧洲封建国家产生很大的影响。

让·雅克·卢梭（1712～1778 年）是法国 18 世纪下半期最杰出的启蒙运动思想家，激进的民主主义者，他出生于日内瓦一个钟表匠的家庭，没有受过系统的教育，完全依靠自学。可是他的成就很大。他的人民主权学说对于法国革命与后世都有深远的影响。

卢梭在 1754 年写的《论人类不平等的起源与基础》一书中指出，人类在没有国家以前是生活在"自然状态"之中。那时人类的生活是平等的、和谐的、自由的，既没有善与恶的道德观念，也没有富人巧取豪夺，没有战争，社会风俗是非常淳朴的。但是，由于工农业的发展，产生了私有观念，出现了贫富之分，于是掠夺土地和财富的现象便层出不穷。掠夺战争对于富人是不利的。因此，富人为了保护自己的利益，便用契约欺骗穷人。他们在保护公共利益的借口下，向穷人建议联合起来，建立最高权力，以维持共同福利和社会安宁。但是，这个权力形成并巩固起来之后，就变成了专替富人谋利益的工具，穷人受到了欺骗。由此可见，卢梭认为国家是由私有财产和社会契约产生的。

卢梭虽然认为私有财产是社会不平等和国家产生的根源，但他并不主张取消私有财产，反而认为私有财产既产生就不能取消。卢梭认为只有采取合理的政策加以延缓和减轻由于经济发展而引起的破坏。他认为要消除在分配中极不合理的现象，就必须规定多种限制，使财富不至于集中到少数人之手。因此，他主张改进捐税制度，实行累进税，免除小生产的捐税，限制遗产继承，创办儿童义务教育和把公有土地分配给贫民等等。由此可见，卢梭的观点是反对大私有制，主张小私有制。他的思想反映了手工业者和小土地私有者的利益。卢梭的最大贡献是他的人民主权学说。1762 年，卢梭在其著名的《民约论》（又译《社会契约论》）一书中，充分地阐明了他的人民主权学说。他认为一个理想的国家制度是基于最初的社会契约所建立的国家组织。国家组织的目的在于谋取公共的福利。因此，国家的最高权力应代表社会中所有人们的"共同意志"，这种总的意志应该表现为最高权力。法律应体现人们的总的意志，而执行法律的行政权就是执行人民的意志。总之，卢梭反对行政首脑的神圣不可侵犯，主张人民对于行政首脑有监督、任命和罢免之权，对于现行的统治形式有决定权。这就是卢梭的人民主权学说。卢梭的平等观点、天赋人权、人民意志和主权在民等思想，曾激励了革命的雅各宾派。罗伯斯比尔、马拉和圣茹斯特都自命是卢梭的学生。罗伯斯比尔在他执政期间，有许多政策都是以卢梭学说为依据的。由此可见，卢梭的思想对于法国大革命起了很大作用。他的人民主权学说对于当时其他国家的资产阶级革命，对于后来资产阶级各国的宪法所起的作用也是非常大的。

百科全书派是 18 世纪法国的唯物论者，其代表人物有狄德罗、达朗贝、爱尔维修和霍尔巴赫。他们所以被称为百科全书派，因为他们主编一部《科学、艺术和技艺详解辞典》，其撰稿人都是各门学科的专家。狄德罗是此书的主编和主要负责者。他们以此书为中心结合了一些法国的先进的知识分子。他们都承认主观上的感觉是根源于物质，把物质视为自然的实质，承认运动是物质的属性。所以，他们是唯物论者，同时也是无神论者。法国唯物论者对于封建专制制度及天主教都做过尖锐的批判与斗争。他们认为神父所崇拜的"神"是没有的，天主教会宣传的上帝创造世界、创造自然和创造人都是荒谬无稽之谈。他们公开宣传宗教是人类进化的最大敌人。

法国唯物论者倡导理性，把理性作为衡量一切事物的标准。他们强调一切合乎理性的才是正确的。一切不合乎理性的都是错误的，应该加以消灭。这种理性批判的精神是 18 世纪启蒙运动的基本精神，在当时起了巨大的思想解放作用。

（三）法国封建专制制度的危机

早在路易十四统治的末期，法国政府就有了财政危机的征兆。路易十四穷奢极欲，消耗国家资财不计其数，同时他又穷兵黩武到处征战，造成国债累累，国库空虚。在西班牙王位继承战争之后，法国政府财政赤字已达 25 亿利维尔。到了路易十五统治时期，国库支出更加浩大。路易十五的宫廷生活极其奢侈腐化。他还发动过三次劳民伤财的对外战争。最后一次的七年战争，竟使法国丧失了在美洲、印度和非洲的大片殖民地，极大地损害了法国资产阶级的利益，引起了资产阶级的不满。战争的负担和宫廷的靡费又多半落到劳动人民的身上，使他们的处境更加恶化，从而怨声载道、民怨沸腾。农民起义、工人罢工和城市骚动此伏彼起，从未间断。

1774 年路易十五死，其孙路易十六继位。路易十六优柔寡断，懦弱无能。他和王后奢侈腐化，挥金如土。王后玛丽·安托瓦内特是奥国女王玛丽·特雷西亚的女儿，貌美泼辣，尚慕虚荣，性情傲慢。在政治上她又左右国王偏袒宠臣，干预国政；在经济上，她有"赤字夫人"之称。据 1787 年 3 月政府的财政报告，法国国家支出达 6.29 亿利维尔，而国库收入只有 5.03 亿利维尔，财政赤字为 1.26 亿利维尔，更加深了国库的空虚。1787 年法国的国债已达 45 亿利维尔。在路易十六统治的 15 年中，债务增加了 3 倍，每年用于还债的款项竟在 3 亿利维尔以上。这个数字超过了全国收入的一半。由此可见，法国封建政府的财政已经濒于破产。

路易十六即位之初，为了解决财政困难，曾企图实行改革。然而，他受到以王后为首的一小撮宫廷贵族的百般阻挠，没有成功。

路易十六在 1774 年曾任用杜尔果为财政总监实行一系列的改革。杜尔果颁布了粮食自由买卖法令，取消国家对于粮食的专卖权和控制粮食买卖的法令；接着又取消省界壁垒，撤销全国征收粮食税的各种关卡，免除农民的徭役，尤其是取消特权阶级的免税权和取缔行会组织。但是，这些改革都遭到了以宫廷贵族为首的特权阶级和金融资产阶级的强烈反对。1776 年，杜尔果终被免职，他的各项改革也化为泡影。

此后，银行家内克任财政总监。内克为了解决财政危机，首先从银行借到 4 亿利维尔，利息高达 12%。这一措施博得了宫廷的欢迎。但是，内克也深深感到非紧缩开支和量入为出，则不能真正稳定财政。所以，他削减宫廷费用，裁减宫廷冗吏，从而引起宫廷贵族的怨恨。尤其是，他在 1781 年公布的《财政报告书》中公布国家开支，暴露了宫廷生活的浪费真相，引起社会责难，因而招致宫廷贵族的猛烈攻击。1781 年 5 月，内克也被免职。

1783 年，查理·亚历山大·卡隆任财政总监时，也曾实行改革。他与内克不同。卡隆不是紧缩开支而是宣扬阔绰，任宫廷去挥霍，显示国库并不空虚，并且以此博取宫廷的欢心。为了增加国库收入，他设置并出卖新官职，增加官吏的保证金，变卖王室土地，在巴黎四周增添关卡，还令包税专卖人根据未来的国家税额，预征 2.55 亿利维尔的税款。此外，卡隆还向贴现金库借款 7000 万利维尔。但是，这些措施仍难填补国库亏空，再增新税已不可能，因为 10 年之内税额已增加 1.4 亿利维尔了。人民不满情绪日益高涨，农民与城市平民运动也逐渐扩大。由此可见，若不尽速解决财政问题，非但国无宁日，封建政权亦将难保。若要解决财政问题。只有向特权阶级征税，舍此别无他法。1786 年 8 月，卡隆向国王呈递一个《财政改革计划书》。书中提出必须建立统一的盐税，尤其是建立统一的土地税，无论贵族、僧侣和平民，只要他是一个土地所有者，就应纳税，不得豁免。同时，卡隆还提出取消内地关卡，允许粮食自由买卖，减轻贫民所得税等等建议。卡隆感到非这样做不能解决财政危机。但是，他害怕特权阶级反对，便劝说国王召开显贵会议，说服特权阶级。路易十六采纳了卡隆的建议。

1787 年 2 月 22 日，显贵会议在凡尔赛开幕。参加者 144 人，多半是亲王、大主教、法院院长和各大城市市长等。第三等级出身的只有六名。卡隆在会上先做了关于国家目前财政状况的报告，接着提出要求特权阶级同意交纳赋税。然而，会议代表无视国家安危，百般刁难，肆意谩骂和攻击卡隆，要求国王把他免职。国王在特权阶级压力下终于屈服，罢免了卡隆，另选派大主教布里安为财政总监。布里安举借了 6700 万利维尔的国债，暂时解决一下国家的急需。但举债终非善策，何况政府信誉扫地，难以借到更多的国债，普遍征税已不可能。布里安只好重蹈卡隆覆辙，要求特权阶级交纳土地税和印花税。但是，特权阶级仍不让步，他们借口自己无权同意征收新税，建议国王召开三级会议，路易十六害怕召开三级会议。于是，他解散了显贵会议，企图不顾特权阶级的反对，强行征收土地税和印花税。然而，由于各地的反抗，国王只得屈服，取消新税法令。总之，路易十六的一切改革都失败了。这些充分说明国王是以贵族、僧侣等特权阶级为靠山的，任何改革若危害了特权阶级的利益，都要遭到强烈的反对，最后国王只好让步。因此，改革失败，财政危机难以解决。

路易十六的财政改革失败之后，财政危机更加严重。社会动荡政权危机，1781 年，封建政府颁布法令，规定军官必须有文书证明其四代祖先均为贵族者才能担任；1783 年，颁布征收新的烟税和粮食税法；1784 年，国王命令国内所产的手帕要长宽相同，这便为工业生产造成无谓的困难；1786 年，巴黎法院颁布了一项禁止用镰刀收割黑麦的决议。同年，法国同英国缔结《通商条约》，这个条约只利于法国封建主而不利于法国工商业家。从 1787 年以后，大批廉价英货充斥法国市场，排斥了法国商品，使许多法国工厂生产迅速缩减，工商业家破产，工人大批失业。尤其令人愤慨的是，这时法国农村中的封建主把久已被人遗忘的封建文书重新翻出来，千方百计地勒索农民。领主根据所谓"三等分分配制"扩大了对农村公有地的掠夺与侵占，剥夺了贫雇农赖以生存的基础。所有这些反动措施，加剧了国内阶级矛盾。1787 年到 1789 年春，法国城乡劳苦大众在极端贫困境况下忍无可忍，不断地举行暴动。

1788 年夏，法国发生了严重的风雹灾害，农业歉收，农民破产，劳苦大众处于饥寒交迫、水深火热之中。法国的工商业在 1786 年英法商约签订之后，就遭到了严重打击，失业者达 20 万。所有这些意味着法国的经济危机异常严重。这种情况下，国王与宫廷仍然挥霍无度。他们为了捞钱，甚至不惜挪用伤兵院和救济风雹灾难的难民基金。从 1787 年到 1789 年春，农民暴动与城市平民运动风起云涌，蔓延全国，社会动荡，异常严峻。

1788 年 3～4 月间，起义的规模更大，席卷了法国许多地区，尤其是在布列塔尼和多菲内，起义农民拿起大叉和斧头，攻打和烧毁封建主的城堡，抗缴封建贡赋，殴打收税人。除了农民运动外，城市平民也不断举行暴动。1788 年在色当因工厂缩减，解雇了 9000 多工人；在阿尔维尔地区，失业者有 1.5 万人之多。失业现象已逐渐扩大到全国。失业工人饥寒交迫，流离失所。为了争取生存，他们和城市贫民一起不断地举行暴动，要求工作，要求降低食品价格。巴黎、马赛、土伦和埃克斯等城市也都发生过城市平民骚动。

1789 年 4 月，巴黎发生一次声势浩大的工人运动，史称"累维伊养事件"。糊墙纸业厂主累维伊养以推销货物困难为借口宣布降低工资。当工人们向他提出抗议时，他恶狠狠地说："工人们只能吃黑面包，好面包不是给他们这类人吃的。"巴黎工人对于这种无视工人生活的恶毒语言，怒不可遏。1789 年 4 月 27 日，圣安东区的劳苦群众约 3000 人冲上街头，举行盛大的游行示威。示威者高喊"消灭财主！消灭贵族！消灭投机家！打倒教士！"等口号，拿着累维伊养的模拟像到格雷弗广场去焚烧。次日，起义群众闯入厂主家捣毁仓库，烧掉和打碎家具，厂主闻风逃命。当局派出军队镇压，起义工人用石头和瓦块予以抵抗。结果，士兵死 80 人，伤 12 人，工人群众被屠杀了 200 人。起义工人抬着死难工人尸体，举行游行示威。几天后，他们又集合五六百人，准备攻打比色特监狱。此后，巴黎从未平静过，并逐渐成为法国革命的中心。

（四）三级会议

路易十六平伏不了日益扩大的群众革命运动，又无法解决国家财政问题，走投无路只好宣布于 1789 年 5 月 5 日在凡尔赛召开三级会议。为了讨好资产阶级，他重新任命大资产阶级所信赖的内克为财政总监，还宣布把第三等级的代表名额增加一倍，即由原定的 300 名增加到 600 名。路易十六蓄意利用三级会议来缓和革命，同时也想借此达到征收新税，解决财政困难和摆脱危机的目的，根本不想实行任何政治改革。

1789 年春，各省普遍展开了选举三级会议代表的活动。政府的选举法规定，贵族与僧侣的代表是直接选举，一律平等，凡年满 25 岁者均有选举权。僧侣则限于大主教、主教和有财产的教士才有直接选举权。至于乡村的牧师和副牧师则采取两级的复选制。第三等级代表的选举完全是复选制，而且规定必须年满 25 岁并缴纳直接税者才有选举权。结果，农民、工人和贫民都被剥夺了选举权。

资产阶级便以第三等级的名义，积极进行活动。每天都有几十种小册子、传单和报纸出现，极力批评整个封建的社会制度，其中影响最大的有马克西米连·罗伯斯比尔的《告普罗旺斯人》等等。所有这些小册子对君主专制政体都做了尖锐的和无情的批判，激发了人民群众的革命斗志。同时，在这些小册子中也反映了 18 世纪法国启蒙运动思想家的各种不同的哲学思想和社会思想。

在选举运动初期，第三等级中各社会集团有一些共同的愿望，都渴望废除封建专制制度和制定宪法，都提出保护私有财产、取消封建等级和特权，也都要求废除酷刑和改良监狱制度。这些共同的要求便成了当时法国资产阶级同劳动群众结成联盟的思想基础。当然，第三等级的阶级成分十分复杂，他们对于宪法和保护私有财产的理解有本质的不同。农民要求废除封建土地所有制,归还公有土地,消灭农村领主的封建特权,免除一切封建义务,尤其是要求取消为农民深恶痛绝的盐税等。城市劳苦大众要求保障生存权与劳动权;要求自由贸易、统一币制和度量衡、废除各地关卡;要求取消封建权利。总之,第三等级各社会集团的所有要求都是在启蒙思想家的各种学说影响下提出来的。它意味着要用资本主义所有制代替封建所有制。这在当时反封建主义的历史条件下,具有很大的进步意义。

三级会议选举的结果,在贵族等级的代表中,高级贵族有242人,大部分是军官,法官贵族有28人,其余都是农村的低级贵族;在僧侣等级的代表中,高级僧侣占三分之一,乡村牧师与副牧师占三分之二。特权等级在选举时,自由派贵族与封建贵族之间,宫廷贵族与乡村贵族之间,高级僧侣与低级僧侣之间,矛盾重重,斗争十分尖锐。

第三等级的代表大都是资产阶级或资产阶级出身的官吏和自由职业者,其中律师约有250人,低级法官60人,医生16人,市长13人,城市官吏102人,商人与富农100多人。此外,还有12名贵族和2名低级僧侣背弃其本等级,参加到第三等级方面来。

在第三等级的代表中,出色的人物有米拉波、西哀耶士、巴伊和罗伯斯比尔等。米拉波是个伯爵、君主主义者,他背弃了本阶级,参加到第三等级,成为大资产阶级的代表。在革命初期,他是最露头角的人物之一。西哀耶士是一个神甫,但他并不热心于宗教事业而爱好哲学与政治,他写过《何谓第三等级?》等小册子,对于革命起过鼓动作用。他也是大资产阶级的代表,在革命初期也露过一阵头角。罗伯斯比尔是阿腊斯城的一位青年律师,激进的民主主义者,曾写过一些要求减轻刑罚的著作。在革命初期,他并不太引人注意。可是,到1790年以后,罗伯斯比尔开始在俱乐部中获得威望,到1793年夏,他成了法国雅各宾派专政时期的领袖人物。

1789年5月5日,三级会议在凡尔赛正式开幕。国王的开幕辞非常简单,他只强调说:"希望各等级的代表协调一致,和衷共济,为解决国家财政问题出谋划策。"对于政治改革一点也未提,代表们非常失望。接着掌玺大臣巴朗登致词,他除了颂扬国王的德政和赞美三级会议的召开外,便明确地阐明政府的目的是要求增收新税,不是实行改革。随后,他宣布,三级会议的表决方法仍按旧例,即各等级代表分别开会,表决时以等级为单位进行。这样一来,第三等级虽然在会议中有 600 名代表,但也毫无意义。所以,第三等级代表坚决反对。他们要求三个等级的代表共同开会,要求以人数多少进行表决。第三等级首先向特权等级的代表提议共同开会,共同审查所有代表资格,但是,遭到特权等级代表的拒绝。关于表决权问题,双方争执达一个多月之久。

这时,全国人民,尤其是巴黎人民都在以迫切的心情,注视着凡尔赛的三级会议。巴黎早已出现饥荒,巴黎群众满以为三级会议能够解决面包与物价问题,所以,在巴黎广场和王家官院经常有群众集会。有许多革命者向群众发表慷慨激昂的演说。在巴黎群众的革命情绪鼓舞下,第三等级的代表采取了坚决果断的行动。6 月 12 日,根据西哀耶士的建议,第三等级代表不顾特权等级的反对,开始单独审查三级会议全体代表的资格,并声明如果第一与第二等级的代表不参加会议,就被视为弃权。这一坚决行动促使特权等级内部发生了分化。有一些僧侣等级(多半是低级僧侣)的代表响应号召,参加了第三等级的会议。6 月 17 日,代表们一致通过把三级会议改名为国民议会,并选举巴伊为国民议会议长,宣布只有国民议会才能真正代表全国国民的意志,如果解散国民议会,国民就不交纳任何捐税。

6 月 20 日,国民议会准备集会,国王命令封闭会场,并派卫兵把守。第三等级的代表并不气馁,他们在附近找到一个网球厅,举行集会。当时有许多巴黎市民围着他们,他们在议长巴伊主持下进行了庄严宣誓:不制定和通过宪法,决不解散!这就是著名的"网球厅宣誓"。

6 月 23 日，国王召开御前会议。在会上，路易十六采取威胁与劝告相结合的手段，宣布国民议会的一切决议为非法，命令第三等级解散国民议会，各等级依照旧例自行开会。结果，激起第三等级代表们的极大愤慨。当大司仪官命令代表们遵从国王命令时，巴伊回答说："我们是代表国民的，国民是不能命令的。"米拉波起而高喊："你去告诉你的主人，我们在此是出于国民的意志，除了用刺刀，决不退出。"

国王不能解散国民议会，从而使国民议会的声势更加壮大。会后又有许多特权等级的代表转到第三等级，其中有著名的政治活动家拉法耶特和奥尔良公爵。在这种形势下，国王被迫同意三个等级共同开会。7 月 9 日，国民议会又改名为制宪议会，着手制定宪法。路易十六极度恐慌，暗中调动军队，准备用武力镇压，结果激起了巴黎人民的武装起义。

（五）攻陷巴士底狱

国王与宫廷贵族在御前会议失败后，便暗中调动了两万忠实于王室的瑞士和日耳曼雇佣军，准备镇压巴黎革命群众和解散制宪议会。可是，巴黎人民坚决拥护制宪议会。他们密切地注视着宫廷的阴谋活动，并开始准备用起义来回答可能发生的任何事变。

7 月 8 日，政府把两万多失业的巴黎工人送到蒙玛特尔大街修路。10 日，这两万多失业工人举行暴动。暴动者烧毁城门关卡，使政府无法收取粮食与酒类的关税，大批粮食与酒得以运进巴黎。暴动者还同军队发生过流血冲突。这次暴动便成为 7 月 14 日巴黎革命的前奏。

在巴黎人民骚动期间，巴黎各区的三级会议的初选人，尤其是工人区的选举人，早在 6 月 25 日，就积极地活动起来。他们不仅在本区内经常集会，研究如何对付宫廷的阴谋，而且还派代表与各区取得密切联系，建立统一行动。6 月 26 日，各区代表组成一个联合组织叫"常设委员会",会址最初设在多菲尔广场的博物馆,后来迁到市政厅。这个委员会实质上就是巴黎人民的地方自治机构。常设委员会的任务主要是监督宫廷的阴谋,着手组织国民自卫军,并同制宪议会保持密切联系。

7月11日,国王秘密地把当时尚孚众望的内克免职,并令其立即离开法国。接着,国王任命极端反动的德·布勒德义男爵为财政总监,派老元帅德·布罗伊主持军政。布罗伊宣称他要誓死保卫国王和王室。路易十六开始调兵遣将,准备镇压爆发的革命。

7月12日是星期日。这天上午,巴黎就已传出国王正在调动军队,准备镇压巴黎人民的革命。下午,巴黎听到内克被免职和奥尔良公爵要被流放的消息以后,顿时,群情激愤,空气异常紧张。交易所和游艺场纷纷关门;贴现金库的股票价格立刻从4265利维尔下跌到4165利维尔。巴黎人民怒不可遏,到处举行集会和游行。在王室宫院的一家咖啡馆里,青年新闻记者卡米尔·德穆兰,慷慨激昂振臂高呼:"宫廷正在替人民准备新的圣巴托罗缪日,我们必须武装起来,进行革命的反抗!"于是,一片"武装起来"的呼声响遍巴黎。德穆兰从树上摘下绿叶当作集会后的标志。顷刻之后,群众一哄而起。他们佩戴上绿色帽徽或标志自发地聚拢到一起,巴黎人民抬着内克和奥尔良公爵的半身雕像,举行声势浩大的游行示威。当游行队伍走到路易十五广场时,朗贝斯克亲王的龙骑兵(即日耳曼雇佣军)开枪射击,打死两人。国王枪杀赤手空拳的游行群众的行为,激起革命群众的无比愤慨。于是,巴黎人民义愤填膺,高呼"拿起武器!"。这时,法兰西近卫军士兵多半同情人民,许多官兵都加入了革命群众队伍。

晚间,巴黎革命人民,烧毁了塞纳河口右岸的关卡;圣安东与圣马索工人区也行动起来,他们积极赶造武器。7月13日,警钟的声音响彻首都上空,巴黎无套裤汉即工人、手工业者、小商人、职员和学生挤满了市区广场和街头,巴黎人民要求武装起来。常设委员会急忙赶造8万支长矛,群众攻入军火库,找到一些枪支。晚间，又攻入伤兵院，搜出 2.8 万支枪和几尊大炮。

7 月 13 日，常设委员会还决定建立 4.8 万国民自卫军，规定凡参加国民自卫军者必须自备制服和武器。法国资产阶级从这时起开始正式建立起自己的武装力量。国民自卫军以红、蓝、白三色旗为军旗。三色旗以后便成为法国的国旗。（红色和蓝色代表巴黎市、白色代表波旁王朝）。

资产阶级虽然建立起国民自卫军，但当时还不能控制局势，能够左右局势的还是巴黎革命群众加上同情人民的法兰西近卫军，声势异常浩大。他们封锁了通往凡尔赛的交通要道，成为巴黎形势的主宰。

7 月 14 日早晨，巴黎武装人民把市内主要地区都控制起来。这时，驻扎在练兵场的另一支由伯森瓦尔侯爵率领的王家近卫军，正等待命令，不敢轻举妄动，这就有利于巴黎群众的革命行动。巴黎人民把注意力完全集中到巴士底监狱，高喊："到巴士底狱去！"的呼声响遍全城。

14 日上午，郊区工人和手工业者纷纷进入市区，集中在路易十五广场、市政厅前的格雷弗广场和伤兵院附近。当时武装群众约有 30 万人。他们满怀革命激情，手执长矛、铁锤、斧头和木棒，迫不及待地准备冲向巴士底狱，一场轰轰烈烈的巴黎人民大起义就这样开始了。

常设委员会曾多次派代表同巴士底狱的司令官德·洛内侯爵谈判，要求他撤除墙堡上的大炮，不要对群众开枪；同时，常设委员会的代表要求德·洛内将堡垒交给国民自卫军协同瑞士雇佣兵共同防守。

下午 1 时，群众已集拢到巴士底狱附近的空场和通向堡垒的要道。这时，常设委员会代表与德·洛内还没有达成协议，守兵便向群众开了枪。起义者立即发动进攻，不多时，就攻破前的第一道吊桥，有 300 多名起义者闯入监狱的前庭，准备再攻第二道吊桥。可是由于守军的炮火过于猛烈，没有攻下。起义者牺牲 80 多人，受伤者有 60 多人。下午 3 时许，全城人民怒不可遏，奋勇冲杀。这时，有 300 多名同情人民的法兰西近卫军，带着 5 尊大炮参加了起义。他们同群众一起攻打吊桥入口。狱中守军无法抵抗，便准备投降。但是，德·洛内想提出投降的条件，要求准许他们不缴械武装出境，并扬言，如果不接受他的投降条件，就要用 2 万磅的炸药炸毁要塞，让大家同归于尽。可是，守军已拒绝他的命令，德·洛内被迫竖起了白旗向人民投降了。

起义群众占领巴士底狱后，首先解除守军武装，逮捕德·洛内，并把他押送市政厅，沿途他受到群众百般侮辱与唾骂，最后，被群众结果了性命。同时，起义者也把叛徒巴黎首席市政官弗勒塞尔处死了。起义者释放巴士底狱中的囚犯、并兴高采烈地抬着他们在街上游行。当晚，巴黎全城张灯结彩，灯火辉煌，全市人民载歌载舞庆祝胜利。巴黎人民非常憎恨巴士底监狱，攻下之后，就把它夷为平地。后来，在这个废墟上建起一个美丽的广场，称为巴士底广场。

1789 年 7 月 14 日巴黎人民起义，粉碎了宫廷的反革命阴谋，保住了制宪议会；巴士底狱的攻陷，标志着法国封建专制王权的倾覆和法国资产阶级革命的开始。这一天后来就成为法国的国庆日。

巴黎人民虽然攻占了巴士底狱，但是，他们并没有失掉警惕，14 日晚，巴黎人民通宵达旦严加防守，以防王军来犯。7 月 15 日，路易十六和宫廷贵族鉴于军心动摇，革命声势浩大，便不敢继续派兵镇压。路易十六为了缓和局势，亲临制宪议会，宣布承认人民革命成果，从巴黎撤军，并同意制宪议会的建议，罢免了布勒德义等反动大臣，重召内克入阁担任财政总监。自此，国王被迫表面上承认了制宪议会。那时，有些宫廷的反动亲王，曾劝告路易十六逃往梅斯，以便重整旗鼓，扑灭革命。但是，路易十六唯恐离开巴黎后，制宪议会要宣布奥尔良公爵为国王，所以决定不走。此后，他便伪装革命，伺机反扑。7 月 17 日，国王表示对巴黎人民让步，还亲自到巴黎市政厅，接受市长巴伊插在他帽子上的红、蓝、白三色旗帽徽。这时，金融资产阶级和自由派贵族企图把路易十六变为立宪君主。因此，他们非常尊敬国王，并严加保护。可是，路易十六却同大资产阶级同床异梦。他不过是委曲求全，形式上承认革命而已。

至于顽固反动的宫廷贵族的态度则诚惶诚恐。7 月 16 日至 17 日的夜晚，王弟阿图瓦伯爵、波利尼亚克伯爵和他的夫人、孔代亲王、波旁公爵、布罗伊元帅和布勒德义等人，都纷纷逃亡。阿图瓦在出亡时，还带了一队人马和两尊大炮护送。这些亡命者分别逃往荷兰、德意志境内和意大利。在那里，他们企图借助外国力量扑灭法国革命。这是第一批法国亡命者。

当巴黎人民起义的消息传到欧洲各国之后，欧洲的进步人士及劳动人民莫不欢欣鼓舞；可是，欧洲各国的封建统治集团却都仇视法国革命。不过当时，他们也存有幸灾乐祸的心理，以为革命可以削弱法国的海外竞争力量，所以还都采取观望的态度。后来，革命进一步发展和深入，才引起欧洲各国的恐惧与干涉。最初是奥地利和普鲁士，后来英国以及整个欧洲封建国家都联合起来对法国革命进行武装干涉。

（六）君主立宪派统治时期

巴士底狱被巴黎人民攻陷后，国王被迫撤退了军队。制宪议会立即推选巴伊为巴黎市长，并正式建立国民自卫军，拉法耶特为总司令。

巴士底狱攻陷的消息传出后，各省、市的人民纷纷起来暴动。在 7 月下半月的整个时期内，"市政革命"和"农民起义"风起云涌，势不可挡。7 月 18 日，特鲁瓦城的市民开始暴动；7 月 19 日，斯特拉斯堡的市民暴动更为激烈。此外，瑟堡、亚眠和卢昂等城市也都先后发生了类似的事件。这些城市都是通过暴动摧毁了旧市政权，建立了革命的新市政机关。但是，绝大多数的城市并没有经过

英 法 近 代 史
YING FA JIN DAI SHI

严重冲突，就建立了新的地方政权，因为那里的官吏见国王大势已去，就主动放弃了政权。各省、市的新市政机关都是效仿巴黎建立起来的。他们也组织了地方国民军，并从王军手中夺过要塞和碉堡。

从 7 月 20 日起，全国各省的农民暴动如火如荼，非常剧烈。起义的农民手持镰刀、大叉、长矛和木棒等武器，攻入封建主的城堡，焚毁了一切封建契约和文书；有些地方还烧毁了地主的住宅，杀死了领主。这种强大的农民运动动摇了封建专制统治的基础，巩固了巴黎人民在 7 月 14 日取得的革命胜利，从而为大资产阶级在全国范围内取得政权创造了有利条件。

制宪议会听到各省农民运动的消息后。8 月 4 日夜，立即召开会议讨论农民问题。首先是具有自由主义思想的贵族诺阿耶子爵建议取消特权阶级的免税权，无偿地废除封建劳役、农奴制残余和一切附属在农民身上的封建义务。至于附着在土地上的权利和封建地租，必须付出代价赎买。接着，贵族代表们纷纷登台自动地放弃了事实上已被农民暴动消灭了的封建特权。在这次会议中，僧侣也宣布放弃什一税，行会也取消了特权，粮食准许自由买卖，废除内地关卡、工业法规和盐税；同时，还宣布废除卖官制度、贵族和僧侣的租税豁免权和其他财政特权；宣布所有公民不分出身都能担任国家官职，一切公民在法律面前平等。8 月 5 日，制宪议会公布决议："永远废除封建制度。"显而易见，这些决议是激动人心的、非常进步的。

制宪议会在制定宪法时，准备在宪法之前加上一个《人权和公民权宣言》，简称《人权宣言》。这个《宣言》在 1789 年 8 月 26 日经制宪议会批准宣布的。《人权宣言》的基本思想是受启蒙学派、百科全书派以及美国《独立宣言》思想的影响写成的。它成为法国资产阶级革命的宣言。在整个法国革命中，这个宣言最振奋人心，其影响之大，不仅震动了欧洲，对于世界也有深远的影响。

《人权宣言》共包括 17 条，开头写道："人生而自由，权利平等。社会区别只能以共同福利为基础。"《宣言》宣布了自由、财产、安全和反抗压迫都是天赋的、不可剥夺的人权。法律必须是共同意志的体现。因此，法律对于一切人都是平等的。此外，《宣言》还宣布了人民主权的原则，取消了等级差别和封建特权，并确定了信仰、言论和出版的自由与公民权利的平等。同时，《宣言》的最后一条又规定私有财产是神圣不可侵犯的。

法国的《人权宣言》具有非常重大的进步意义。它给予封建特权阶级和封建专制制度以沉重的打击；它向全世界提出了自由、平等和民主的原则；它使一切在封建统治者压迫下的民族有了解放思想的理论和武器，激发一切被压迫者的革命热情。这一《宣言》成了资产阶级夺取政权和巩固政权的思想武器，宣布了新时代的开始，宣布了资产阶级私有制的确立。所以，《人权宣言》是法国资产阶级在夺取政权时期和建立资产阶级国家的政治纲领。

《宣言》的思想甚而对全世界都有深远的历史意义。它是近代社会民主主义的宪章。因此，《宣言》发表后，在当时的欧洲引起很大的反响。欧洲各国进步人士无不欢欣鼓舞。俄国和德国许多进步学者到处歌颂和宣传法国人权宣言的思想。英国的民主派在法国革命的影响下成立了革命团体。瑞士、意大利、普鲁士和奥地利等国家的人民在法国革命影响下也都行动起来。比利时在法国革命的强烈影响下，于 1790 年发生了革命，反对奥国的统治。总之，《人权宣言》鼓舞了当时所有在封建专制压迫下的人民，激发了人民反封建压迫的斗志。《人权宣言》成为旧制度的"死刑宣判书"。

制宪议会宣布的八月法律和《人权宣言》都是在狂热的革命气氛中仓促决定的，还需要国王的同意与批准。国王与宫廷内心里并不承认 7 月 14 日以来的一切事实。他们只是在表面上同革命妥协，暗中还搞阴谋反对革命。国王秘密地把福兰德斯旅团从杜埃调到凡尔赛，准备用武力解散制宪议会。可是，巴黎人民群众与革命民主派始终密切地注视着国王及宫廷的动态。1789 年 10 月 1 日，宫廷举行盛大宴会，欢迎福兰德斯旅团军官。保王党分子兴高采烈，得

意忘形，拔剑出鞘，为国王和其家族的健康干杯。这些保王党分子
还借着酒兴扔掉革命的三色帽徽，加以践踏，换上白色或黑色帽徽
以示效忠国王。这种仇视革命的放肆行为传到巴黎后，激起了巴黎
革命群众的无比愤慨。10 月 4 日，《巴黎新闻报》和《人民之友
报》揭穿了贵族的阴谋，指出国王企图推翻宪法和解散制宪议会。
让·保尔·马拉号召巴黎各区武装起来，带着大炮到凡尔赛去。其
他各种革命报纸都不断地提醒人民，号召人民随时准备战斗，以防
止反革命的政变。

这时，巴黎的粮荒非常严重，面包奇缺，物价昂贵，有些人整
天站排买不到面包。巴黎人民深切盼望制宪议会解决粮食问题，盼
望国王赶快批准八月法律与《人权宣言》。所以，当国王迟迟不批
准，还想解散制宪议会的消息传出之后，巴黎人民怒火万丈，一时
"到凡尔赛去!"的呼声响遍了巴黎。

10 月 5 日，大约有 6000 多名妇女，在攻打巴士底狱的战士马
伊亚的领导下，前往凡尔赛。拉法耶特率领国民军也随后到达，其
目的在于防止人民群众可能发生的"暴行"，企图保护国王及王室。
巴黎人民的革命行动，引起了国王与宫廷的极度恐慌。保王派分子
怂恿国王立即逃走。但是，逃走的企图被群众发觉而未得逞。10
月 6 日清晨，巴黎革命群众打退了守卫王宫的禁卫军，闯入王后的
寝宫。国王为了安定群众的革命情绪，带着王后和太子，佩带三色
旗帽徽，出现于阳台。人民群众高呼："国王到巴黎去。"国王无奈
只得携带家族在巴黎群众的陪伴下，由国民自卫军开路，坐着马车
到了巴黎，住在杜伊勒里宫。几天之后，制宪议会也迁到了首都。
自此，国王与制宪议会便置于巴黎人民的监督之下了。

这次巴黎人民的革命行动又一次挽救了制宪议会，巩固了大资
产阶级的政权，确保八月法令的批准和旧制度的崩溃。

制宪议会制定了许多措施，把法国的政体规定为君主立宪制，
立法议会成为实际的最高权力机关，保存了国王并赋予国王以暂时
的否决权。制宪议会从 1789 年 8 月就宣布取消行会制度及封建专

制时期所制定的工业法规，并废除内地关卡，制定了统一的度量衡，宣布了工商业的自由经营与贸易以及给予犹太人以平等地位。1789 年 11 月 2 日，制宪议会宣布没收教会的财产，并加以拍卖，但其规定拍卖的办法，只有利于富农。此外，制宪议会又宣布主教和牧师的薪俸由国家支付，主教与牧师采取选举制。这就使法国的教会不依赖于罗马教皇，而直属于资产阶级的国家。这种教会的市民制度即《教士法》，就当时的历史条件来说，也是一种进步的措施。制宪议会还确立了法国新的行政制度，把全国划分为 83 个郡，各郡之名以河流山岭之名命之。这种新的行政制度消除了旧的封建割据，从而消除了内地的关卡、地方苛捐杂税等，为工商业的发展创造了有利的条件。

从 1789 年 8 月到 1791 年间，制宪议会所实施的各项措施，都成为正在草拟中的宪法条文。这部宪法一直到 1791 年 9 月 3 日才由制宪议会通过成为正式宪法。所以，它被称之为《一七九一年宪法》。这部宪法的基本思想采纳了孟德斯鸠的分权学说，也效仿了美国宪法的某些原则。

宪法的主要内容有：第一，该法规定法国政体是君主立宪制，采取一院制即确认立法议会为国家最高主权机关。立法议会议员由全国积极公民选出选举人，再由选举人选出 745 名议员组成，任期四年。宪法规定，只有立法议会有权提出法案和通过法律；只有立法议会有权支配国家的财产和武装力量，有权处理外交事务；各部大臣必须受立法议会监督，每年必须向立法议会提出财政收支报告；立法议会还有权将大臣交付法庭审判，而立法议会的议员则不能受普通司法机关的审讯。第二，宪法规定，国王是行政机关的最高首领，他有权任命各部大臣，而各部大臣只对国王负责并不对立法议会直接负责。但是，国王的权力要受到立法议会的限制。国王必须经过立法议会的同意才有对外宣战与媾和之权。国王的法令必须由有关各部大臣附署才能生效；而各部大臣又必须受立法议会的监督。可是，国王还享有暂时否决权。国王的人身被宣布为神圣不可侵犯。根据这部宪法规定，法国国王已不是封建专制君主，而其权力受到宪法的一定限制，成为立宪的君主。第三，宪法把法国行政区域划分为 83 个郡，每郡之下设县，县之下设乡。宪法规定郡和县的自治机构、行政官吏和检察长均由各乡、镇的积极公民按两级选举制产生；而城市的公社即市议会、市长和检察长则均由各区的积极公民直接选举产生。地方自治机关即公社，主要负责规定税率、征收租税和维持秩序，同时它还有调动国民自卫军和宣布戒严之权。凡是城市人口超过 25000 人以上者均可以划区。区设有行政机构和区分部；区可以随时召集会议，监督市府乃至中央政府。1790 年，巴黎被划分为 48 个区。第四，宪法宣布废除贵族爵位、世袭荣衔和领主司法权，宣布全体公民都得纳税，宣布新教徒和犹太人与其他公民享有同等权利。

值得注意的是，这部宪法规定只有积极公民才有选举权，才能选举各级议会和行政官吏。这样一来，遭到了罗伯斯比尔与马拉等革命民主派的猛烈抨击。然而，制宪议会最后还是按照这部宪法的规定进行了立法议会议员的选举。

总之，《一七九一年宪法》虽然没有解决农民的土地问题，没有彻底地消灭君主制和封建制度，还有许多不民主的规定，但是，在封建专制制度尚在欧洲大多数国家中占统治地位的时期，它无疑具有进步的意义。它推翻一个封建君主专制，建立一个君主立宪的国家。这在当时的历史条件下是一件了不起的事情。

随着群众革命情绪的高涨，民主派的报纸及革命俱乐部的作用就增大了。他们成为群众的组织者与领导者，他们启发群众的阶级意识，反映群众的要求，成为革命前进的推动力量。在革命群众中最有影响的是雅各宾俱乐部与科德利埃俱乐部。

雅各宾俱乐部：这个俱乐部的前身称为布列塔尼俱乐部，它是在 1789 年三级会议召开时，布勒塔尼的代表们在凡尔赛集合的场所。后来这个俱乐部随制宪议会迁到巴黎。因为它的会址设在圣·奥诺街的圣·雅各宾修道院，所以被称为雅各宾派俱乐部，又称为"宪友社"。1791 年后，雅各宾俱乐部在各地均有支部。最初雅各宾俱乐部的成员是非常复杂的，它不仅有布列塔尼的代表，还有各种不同政见的人，其中有自由派贵族，如米拉波、拉法耶特和大银行家兼殖民地农场场主拉梅特兄弟等。此外，还有革命的民主派律师罗伯斯比尔等人。

雅各宾俱乐部虽然最初成分很复杂，但是在革命初期，他们有一个共同目标，就是打倒君主专制政权，实行宪法。所以，他们能在"不自由毋宁死"、"忠于宪法"等口号下结合起来。但是，到了封建专制君主被推翻后，在如何进一步推动革命的问题上，其政治主张有了分歧。这种矛盾随着革命形势的变化，而逐渐趋于明显。

1791 年国王批准宪法后，矛盾更加明显了，雅各宾俱乐部开始分裂，分裂是从 1791 年瓦伦事件后开始的。自由派贵族及大资产阶级又另组织了斐阳派俱乐部。所以称为斐阳派俱乐部，是因其开会的场所在斐阳修道院。

大资产阶级从雅各宾俱乐部分出后，雅各宾俱乐部中只剩下了温和的民主主义者和激进的民主主义者，其领袖是激进的民主主义者罗伯斯比尔。

科德利埃俱乐部：科德利埃俱乐部是民主派的另一中心。科德利埃俱乐部是以其集会地点科德利修道院而得名。这个俱乐部主要是用舆论揭发各机关的滥用职权，窥察一切被选人及官吏的过失，及其对于人权的各种损害。所以，这个俱乐部又被称为"人权之友社"。总之，这是当时革命民主派的另一种团体。他们的思想来自卢梭。主张宪法与法律都要由人民批准，他们反对制宪议会的一些反民主的政策，要求废除国王，建立共和国。科德利埃俱乐部的会费较少，所以，不仅有资产阶级民主派分子，而且也有工人、手工业者和农民，巴黎的无套裤汉成为这一俱乐部的社会基础。该俱乐部的纲领反映了当时人民大众的政治和经济的要求。所以该俱乐部逐渐成为下层人民统一领导的中心。科德利埃俱乐部最出色的领袖是马拉、丹东、埃贝尔与肖梅特。

制宪议会所制定的宪法及其各种政策，引起了第三等级的分裂，资产阶级民主派及人民群众都反对这个宪法。因此，使大资产阶级陷于孤立。同时制宪议会的政策也造成了专制政体复辟的危险。例如，路易十六利用否决权迟迟不批准宪法，并以金钱收买了米拉波等制宪议会的议员，企图破坏革命。此外，制宪议会的宗教政策，破坏了天主教的传统，遭到了僧侣阶级的强烈反对，大批僧侣投到反革命方面去，并在法国南部掀起了反革命暴动。

欧洲封建专制国家及英国深怕法国的革命蔓延到欧洲，极力准备以武装干涉法国的革命，英国首相小威廉·皮特建立一个国际集团对付法国的革命。

俄国女皇叶卡特林娜二世对于法国革命极为愤恨，但由于俄国正与土耳其作战，还不能立即出兵进攻法国。叶卡特林娜二世只是在国内严加防范，加强迫害一切同情法国革命的自由思想家。

普、奥两国积极地干涉法国革命，支持法国的亡命者，组织反革命的阴谋部队。王后玛丽·安托瓦内特私通奥国，促使奥皇利欧波尔德二世援助法国国王。总之，从1790年下半年起，法国与欧洲各国的关系异常紧张，战争时有发生的危险。

在国内外反革命势力高涨之际，最初，路易十六想从制宪议会中收买一批人以便压制革命，这一阴谋未能得逞。因而，他便下定决心逃之夭夭。6月23日国王装扮成一个仆人，携其眷属，逃到离国境不远的瓦伦市，被当地邮局局长德鲁叶识破，国王及其家族被当地人民群众扣留，并送回巴黎，这就是瓦伦事件。

国王的出走，引起了人民群众的无比愤怒，群众要求把国王交到法庭审判，要求建立共和国。但是，制宪议会用各种方式袒护国王。革命民主派的领导丹东、布里索，以及科德利埃派的领导人都起来号召建立共和国，废除国王。他们于7月17日集合于马斯校场，号召群众在要求国王退位的申请书上签字。制宪议会对于这次群众性的运动，采取了公开的反动措施。巴黎市长巴伊及拉法耶特率领国民军对群众武力镇压，并宣布逮捕民主派分子。从此，第三等级内部开始分裂了。

1791 年 9 月 14 日，国王批准宪法，制宪议会即宣布解散，让位于新选出的立法议会。此前，罗伯斯比尔曾提议制宪议会议员不得被选为立法议会议员，为制宪议会通过。所以，立法议会选出后，制宪议会的代表并没有继任立法议会的议员。

1791 年 10 月 1 日立法议会开幕，因为制宪议会代表不得当选为立法议会议员，所以罗伯斯比尔未能当选。这次会议总共选出 745 名立法议会议员，其中斐阳党占 264 席，中间派占 345 席，雅各宾派只占 136 席。中间派认为革命已经终结，只是如何实行宪法，此派中有许多人接近斐阳党。

不久，雅各宾派又分裂成两派。其中的温和民主主义者组成了吉伦特派。其所以称为吉伦特派，因其代表多半来自吉伦特郡。这一派主要代表工商业资产阶级利益，其领导人是巴黎新闻记者出身的布里索和卓越的演说家、律师韦尼奥。温和民主主义者从雅各宾派俱乐部中分出去之后，雅各宾派俱乐部就完全成为以罗伯斯比尔为首的革命民主派的俱乐部了。他们的议员和立法议会中的左派即科德利埃俱乐部的议员结合起来，形成山岳党。所谓山岳党，是因为他们在立法议会中坐在最高的位置上。山岳党后来亦称为雅各宾派。

立法议会开始工作时，革命的法国所处的形势极为艰难。物价腾贵，货币贬值，商人投机倒把、横行无忌，人民生活极端恶化，人心恐慌，社会更加动荡不安。

此外，某些郡的反革命分子又进行反革命的阴谋活动。逃到国外的亡命者，也积极地鼓动欧洲各封建君主国组织反对法国革命的联军。路易十六在形式上被迫承认了宪法，但暗中与欧洲各国勾结。王后玛丽·安托瓦内特私通奥国。最初出头反对法国革命的是奥地利与普鲁士。早在 1791 年 8 月 27 日，普王腓特烈·威廉与奥皇利欧波尔德二世在皮尔尼兹城堡签订一个宣言，要帮助路易十六恢复权力。《皮尔尼兹宣言》引起了法国人民的愤怒。立法议会要

英 法 近 代 史
YING FA JIN DAI SHI

求奥普收回这一宣言并驱逐比利时境内的法国亡命者。但是，奥国拒绝答复，反而与普鲁士在 1792 年 2 月 7 日签订了军事同盟。这样一来，战争便不可避免了。

法国各不同政治集团对于战争的态度是不一样的。国王与王后主战；因为他们估计到法国必然失败，可以借助外国干涉恢复法国的封建专制制度。吉伦特派也主战，他们估计战争可以取得胜利，从而法国可以取得新市场；尤其是在战争中可以激发人民群众的爱国情绪，使群众的注意力离开法国国内的政治斗争，使失业工人参加军队，从而削弱左派的力量，吉伦特派可以借此取得政权。此外，军人也主战，他们希望在战争中扩大自己的权势。

当时只有以罗伯斯比尔为首的革命民主派不主张立即对奥宣战。他们认为首先应肃清国内的反革命，必须把军队中的贵族将领清除出去，不然军队没有战斗力；必须把国内的反革命的破坏镇压下去，不然不能巩固后方。否则，立即发动对外战争就会上当受骗，有利于反革命。

虽然罗伯斯比尔及革命民主派不断地揭发主战派的阴谋，但是，由于奥国的公开军事行动已引起法国人民的愤慨，激起法国人民的民族意识。结果，人民大众倾向了吉伦特派的主战。

1792 年 2 月 2 日，路易十六罢免了主张同奥国妥协的斐阳派内阁，任命吉伦特派组阁。吉伦特派的首要人物让·马利·罗兰担任内政大臣，倾向吉伦特派的查理·佛朗沙·迪穆里埃执掌外交。新内阁组成后，主要任务就是准备战争。

1792 年 4 月 28 日，立法议会调动军队首先进攻奥国。当法军第一次与奥军接触时就不断地失败。玛丽·安托瓦内特把法军作战计划密报给奥国，而贵族军官又仇视革命。在这种情况下，法军的失败是必然的。1792 年 7 月 6 日，普鲁士加入奥国同法国作战。普军很快就越过了普法、普奥国境。7 月 27 日同盟军总司令不伦瑞克公爵发表宣言，在宣言中宣布："凡是抵抗同盟国军者是叛徒。"并声明："同盟军的作战目的在于终止对王室和教会的攻击，及恢复国王的权力，如有违抗，同盟军就把巴黎完全毁灭。"普奥联军及法国的亡命者企图以此恫吓法国人民，但是，法国人民反而更加激愤，他们奋不顾身要以全力拯救祖国。

大敌当前，以罗伯斯比尔为首的革命民主派也改变了从前的反战态度。立法议会于 7 月 11 日宣布了"祖国在危急中"的总动员令，要求各郡开始组织义勇军。议会还号召各郡的国民军在结盟节开到巴黎集会。为了拯救祖国，法国各郡响应立法议会的号召，纷纷组织义勇军。巴黎在几天之内就募集了 15000 人的义勇军。7 月初，马赛的义勇军 500 多人，在开赴巴黎的沿途高唱"莱茵军歌"，这首雄壮的革命战歌被称为"马赛曲"，后来成为法国的国歌。所有这些，都意味着法国人民要以自己的力量来挽救革命的法国。

（七）1792 年 8 月 10 日人民起义与君主政权的垮台

早在三级会议开幕之后，1789 年 6 月间，巴黎的三级会议代表初选人就组织起"常设委员会"，注视三级会议的动态，成为巴黎市民的地方自治机关。1790 年，制宪议会又将巴黎划分为 48 个区，每区有区分部；各区可以建立军事机构，选出统兵将领，并可配备武器和大炮。1792 年 6 月间，巴黎各区的自治机构经常举行群众集会，一致认为不推翻叛逆国王难以击退外国干涉军。马拉等革命民主派不断地揭露宫廷的阴谋，要求拘捕国王；罗伯斯比尔还提出召开由普选产生的国民公会来代替立法议会，重新制定宪法。马拉、罗伯斯比尔等革命民主派在群众中的鼓动与号召，产生了深刻的影响，得到了热烈的响应。后来，各区自治机构联合起来建立了统一的组织，这就是革命的巴黎公社。在公社中又以马拉和罗伯斯比尔为首成立了中央委员会，负责领导革命。中央委员会的委员都是从消极公民中选出来的，纯粹属于巴黎无套裤汉的群众性的革命组织。

革命的巴黎公社一方面递交请愿书要求废黜国王；另一方面组织秘密的指挥部准备发动暴动。他们认为不废除封建专制的代表路易十六及王后，就不可能挽救法国。可是，立法议会仍然置若罔闻，顽固地庇护国王。

1792 年 8 月 8 日，秘密指挥部开始在巴黎 48 个区内布置暴动。8 月 10 日人民群众在革命的巴黎公社领导下向杜伊勒里宫前进。保护王宫的国民军转移到人民方面来，只有雇佣的瑞士士兵加以抵抗。经过一场激烈的战斗之后，王宫终于被人民群众所占领，国王逃到立法议会。立法议会被迫停止国王的职权，然而它还想拨给国王一个王宫住。可是，革命群众对于这个卖国的国王已经深恶痛绝，立法议会不得不决定逮捕国王及王后，并把他们监禁在腾普尔监狱。从此法国王权寿终正寝。这就是 1792 年 8 月 10 日的巴黎人民起义。

8 月 10 日的人民革命推翻了几个世纪以来的法国君主制，结束了大资产阶级君主立宪派的三年统治，从而把法国资产阶级革命向前推进了一步。

8 月 10 日革命以后，巴黎公社便控制了巴黎。它同吉伦特派政府和吉伦特派占优势的立法议会展开了斗争。

巴黎公社的委员多半属于雅各宾派与科德利埃派。他们都是一些出身微贱而不为人所知的手工业者、小商人和普通知识分子。马拉很长时期都在地下进行活动，8 月 10 日起义之后，才成为巴黎公社的监察委员。巴黎公社实际上只是巴黎市的一个自治机关。它的活动只限于巴黎。然而，1792 年的巴黎公社却成了全法国人民革命的组织机构。那时，它利用市政机关控制了巴黎，迫使立法议会通过一些革命措施。因此，1792 年巴黎公社已成为组织法国国防及进行法国民主改造的革命群众的革命机构。

8 月 10 日起义之后，公社立即封锁了巴黎交通要道，防止反革命分子逃走，并立即宣布征募志愿军，加强国防力量。由于公社的号召，在短期内就组织了 3 万多人的军队，准备开赴前线保卫祖国。巴黎公社为解决武器弹药问题，把教会的青铜塑像及钟毁铸成大炮，把所有的手工工场都变成了制造武器的工场。老少妇女都积极地为战士赶做衣服，支援前线。巴黎公社为了稳定物价，限制面包的价格；为制止反革命的造谣，监视一切可疑的公民，封闭反动刊物及报纸。所有这些都是革命的巴黎公社所实施的革命措施。与此同时，在巴黎公社的直接压力下，立法议会被迫颁布法令，成立非常法庭，以便同反革命分子作斗争。同时，立法议会还被迫取消积极公民与消极公民的规定，宣布 8 月下旬举行按普选制选举议员，成立国民公会。

1792 年八九月间，封建联军攻陷了隆威，9 月 1 日迫近凡尔登。在 8 月 10 日起义时，被监禁在监狱中的反革命分子，公开扬言欢迎普军进入巴黎，他们还宣称，普军一进入巴黎，就打开监狱，杀尽一切革命分子。

9 月 2 日凡尔登要塞被普军攻陷，普军距巴黎只有 100 法里。值此紧急关头，巴黎的革命民主派挺身而出，号召人民群众保卫祖国。巴黎公社发表《告人民宣言》号召拿起武器，奋勇杀敌，并下令征召 6 万人的志愿军。丹东发表了慷慨激昂的演说："要战胜敌人，我们必须勇敢、勇敢、再勇敢，这样法国一定会得救！"武装起来的人民群众在革命巴黎公社的号召下，集合于马斯校场，准备开赴前线。

在开往前线之前，他们先对巴黎反革命分子进行了一次大清洗。9 月 2 日，人民武装部队进入巴黎各大监狱，处决了许多罪大恶极的反革命分子。然后，立即开赴前线。1792 年 9 月 20 日，在凡尔登附近的瓦尔米战役中，法国人民义勇军击溃普军，取得了决定性的胜利。这一胜利保卫了巴黎，保卫了革命的法国。

二、资产阶级共和派执政时期

——法兰西第一共和国

（一）国民公会的召开与法兰西第一共和国的成立

君主政体被推翻之后，法国进行了新的选举。这次选举基本上根据普选制，凡年满 21 岁的男性公民均有选举权。当时，法国的工人、农民以及城市贫民，多半都投了资产阶级的票，无套裤汉们投了雅各宾派的票，富裕的南方各郡选举了吉伦特派。这一次斐阳党一个也未当选。

国民公会于 1792 年 9 月 21 日开始工作。议员总共有 749 名，分为三派：第一，雅各宾派（又称山岳党）占 100 议席。这时山岳党的领袖们不仅有罗伯斯比尔当选为议员，此外马拉、丹东、圣茹斯特和德穆兰等也都成为国民公会的议员。第二，吉伦特派占 165 议席，其中主要首脑是布里索、罗兰、韦尼奥和伊斯纳尔。第三，沼泽派又称平原派，其所以称平原派因其在议会中的座次在下层。这一派在国民公会中占 500 议席，他们都是资产阶级的代表，属于中间派。他们的立场不稳定，自称为无党派。他们既怕旧制度复辟，又怕人民大众的革命运动会侵犯他们的私有财产。所以，这一派总是依靠在一定时期内最有势力的一派。最初他们赞助吉伦特派，后来雅各宾派得势，他们就赞助雅各宾派，其领袖人物是巴雷尔与康邦等。吉伦特派在国民公会中得到沼泽派的支持而取得了政权。

国民公会在第一次会议上就通过了废除君主政体，成立共和国的决议。1792 年 9 月 22 日正式宣布法国为共和国。这是有史以来法国第一次建立的共和国，所以称为法兰西第一共和国。为了适应革命的要求，共和国采用了新纪元，规定 1792 年 9 月 22 日是共和国元年的第一日。公文上署："自由第四年，法兰西共和国第一年"。革命从此进入一个新的阶段。共和国的建立比起君主立宪制前进了一步，因为这是根据普选制产生的，取消了君主制。

共和国的成立，鼓舞了人心和人民的革命情绪。瓦尔米胜利后，封建联军停止了向巴黎的进攻，法军在南部进入萨瓦和尼斯，在东部渡过莱茵河占领了德国若干城市。11 月初，法军在比利时的热马普附近痛击奥军之后，继之，攻入比利时。11 月 4 日，占领了比京布鲁塞尔，受到比利时人民的热烈欢迎。28 日，法军攻入列日，30 日，进占安特卫普。

总之，法国共和国从 1792 年 10 月到 11 月底，攻无不克，战无不胜。瓦尔米胜利后，法国以战胜者的姿态完成了胜利的进军，而且国民公会在战争的初期也采取了一些进步的措施。例如，国民公会命令法军进入敌国境内时，要打倒旧政权，建立新的革命政权；废除等级制度，取消贵族特权、没收教会财产并予以出卖；而将领们也喊出"予宫廷以战争，予茅舍以和平"的口号。所以法军博得被占领国家内人民的热烈欢迎。由此可见，由于革命的感召法军在前线才获得了辉煌的胜利。

法军的胜利，虽然博得了欧洲各国人民进步人士的庆祝与欢欣，但各国的统治集团却非常恐惧。当法军进入比利时时，英国首相小皮特反法的态度更加坚决。从这时起，伦敦就变成了反对法兰西共和国的一切阴谋活动的中心。英国成为反对法国革命的整个欧洲封建联军的鼓动者、组织者与领导者。

由此可见，法军虽然取得了胜利，战争并没有因此结束，今后如何组织和巩固胜利就成为革命的基本问题之一。此外，由于战争，国内经济陷于紊乱状态，生活必需品异常缺乏，粮食恐慌，投机猖獗。所有这些问题便成为革命的另一个重要的问题。至于为法国人民所共弃的路易十六的审判问题，则成为革命的第三个主要的问题。雅各宾派与吉伦特派就围绕着这些革命的中心问题展开了激烈的斗争。

（二）雅各宾派与吉伦特派的斗争

吉伦特派首先把雅各宾派分子丹东从执行委员会中排挤出去，把执行委员会变成了清一色的吉伦特派的执行委员会。于是，吉伦特派控制了国民公会和执行委员会之后，就加强了对雅各宾派的斗争。吉伦特派促使国民公会废除了 8 月 10 日后所建立的革命法庭，在国民公会中吉伦特派不断打击马拉与罗伯斯比尔。为了以武力保护国民公会并消灭雅各宾派，吉伦特派从吉伦特郡及拥护他们的各郡调来郡警卫队 16000 人。当这些警卫军开到巴黎时，高喊要取马拉、罗伯斯比尔与丹东的头。这样一来，吉伦特派有恃无恐地宣布改选公社。企图通过改选，消灭雅各宾派在公社的影响。

在公社改选前，马拉深入各郡警卫队，进行一系列的鼓动宣传活动，争取他们的支持，从而摧毁了吉伦特派的阴谋。结果 1792 年 12 月 2 日公社改选，雅各宾派取得了胜利。肖梅特被选为公社的检察长，埃贝尔被选为副检察长。公社的领导权仍然掌握在革命民主派之手。

1792 年 11 月，巴黎公社就提出要求急速组织法庭审判国王，而吉伦特派企图使国王免于一死，他们用各种借口拖延审判。但是，不久，国王与亡命者沟通的秘密文件都被发现了。证据确凿，吉伦特派不得不同意对国王进行审判。可是，在讨论如何处分国王时，发生了激烈辩论。最后，国民公会才以 387 对 334 票通过"国王犯有阴谋反对国民的自由和国家的公共安全"之罪，判处死刑。1793 年 1 月 21 日，路易十六被送上断头台。

1793 年春，路易十六被处死的消息传到欧洲各国之后，英国积极组织了第一次武装干涉法国革命的反法联盟。西班牙、荷兰、撒丁王国都先后加入了反法联盟。1793 年春，普、奥联军在前线展开了猛攻。普鲁士的反法，不仅怕革命扩延到本国，而且也企图夺取法国的阿尔萨斯与洛林；奥国的反法，不仅在于扑灭法国的革命，还企图夺取法国边境上的要塞；荷兰因为法军进入了比利时威胁其安全；撒丁王国因为法国进入萨瓦；西班牙因与路易十六有姻亲关系，而更主要者，西班牙是一个天主教封建国家。

英国从路易十六被处死后，便公开地起来反法，成为反法的主要组织者与鼓动者。1793 年 2 月 1 日，英国扣押了法国船只，法国国民公会对英宣战。那么，英国为什么反对法国革命呢？第一，英国企图借机夺取法国的海外殖民地。第二，法国资产阶级革命的方式不合乎英国资产阶级的口味。早在 1790 年，柏克写了一本《法国革命的观感》，在这部书中，他极力污蔑法国的革命。第三，英国统治者怕法国革命影响到国内的民主改革运动，以致引起英国的革命；第四，法国革命爆发后，废除了 1786 年的英法商约，也使英国不安。

1793 年春，英国派军舰与军队同法作战，与此同时，英国还大力支持法国的亡命者，派遣大批间谍在法国内部进行阴谋破坏活动，伦敦这时已成为反法活动的中心。至于俄国当时正忙于瓜分波兰，还未出兵参加反法的军事行动。

总之，从路易十六被处死后，欧洲封建联军大举进攻法国。1793 年 3 月间，法军节节失利，开始退出比利时及德国。前线情况日益恶劣，这种结果不仅由于封建联军的进攻，而吉伦特派的战争政策的错误也是其中原因之一。

前线的失利，使国内反革命叛乱猖狂起来，在旺代、布列塔尼都发生了君主派的暴动。拒绝宣誓的牧师们在农民中进行反革命的宣传，反革命叛乱因此扩大。国内外情势既然如此严重，而吉伦特派将军迪穆里埃又叛变革命逃到奥国。迪穆里埃的叛变，为敌人打开了通往巴黎的道路。因此，国民公会不得不采取许多新的紧急措施，成立了革命法庭，设立了救国委员会，委员会由九人组成，丹东做了这个委员会的首领。

早在 1792 年秋天，法国的社会经济生活就已遭到破坏，面包非常缺乏，货币不断地贬值，面包的价格涨了 3 倍，而工人的工资仍保持在 1790 年的水平，里昂失业工人竟达 3 万多人，在这种情况下，囤积居奇的投机分子异常猖狂，以致使物价继涨。人民群众普遍要求国民公会急速制止投机分子的活动，赶快解决粮食问题。

这时，人民群众普遍地认为只有实现经济上的平等，才能保证政治上的自由。于是，群众要求实行最高限价。同时，人民群众也要求制定新的土地法，要求把农村公社中所有的土地分给农民，使他们都能得到一小块土地。1793 年制定土地法的要求在农村的贫民中间已成为普遍的现象了。

吉伦特派非常反对最高限价和土地法，他们宣布；凡是要求规定最高限价与土地法者都是奸细，是受皮特的主使。1793 年国民公会还公布了法律："宣传土地法者处死刑。"

（三）1793 年 5 月 31 日与 6 月 2 日的革命和吉伦特派政权的垮台

1793 年末在巴黎和里昂的城郊工人区出现了为人民说话并能反映下层群众要求的一派，称为忿激派（吉伦特派称它为疯人派），其中领袖人物为扎克·鲁、华尔勒和勒克莱尔。他们的活动主要在巴黎的格拉维利区。他们在巴黎公社及里昂公社中有许多拥护者。

扎克·鲁于 1792 年 12 月 1 日发表过一篇激烈的演说。他攻击国民公会，要求国民公会制止关于囤积居奇、投机倒把的行为，并实行降低物价的法律。扎克·鲁的演说得到巴黎群众的热烈拥护。1792 年忿激派建立了自己的中央组织，并同各城市取得了联系。他们要求把头等必需品规定出一个最高的价格，要求颁布制止投机倒把的严格法律。忿激派在人民群众中的影响日益增大。

吉伦特派国民公会的政策是不得人心的，雅各宾派为了反对吉伦特派，逐渐地接受忿激派的主张，并和忿激派结合起来共同对付吉伦特派。

由于雅各宾派与忿激派的联合，吉伦特派就更加反动起来，它与保王党进行勾结。1793 年 4 月间，吉伦特派与保王党联合起来，逮捕了里昂公社首领、雅各宾派分子夏尔利埃，并破坏了雅各宾派在里昂的中央俱乐部。于是，吉伦特派就更失去了人心。巴黎人民要求把吉伦特派驱逐出国民公会。为了缓和群众的革命情绪，吉伦特派被迫于 5 月 4 日颁布了最高价格的法律，可是这个法律只是对于谷物和面粉的最高限价法令，没有满足人民群众的要求。于是，吉伦特派一方面颁布最高价格的法律，用以缓和人民群众的情绪；另一方面则千方百计地企图消灭他的反对派。他们促使国民公会通过决议，组织了一个 12 人委员会。这个委员会负责审查公社的行动及各区分部的会议记录。此外，国民公会还下令逮捕马拉。可是，马拉在人民群众的保护下，迫使法庭宣判他无罪。

5 月 29 日，巴黎 33 个区的代表举行秘密的起义委员会会议。5 月 30 日清晨，33 个区的代表来到市政厅。他们以人民代表的名义要求市议会和市政厅官员重新宣誓，以示效忠巴黎人民。然后，公社任命雅各宾派分子昂里奥为国民自卫军司令。此外，巴黎郡议会也派代表参加了起义委员会。起义的声势逐渐壮大。

5 月 31 日，警钟一响，巴黎人民集合到巴黎公社和市政厅，从那里列队前往杜伊勒里宫，拥入国民公会会议厅，支持罗伯斯比尔所提的议案，即要求逮捕 12 人委员会的委员，并把 22 名吉伦特派首要议员解送法庭审判。但是，国民公会只同意取消 12 人委员会。因此，5 月 31 日的革命行动，并没有取得圆满结果，群众就散了。

6 月 2 日，巴黎人民听到里昂吉伦特派与保王党联合杀害 800多名雅各宾派分子的消息后，极为愤慨，于是又武装起来。十几万革命群众带着大炮包围了国民公会，要求处罚刽子手。国民公会被迫开除了 31 名吉伦特派议员，并加以监禁。自此，吉伦特派议员被赶出了国民公会。但是，有些逃到波尔多、布列塔尼、马赛和土伦去的吉伦特派分子，又与保王党勾结在一起，进行反对国民公会的叛乱。

自此以后，雅各宾派在人民群众和忿激派的支持下，取得了政权。法国资产阶级革命进入到雅各宾派民主专政时期。

三、雅各宾派的民主专政及其失败

（一）雅各宾派执政初期的国内外形势

雅各宾派是在法国共和国正处于危机四伏、处境异常险恶的形势下取得政权的。1793 年夏，以英国为首的第一次反法联军大举进攻法军。7 月 28 日，普军占领了美因兹。继之，孔代和瓦朗西安两个要塞也在七月里陷入敌手，法军只得退守阿腊斯。此外，英军在法国北部包围了敦刻尔克，在地中海占领了科西嘉，英舰还封锁了大西洋和地中海的法国海岸，禁止中立国的船只运粮食到法国。8 月 26 日，在吉伦特派反革命分子的策应下，英舰占领了法国南部最重要的土伦军港，解除了法国舰队的武装，同时又从海道运来 8000 多名西班牙军队，占据土伦附近的据点和要塞，企图以此为基地进攻革命的法国。西班牙的军队也逼近了佩皮尼扬，撒丁王国的军队在阿尔卑斯山采取了攻势。总之，1793 年夏，反法联军业已包围了法国，并攻入法境。

在强敌压境的同时，国内暴乱也日益扩大。旺代的叛乱席卷西北 10 个郡。英国舰队经常以武器、军需品和金钱接济他们。在整个革命时期，这个地区成为保王党的最顽固的堡垒。此外，逃出巴黎的吉伦特派党徒，又同反革命派勾结在一起，在马赛、波尔多和里昂等地也掀起了反革命的暴动。保王党企图把里昂变成南方进行反革命活动的中心。早在 1793 年 4 月间，保王党分子就攻占了里昂市府，逮捕了雅各宾派的领袖夏尔利埃。6 月 2 日，巴黎革命后，里昂的保王党人举行叛乱。他们在全城设防，构筑工事，并组成 2 万人的军队，收留逃出首都的亡命者；他们还同撒丁王国共同

193

策划，准备进攻巴黎。与此同时，在波尔多、图卢兹和马赛等大城市中，原有的雅各宾派的市政机关也都先后落入吉伦特派或保王党分子之手。总之，在当时法国的 83 个郡中，除了 23 个郡拥护国民公会外，其他 60 个郡多半都被反革命分子所控制。就是在拥护国民公会统治的一些郡里，也有特务与间谍在暗中活动与破坏。

吉伦特派分子极端仇视马拉。他们把马拉说成是"吸血的恶魔"。盘踞在冈城的吉伦特派分子唆使女贵族夏绿蒂·科黛前往巴黎行刺马拉。7 月 13 日，马拉正在沐浴，科黛乘其不备在浴室里刺死了他。马拉之死激发了人民对于革命敌人的无比憎恨，激发了人民的巨大革命毅力。7 月 16 日，马拉的信徒、里昂市长夏尔利埃也惨遭保王党人杀害。与此同时，英国首相皮特曾拨款 500 万英镑收买特务和间谍，作为侦察、破坏法国革命的经费。这些特务与间谍在法国各地进行放火和破坏。同时，他们还制造伪币，大量收购日用品，破坏物价，扰乱金融，加深法国的经济恐慌。

由于连年战争与动乱，法国社会经济已经恶化到极点。海岸被封锁和国内交通不便，造成物资极端缺乏，人民生活非常困苦，革命法国的处境极为险恶。所以，雅各宾派一上台便实施了许多革命的措施。

（二）雅各宾派的土地法与《一七九三年宪法》

为了能把在人口中占绝大多数的农民团结在革命周围，加强革命力量保卫革命，雅各宾派取得政权后，首先使国民公会通过了一系列的土地法令。

6 月 3 日颁布的土地法令，规定对于亡命者的财产没收后的拍卖办法，即将这些土地分成小块拍卖，购买者可以在 10 年内分期付款。因此，没有土地或有很少土地的贫农，就能够购到土地。6 月 11 日，国民公会又颁布了一项法律，规定凡是地主在最近 200

年内从农村公社夺去的一切公有土地及可资利用的东西如树木与牧场，都必须归还农村公社。如果农村公社中有三分之一的人赞成，就可以把公有土地按人口进行分配。分配时不分性别、年龄和身份，也不分老户与新户，凡在农村公社中居住一年者，每人均能获得相等的一份，分得的公有土地在 10 年内不能因债务而被没收。根据这一法律处置的地产有 800 万阿尔邦之多，价值 6 亿利维尔。7 月 17 日，国民公会又颁布了一项土地法令，宣布无偿地完全取消一切封建义务及带有封建性的领主权利。国民公会还下令烧毁所有记载地主封建权利的文书，凡企图隐藏、改变或保存这些地契的原件或副本者，都要处以五年有期徒刑。此外，还强调无偿地取消一切带有封建性的租佃关系。根据这项法令，农民便完全脱离了土地上所附带的封建义务，变成了该土地的所有者。雅各宾派的土地法令实施后，除了在反革命分子控制的旺代与布列塔尼两地的农民没有分得公有土地外，法国的其他地区约有数十万无地的农民多半都变成了小块土地的私有者。

雅各宾派的土地法，比起立法议会和吉伦特派统治时期的土地政策更进步，它较彻底地消灭了法国农村的封建剥削；它在农村中瓦解了封建经济基础，创造了新的社会经济条件，并激发了农民的爱国主义和革命热情，从而把农民团结到革命中来，壮大了雅各宾派的革命力量。在当时历史条件下，雅各宾派的土地法具有很大的进步意义。因为它较彻底地摧毁了封建制度和封建经济基础，任何反动的封建势力即使卷土重来，也难以改变这个事实。雅各宾派的土地法并没有取消土地私有制，它只取消了封建的剥削，为法国的工业和农业资本主义的发展扫清了道路。

随着 1792 年 8 月 10 日巴黎人民起义推翻了立法议会和君主立宪政体之后，《一七九一年宪法》也就作废了。根据普选制新选出的国民公会需要起草一部新的共和国宪法。在吉伦特派执政时期，国民公会就已选出一个宪法起草委员会，那时这个委员会主要在吉伦特派操纵之下，起草委员多半都是吉伦特派分子。

吉伦特派国民公会企图结束革命，阻止革命深入发展，所以，它指望消灭巴黎和各郡的革命公社的权力和影响，企图搞垮山岳党和雅各宾俱乐部；为此，吉伦特派准备取消公社和类似公社的自治机关，以便创造新的政权机关，增大郡的权力和建立县政府。吉伦特派就是要把这种理论载入宪法，以便从法律上巩固它的统治。因此，吉伦特派将其草拟的宪法草案提交到国民公会讨论时，必然要遭到山岳党议员的强烈反对。吉伦特派被打倒之后，它的宪法草案也就随之作废了。

雅各宾派取得政权后，重新草拟了宪法。雅各宾派的国民公会在 1793 年 6 月 24 日通过了雅各宾派起草的宪法。这部宪法史称《一七九三年宪法》。新宪法开头有一个新的《人权和公民权宣言》。这个《宣言》是由罗伯斯比尔草拟的。

《一七九三年宪法》确认，社会的目的是谋求全民的幸福，政府的目的则是保障人们享受其自然的和不可剥夺的权利。《宪法》首先宣布法国为民主共和国，规定凡年满 21 岁的男子，不受财产限制都有选举权，并且实施直接普选制，这样就保障了人民平等的政治权利。其次，这部宪法还规定保障人民的信仰、出版、请愿、集会与结社等自由权利，实行义务教育，并允诺给予全体法国公民以劳动权及生活权。宪法又规定，最重要的立法都必须经全国国民投票决定，而且人民对法律有权要求复决。《宪法》还庄严地宣布，当政府触犯人民的时候，人民有起义的神圣权利和义务。

《一七九三年宪法》充分体现了卢梭的"人民主权学说"和"人民主权不可分割"的理论。《一七九三年宪法》把财产宣布为"人的不可侵犯的自然权利"。

就当时的历史条件来说，《一七九三年宪法》确实是世界上一部最进步的资产阶级宪法，它比《一七九一年宪法》大大地前进了一步。它给予了人民以最大限度的政治自由和一些社会的福利。

1793 年 6 月 24 日，国民公会通过了《一七九三年宪法》，并立即提交全民表决。参加表决的公民绝大多数都热诚地拥护这部宪法。但是，这部宪法并未立刻付诸实施。因为当时法国正处在外国武装干涉，尤其是国内反革命叛乱非常猖狂的时期，要举行全国普选是不可能的。所以，选举人会议决定，国民公会仍需存在，保持全权，直到战争结束时为止。雅各宾派民主专政失败之后，这部宪法当然也未曾实施。即便如此，这一具有革命性的文件在历史上的作用也是很大的。它在法国人民的心目中一直保持着深刻的影响。

（三）雅各宾派的革命政府及其各项革命措施

1793 年 10 月 10 日，国民公会通过了建立临时革命政府的决议。这个革命政府就成了雅各宾派领导的国家最高权力机关。

雅各宾派革命政府的主要机构是救国委员会和社会保安委员会。救国委员会是在 1793 年 3 月迪穆里埃叛变后，为了监督吉伦特派的执行委员会建立的。当时，领导这一委员会的是丹东。6 月 2 日革命以后，丹东对于反革命的吉伦特派分子处理得不够坚决，引起人民群众不满，忿激派曾极力攻击丹东及其领导的救国委员会。1793 年 7 月，救国委员会开始改组。罗伯斯比尔、圣茹斯特和库东做了委员会的首领，丹东退出委员会。8 月间，卡尔诺和科多尔参加了这个委员会。9 月以后，俾约·瓦伦和科罗·德布瓦也参加了这个委员会。此后，救国委员会的领导工作便日益加强，并逐渐地取代了以前的执行委员会。

救国委员会系由国民公会选出的 12 人组成。它与社会保安委员会共同掌管全国对内对外的一切重大工作，并对国民公会负责。这样便把立法与行政结合在一起，放弃了制宪议会和立法议会时期所采用的孟德斯鸠的政权分割的理论，而实现了卢梭的人民主权和人民政权不可分割的理论。

救国委员会是国家最高权力机关。它管理外交工作，负责制订军事计划，委任与更调总司令及一切官吏；它还有权逮捕包括总司令在内的一切官吏。所有军政机关的官吏都要服从它，向它作定期的工作报告。法国军队最高统帅部的权力也转移到救国委员会。总之，救国委员会已经把全国的军政大权和司法权力完全集中在自己之手。

社会保安委员会负责管理警察，专司惩办奸细、阴谋分子、恐怖分子、强盗、投机分子和伪币制造者等罪犯。救国委员会虽然无权管理警察，但是它有权发布命令逮捕嫌疑犯和被控告者。一般关于政治性的逮捕问题和国家的重要事情均由救国委员会和社会保安委员会联席会议决定。总之，这两个委员会是雅各宾派实现革命民主专政的最高行政机关。

革命政府还实行特派员制度。救国委员会的命令是由国民公会的特派员执行的，这些特派员是根据救国委员会的推荐选派的。他们是国民公会派到军队和全国各地区的代表，有无限权力。有些特派员同时也就是救国委员会的委员。国民公会授予特派员以全权，派他们到农村各地以及到前线去执行救国委员会的政策。他们在执行政策时，可以灵活地根据各地的条件与情况，改变救国委员会的决定。

地方的自治机关（即公社）便是革命政府的主要支柱。这种地方的自治机关共有44000多个，每一个公社都有从自己成员中选出的各种委员会，如革命委员会、侦察委员会与粮食委员会等等，其中作用最大的是革命委员会与侦察委员会。这两个委员会的主要任务是与反革命分子的阴谋活动作斗争，侦察外国人、敌国国民和一切有反革命嫌疑的人。此外，革命委员会还负责监视全部边境与一切交通要道，它成了粉碎一切对共和国反抗的工具，是国民公会的有力助手。它像罗网一样笼罩着法国，使一切反革命分子望而生畏。

革命政府在地方上的另一支柱就是各革命俱乐部，其总数达3000之多。这些革命俱乐部是人民群众自动组织的人民团体，其中多半是雅各宾俱乐部的分部。它们在革命中不断地启发群众的阶级觉悟，时时给予群众以新的、革命的思想，并组织群众努力推动革命前进。革命政府中的积极分子都来自这些人民团体。因此，人民团体与革命政府有极其密切而不可分的关系，当时，这些革命俱乐部已成为革命中不可缺少的力量。综上所述，不难理解雅各宾派的政权实质上是一部分激进的资产阶级分子依靠广大人民群众所建立的一种革命的民主专政。革命政府建立以后，采取了一系列的革命措施。

1793 年 9 月 17 日，国民公会通过一项关于《惩治嫌疑犯的法律》，宣布"凡谁的行为、交往、言论和著作表示同情暴君和自由的敌人者即属于嫌疑犯"。关于《惩治嫌疑犯》的法律公布后，国民公会即饬令地方政府进行严密的侦察，对于一切嫌疑分子都加以逮捕。当时专门负责举发和惩治反革命的机构如革命法庭和革命委员会都向救国委员会负责。革命法庭与革命委员会，在全国各地和一切交通要道布置了检查、侦察与警戒的工作。革命法庭有决定严厉惩治反革命分子、投机家和间谍之权。凡秘密返国的亡命者都要被处以死刑。

10 月 14 日，革命法庭审判王后，16 日以勾结外国制造反革命叛乱罪，判处她死刑。接着，国民公会便开始审讯吉伦特派首要分子。早在 10 月 3 日，国民公会曾进行过一次清洗，从国民公会中清除了吉伦特派分子及同情吉伦特派的议员共 136 人，其中有 41 人被捕。此外，国民公会还逮捕了在 6 月 2 日革命时反对国民公会开除 22 名吉伦特派首要分子的议员 73 名。10 月底和 11 月初，把 21 名吉伦特派的首要分子如布里索、韦尼奥和让索内等送上了断头台。11 月 8 日，处死罗兰夫人。罗兰当时在卢昂，他闻讯后在 11 月 10 日也自杀了。逃到外郡的孔多塞也自杀身亡。此外，前任巴黎市长巴伊和斐阳党首要分子巴纳夫也遭处决。奥尔良公爵也未幸免。

那时，在山岳党中还有一些极端恐怖主义者，他们在处理革命敌人的问题上搞扩大化。例如，富歇和科罗·德布瓦在里昂曾用霰

英 法 近 代 史
YING FA JIN DAI SHI

弹扫射"罪犯",惨遭杀害者有 2000 多人;塔利安曾在波尔多把数千名"罪犯"送上了断头台;卡里埃在南特,仅用"沉溺制"就杀害了 2000 多人;巴拉斯和弗雷隆先后在法国南部的马赛、土伦也干了类似的坏事。虽然,在这些屠杀事件中死去的人中有些是罪大恶极应该处死的保王党和反革命分子,但是罪过较轻,甚而无辜者也不乏其人。这种肆意杀戮的极端恐怖主义的确给革命带来极大的危害。

1793 年秋,法国处境极为恶劣。外有反法联军包围,内部盗匪横行,叛乱四起。同时又有旱灾,粮食歉收,外粮绝源,人民群众的生活已陷入水深火热之中。在这种极端困苦的情况下,富农依然藏匿余粮,商人不断投机倒把,使经济生活更加恶化。早在吉伦特派当权的国民公会时期,由于人民群众普遍要求对于生活必需品实行限价,吉伦特派被迫于 1793 年 5 月 4 日宣布限价法令。可是,这个法令只是对于谷物和面包作了一些限价的规定,而没有规定任何有效的措施。

1793 年 6 月,雅各宾派执政之初,对于限价问题也很冷淡。可是,粮食恐慌非常严重,革命危机日益加深,代表下层群众要求的忿激派和埃贝尔派不断地攻击罗伯斯比尔派,要求急速实行全面限价。忿激派首领扎克·鲁于 6 月 29 日在巴黎公社发表一次演说。他公开地指责《一七九三年宪法》说:"在《宪法》的哪一章中,我们看到对于囤积投机的谴责?假如人们中还有一个阶级足使另一个阶级陷于饥饿,那么,这是什么自由呢?假如富人依靠其垄断而享有生死予夺之权,那么,这是什么平等呢?自由、平等、共和国——在现在只是空话罢了。"忿激派要求禁止贸易自由,他们要求严格地取缔投机,要求组织征粮队以实行粮食征发,确定头等必需品的固定价格,要求逮捕囤积硬币和制造饥馑责任的一切银行家和一切政治嫌疑犯,要求开除军队中贵族和财主出身的指挥官,他们还主张把所有拥护过吉伦特派的议员统统开除出国民公会。忿激派的这些要求得到了科德利埃俱乐部与巴黎公社的首要人物如埃贝

三、雅各宾派的民主专政及其失败

尔和肖梅特的支持，也得到了许多区分部的响应。

1793年9月4日土伦陷落，前线吃紧，国内叛乱日益扩大，囤积粮食，投机倒把与抬高物价的现象更加严重。9月5日，巴黎各区派代表要求国民公会迅速实行坚决的革命措施。当革命的法国处于危急存亡的关头，为了战胜国内外敌人和巩固革命政权。以罗伯斯比尔为首的雅各宾派接受了忿激派和埃贝尔派的某些要求。9月29日，雅各宾派使国民公会颁布了《全面限价法》。该法规定，主要的和次要的生活必需品如肉类、牲畜、猪油、牛油、甜油、豆类、醋、白兰地和啤酒等设定最高价格；与此同时，对于其他各种物品如肥皂、糖和纸等也都规定了全国划一的价格。法令规定凡是违犯最高价格者，予以严惩，重者处死。为了保证法令的贯彻与执行，雅各宾政府还颁布了征粮法，并接受肖梅特的建议，创立特别的"革命军"。这支军队的任务是带着断头机巡回全国各地，专门下乡搜查地主和富农的粮食，保证各城市的粮食供应，同时也协助征兵。国民公会派到革命军去的特派员在保证完成征粮和征兵的任务上起了巨大的作用。实际上，雅各宾派的全面限价只不过是一种应急的革命措施，它并不能彻底解决粮食问题。富人仍能设法逃避限价和隐藏粮食，破坏限价法的行为是层出不穷的。

除了颁布《全面限价法》之外，雅各宾派的革命政府还实行了组织生产的计划。救国委员会所组织的粮食委员会大力协助各地公社开垦荒地，扩大耕地，供给他们种子，并奖励农业科学与栽种新的农作物。所有这些革命措施，基本上解决了粮食问题，稳定了社会的经济生活。

法国革命群众对于天主教非常仇视，因为拒绝宣誓拥护革命的僧侣在旺代和落后地区煽动暴动和鼓动农民反对共和国。1793年冬，法国许多地区出现了"非基督教运动"。阿布维尔与内维尔宣布只许在教堂内举行仪式，摧毁街道各处的宗教标志；除了在教堂内，僧侣不得穿教士服装，废除结婚与丧葬的宗教仪式，责令教士结婚，否则必须抚养一个贫穷儿童或失去劳动能力的老人，违抗者要受到取消职务或养老金的处分。

受百科全书派思想影响的埃贝尔和肖梅特都是无神论者,在他们地鼓动下,科德利埃俱乐部和巴黎公社向国民公会提出改天主教为"理性教",把教堂改为崇拜理性的俱乐部或庙宇,在那里悬挂马拉和夏尔利埃的半身像以代替圣像。肖梅特还劝告巴黎主教戈贝尔主动放弃宗教特权。弋贝尔在国民公会中宣布放弃属于天主教的职务与工作,并放弃尊号与特权,以表示同天主教彻底决裂。11月10日,为了崇敬理性,他们在巴黎圣母院举行纪念仪式,焚毁祭坛和祈祷画。不久,这种运动很快地扩大到法国各郡,各地的主教纷纷放弃其尊号与特权,甚而教士也宣布同天主教断绝关系。这种疯狂的反基督教运动也传到邻邦。欧洲封建统治者极为震惊,对于法国革命更加痛恨。

"理性教"及其崇拜方式虽然非常幼稚,但当时它却反映出法国人民对于反革命僧侣的强烈仇恨。罗伯斯比尔及雅各宾派中许多人都是不无神论者。他们多半信仰卢梭的学说,是自然神论者。最初,以罗伯斯比尔为首的国民公会把宗教视为与革命有直接关系的一种政治问题,因为天主教的僧侣基本上都倾向反革命。反对天主教也就是打击反革命分子。所以,国民公会最初并不阻止埃贝尔派关于无神论的宣传,还认为这种宣传有利于对反革命的斗争;而且当时法国革命的处境极为恶劣,埃贝尔派在人民群众中还有很大的影响,雅各宾派的政权还不巩固,还得依靠群众才能战胜国内敌人。因此,雅各宾派对于埃贝尔派的一些"过火"行动,暂不强加制止。

可是,到了雅各宾派民主专政的后期,局势稍加稳定之后,罗伯斯比尔派便提出了"最高主宰"的崇拜代替了"理性神"的崇拜,并把"最高主宰"的崇拜和履行公民义务联系起来。他们认为服从"最高主宰"的最好办法就是履行公民的义务。

国民公会于 1793 年 10 月 5 日颁布新的共和历,废除旧的历法。新历法取消了星期制,规定 10 天有一个休息日,每月按 30 天计算，12 个月的名称改按季节的特点命名。例如，夏季有一个月称为热月，秋季有一个月称为雾月；其他各月也都按它的特点命名，每年最后还有 5 天补充日称为"无套裤汉日"，新历法实行之后，削弱了天主教在人民群众生活习惯中的传统和势力。同时它取消了宗教节目，增加了劳动时间。

总之，革命政府的各项措施从根本上改变了旧秩序，出现了新的社会风尚与习俗，旧貌换新颜。

雅各宾派的革命政府，为了战胜外国干涉军，还改造了军队，积极争取战争的胜利。1793 年 8 月 23 日，国民公会颁布了《全国总动员法令》。该法令规定凡在 18 岁到 25 岁的未婚青年和无儿女的鳏夫都必须参加军队，有妻室者担任制造武器或运输粮食的工作，妇女则从事缝制营幕、衣服和医务工作。革命政府还从根本上改造了军队，把贵族军官和士兵不信任的将领都加以撤换，极力提拔有才干的、尤其是出身下层阶级的青年军官，甚至把他们提升到高级军官。到 1794 年春，就有许多英勇善战出身贫苦的青年军官被提升为将领，其中最著名的有拉萨尔·奥什、茹尔丹、查理·皮什格鲁等等。革命政府从军队中清除了贵族军官及不称职的军官之后，士兵对长官就完全信任了，从而提高了士兵作战的积极性。

在改造军队的同时，救国委员会把军队的组织也加以统一起来，他把过去的正规军与义勇军混合编在一起，消除了其间的差别，并使他们在统一的领导下作战，从而充分发挥了军队的战斗力。此外，救国委员会又积极地组织军火生产。当时法国被敌舰封锁，军火原料极端缺乏，救国委员会为了克服这一困难，便发动科学家们进行研究。这些科学家都积极地为国防服务，充分地发挥他们的才智，制造出许多迫切需要的军火和物资。为了解决缺乏硝石与火药的问题，全国各地都成立了制硝的作坊。在 1793 年以前，法国每年采集的硝石不过百万磅，而这一时期，仅用了十一个月的时间便从法国各地采集了 2200 万磅。此外，新设立的制造刀、枪等短兵器的手工工场，也达 18 家之多。为了培养土木工程师和军事工程师，还开办了一所工艺学校。后来，这所学校对于培养人才和促进科学技术的发展起到了很大的作用。

军事工程师兼数学家拉萨尔·卡尔诺创造了用纵队队形与散兵队队形相互配合作战的新战术。这种新战术极其灵活，可以随时集中力量实行突击，歼灭敌人。革命法国的士兵多半都是刚从封建制度压迫下解放出来的农民、手工业者、工人和城市贫民。他们虽然平时没有训练，装备不好，但是为了保卫革命，都有忘我牺牲精神，又能英勇奋战。此外，国民公会的特派员都是经过缜密选拔的。他们关心士兵的疾苦，能用爱国的热情去激发士兵。革命政府对于士兵的家属也很照顾。所有这些，都加强了革命法国军队的战斗力。所以，从1793年底到1794年春，法军在各条战线上都取得了辉煌胜利。

1793年9月6日至7日，法军在敦刻尔克附近的昂德斯科特近郊打败了英荷联军；10月16日，茹尔丹将军率领的法军又攻克了莫伯日，接着在瓦迪尼附近打败了奥军，进入了莫伯日城，从而消除了敌军从北面进攻的威胁。在莱茵区，奥什将军率领的法军在11月到12月间连打数次胜仗，终于击溃了不伦瑞克公爵统率的奥普联军，占领了朗道城，把敌人赶到了莱茵河彼岸，解放了阿尔萨斯。在意大利边界上，克勒曼统率的法军击败撒丁军，迫其撤出萨瓦。不久，西班牙军队也被驱逐出鲁西雍及巴斯克区，退回到比利牛斯山以南。在国内，10月间，共和国的军队从叛军手中夺回了里昂；10月17日，共和国军在肖列战役中，击溃了旺代叛乱军，迫其退过卢瓦尔河。旺代叛军在这次战败后，已溃不成军，只有靠打游击维持了。

早在1793年8月间，共和国军队就攻占了马赛。同年12月19日，共和国军队从英军手中收复了土伦。这是共和国的一次卓越的胜利。值得注意的是在土伦战役中，24岁的炮兵上尉拿破仑·波拿巴初露头角。由于他的进攻计划，法国才从土伦赶走了英军，解放了该城。到1793年底，法国革命军队基本上已把外国干涉军从国境内驱逐出去；1794 年初，战争就转到敌国领土上去了。与此同时，共和国军队也平定了国内各地的叛乱。此时，法兰西共和国已保住了自己的独立。总之，革命法国的军事胜利应归功于雅各宾派的革命措施。如果，没有各种革命的措施，不改造军队，这种胜利是不可能的。

（四）革命阵营内部的分裂

雅各宾派在同吉伦特派斗争时，曾与忿激派结成联合战线。但是，这种结合只是同床异梦难以长久。当雅各宾派取得政权后，它的政策就要从革命的资产阶级立场出发，主张维护私有财产，保证政治自由和经济自由；而忿激派则主张限制财产，实行社会平等。因此，当革命取得一定胜利之后，雅各宾派同忿激派的斗争就不可避免了。

忿激派要求实现"真正的平等"，要进行新革命，这种新的革命无疑地就是推翻任何资产阶级的统治，从而忿激派的鼓动便带有反国民公会的性质。因此，所有的资产阶级都仇视它，雅各宾派把忿激派视为最危险的内部敌人。为了同忿激派作斗争，雅各宾派的革命政府首先分化了拥护忿激派的格拉维尔区，并摧毁了忿激派的组织。接着，雅各宾派以国民公会的名义，在 1793 年 9 月间，以窃贼和皮特奸细的罪名逮捕了扎克·鲁。10 月 30 日又封闭了支持忿激派的妇女共和协会。1794 年 2 月将扎克·鲁转交革命法庭进行审判。扎克·鲁不愿受法庭审判便自杀了。

忿激派的观点是一种不科学的、平均主义的空想的社会主义思想。他们认为社会财富的分配不是根据劳动而是根据需要。忿激派的群众基础只是那些城市贫民和破产的小生产者。所以，雅各宾派接受了忿激派纲领中的某些条款并付诸实施后，便得到了广大群众的拥护，而孤立了忿激派。

雅各宾派内部也并不是完全一致的，其中共有三派，除了罗伯斯比尔派外，还有埃贝尔派和丹东派。这三派在与共同敌人作斗争时是团结的，并且还团结了忿激派和其他各种革命力量。然而在1793年12月以后，雅各宾派革命政府既肃清了国内的反革命叛乱，又把外国干涉军赶出了法国国境。到了这时，法国共和国的安全已经获得了保障。于是，雅各宾派内部的矛盾开始暴露，并展开了斗争。

埃贝尔派是雅各宾派中的左派，它基本上是城乡下层群众利益的代表者。这一派认为，革命的最终目的不仅是要实现政治上的平等，也要实现社会的平等。其代表人物是肖梅特与埃贝尔。肖梅特的思想接近巴黎无产阶级的前身如短工、贫苦的小手工业者的思想。他主张实行累进税、没收逃亡业主的产业，以廉价粮食救济贫民，把人民的敌人的土地没收转给革命者。此外，肖梅特还是无神论者，反对天主教，主张反基督教运动。至于埃贝尔及其信徒则是城市贫民及流氓无产阶级利益的代表者。他也是无神论者，极端地反对天主教，狂热地支持与拥护"非基督教化运动"。他们要求全面限价和实施极端的恐怖政策。在实施全面限价、极端恐怖政策和反基督教运动这些方面，肖梅特和埃贝尔及其信徒是一致的。埃贝尔和肖梅都认为社会的罪恶是囤积居奇造成的，惟一解救的办法就是使用断头机。埃贝尔派主张扩大革命军，每一队革命军带一架断头机，对于投机者处以极刑。由此可见，埃贝尔派的主张是非常极端的。此外，在对外政策上埃贝尔派主张法国的革命军队应担负起"把全欧洲人民从封建君主统治下解放出来"的任务，他们要求继续战争。

由此可见，埃贝尔与肖梅特的见解虽然反映了城市下层群众的要求，但还不是无产阶级革命者。他们的主张属于冒险主义和极端恐怖主义，既不切合实际也是十分荒谬的。这种扩大肃反和镇反的政策，势必造成人人自危，结果对于革命事业造成莫大的危害；继续对外战争不仅为法国力所不及，而且革命并不能"输出"，也是不可能的。所以，埃贝尔派的主张脱离实际，其失败是不可避免的。

丹东派是雅各宾派中的右派,这一派主要的领导人是丹东与德穆兰。丹东虽曾是科德利埃俱乐部首脑之一,在反封建斗争中曾起过大作用,但是,他始终代表新兴的、在革命中发了财的资产阶级的利益。丹东本人也从一个穷律师变成了富翁。丹东派对内政策主张保护私有财产、反对限制私有财产,反对全面限价政策;主张经济活动完全自由。因此,他们主张停止实行革命的恐怖政策,要求设立宽赦委员会,释放监禁中的一切嫌疑犯和特赦亡命者。

当局势非常恶劣,复辟的危险还存在的时候,丹东派不断地斥责埃贝尔派;同时,也攻击罗伯斯比尔所领导的救国委员会。丹东派在对外政策上主张与欧洲君主国家缔结和约,尤其是主张与英国妥协。他们痛恨埃贝尔派的继续战争的主张,也对罗伯斯比尔派反对同英国妥协的政策极为不满。丹东在国民公会中要求停止恐怖政策,释放被监禁的所谓20万"嫌疑犯"。德穆兰在他创办的《老科德利埃派报》中公开鼓动反对恐怖政策。

当权的罗伯斯比尔派是代表小资产阶级中富裕阶层的利益的。这一派在政治上认为革命的任务在于为人民群众争得政治自由、社会平等和建立民主共和国。他们把私有财产视为神圣不可侵犯,所以,他们反对取消私有财产,也反对财产的平等。因此,他们根本就不同意最高限价政策。但是,在革命处于危急的时刻,罗伯斯比尔派认识到必须争取群众才能挽救革命,所以,在迫不得已时他们才接受了忿激派与埃贝尔派的全面限价的主张。罗伯斯比尔派并不主张极端的恐怖政策,只想用革命的恐怖政策保卫革命的共和国。所以,它反对埃贝尔派把革命的恐怖政策施之于一切投机分子,乃至于卖菜的小贩;也不同意把正在监禁中的同情过吉伦特派的73名议员送上断头台,也反对各郡有些特派员把恐怖政策搞得过火。此外,罗伯斯比尔派也不赞成丹东派的过于宽容的政策。他们认为,战争还未结束,不应立即停止革命的恐怖政策,只是把恐怖政策局限在对付真正的敌人,不应妄杀无辜。在宗教问题上,罗伯斯

英 法 近 代 史
YING FA JIN DAI SHI

比尔派主张信仰自由，反对消灭宗教，认为国民公会是立法机关，不可以将无神论强加给法国人民。值得注意的是，罗伯斯比尔是卢梭的信徒，是一位自然神论者，并不拥护天主教。在对外政策上，罗伯斯比尔派反对埃贝尔派的"担负解放全欧洲任务"的主张，也反对丹东派所主张的与英国妥协的政策。罗伯斯比尔派深知英国是法国最主要的敌国。所以，他们主张分化反法联盟，然后分别与这些国家单独媾和。在这些问题上，国民公会议员多半都是倾向罗伯斯比尔派的主张，认为埃贝尔派和丹东派的主张对于法国革命是有害的。罗伯斯比尔派利用埃贝尔派与丹东派之间的矛盾，采取个个击破，加以消灭之。

1793 年年底到 1794 年初，法军在前线取得了一系列的辉煌胜利后，雅各宾派内部的斗争越演越烈，终于公开地冲突起来。当权的罗伯斯比尔派同左、右两派展开了激烈的斗争。罗伯斯比尔把埃贝尔派视为比丹东派更为可怕的政敌，因此，在与埃贝尔派斗争时，还支持丹东派。

1794 年 2 月间，巴黎发生粮荒。饥饿笼罩着巴黎，社会秩序非常混乱，抢劫、杀害和倾轧等事件层出不穷。1794 年 2 月 23 日，巴黎各区和巴黎公社纷纷向国民公会提交请愿书，要求严厉制止囤积居奇和投机分子；要求认真贯彻惩治投机的法律。同时，许多企业工人举行罢工，要求提高工资。埃贝尔派乘机要求加强革命的恐怖政策，要求扩大革命军，并要求救国委员会将狱中的 73 名同情过吉伦特派的议员处以死刑。公社和巴黎各区的区分部也极力支持和拥护埃贝尔派的建议。然而，救国委员会断然拒绝其要求。

为了缓和人民的不满情绪，回答左、右两派对救国委员会的攻击，圣茹斯特代表两个委员会于 2 月 26 日发表了一篇著名的演说。在这次演说中，他首先驳斥了丹东派要求取消恐怖和实行宽容政策，又表示了反对埃贝尔派的极端恐怖政策。随后，圣茹斯特阐述了政府的积极政策在于"消灭那些污辱自由国家的赤贫现象"。于是，他宣读了《风月法令》草案。该法令规定没收革命敌人的财产，无偿地分配给贫苦公民。这个法令在当时情况下是有进步意义的。然而，一切有产者对于这个法令却疑虑重重和激烈反对。

埃贝尔派认为《风月法令》只是罗伯斯比尔派应对目前环境的一种权宜之计，并不能真正消灭社会的贫困。他们还认为罗伯斯比尔派只是把最高限价政策视为暂时的措施，并不想彻底消灭商业投机分子。丹东派对于圣茹斯特的演讲及《风月法令》也非常愤恨，同时所有有产者都把这个法令视为分配富人财产的第一步，将会损害私有财产制度，因此也深感不安。总之，圣茹斯特的演讲和《风月法令》，不仅未缓和斗争，反而加深了雅各宾派的内部矛盾。

埃贝尔派在科德利埃俱乐部的会议上，要求把德穆兰和菲利波开除国民公会，又说丹东派企图捣毁断头机，宣布了他们的罪名。由于罗伯斯比尔庇护丹东派，因此，他们便竭力地攻击罗伯斯比尔派，把它称做"催眠派"。埃贝尔派用黑纱把科德利埃俱乐部墙上挂的《人权宣言》遮盖起来，表示他们在受压迫；并且宣誓当人民还没有收回自己的权利之前，决不拿下黑纱来。同时，他们还鼓动起义，企图用武力推翻罗伯斯比尔的权力。

1794年3月4日，科德利埃俱乐部与埃贝尔派都积极鼓动人民实行起义，煽动巴黎公社采取行动。但是，巴黎公社却保持冷静态度。群众不相信单凭断头机能解决粮食问题，肖梅特与巴黎市长帕什都不同意起义，他们认为，"还正在把一切力量"用在反对外国敌人时，巴黎内部任何动荡，都会给革命造成危险。此外，巴黎公社中还有许多人是拥护罗伯斯比尔派的救国委员会。所以，巴黎各区多半没有响应埃贝尔派的号召，起义落空了。

埃贝尔派看到起义发动不起来，便开始反悔，并发表了悔过的演说，把黑纱从《人权宣言》上取了下来。但是为时已晚。救国委员会已经决定要消灭他们。1794年3月13日到14日，救国委员会把埃贝尔派的首要分子都逮捕起来，并宣布埃贝尔、樊尚和隆森等人反对共和国的罪名，于1794年3月24日把他们送上了断头台。肖梅特虽未参加这次鼓动起义，也因他是极端革命恐怖政策的主张者，不久也被救国委员会逮捕和处死。

　　埃贝尔派的首要人物被处死后，救国委员会便封闭了科德利埃俱乐部并改组巴黎公社。从此，科德利埃俱乐部也失去了作用；巴黎公社改组后，其成员多半都是罗伯斯比尔派分子。埃贝尔派之被消灭，使雅各宾派统治的社会基础缩小了，失去了主要支柱——下层群众。

　　埃贝尔派首要人物被处死后，丹东派以及富人们都很高兴。他们便想进一步反对罗伯斯比尔的统治。这时，丹东派分子塔利安已当选为国民公会的主席；另一个丹东派分子曾在革命中发了财的路易·勒让德尔则当上了雅各宾俱乐部的主席。这样一来，丹东派满以为有充分力量可以对付罗伯斯比尔派了。因此，他们便积极地攻击救国委员会。在《老科德利埃派报》第七期上，德穆兰明目张胆地攻击罗伯斯比尔和国民公会，竭力抨击救国委员会的政策，并号召所有反对恐怖政策和反对战争的人共同起来进行斗争。这就造成了丹东派与罗伯斯比尔派之间关系的恶化。当时，倾向埃贝尔派的俾约·瓦伦竭力要求逮捕丹东。罗伯斯比尔本来同丹东与德穆兰友谊较深，企图设法挽救他们。可是，德穆兰与丹东态度顽强，毫无悔改之意。于是，罗伯斯比尔便下定决心打击丹东派。

　　1794年3月31日，两个委员会举行联席会议，讨论由圣茹斯特草拟而经罗伯斯比尔修改的关于逮捕丹东派首要分子的议案。这个议案得到两个委员会的通过之后，倾向丹东派的勒让德尔还企图援救丹东，他在会上声称，"我相信丹东是和我一样的纯洁"，并提出在原告发表意见之前，应让被捕议员出席会议陈述意见。后经罗伯斯比尔及其他议员的反对才没有实现。最后，圣茹斯特代表两个委员会宣读报告。他指出丹东过去不清白的历史及现在的罪行，指出丹东派与路易十六的暧昧关系以及同米拉波的勾结，指出他们主张宽大与坚决拒绝一切革命措施的罪行；此外还指出他们与可疑的外国人来往及对革命政府的恶意攻击等等。这一报告证实了丹东的罪行，并得到了国民公会的通过。1794年4月5日，救国委员会宣布丹东、德穆兰和法布尔等阴谋颠覆共和国，企图恢复君主制的罪行，把他们送上了断头台。

新兴资产阶级对于丹东派首要分子的被处死，非常愤恨，但是无力援救。至于雅各宾派政权的社会基础又大大缩小了，这便为后来反对革命民主专政的政变创造了条件。

（五）热月政变与雅各宾派民主专政的崩溃

消灭了埃贝尔派和丹东派之后，以罗伯斯比尔为首的雅各宾派控制了国民公会和两个委员会，即救国委员会和社会保安委员会。其实，这两个委员会的委员并不都是真诚地拥护罗伯斯比尔的。除了圣茹斯特和库东等是罗伯斯比尔的亲密战友外，其他委员有的是阴谋家，有的同罗伯斯比尔等人有分歧意见。不过，在 1794 年 3 月到 7 月间，罗伯斯比尔的威望很高，他与圣茹斯特和库东掌握着实权，阴谋分子还不敢反对他们。所以，这个时期，可以说是罗伯斯比尔派单独秉政的时期。

为了加强统治，罗伯斯比尔派首先清洗巴黎公社。他们使救国委员会任命其亲信柏依安、莫安和吕邦代替了肖梅特、埃贝尔和雷阿尔的职务。稍后，又派勒斯科·弗勒里奥代替了巴黎市长帕什。这些新任命的市府官员已经不是由巴黎市民选举，而是由救国委员会任命的。所以，他们只能听命于救国委员会，不能任意违抗。在罗伯斯比尔派控制下，救国委员会取消了曾受埃贝尔派操纵的巴黎各区的群众团体。同时，还规定各区的区会议每十天只能集会两次，只有雅各宾俱乐部才能经常集会，它的讲坛也只有罗伯斯比尔派分子或拥护他们的人才能使用。此外，救国委员会也加强了新闻检查制度，只许官方或半官方报刊出版，剧院的演出剧本也必须经过审查。

1794 年 4 月 1 日，国民公会通过决议，取消各部机构和临时行政会议，建立十二个委员会如民政、教育和工农等。十二个委员会的委员都由救国委员会提名，国民公会任命，并隶属于救国委员会。救国委员会掌管军事、行政、外交和全国经济大权。它是全国最高行政机关。至于社会保安委员会负责管理警察和革命司法工作，它负责监督与推行惩治嫌疑犯条例。各郡的机构也加以简化，只设有县和公社两个行政单位。县与公社也直接同中央政府保持直接联系。这样便加强了中央集权，消除了联邦主义。各级行政机关都驻有中央的代表，取消了各级地方检察官制度。中央派特使控制地方官吏的任免权。各地区的公社监视委员会（即革命委员会）是中央代表的助手，由十二人组成，主要掌管警察权，负责管制嫌疑犯，编制嫌疑犯名单。它是雅各宾派专政的重要支柱之一。

1794 年 4 月 16 日（新 7 月 27 日）根据圣茹斯特的建议，国民公会又通过了一项法令。该法令规定，取消过去国民公会在各郡的特派员有设立特殊法庭之权，今后所有的阴谋犯罪分子，都须解送巴黎革命法庭加以审判。这样一来，全国的政治犯都要集中到巴黎来处理了。救国委员会便可以直接监督全国官吏并防止国民公会特派员在各郡的专横跋扈和胡作非为。后来，罗伯斯比尔向国民公会建议召回那些不受节制的、搞极端恐怖政策的各郡议会特派员。被召回来的一些各郡特派员如富歇、塔利安和卡里埃等人，都怨恨罗伯斯比尔。他们回到巴黎后，竟成了反对罗伯斯比尔的阴谋家，是热月政变的积极参加者。

在政治上，罗伯斯比尔主张建立一种"有道德的民主政治，使人人都有自由，都能享受到平等"。他认为国家的作用在于制止滥用财富，应通过法律减少财产上的不平等，他总想在保护私有财产的基础上实现"公平的合理的精神，以保持社会平衡。"

在宗教方面，罗伯斯比尔反对天主教，但也反对无神论。他提倡用"最高主宰"的崇拜以代替无神论。他把履行公民义务和对"最高主宰"的崇拜结合在一起，认为这种宗教才能团结一切阶级和巩固共和国。国民公会通过了罗伯斯比尔的建议，颁布了建立崇拜"最高主宰"的著名的《花月十八日法令》。同时又规定牧月 20

日为第一个庆祝"最高主宰节。"在这之前，罗伯斯比尔已被国民公会选为议会的议长。

在牧月 20 日上午，晴空万里，巴黎各区群众集聚在杜伊勒里宫前的广场上。罗伯斯比尔手执鲜花和麦穗，率领国民公会全体议员参加了这次盛会，并发表了演说。会后，罗伯斯比尔率领议员参加了群众游行。群众高呼"共和国万岁！"参加这次游行者约有 50 万人。与此同时，全国各地也举行了同样的盛会。这时，罗伯斯比尔的威望更加提高了。可是，有许多反对罗伯斯比尔的人借此攻击罗伯斯比尔，说他要当大教长，企图搞独裁。

在工商业方面，罗伯斯比尔派注意抓生产和振兴工商业，救国委员会允许给工业家和开矿者以奖励和补助金，不断采取措施恢复在战争和革命时期被忽视的奢侈品生产；同时也关心海外贸易。此外粮食委员会不仅保证城市的粮食供应，还重视奖励农业生产。罗伯斯比尔派对于最高限价放宽了尺度，对于违反限价的商人也从宽处理。救国委员会取消了埃贝尔派控制的"革命军"，禁止征发粮食。惩罚投机者的法律也有所修改。在埃贝尔派时期对于投机者的刑罚只有死刑一种；而现在规定了新的惩罚法，把惩罚根据情况不同分成各种等级即从罚款、监禁起到做苦工和没收财产为止。救国委员会虽然并未完全取消限价，可是依照评定价格出售的一般商品也都提高了价格。在教育方面，救国委员会在新六月间开始创设短期军械学校，后又创立了军事学校和师范学校，规定小学实行强迫教育，教师薪水由国家供给。

以上各项政策，虽然多半都有利于资产阶级，可是资产阶级并不满足；大土地占有者、富农、工业企业家、船舶所有者以及从革命中发了财的新兴的资产阶级，都要求完全取消限价，要求停止执行革命的恐怖政策，要求经济活动得到充分的自由。

罗伯斯比尔派政府的政策也使下层群众失望和不满。在农业方面，他们虽然推翻了封建土地所有制，却保护了资产阶级的土地所有制，对于宣传分割土地的过激主张则加以严格惩罚。因此，他们的农业政策只能使富农地位日益巩固，而那些在革命中已经获得土地的小农的生活不久就恶化了。罗伯斯比尔革命政府颁布了普遍征发粮食和饲料的法令。该法令规定农民必须呈报所种谷物的数量，如不实报，则予以全部没收。农民对此法令深为不满。对于雇农，救国委员会施行强迫劳动政策，动员雇农从事农业生产，但低工资和高物价使他们难以维持生活，可是，又不能拒绝工作，因为若拒绝就会被当作嫌疑犯加以治罪。这个法令激起了雇农的反抗。有些地方的雇农曾集体起来罢工，拒绝按照限定的工资工作。救国委员会对于城市工人也施行强迫劳动政策。1794 年 5 月初，国民公会宣布凡在制造业和交通业中工作的人，都是已被动员了的人们。可是，当时一般商品价格都有所提高，而工资仍然那么低。工人们要求取消工资的最高限额和增加工资。六七月间巴黎陶器工人举行罢工，提出要按 1790 年的工资标准增加百分之百的要求。救国委员会援引《列·夏普利埃条例》把罢工运动镇压下去了。此外，罗伯斯比尔派革命政府在 1794 年 2 月末颁布的关于革命敌人的财产转给贫苦公民的《风月法令》并未付诸实行，关于巴黎的病、弱、残废和赤贫者每天给 15～25 个苏的津贴法令，也未彻底执行。反之，对于投机分子倒减轻了刑罚，对于最高限价还放宽了尺度，对于革命的恐怖政策还加以缓和。所有这些，都危害了城市工人与贫民的利益，从而遭到城市下层群众的不满。这样一来，罗伯斯比尔派就要失去一直支持和拥护他的那些群众。

罗伯斯比尔派既失去了城乡下层群众的拥护，而新兴的资产阶级对于他们的统治又非常不满。于是反对罗伯斯比尔派政权的人就日益增多。这些反对派不仅在国民公会之外，而且在国民公会之中，甚而在两个委员会里都有。例如，塔利安、巴拉斯和富歇等人都是曾在外郡搞过极端恐怖政策而以敲诈勒索发了横财的被召回议会的特派员，他们都是非常痛恨罗伯斯比尔的阴谋家。社会保安委员会中的主要成员如瓦迪埃、阿马尔等人曾倾向埃贝尔派，也是靠搞极端恐怖取得权势的；此外，救国委员会中的俾约·瓦伦、科罗·德布瓦和卡诺也对罗伯斯比尔和圣茹斯特不满。从 1974 年 4 月起,反对罗伯斯比尔派统治的阴谋活动就逐渐扩大了。罗伯斯比尔经常收到恫吓他的匿名信,并险些遭到暗杀。

罗伯斯比尔派为了对付敌人和巩固其统治,采取一种非常措施。根据库东的建议,救国委员会于 1794 年 6 月 10 日(牧月 22 日)颁布了改组革命法庭的法令,这就是著名的《牧月法令》。该法令规定取消对被告的预审制度,规定在缺乏证明材料时,法庭可以根据"内心的确信"判决案件。这样便把审判工作简单化了。没有真实凭据也可以判刑,取消了在政治审判方面所应遵循的法律手续。此外,该法令又规定对于一切反对共和国的敌人只用一种刑罚即死刑。这种法律公布后,有权指挥警察机关和法庭的社会保安委员会就极力搞扩大化,造成空前的恐怖,以致达到疯狂的程度。从 6 月 10 日至 7 月 27 日,罗伯斯比尔派政府处死了 1376 人,平均每天 18 人。6 月 16 日一天就杀了 54 人,其中有 39 个工人,10 个佣人和雇员。根据《牧月法令》,革命政府敌友不分地乱杀,以至杀起一直支持他们的人民群众来了。由此可见,这种恐怖政策已经不是大多数人民对于少数反革命分子实行镇压的手段,它已经改变了性质。它破坏了反封建的统一战线,削弱了革命民主专政的社会基础,加速了罗伯斯比尔政权的垮台。

法国资产阶级、地主和贵族对于牧月 22 日的法令非常痛恨,他们把实施这个法令的罪责,完全归罪于罗伯斯比尔,把他说成是"杀人魔王",恨不得立即推翻他。

1794 年春,法军发动新的攻势。皮什格鲁将军率领的法军攻入比利时,屡败英荷联军并进入荷兰国境。1794 年 6 月 26 日,茹尔丹将军率领的法军在比利时的弗勒鲁斯城击溃奥军,取得了辉煌胜利。在这场血战之后,奥军开始总退却。接着,茹尔丹乘胜追击,占领了科隆、科布伦次和杜塞尔多夫,从而莱茵河左岸完全落到法军之手。与此同时,法军在美因兹、意大利北部和西班牙等地也取得了重大胜利。他们在西班牙占领了纳瓦拉,攻入了阿拉贡境内。所有上述这些胜利意味着革命的法国已经战胜了整个的封建欧洲。任何反革命派别要想在法国搞封建复辟已经完全不可能。这个胜利说明雅各宾派的民主专政为法国资产阶级要做的事业都已做完。所以，资产阶级就要起来推翻它了。

法军在弗勒鲁斯战役胜利之后，法国资产阶级欣喜若狂，他们到处鼓动，要求立刻缔结和约，取消革命恐怖政策。罗伯斯比尔、圣茹斯特和库东等罗伯斯比尔派则认为，这时还没有到停止执行恐怖政策和取消革命政府的时候。围绕这些原则问题，救国委员会与社会保安委员会之间，甚而救国委员会内部都展开了激烈斗争。

社会保安委员会中的资产阶级阴谋家们攻击罗伯斯比尔，把他说成是"独裁者"和"野心家"；救国委员会的委员卡尔诺和俾约·瓦伦等也把"野心家"、"独裁者"等罪名加在罗伯斯比尔的身上。此外，国民公会中曾同埃贝尔派和丹东派有过牵连的议员也都惊慌失措，不知何时会被解送革命法庭。所以，他们暗中勾结，形成一个反罗伯斯比尔的阴谋集团。总之，到了1794年夏，资产阶级政客和阴谋家就已经在两个委员中积极进行反对罗伯斯比尔的阴谋活动，并逐渐地在两个委员会中形成了反对罗伯斯比尔的多数。

1794年7月26日即热月八日，国民公会开会，罗伯斯比尔在会上做了一次慷慨激昂的发言，这也就是他的最后一次发言。在这次发言中，他公开地指出社会保安委员会中有阴谋家，企图颠覆共和国；指出有些过去是极端恐怖主义者，对于爱国者曾干过许多暴行，现在却又装成宽容派，把其罪责推到别人身上，这些阴谋家已经形成一个反对国家自由的阴谋势力。罗伯斯比尔在发言中也提到在救国委员会成员中有些人也参加了这个阴谋。最后，他说要消除这个祸害，惩罚这些叛徒，对于社会保安委员会和救国委员会都要进行清洗。罗伯斯比尔的这次演说只是施加恫吓，并没有具体地指出姓名。因此，听众深感人人自危，非常惊慌。

罗伯斯比尔本想维持革命政府，维护人民的政治权利和巩固民主共和国。但是，他的社会改革政策没能满足人民群众的要求，因而他也得不到人民群众的积极支持，所以，他的政敌也就不怕他了。这时军队已被社会保安委员会控制起来，而且社会保安委员会里也有许多共和国的秘密敌人。阴谋分子富歇散布谣言，伪造了一张罗伯斯比尔要逮捕的议员名单，使国民公会中许多议员发生疑惧。阴谋家就这样地把大多数沼泽派议员争取了过去。这时，罗伯斯比尔派已经四面楚歌，到处都是敌人。

1794 年 7 月 27 日（热月九日），国民公会开会之前，阴谋分子事先进行策划与布置，他们把持了主席台，不让圣茹斯特和罗伯斯比尔讲话。国民公会在阴谋分子操纵下宣布了逮捕罗伯斯比尔、圣茹斯特和库东的命令。小罗伯斯比尔也同时被捕。

罗伯斯比尔被捕的消息传到巴黎公社、各区分部和国民军之后，他们纷纷准备起来营救被捕者。国民军司令雅各宾派分子昂里奥率领一小队警卫兵去营救被捕者，当场被包围并遭到逮捕。后来各区的人民武装包围了社会保安委员会才救出了罗伯斯比尔和昂里奥等人，并把他们送到市政厅。但是，罗伯斯比尔在这一紧急关头对于是否领导群众同阴谋家作武装斗争，迟疑不决，没有抓紧时间行动起来。国民公会里的反罗伯斯比尔分子就利用这个空隙，宣布被捕者"不受法律保护"，并从各方调集军队，准备再次逮捕罗伯斯比尔等人。深夜之后，罗伯斯比尔虽然同意领导反对国民公会的起义，但为时已晚。巴拉斯率领武装部队包围了市政厅。市郊人民很少来援助，市内 48 个区也只有 13 个区派了武装力量，其余都持观望态度。结果，罗伯斯比尔等又被逮捕。次日，罗伯斯比尔、圣茹斯特、库东、小罗伯斯比尔等人都被送上断头台。到 8 月 5 日，雅各宾派的领袖们被杀的总共有 105 人。雅各宾俱乐部也被封闭。

热月九日政变结束了雅各宾派革命民主专政，从革命中发了财的新富有者资产阶级窃取了政权。法国资产阶级革命原本沿着上升路线发展，至此由于热月政变而终止了。

（六）雅各宾派民主专政失败的原因和法国大革命的历史意义

18 世纪末法国资产阶级革命的基本动力是人民群众。法国的人民群众带着自身的要求，积极地参加了这次革命。若没有 7 月 14 日、10 月 5～6 日、8 月 10 日、6 月 2 日等的人民起义，法国资产阶级革命是不会成功的。

法国封建社会已经走到了尽头，资产阶级在经济和政治上日益强大，资本主义社会代替封建主义社会已经成为不可阻挡的历史潮流。法国资产阶级勇敢地投身革命，在整个革命过程中是法国资产阶级各阶层起了领导作用。

资产阶级革命的任务就是"排除、抛弃、破坏旧社会的一切束缚，为资本主义发展扫清道路。任何资产阶级革命，一完成了这个任务，就完成了它所应当做的一切事情，因为，它是要加强资本主义经济的发展的。"

法国革命沿着上升路线发展，到雅各宾专政时期，小资产阶级民主派与下层群众联盟才彻底地完成了法国资产阶级革命的任务。

可是，雅各宾派要保持一个他们所理想化的具有古代道德的社会，这又不符合其他资产阶级的要求。资产阶级要求工商业活动的充分自由，要求彻底取消限价和对投机的限制。此外，雅各宾派的政策也不能满足贫苦大众的愿望，从根本上改善劳动人民的生活，因此也失去了群众。这样它们就失去了任何阶级的拥护，其失败成为必然。

雅各宾派民主专政崩溃之后，政权落到法国新兴的大资产阶级之手。可是，在当时战争依然存在和革命尚未停止的形势下，法国大资产阶级要想巩固政权，一方面必须阻止人民民主革命和防止封建王朝复辟，另一方面还得抵抗反法联盟的进攻。在这种形势下，法国势必要走向军事独裁的统治。拿破仑就是在这种历史背景下登上政治舞台的。

18 世纪末法国资产阶级革命是世界上第一次最彻底的资产阶级革命。它是第一次使交战的一方即贵族完全被消灭，而另一方即资产阶级获得完全胜利的革命。

这一次革命是"欧洲规模"的革命，它不仅对法国，而且对整个的欧洲都具有非常重大的影响。对法国来说，这次革命消除了一切过了时的、中世纪的封建势力，为法国资本主义发展扫清了道路。对欧洲而言，在当时封建制度在欧洲还普遍地存在的情况下，这次革命大大地推动了欧洲各国反封建的革命运动。

法国大革命中提出的自由、平等、博爱等革命口号对于世界都有深远的历史意义。此外，在科学与文化方面，雅各宾派执政时期，曾创造了米突制、光学电报以及把气球用于军事目的的试验等等。所有这些，对于世界也有一定的贡献。

四、拿破仑的崛起与督政府统治时期

（一）拿破仑的早年生活

　　1769 年 8 月 15 日，拿破仑·波拿巴出生于科西嘉岛的阿雅克修城一家不太富裕的贵族家庭里。他的父亲叫夏尔·波拿巴。其祖先是 16 世纪 20 年代从意大利迁居到科西嘉的古老的托斯坎纳贵族世家。这个家族在阿雅克修社会中享有高贵的地位。夏尔·波拿巴早年在罗马和比萨攻读法律，回到科西嘉后成为一名律师。拿破仑的母亲叫莱蒂齐亚·拉莫利诺，相貌美丽，性格刚毅，是佛罗伦萨的名门后裔，她的家族在科西嘉岛定居几百年。莱蒂齐亚 14 岁同夏尔·波拿巴结婚，生了十三个孩子，除五个夭折外，还剩下五男三女，拿破仑是次子，他有一个哥哥，三个弟弟和三个妹妹。

　　科西嘉岛在历史上曾被迦太基人、罗马人、汪达尔人和比萨人统治过，后来成为热那亚共和国的属地。科西嘉人长年深居于山林和海边，从事狩猎、捕鱼和种田，居民多半是猎户、牧民和农民；他们过着落后的部落生活。在那里，经常有部落之间的混战，有民族复仇的传统习惯，该岛的土著居民非常强悍。由于科西嘉岛长期以来被外人统治，所以科西嘉人也曾长期地进行着反对外族侵略的斗争。1768 年，热那亚共和国以 200 万法郎将科西嘉岛卖给了法国。法国将该岛划为一个特殊省区，并把法国封建社会的各种制度和法规强加给科西嘉岛的居民。这样便破坏了科西嘉岛居民的传统与风俗，打乱了该岛的传统生活方式，激起居民的强烈不满。按着法国政府的规定，科西嘉岛的贵族与法国本国的贵族不同，他们是被征服的"臣属贵族"，没有大庄园，也没有像法国贵族那么多的特权，而且经常受到法国贵族的歧视。因此，科西嘉的贵族对法国的君主专制统治非常痛恨。于是，岛上的居民在本地人保利将军的领导下，展开了争取独立自由的运动。拿破仑的父亲夏尔也曾积极参加过这一运动。为了稳定对科西嘉岛的统治，1769 年法国派 3 万大军镇压了该岛的独立运动，保利逃亡英国。拿破仑的父亲夏尔依附于法国，受到法国政府的重用。1770 年，法国国王承认他为法国贵族。1771 年，法国政府委任他为阿雅克修地区法官的顾问，并且成为科西嘉岛省议会的议员。夏尔享受了法国贵族特权，这种贵族身份为拿破仑后来的学习提供了许多机会。1778 年夏尔·波拿巴携带长子约瑟夫和次子拿破仑前往巴黎。最初，拿破仑被送到奥顿的一所学校学习法语。第二年 5 月，在法国驻科西嘉岛总督马鲍夫的积极保荐下，年仅 10 岁的拿破仑被送往法国东部香槟省的布里埃纳预备军校学习。布里埃纳军校是培养军官的重要学校，学生全是贵族，因此它也是贵族子弟投身军界的一个必由阶梯，入校学生都必须有贵族出身的证明，录取名单要由法国军政部决定。拿破仑在那里度过了五个春秋。拿破仑在布里埃纳军校学习期间，性情孤僻，非常自负，由于周围同学嘲弄他的科西嘉贵族出身和乡土口音，常使他激怒而且长时间的生气。他和谁都不愿意接近，对谁也都瞧不起，他对人缺乏友谊，缺乏同情心。他性格倔强，脾气暴躁。但他发愤学习，学习成绩以历史、地理、教学最优，尤其是数学名列全班前茅。虽然他个子矮、年龄小，但打起架来很勇猛，时间久了，周围的同学都知道他是个不好惹的人。这种环境使他的性格趋于内向和孤傲，他非常热爱科西嘉岛，憎恨法国占领者，在他幼小的心灵里，开始滋生了将来为科西嘉争取独立和自由的决心。

1784 年，年仅 15 岁的拿破仑以优异的成绩毕业于布里埃纳预备军校，被保送到巴黎军官学校学习炮兵。在布里埃纳军校和巴黎军校时期拿破仑都非常喜欢学习历史、军事、地理和哲学等各种著作。拿破仑从少年时代起不仅养成了读书又多又快的习惯，并且记忆力十分惊人。他极其崇拜古希腊和罗马时代的英雄人物，如恺

英 法 近 代 史
YING FA JIN DAI SHI

撒、亚历山大和查理大帝。他也喜欢读法国启蒙学派的哲学著作，尤其是对卢梭的《社会契约论》一书兴趣浓厚。但是，他后来并没有成为卢梭的真正信徒，他只不过是崇尚卢梭鼓吹的"君权不是神授，人们有反抗暴政的权利"这些信条。他要把这些信条作为反抗法国君主专制的理论根据，以便将来实现恢复科西嘉岛独立的愿望。他曾写过一篇论文，叫做《论王权》。在这篇未完成的论文中，他写道：国王之中，很少有哪一个是不应当被人们推翻的。

1785 年 2 月，拿破仑的父亲夏尔·波拿巴因患胃癌病逝，家庭生活陷入困境。由于拿破仑的哥哥约瑟夫懦弱无能，于是家庭生活重担便落到了年仅 16 岁的拿破仑的肩上。

拿破仑为了担负起九口之家的生活，被迫辍学，前往法国南部瓦朗斯城的拉费尔炮兵团服役。经过三个月的见习期后，他被授予少尉军衔。拿破仑在部队的生活很艰苦，他把大部分薪金寄给母亲，自己只留下很少一部分勉强维持生活。后来，他随部队来到俄克松城，他的团队成了炮兵学校的演习部队，使拿破仑有机会吸收炮兵方面的一切最新技术和战术，丰富了他的专业知识。他写了《论炮弹发射的炮位安置计算》一书。这时期，他还写了一些小说和哲学与政治方面的短文，在讲话时也时常流露出自由主义的思想。有时还能直接背诵出卢梭学说的片断。在俄克松城的几年生活他不断地学习和工作，公余之暇也手不释卷。1789 年 7 月 14 日，巴黎人民攻占巴士底监狱，从而揭开法国资产阶级革命的序幕。轰轰烈烈的法国大革命使拿破仑的思想发生了关键性的转变。他的政治抱负已经不再是为科西嘉岛的独立而奋斗，而是要利用法国大革命来实现更远大的目标。所以拿破仑毅然决然地投身了革命。1789 年 9 月，他请假返回家乡组织反对法国波旁王朝统治的斗争，并参加了阿雅克修的爱国俱乐部，这个俱乐部同雅各宾俱乐部有联系。由于长期放逐在外归来的保利力图把科西嘉从法国占领下完全解放出来，所以对拿破仑十分冷淡，使他这次在家乡的活动没有取得成果。1791 年 2 月 10 日他返回炮兵团队。同年 4 月，拿破仑被调往瓦朗斯，在炮兵第四团服役，并被提升为中尉。1791 年 9 月，他再次返回科西嘉岛想有点作为，当上了科西嘉国民自卫军阿雅克修营副营长，后为营长，并兼任该地"宪友社"的秘书。然而，这次家乡之行仍无成果。1792 年 5 月，他只好又返回自己的炮兵团。当时法国已向奥地利宣战，大批出身贵族的保王党军官投向奥地利军队，法国陆军倍感军官人才的缺乏。因此，拿破仑一返回团队便被擢升为上尉军官。这时期拿破仑的政治态度是，接受法国国民公会的决议和法令，拿起武器保卫祖国，反对国内外一切敌人。但是拿破仑虽然置身于革命，却不同情革命人民。例如，拿破仑在一次偶然出差的机会中，目睹了 1792 年 6 月 20 日人民群众攻入杜伊勒里宫和 1792 年 8 月 10 日巴黎人民推翻君主制的经过，事后他在一位朋友面前发表了自己的真实感情。他说，路易十六是个无能的懦夫，如果我是路易十六的话，就用大炮消灭几百人，其余的人就会四处逃命。同时他还把这次巴黎人民的革命行动视为暴民的残暴和丑恶。他辱骂革命群众是最无耻的愚民。可见，拿破仑虽然主张推翻波旁王朝，却又轻视人民革命。

1792 年 8 月，法国革命的浪潮在巴黎达到了高峰，一切有贵族身份的人都受到了冲击。为了躲避这个浪潮，拿破仑不得不再次回到科西嘉岛，继续担任国民自卫军阿雅克修营营长。拿破仑这次回到科西嘉岛，完全站到了巴黎革命政府一边，开始直接为新生的法兰西共和国效劳，反对科西嘉岛脱离法国。他率领部队同岛上反法的保利集团和亲英派军队展开了一场激战，结果遭到失败，受到亲英派的追捕。拿破仑几经周折，终于携带全家逃出了科西嘉。拿破仑的家庭生活十分困难，他要负担七个兄弟姐妹的生活。起初他把家安置在土伦，后来又搬到马赛，生活贫困，依然如故。

（二）拿破仑与土伦战役

1793 年 6 月 2 日，吉伦特派政权被巴黎起义人民推翻后，雅

英 法 近 代 史
YING FA JIN DAI SHI

各宾派上台执政。当时，革命的法国正处在被以英国为首的欧洲反法联军包围，国内王党分子活动也十分猖獗。到 6 月中旬，全国 83 个郡中仅有 23 个郡拥护国民公会，其他各郡不是被反革命分子所盘踞，就是在反革命分子影响下反对国民公会。更为严重的是，8 月 26 日英西联军在保王党分子的策应下，占领了法国南部最重要的军港——土伦。到 9 月底，在土伦的外国军队已经达到 14000 多人。土伦当时在战略上极为重要，它同南部靠近法意边境的撒丁王国干涉军和保王党分子盘踞的里昂形成掎角之势，互相响应，如果土伦失守就会失去法国南部诸省，进而失去全国。所以，土伦的存亡，关系到法国革命的成败。联军占领土伦后，为了保护停泊港的安全，拆除了沿岸的全部炮垒，占领了耶尔群岛，并且在布伦海角和克尔海角高地上分别构筑了防御工事，以防止布伦海角炮垒、埃吉利耶特炮垒和巴拉吉耶炮垒直接射击停泊在港内的外国军舰。此外，联军还在奥利乌尔、拉瓦莱特和法朗山等地部署了大量的兵力，以防止法军从东西两面夹击土伦。

为了捍卫革命政权，1793 年 8 月 23 日，雅各宾政府颁发了全国征兵法令，在很短的时间里组成了一支拥有 42 万人的军队，在救国委员会的领导下，纷纷开赴前线。9 月上旬，法国国民公会任命卡尔托将军为土伦前线的司令官，负责讨平叛乱。当时，法军是从两个方向逼近土伦的。西面为阿尔卑斯军团，由卡尔托将军直接指挥，兵力约 8000 人。东面为意大利军团，由拉波普将军指挥，兵力约 6000 人。由于被法朗山隔开，两军之间没有任何通讯联系，只能各自为战。9 月 8 日，西线法军攻占了奥利乌尔，几天后又夺取了法朗山以北的山谷。与此同时，东线法军也夺取了布伦海角，到达了法朗山并控制了法朗山炮台，这样基本上完成了从陆地对土伦的包围。不过再向前推进却很困难，因此，出现了对峙局面。当时联军在英国舰队的支持下，仍然控制着从法朗山到马尔博斯克炮台的整个地区，法军要想收复土伦十分困难。

当时，拿破仑被派往阿尔卑斯军团去担任一个野战炮炮连连长。当他得知这个军团的政府特派员萨利切奇是他的同乡时就首先拜访了他，并向萨利切奇谈了如何收复土伦的想法。萨利切奇十分欣赏这个青年人的才干，就向当局推荐他为卡尔托将军部队的炮兵副指挥官，这一任命很快就得到了巴黎军事当局的批准。卡尔托将军是画家出身，不谙军旅之事，致使战事不利。9 月中旬，当拿破仑到达土伦前线，他很快发现，这里的炮兵形同虚设，只有几门破烂不堪的野战炮和旧式炮，还无充足的弹药，暂时由一名军士看管着。士兵也没有经过训练，大部分不会使炮。卡尔托将军也不具备炮兵方面的起码常识。在这种情况下，拿破仑一马当先，到各处搜集到几百门大口径火炮和大量的弹药，同时他还加强训练士兵，激励他们的革命精神。10 月 25 日，拿破仑指挥炮兵从戈拉炮垒和圣克洛特炮垒发起进攻，首次轰击到英国舰队，给敌人造成了很大损失，但结果对全局并没有产生更大的影响。

10 月下旬，土伦前线总指挥部召开军事会议，决定从东西两个方向同时对土伦发起进攻，首先的目标是夺取法朗山地，和几个重要的炮台，粉碎敌人的外围防线。然后构筑工事，待条件成熟后，再实行第二步攻占土伦的计划。在会上拿破仑提出了相反的意见。他认为，土伦城坚而不易攻破，应该围城打援，切断英国舰队与土伦守敌之间的联系，这样土伦守敌既无退路，又无援兵，土伦便会不攻自破。拿破仑提出，法军应首先夺取克尔海角高地，然后集中炮火猛轰停泊在港内的英国舰队，迫使他无法立足，只能弃城保舰，这时法军再解决城内之敌。拿破仑的作战计划得到了与会大部分指挥官的支持，最终获得批准。

最初夺取克尔海角的进攻没有获得成功，主要是卡尔托将军指挥不当。11 月下旬，杜戈梅将军接替了卡尔托将军的职务。杜戈梅将军为人正直，是一个优秀的军事指挥官。

12 月 14 日，对土伦的总攻开始了。法军首先用火炮猛轰马尔格雷堡，经过两天的猛烈轰击，西岸高地变成了一片火海。16 日晚，在杜戈梅将军的指挥下，法军 6000 人从南北两翼对马尔格雷堡发起进攻。拿破仑负责指挥预备队，随时准备应付紧急情况。战斗十分激烈，法军虽然连续炮击了 48 小时，但是敌人坚固的防御工事仍未摧毁。当法军拥进马尔格雷堡时，遭到了马尔格雷堡炮台的猛烈射击，使大批士兵倒在了血泊之中。法军开始绝望了，军心受到了动摇。就在这时，拿破仑带领预备队赶到，鼓舞了士气，终于拿下了马尔格雷堡炮台。拿破仑命令士兵立即配置火炮，轰击港内停泊的英国军舰，英舰惊慌失措，弃港而逃，向公海遁走。英舰逃走后，土伦城内的王党分子陷入绝境，已经无力抵抗，19 日，革命军一鼓作气收复了土伦。当时，罗伯斯比尔的弟弟奥古斯都·罗伯斯比尔正在前线，他亲眼看到了事态变化的始末。所以，他非常赏识拿破仑，并上报巴黎革命政府，不久，拿破仑便被破格提升为炮兵旅少将司令官，这年他才 24 岁。

土伦战绩震动了巴黎，政界上层人物都知道这个科西嘉的小伙子干了一件了不起的事情。但是，大多数人对他还没有引起十分重视。所以，土伦战役只是拿破仑初出茅庐开始崭露头角的第一步。此后，拿破仑同罗伯斯比尔的弟弟奥古斯都·罗伯斯比尔的接触日益增多，甚而他的妹妹也同罗伯斯比尔的妹妹往来甚密。纵然如此，拿破仑始终不是一个真正的雅各宾派。罗伯斯比尔的弟弟虽然器重他，但仍把他视为一个海岛出生的、思想易变的、不可思议的人物，还没有完全信任他。

（三）拿破仑与葡月事件

政治风云变幻莫测，拿破仑初露头角刚刚几个月，1794 年 7 月 27 日，巴黎发生了"热月政变"。从此，法国历史进入了热月党国民公会统治时期。

热月政变时，拿破仑正在意大利军团担任炮兵旅司令。因为他与罗伯斯比尔的弟弟关系密切，也被视为革命的雅各宾派分子，于 8 月 9 日被逮捕，关押在地中海沿岸的翁蒂布要塞。8 月 12 日，拿破仑给意大利军团的人民代表萨利切奇和阿尔比特写了一封申诉信。

在萨利切奇的帮助下，两周后当局以证据不足释放了拿破仑。他出来后仍在意大利军团司令部工作，并参加了攻占迪博纳隘道的秋季攻势，还为这次进攻制定了作战计划。秋季攻势以胜利告终。军团总司令杜戈梅在给巴黎政府的报告中，夸奖拿破仑在这次战役中表现出的才干。

1795 年 5 月，拿破仑因与新任总司令意见不合，卸去了意大利军团炮兵指挥官的职务，回到巴黎。"救国委员会"不顾他的意愿，让他改行带步兵到旺代省去镇压反革命叛乱，他拒不受命。1795 年 7 月 15 日，他被免去少将和炮兵旅司令职衔，闲居巴黎。在没有工作的这段日子里，他的心情非常沉重，生活也无着落，潦倒不堪。直到 8 月，"救国委员会"才又把他作为炮兵将军编入了地形测量部。在那里拿破仑参与起草命令和指示，取得了丰富的参谋工作的实际经验。

热月政变以后，国民公会在政治上急速右转。他们废除各种民主措施，宣布解散雅各宾俱乐部及其各地分部，解散革命的巴黎市府（即公社）及其各区分部组织，处死市府的主要成员，极力迫害雅各宾派革命党人。热月党政客弗雷隆还组织了一个由资产阶级纨绔子弟组成的"金色青年"团体，手持凶器横行街头，到处打击和迫害民主力量。虽然救国委员会和社会保安委员会仍然存在，但是，其主要领导人都已换成热月党分子。他们宣布大赦和释放了原被监禁的政治犯，并将被放逐和被判处死刑尚未执行的吉伦特派议员、丹东派议员重新召回国民公会。

1794 年 12 月 23 日，热月党国民公会正式宣布废除"最高限价法"，取消了对投机活动的限制。从此，商人投机活动异常猖獗，货币贬值，物价飞涨，人民群众的生活即刻陷于惨境。饥饿的工人、贫民和花天酒地的资产阶级之间的生活成了鲜明的对比。一方面是工人、手工业者和贫民的住宅区充满着饥饿、寒冷和贫困；另

英 法 近 代 史
YING FA JIN DAI SHI

一方面是富有的资产阶级挥金如土，饱食终日，歌舞升平。显而易见，这时期的阶级矛盾异常尖锐。

由于取消限价法，物价飞涨，工人们贫病交加，饥馑极其严重。这便引起了芽月与牧月两次起义。1795 年 4 月 1 日（即芽月 12 日）工人区的工人聚众通向国民公会，高喊"我们要面包和1793 年宪法！"但是起义者没有明确的行动纲领，国民公会调来国民自卫军很容易地就把他们驱散了。国民公会借着这次镇压起义的机会，以勾结起义者的罪名，把国民公会中剩余的雅各宾派议员流放到圭亚那，其中有在推翻罗伯斯比尔派时起过重大作用的俾约·瓦伦、科罗·德布瓦和卡里埃等人。

1795 年 5 月 19 日，圣安东郊区的工人每天每人只配给 60 克面包。他们无法生活，在忍无可忍的情况下又发动了起义。5 月 20 日（即牧月 1 日）清晨，工人群众结队向国民公会大厦进发，沿途张贴"呼吁书"和标语，上面写道："给我们面包！我们要 1793 年宪法！撤换现存政府！"武装的工人群众冲破了国民公会的大门，有一个议员企图阻拦，则被起义者打死并枭首示众。结果吓得议员们惊慌失措立即表决实施 1793 年宪法，并允诺人民群众的一切要求。然而，到了深夜，国民公会调来国民自卫军把人民群众赶出杜伊勒里宫后，议员们又镇静下来，并立刻声明废除刚刚宣布的法令。

这次起义使全市动荡了三天，最后被军队镇压下去了。热月党国民公会对工人住宅区强行解除武装以后，紧接着就是可怕的牧月绞刑，在全城布满了军营，把成批的工人逮捕起来，送上断头台。由于这次事件，被捕与被杀者甚多，其中有 13 名国民公会议员，他们都是仅存的一些山岳党人。自芽月和牧月两次起义被镇压之后，巴黎民主革命势力被大大地削弱了，从此消沉下去。保王党人却乘机活跃起来。

热月党国民公会大肆镇压革命者和贫苦群众，使保王党分子死灰复燃。王党分子幸灾乐祸地声称，"巴黎强盗"开始自相残杀了，我们要立即采取行动，乘机把热月党人和残存的山岳党人全部干掉。在这样的形势下，1795 年 6 月，在英国首相威廉·皮特支持下，英国舰队载运 1500 名法国亡命者和编在亡命者队伍中的 3 千名共和军俘虏，在布列塔尼沿海的基贝隆半岛登陆。这批亡命者带有 6 万支步枪和可供 4 万人使用的装备，同时国内还有 1500 名武装的朱安党分子为登陆军做内应。6 月 27 日，这批亡命者登陆并占领了奥雷城。热月党人既害怕民主革命和人民群众参与政治，也害怕波旁王朝复辟。因为热月党人多半都是弑君者，曾在判决路易十六时投了赞成票，如果波旁王朝复辟，其后果是不堪设想的。为了保卫政权，热月党国民公会毫不踌躇地派拉萨尔·奥什将军前去镇压。奥什将军先争取亡命者登陆军中的共和军俘虏，使之脱离亡命者，从而瓦解了亡命者登陆军。最后经过无情的镇压，枪杀俘虏700 多人，最后把这次复辟活动镇压下去了。

热月党在镇压了巴黎人民起义和粉碎了在基隆港登陆的王党分子复辟之后，热月党国民公会采取了许多打击王党势力的措施。为了用法律形式巩固政权，以便确保资产阶级的统治，1795 年 8 月22 日热月党使国民公会通过了一部宪法，即所谓共和国三年宪法，又称《1795 年宪法》。这部宪法取消了普选权，规定了很高的选举资格。立法团（即立法机关）分为两院，即五百人院与元老院。行政权交给由两院提名选任的五个督政官（Director）组成的督政府（Directory Government）五百人院的议员有 500 名，其议员年龄不得小于 30 岁；元老院议员为 250 名，其议员年龄不得小于 40 岁。热月党人为了保持其政权，又通过了一个所谓的"三分之二特别法令"，即在新选出的立法团中要保留原国民公会议员三分之二的名额。实际上这是为了防止王党分子或左派分子利用选举大量进入立法机关，从而确保热月党分子的统治地位。国民公会这一法令，遭到了所有企图通过选举进入新立法机关的派别的强烈反对。王党分子企图利用这种不满情绪，在巴黎制造叛乱，推翻国民公会。他们提出"打倒三分之二!"的口号，在巴黎各区进行煽动。在贵族、

英 法 近 代 史
YING FA JIN DAI SHI

富商较为集中的勒佩尔蒂埃区，他们得到了积极的支持。于是，他们便以该区为中心，准备发动暴动。宪法还规定，督政官的年龄不得小于 40 岁，每年更换一名。督政府是国家最高行政机关，它任命各部部长和陆军总司令，并监督法律的实施。从以上宪法条文中我们不难看出，这部宪法具有明显的反民主性质。

然而，这个"三分之二特别法令"使热月党国民公会立即陷入了更加危险的困境。首先，有相当一部分大金融资产阶级和巴黎中心区的上层资产阶级起来反对这项法令。他们认为，热月党的统治没能使法国政局得到稳定，并指责这个特别法令是一个明显的、露骨的、为了一小撮政客垄断政权的专制法令。其次，雅各宾派分子，工人和广大贫苦群众对于这项法令都非常反感。因为他们不能忘记，热月党政府对工人区进行过牧月镇压，对雅各宾革命党人进行过长达一个月的屠杀，还残酷无情地解除了工人区的全部武装。他们已经把热月党的国民公会视为最凶恶的敌人。至于军队的情况也很不佳。士兵们只是痛恨保王党和波旁王朝复辟，他们并不愿意起来保卫国民公会通过一项旨在破坏人民主权的法令。那时，曾镇压过牧月 4 日巴黎人民起义的巴黎卫戍司令梅努将军已经倾向了有产者和保王党，他也不愿意镇压旨在反对特别法令的叛乱。他暗中同暴乱者谈判，同意停战，把军队撤回军营。这样保卫国民公会的武装便陷于瓦解。

葡月 12 日（10 月 4 日）晚上，为了保卫政权，热月党国民公会以叛徒罪逮捕了梅努将军，任命热月党主要首领之一巴拉斯为巴黎卫戍司令。消息一出，整个巴黎顿时舆论哗然，暴乱者在国民公会大厦附近的街道上聚集了 3 万多人，声势浩大，大有翻天之势，巴黎人心惶惶不可终日。10 月 4 日深夜，暴乱者封锁了巴黎的主要街道，准备次日清晨对国民公会发动进攻。

巴拉斯是个政客，他在 1793 年曾同小罗伯斯比尔、波拿巴·拿破仑等一起参加过收复土伦的战役，但他不懂军事。现在暴乱者来势凶猛，使他一筹莫展。就在这千钧一发之际，他突然想起了曾经在土伦战役大显身手立过大功的拿破仑，并听说他闲居在巴黎，不久前才到地形测量部重新任职。于是，他立即派人召来拿破仑。巴拉斯对他说："如果让你负责指挥战斗，你是否能镇压这次保王党的叛乱。"拿破仑果断地说，只要赋予我绝对指挥权就一定能够取得胜利。巴拉斯接受了他的要求，委任他为巴黎卫戍部队副司令，全权负责平息叛乱。

1795 年 10 月 5 日（即葡月 13 日）黎明，拿破仑调动好部队，并让骑兵军官缪拉把搜罗到的 40 多门火炮放置在巴黎的几个重要的制高点和几个主要街口，然后命令部队向叛乱分子总部所在地圣罗克教堂及附近的房屋开枪，战斗打响了。当叛乱分子向国民公会大厦冲锋的时候，拿破仑用大炮迎击，准确而有力地击溃了各路先头部队。接着大炮对准叛乱分子总部门口，炸得叛乱者血肉横飞，抱头鼠窜，四处逃命。拿破仑开创了用大炮镇压街头叛乱的先例。葡月事件同拿破仑的名字很快地传遍了全国，拿破仑被人们称为"葡月将军"。当天晚上，拿破仑就被任命为中将巴黎卫戍区司令。从此，他登上了法国的政治舞台，跻身于法国统治集团的上层行列。葡月事件结束后的第二天，拿破仑为了让母亲放心，给他哥哥约瑟夫写了一封充满得意洋洋心情的信。信中写道：

"一切终于都结束了。我首先想到的是把我自己的情况告诉你。由各区组织起来的王党分子日益猖獗。国民公会下令勒佩尔蒂埃区必须解除武装，派去执行这一任务的军队被击退了。据说梅努是个叛徒，他立即被撤职。国民公会任命巴拉斯指挥政府的武装部队，这位受命人选我为副总指挥。我们部署了军队。敌人从杜伊勒里宫向我们发起进攻。我们迎头痛击，击毙许多敌人。而我们也死了 30 多人。最后，我们解除了各区叛乱者的武装，一切都已平静了。像往常一样，我安然无事。"葡月事件后，拿破仑成了巴拉斯的密友，经常是巴拉斯家中的座上客。由于巴拉斯的关系，他结识约瑟芬，并同大他六岁的约瑟芬结了婚。约瑟芬是法国大革命时期被处死的博阿尔内将军的遗孀，她姿容美貌，风雅动人，拿破仑十分爱慕她。约瑟芬是上层贵妇，拿破仑同她结婚后又结识了政府中许多显要人物，这对拿破仑后来在政治上发迹，起了很重要的作用。

（四）督政府的建立与巴贝夫起义活动

1795 年 10 月 26 日，根据宪法规定，选举了元老院和五百人院，新的立法团又选出第一届 5 名督政官，他们是：巴拉斯、拉雷韦耶尔·勒波（ReveilIere Lepeaux）、勒图尔纳（Leteruneur）、勒贝尔（Rewbell）、卡尔诺（Carnot）。最初，曾选西哀耶士担任督政，但他不愿就职，后改为卡尔诺。这五个督政官除了卡尔诺还有些才干外，其他四人都是庸碌无能之辈。巴拉斯更是一个为了升官发财，卖身求荣之徒。像这样一些腐化分子掌握国家大权，不仅解决不了国家的财政困难，反而使国家财政更陷入危机。

在督政府统治时代，投机倒把横行无忌，纸币不断贬值，物价不断上涨，加之连年战争，劳动人民的生活极端恶化。从 1790 至 1795 年，许多商品都上涨了 25 倍到 30 倍，面包价格竟涨到 117 倍。货币贬值非常严重。在 1795 年 10 月份内，10 个利维尔的纸币可以换一个利维尔和 19 个苏硬币，到了 11 月间，100 张利维尔的纸币只能换 16 个苏硬币；到 1796 年 1 月份，只能换 8 个苏硬币了。在这种经济情况下，工人与城市贫民的生活恶劣到了极点。可是，资产阶级投机分子不仅不感到恐慌，反而大发横财，更加富裕，他们挥金如土，吃喝玩乐，过着骄奢淫逸的腐化生活。在这种社会情况下便出现了巴贝夫平等派的密谋起义活动。这是一次比忿激派更为成熟的空想共产主义运动。

巴贝夫在 1760 年出生于一个农村的贫苦小生产者家庭。14 岁开始做工，后来充当一家贵族的抄账员。因为他管理封建地主的封建文书使他逐渐地认识了封建剥削的残酷，从而产生了痛恨封建制度的思想。1789 年法国革命爆发时，他积极参加了攻占巴士底狱的斗争，并改用了古罗马护民官的名字盖叶·格拉古。革命开始

232

时，他曾写过一本小册子，主张废除封建土地私有制，把土地分配给贫雇农。

1795年以后，巴贝夫开始积极从事革命活动。在这一时期，他便具有了共产主义思想。他组织"巴台翁俱乐部"，其中领袖人物除巴贝夫外，还有达尔台、比欧纳洛蒂等。这些人都是忠于共产主义事业的。后来，巴贝夫又组织一个秘密的革命团体叫"平等会"。这个"平等会"的目的在于组织武装暴动推翻督政府。在"平等会"的革命宣言中，巴贝夫表达了他的共产主义思想。

平等会的宣言贯穿着平等的思想，主张公有财产和共同劳动，建立平等的共和国，巴贝夫说："现在无论什么样的社会，社会中各分子间，都应完全平等……土地应属于大众，财产应公有，甚而这些公有应普及一切物品，乃至各个工业部门的产品。"这就是巴贝夫废除私有财产和主张公有财产的思想。至于共同劳动，他在宣言中说："劳动和享乐应该是共同的，自然托付于每一个人都有劳动的义务，任何人也不能规避劳动，否则就是犯罪。"

巴贝夫尖锐地攻击督政府及一切从事投机垄断而发财的资产阶级。他说："以前所说的平等只是空话，现在已到真正实现平等的时候了。我们要平等，不仅写在人权宣言上，我们要它能在我们中间，在我们住宅的房顶下面。"在巴贝夫的思想中，不仅指出了消灭阶级特权，而且要消灭阶级差别的本身。巴贝夫这个宣言，超过了资产阶级革命的界限。巴贝夫还认为要以革命暴动的手段实现贫民专政，才能实现理想的社会。

巴贝夫是一个"乌托邦"共产主义者，他所宣传的只是一种原始的平等，他不是根据社会发展客观规律，而是以理性来解释社会的发展及现状。

巴贝夫起义活动最后遭到失败。在1797年5月，终因内奸格里泽尔（Grisel）出卖，巴贝夫及其战友达尔台被捕，旋即被处死。

（五） 拿破仑与督政府的对外战争

督政府在镇压巴贝夫密谋起义后，就发动了对外战争。法国督政府并不想从国内生产，而是想从战争中掠夺别国的财富，以解救国内的财政危机和满足他们纵情挥霍的奢欲。

早在 1794 年 6 月间，法国已经把欧洲联军撵出了法国国境，并在比利时境内接连不断地取得了胜利。皮什格鲁将军率领的法军继续前进，击溃英法联军，占领了荷兰。茹尔丹将军和克莱贝尔将军率领的法军迫使普奥联军退过莱茵河，到 1795 年初，整个莱茵河左岸已全部落入法军之手。这个时期，法军在西部攻入西班牙境内。

法军的胜利动摇了反法联盟的基础。1795 年 4 月，普鲁士与西班牙被迫于巴塞尔同法国先后签订和约，退出反法联盟。根据巴塞尔和约，确定莱茵河左岸为法国东部的疆界，荷兰并入法国的版图，更名为巴达维亚共和国。西班牙将圣多明各岛的一部分割让给法国。普鲁士、荷兰和西班牙的溃败与退出战争使第一次反法联盟分崩离析。此后，只有英国和奥地利仍在同法国作战。在欧洲大陆上的奥地利是法国首先要对付的强敌。

1796 年，督政府准备进攻奥国。当时，进攻奥地利有两条道路：一是通过德国；二是通过意大利。当时意大利北部掌握在奥军之手。卡尔诺当时是督政府掌握军权的督政之一。他决定从不同的三个方面向奥地利首都维也纳进军。他派茹尔丹率一支法军沿着莱茵河推进；派莫罗率领另一支法军沿着多瑙河推进。这两条战线当时被认为是主要战场。法国企图主要通过这些地方入侵奥国。所以，督政府为这两路选择了最精锐的部队和最杰出的战略家莫罗和茹尔丹等人，也不惜资材尽量地充实这两路军队的装备和军需。法国政府对于这两路军队寄予了最大的希望。另一个战场是北意大利。督政府把意大利战场视为次要的，只起牵制作用。这路军队装备不好、军需又不充足、久未发饷、纪律松懈、谁也不愿率领这样一支军队。卡尔诺认为拿破仑熟悉意大利地形，有过作战方案，便派拿破仑作为远征北意大利的法军总司令。拿破仑毫不犹豫地接受了任务。他意志坚强，有胆有识，把这支最糟糕的法军整顿得很好，并在战场上取得了出人意料的一个又一个的辉煌胜利。

1796 年 6 月，茹尔丹将军率军渡过莱茵河，向德意志境内挺进，但遭到奥军顽强的抵抗。在阿尔滕基尔一役，法军被奥军打败后，被迫撤回莱茵河左岸。莫罗将军率领的——另一支法军也没有进展。这些在革命时期经常打胜仗的著名将军，这次都吃了败仗，只有拿破仑在意大利战场上接连取得胜利，从而扭转了战局。

1796 年 2 月 23 日，拿破仑被任命为远征意大利北部的法军总司令。他到任后，首先整顿军队。拿破仑采用了威吓、哄骗与纪律三种手段整饬军队。他对士兵说："我将带你们到世界上最富饶的国家里；只要你们勇敢、坚毅，你们不仅能得到丰衣足食，而且会获得无上的荣誉！"拿破仑对其属下军官也采取各种手段加以制服。有些年老经验丰富的将领如奥热罗与马塞纳等最初都看不起拿破仑，实际上，要他们服从一位 27 岁的青年将领指挥，简直是一种耻辱。可是，拿破仑有胆有识、果断勇敢，这些老将逐渐地也被折服了。拿破仑为了涣散意大利的民心，还不断地宣扬，他之所以远征意大利乃是为了解放意大利的人民，使他们摆脱奥地利的压迫与统治。

1796 年 4 月 5 日至 9 日，拿破仑身先士卒极其勇敢地率领法军越过阿尔卑斯山最险要的靠近沿海的一个隘口。那里有英国巡逻舰队。他不顾英舰的炮击，终于胜利地越过了这个"天险"。拿破仑神出鬼没地在六天内打了六次胜仗。最先击溃奥军，接着又击溃了皮蒙特的军队，迫使撒丁王国投降媾和。此后，法军集中全力对付奥军，战无不胜，攻无不克，势如破竹，席卷了整个北部意大利。法军不仅占领了意大利北部各公国，还征服了罗马教皇领地，教皇不得不割地并赔款 3000 万法郎，还献出了许多绘画、雕刻等名贵的珍品。拿破仑从被占领的诸公国中掠取赔款、抢夺军事物资与财富，用以充实法军。他采取以战养战的办法，逐渐地增强了法军实力，主力继续追击奥军。1796 年 11 月，他在阿尔科拉桥附近的血战中彻底击溃奥军主力。1797 年 1 月 14 日，在里沃利（Rivoli）一役又取得了新的胜利，迫使在曼图亚的奥国守军数千人投降。曼图亚是欧洲最坚固的要塞之一。这也是奥军在意大利北部最重要的一道防线。拿破仑占领了曼图亚之后，又挥师北上，直捣维也纳。4 月 18 日，法军到达距奥都维也纳不远的累欧本时，迫使奥军签订了临时停战协定。1797 年 10 月 17 日，法奥两国在坎波·福米奥签订了正式和约。其主要条款是：（1）奥地利承认莱茵河是法国的边界线，放弃对比利时领土的要求；（2）奥地利开放米兰，承认拿破仑在意大利北部建立的利古里亚共和国（建都热那亚）和南阿尔卑斯共和国（建都米兰）；（3）奥地利得到威尼斯和亚得里亚海沿岸的达尔马提亚沿海地区作为补偿。

坎波·福米奥和约的签订标志着第一次反法联盟的瓦解。此后，法兰西共和国对外战争的性质开始发生变化，它不再是防御性的革命战争，而是侵略性的掠夺战争。

拿破仑远征意大利北部的胜利，使他誉满全欧。拿破仑回国时受到法国朝野上下的热烈欢迎。

奥地利被法国打败后，第一次反法联盟已经瓦解，只剩下英国还同法国为敌，1798 年 4 月，督政府为了切断英国同印度和东亚的贸易通道，任命拿破仑为远征军总司令，决定远征埃及。

1798 年 7 月 2 日，拿破仑率军 3 万，带着炮兵，乘 350 艘战船出征埃及。他用声东击西的手法，躲避了英国海军的阻截，首先占领了马耳他岛，继之在埃及的亚历山大港登陆。法军登陆后立即向埃及内地挺进。7 月 21 日，金字塔一役，拿破仑打败了埃及统治者马梅路克的主力军，占领开罗。接着经过半年多的战斗，法军征服了整个埃及。从此，法军控制了埃及全境。

拿破仑在埃及取得胜利后，继续向叙利亚推进。1799 年 3 月 6

日，法军攻下亚发城。同年 3 月 20 日，法军围攻阿刻城要塞，因有英土联军坚强防守，法军没有攻城大炮，士兵又染上瘟疫，因而久攻不下终遭失败。拿破仑不得不放弃征服叙利亚的计划，退守埃及。早在 1798 年 8 月 1 日，停泊在阿布基尔港的法国舰队已被纳尔逊率领的英国舰队歼灭，从而截断了法军的归路。

法军在埃及停留期间，时常遭到土著居民的反抗。拿破仑采取各种残酷手段制服了暴乱。同时，拿破仑为稳住埃及和保证军需供应，还在埃及实行了一些资产阶级性质的改革。第一，在行政改革方面，拿破仑召开由全体贵族和各省代表所组成的大国务会议，企图通过这个会议管理埃及；第二，拿破仑取消埃及的苛捐杂税和包税人制度，实行单一税制，改革封建土地制度；第三，为了解决法军的需要，建立了备有大型烘炉的面包房、酿造啤酒工场、生产火药的制硝厂、弹药厂、军服厂、机械制造厂、铸造厂和造船厂等。与此同时，也生产一些民用轻工业品，如服装、帽子、长统靴、腰带和刺绣品等。在法国技术人员指导下，培养出一批埃及的技术工人，为后来埃及近代工业的生产创造了条件；第四，在农业方面，兴修水利、发展农业、增加耕地面积。

拿破仑远征埃及在科学文化方面取得的成就更加显著。拿破仑在远征埃及时，带了许多科学家、学者和工程师。其中有曾研制火药、铸造铜炮、为支援前线作出过重大贡献的蒙热、法国科学院院士贝托莱和德农、数学家付利叶、土木总工程师勒佩尔、化学家德科蒂尔、天文学家努埃、博物学家若弗鲁瓦和萨维尼。此外，还有画家、诗人、音乐家和医学家等等。他们都热心于科学研究，极其渴望探索埃及和东方的文化宝藏。拿破仑到埃及后建立了研究院和图书馆。在拿破仑的积极支持下，埃及研究院开展了各方面的研究工作。在考古学、地理学和动植物学等方面，都取得了很有价值的成就，对后来研究埃及古代文化做出了重大贡献。

拿破仑一向把宗教视为是政治斗争的工具。他在埃及的宗教政策是宽容异教和尊重古兰经。他对于伊斯兰教非常尊重。他让埃及伊斯兰教长老们参加各级行政机构，让法国士兵参加伊斯兰教的盛典，甚至允许法国官兵参加伊斯兰教。

综上所述，拿破仑远征埃及在给埃及人民带来深重灾难的同时，在客观上也开始使埃及发生了巨大变革。他在埃及推行的改革和传播的法国革命思想，破坏了埃及古老的封建社会结构，结束了埃及与世隔绝的闭塞状态，为埃及社会以后的发展创造了有利的条件。尽管如此，拿破仑远征埃及的战争，仍然是一次争霸的战争，是一次侵略的殖民战争。

（六） 拿破仑的雾月十八日政变

法国督政府为了防止封建复辟和压制人民革命，一直采取左右摇摆的"秋千政策"。

早在 1795 年 10 月，督政府平定了葡月保王党人在巴黎的武装叛乱后，1796 年又有巴贝夫平等派的密谋起义。平等派起义遭到镇压后，右派的势力又抬头了。保王党伺机再起，企图通过改选议员的机会，钻进立法团和政府机关，以便从中策变，达到其复辟的目的。

1795 年 5 月，立法机构在改选三分之一的代表时，保王党人获得了许多席位。他们钻进了立法团，还在政府机关中，安插了自己的党羽。新选出的督政官巴泰勒米就是一个君主立宪派，他公开地同情保王党。立法团中的两院议会，也钻进了许多保王党人，尤其严重的是两院议长都是保王党分子。元老院议长巴尔贝·马尔布瓦是一个保王党人；五百人院议长皮什格鲁将军，不久前还是共和国法军的荷兰前线总司令，曾因与波旁王朝路易十八和孔代亲王有接触，被撤掉军职，现在他已背叛共和国变成保王派。由此可见，立法机构已被保王派分子控制了。在督政府中，除巴泰勒米外，有卡尔诺也倾向了保王派。

保王派在立法机关与政府中得势之后，便使立法团通过一些有

利于保王派的反动法律。例如，减轻惩治亡命者和未宣誓僧侣的刑
罚；恢复一些天主教特权，准许天主教会鸣钟祈祷活动；保王党分
子也可以担任各部部长等。所有这些，说明共和国已面临非常严重
的危险局面。

可是，法国人民非常憎恨封建复辟，资产阶级中除了极少数老
立宪派之外，也都反对复辟，尤其是从革命中培养出来的、久经锻
炼的军队士兵更仇视封建复辟，他们都拥护共和国。由此可见，保
王党的复辟企图是没有什么社会基础的。1797年，还在意大利打
仗的拿破仑，早就有政治野心，他无时无刻地不在关心着巴黎的政
局，对于巴黎的情况了如指掌。那时，恰好法军占领威尼斯的迪里
雅斯特。在那里，法军情报人员捕获一名从法国逃亡到该地的保王
党分子。从他身上搜出一份有关皮什格鲁背叛共和国的秘密文件。
拿破仑把这份文件暗中寄给督政府的巴拉斯，并派一名副官拉瓦莱
特回到巴黎，了解督政府的动态。拿破仑答应督政府一旦有事，他
的军队将支持他们。与此同时，拿破仑派了亲信奥热罗将军带着
"军队的抗议书"前往巴黎，协助巴拉斯对付保王派。此外，拿破
仑还从掠夺意大利的巨款中拨出300万法郎送给巴拉斯作为应变的
经费。

为了对付保王党人，巴拉斯抽调一支特别可靠的师团作为后
盾。1797年9月4日（果月18日），他公布了秘密文件，逮捕皮
什格鲁，把他流放到卡晏（圭亚那首府）。同时，也逮捕了巴泰勒
米，卡尔诺闻讯潜逃。次日凌晨，以巴拉斯为首的督政府宣布立法
机构在5月间选出的145名保王党议员无效，并逮捕了其中53名
首要分子，把他们也流放到圭亚那。最后，在政府中有君主主义嫌
疑的一些官吏均遭清洗，还恢复了新闻检查制度和惩治亡命者和未
宣誓僧侣的法律。以上所述，就是法国历史上所谓的果月18日事
件。

自此以后，督政府严加防范保王党分子的复辟活动，其政策似
乎向左转了。于是，人民群众的民主激进思想又抬头了。人民俱乐

部纷纷出现，极端共和派又活跃起来。1798 年 5 月（共和六年）在新的议员选举时，有 160 名雅各宾革命民主派分子当选为两院的议员。这说明革命派的势力日益兴起，并逐渐壮大起来。

可是，督政府对于革命派的崛起，也是非常恐惧的。因此，它又向右转了，决定压制革命派。1798 年 5 月 11 日（即花月 22 日），督政府利用"审核议会选举工作的权力"，又宣布 98 名雅各宾派分子的当选无效，并把获得少数票的保守的共和派分子拉进了两院。接着督政府又宣布封闭人民俱乐部，逮捕和流放了几百人。

督政府的这种忽左忽右的"秋千政策"，目的在于保持政治平衡，维护社会政治稳定。可是，这两次用暴力手段解散立法机构，无疑是违背和破坏宪法的行径，因此，它遭到各派的极大反感和愤慨。督政府的督政多半都是庸碌无能之辈和贪污腐化分子，巴泰勒米与卡尔诺去职之后，督政的遗缺由梅兰和特雷拉接替。他们都是政治律师，无所作为。原有 3 名督政，也难当重任：拉雷韦耶尔·勒波是一个博爱教狂信者；勒贝尔在政治上鼠目寸光，没有远见；巴拉斯贪污腐化，放浪形骸，卖身求荣，吃喝玩乐。像这样一些鸡鸣狗盗之徒，若想靠他们解决法国的财政困难和安定社会秩序，岂不痴心妄想。因此，督政府的威信一落千丈，其统治岌岌可危。

如果法国对外战争取得了胜利，还可以从被占领的国家和地区中掠夺物资财富，以稳定物价和充实军需，暂时维持其统治。一旦战争失利，其统治就难以维持了。然而，1798 年 12 月，法国的对外战争处处遭到失败，督政府的统治便摇摇欲坠了。

1798 年 12 月，以英国为首包括俄国、奥地利、土耳其和那不勒斯的第二次反法联盟组成。他们调动 35 万大军攻打法国。1799 年春，战争全面爆发。在德意志境内，奥军逼近阿尔卑斯山，法军吃了败仗。在北意大利，由苏沃洛夫率领的俄军与奥军联合打败了法军。在诺维（Novi）战役中，法国名将儒贝尔阵亡，法军失去了北意大利占领区。法国在那里建立的两个共和国也随之灭亡。在瑞士，法军被迫撤退出境。与此同时，俄国海军大将乌沙科夫又控制了地中海，夺取了法军占领的许多岛屿，封锁了法军在意大利的海军基地。由此可见，法军在各条战线上均遭失败。

法军前线的失利，加剧国内的动乱。第一，保王党人又在里昂、兰斯和南特等地掀起了暴动。旺代郡的王党叛乱又死灰复燃。朱安党在布列塔尼和诺曼底一带又大肆活动，准备发动暴动。有些地方的保王党人搞反革命游行示威，竟胆大包天地喊出"苏沃洛夫万岁！""打倒共和国！"的反动口号。所有这些事件引起了社会的极大恐慌。为了战争，督政府又颁布了征兵法令。可是这次征兵同雅各宾派执政时期大不相同，人民群众的革命情绪业已消失，他们已不愿为督政府卖命。因此，成千上万的青年逃避兵役，流离各地，造成了社会秩序更加混乱。为了解决财政困难，督政府又发行了公债和增加税收，结果造成物价上涨，投机商与包税者乘机倒把大发横财，而劳苦大众的生活却更加贫困。对外战争失利，也造成了工商业衰落，使工商业资产阶级非常不满。在这种形势下，革命的群众组织又相继恢复了。巴黎出现了"自由与平等之友联盟"。他们出版了《自由人民》，宣传马拉与巴贝夫的思想，革命情绪日益高涨。

为了缓和社会矛盾，稳定局势，督政府进行了一次人事大调整。1799 年 5 月的新选举是在军事失利和各派不满的情况下进行的。选举的结果，勒贝尔去职由西哀耶士接替。特雷拉去职由前任司法部长戈伊埃接替。新选出的两院议员对于梅兰和勒波（拉雷韦耶尔）这两个督政极为不满，竭力攻击他们，迫使他们自动辞职。两院另选出穆兰将军和罗歇·迪科接任督政官。这种人事变动史称"牧月事变"（1799 年 6 月 18 日）。这次事变把共和三年成立的督政府成员几乎全赶下了台，只剩下一个巴拉斯。

督政府的人事变动并不能挽救危机。绝大部分有产者已对督政府大失所望，尤其是工商业资产阶级。城乡劳苦大众对督政府的政策更为痛恨。他们把督政府视为投机分子和有钱人的政府，它压榨人民，使人民生活陷于绝境。军队士兵也对督政府产生了怀疑。由于财政困难，督政府对军队供应极差，久欠军饷，士兵少衣缺食，他们抱怨督政府已把拿破仑在北意大利获得的大片领土都丢光了，怀疑督政府已将拿破仑从战争中捞取的大量金钱挥霍殆尽。尽管1799年秋天，战事有些好转，马塞纳将军在瑞士打败了俄奥联军，保住了瑞士。但是法军社会各阶层对于督政府的失望与不满，已经难以扭转，它的统治岌岌可危，日子越来越不好过了。

在这种情况下，法国大资产阶级深深感到督政府已经统治不下去了。他们迫切希望建立一个强有力的中央政权，以便确保其统治。于是，他们便把希望寄托到军队和一些有声望的将领身上。最初，他们并没有看中青年将领拿破仑，而是在一些具有资深的年老的著名将领身上打主意。可是，奥什将军已死一年有余，莫罗将军被发现曾与皮什格鲁有牵连，马塞纳是一个没有政治头脑的粗鲁将军，儒贝尔已阵亡。最后，才落到拿破仑身上。

拿破仑从1798年7月到1799年10月正在埃及与叙利亚作战。他早就有推翻督政府和夺取政权的野心，只因时机未到才未贸然举事。他在埃及呆了一年之久，进攻叙利亚受挫之后，又返回埃及。法国海军覆灭之后，失去了后退之路。他只好固守埃及伺机待动。这时期，在埃及的拿破仑从报纸上看到一条惊人的新闻，其中写道："奥国、俄国、英国和那不勒斯王国又掀起了对法战争，俄军统帅苏沃洛夫到意大利，击溃了法军，……督政府已失去人心，软弱无力，一筹莫展……"拿破仑得知这一消息后，便下定决心乘机夺权。

1799年8月22日，拿破仑把军队托付给克莱贝尔将军，自己带了几名亲信将领和随从，便私自离开埃及。他暗中通过地中海的英国海军封锁线，于1799年10月9日在法国南部弗雷居斯登陆。从弗雷居斯到巴黎沿途受到各地群众极为热烈的、隆重的欢迎。法国各界人民之所以欢迎他，因为他们把拿破仑视为英勇善战的常胜将军，是法国民族的骄傲，把他视为"葡月将军"，是共和国的保卫者，是革命的体现者。

四、拿破仑的崛起与督政府统治时期

拿破仑到巴黎后，同样也受到巴黎各界人士极为隆重的欢迎。在巴黎，他通过各方面的接触，深深感到大资产阶级，尤其是新兴的大资产阶级都支持他，士兵非常崇拜他；市民群众多半都错误地认为他从埃及回国，旨在挽救共和国，谁也没有想到他要扼杀共和国，企图搞军事政变，窃取政权。

当时有两个督政支持他，并作为他的同谋者，这就是西哀耶士和罗歇·迪科。西哀耶士在大革命前是一个神甫。他写了一本《何谓第三等级》的小册子，鼓吹革命，从此有些名望。他曾做过三级会议的代表，制宪议会的议员，在政治上，他属于君主立宪派，是大资产阶级的代表人物。在雅各宾派专政期间，他沉默寡言，非常谨慎，隐藏回避，不敢露头。他就这样地度过了恐怖时期。他热烈地拥护热月政变，也拥护热月党人镇压芽月与牧月两次巴黎人民起义，他是一个十足的大资产阶级的代表人物。但是，他不太同意《一七九五年宪法》。他认为这部宪法根本不能巩固大资产阶级的政权。最初他曾被选为督政，他拒绝就职。后来他当了法国驻普鲁士大使。1799 年 5 月，他又被选为督政。这次他接受了这个职务，主要是他想在督政府统治危急时期，依靠一位有力的将军，支持修改共和三年宪法，从而使他成为国家的主宰。在他看来，拿破仑只不过是一名冲锋陷阵的武夫，不懂政治，而他自己是政治家，才能胜任国家最高统治者的角色。他的这种想法很快就被事实证明是错误的。另一个新督政罗歇·迪科是微不足道的，他一直追随着西哀耶士。由此可见，拿破仑在政变前已得到两个督政的支持了。

至于巴拉斯则是一个别具风格的人物。革命前他是一个伯爵军官，革命时钻进了山岳党。他的品质非常恶劣，为了私利往往不择手段，他多疑善变且胆大妄为。他曾是热月政变的主谋者，又是1795 年葡月 13 日事变的组织者，还是 1797 年果月 18 日事变的策划者。他深知无论是保王党人或是雅各宾派都仇视他。因此，他对于这两派人物都毫不留情，而这两派人物对于他也毫不饶恕。巴拉斯对于拿破仑搞政变并不反对。他幻想凭借他与拿破仑的关系，可以从中捞到好处。孰不知拿破仑由于他的名声太臭已经不喜欢他了。拿破仑认为西哀耶士既是一个督政，又是一个理论家，对于自己是会有相当用处的。

此外，还有一些政府高级官吏甘心情愿为拿破仑政变效劳，其中有塔列朗和富歇。塔列朗在革命前是个主教，还是一个很有外交才干的资产阶级外交家和政治家，然而，他在政治上却是一个投机分子，风流人物，为了私利，他可以出卖任何人与任何政府。他已经是几朝元老了。他最初出卖过立宪派，又出卖过吉伦特派和雅各宾派，现在他又要出卖热月党人和督政府了。拿破仑对于塔列朗非常了解，他器重他的观察力和政治才干。塔列朗也巴结拿破仑，为他出谋划策，帮助他尽快实现政变。富歇也巴结拿破仑。他在革命时期是雅各宾派，曾投票赞同处死国王。后来他背叛雅各宾派政府，投靠了热月党人。他当过督政府的警务部长。他希望拿破仑执政时还能继任此职。因此，他积极投靠拿破仑，准备出卖督政府。拿破仑也接受了他的帮助。富歇掌握革命以来关于保王党、亡命者和革命党人等各派的材料和档案，这对于拿破仑是有用的。

更重要的是，大资产阶级支持拿破仑。大金融家、供应商就更支持拿破仑了。银行家科洛立刻给拿破仑 50 万法郎，作为政变的活动经费。

由此可见，督政府的五个督政中已有 2 个督政支持拿破仑，还有一个不表态，其他两个微不足道。这样一来，督政府已分崩离析，陷于瘫痪。至于立法机关中，元老院均是 40 岁以上的议员，多半都是大资产阶级的代表人物，他们是拥护拿破仑的；只有五百人院比较麻烦，那里有极端共和主义者议员，被称为雅各宾派，他们坚决拥护共和国。即使如此，五百人院的议长是拿破仑的弟弟吕西安·波拿巴。这对于拿破仑来说，非常有利。总之，这时拿破仑搞政变的各种条件基本上都已具备了。

政变是雾月 18 日（即 1799 年 11 月 9 日）开始的。这天凌晨，拿破仑的住宅附近布满了军队。当时，巴黎的卫戍部队约有 7000

人，属于拿破仑的嫡系部队，是完全可以依赖的；另有 1500 人是特别警卫部队，负责保卫督政府和两院。这支部队虽非拿破仑的嫡系，但士兵都很崇拜拿破仑，把他视为常胜将军和共和国的保卫者，因此，他们也不会反对拿破仑。由此可见，当时首都的武装部队已经被拿破仑控制了。

尽管如此，拿破仑还是小心翼翼地不动声色，极其严密地掩盖着政变的真相。他暗中进行组织布置工作，企图使政变披上合法的外衣，唆使立法机关主动地将政权让他。

雾月 18 日上午 7 时，元老院在杜伊勒里宫开会。有一名忠实于拿破仑的议员发言。他编造了许多谎言，大肆宣扬雅各宾派分子要搞革命颠覆共和国。他制造假象，蛊惑人心，使与会者惊恐不安。随后拥护拿破仑的议员便提出两项建议。第一，应将两院开会地址转移到巴黎郊区圣克鲁，以免受到巴黎革命的威胁。第二，为了防备万一，提出任命拿破仑将军为首都和郊区所有武装部队的总司令。元老院全体讨论，结果很快地通过了这两项决议，并立刻将任命状交给了拿破仑。这样一来，拿破仑掌握了军队，为他搞政变创造了有利的条件。

这时，督政府已经瘫痪瓦解。西哀耶士与罗歇·迪科两个督政均已依附了拿破仑并参与了政变阴谋。戈伊埃与穆兰已被军队监视。拿破仑派塔列朗去说服巴拉斯，让他自动发表"退职声明"。巴拉斯看到了拿破仑不想用他，也就自动退出了政治舞台，去过安静的乡居生活了。由此可见，督政府已经自行瓦解。

两院的正式会议订在雾月 19 日（即 1799 年 11 月 10 日）在圣克鲁召开。雾月 18 日，两院议员陆续到了圣克鲁。拿破仑也在圣克鲁布置了军队，静等两院开会通过决议，合法地将政权让给他。雾月 19 日上午，两院分别在各自的会议厅开会。拿破仑到元老院会议厅发表了一通威胁性的演说。议员们没有表示异议，可是五百人院的议员们就不那么驯服了。有许多雅各宾派议员发觉拿破仑企图夺权的阴谋，怒气冲冲，高呼打倒强盗！大骂拿破仑是罪犯、独裁者，要求议会宣布"拿破仑不受法律保护"！当拿破仑进入五百人院会议厅时，有些议员包围了他，有的议员拉住他的衣领要打他，由于士兵的保护，才免于挨打。拿破仑的弟弟吕西安·波拿巴以五百人院议长的身份鼓动军队和警卫队说："你们司令官的生命危在旦夕，你们赶快把议会中的大部分代表从一小撮受英国贿赂的、手持匕首的狂妄之徒手中解救出来！"士兵莫名其妙，误以为有些议员要背叛共和国。与此同时，拿破仑也立刻发布命令解散五百人院。士兵在勒克莱尔将军指挥下，端着刺刀，冲进会议厅，驱散了议员。正当议员四处逃散时，拿破仑又命令士兵抓回一些议员，组成临时的五百人院会议，在拿破仑的武力威胁下通过一项决议，把政权交给拿破仑，赋予他修改宪法之权。晚间，元老院开会也核准了这个决议。最后，立法团宣布共和国全权交由拿破仑等三名临时执政官掌管。拿破仑为第一执政，西哀耶士与罗歇·迪科为第二、三执政。他们组织宪法委员会修改宪法。大权终于落到拿破仑之手。

五、拿破仑的执政府

（一）执政府的建立及其对外战争

拿破仑夺取政权后，为了巩固政权和稳定社会秩序，首先着手制定一部新宪法。拿破仑并不像西哀耶士所说的那样，只是一个赳赳武夫，只懂得打仗不谙政治。其实，拿破仑既是天才的军事家，又是出色的政治家和外交家。他的政治和外交手腕是非常灵活和机敏的。拿破仑获得政权后，总想把国家全部实权掌握到自己手中，使自己成为法国的主宰。为此，他积极地改变法国的旧体制，准备建立一套能够实现自己独裁意志的新体制。拿破仑有句名言："作为一个统治者应该知道，什么时候是狐狸，什么时候是狮子。"

雾月政变之后，拿破仑即成立一个宪法起草委员会，着手制定新宪法。最初，拿破仑委托西哀耶士草拟新宪法。西哀耶士从法学观点出发，草拟一部坚持分权原则、维护资产阶级民主制度的宪法草案。这个草案同拿破仑的意图背道而驰，遭到拿破仑的反对。拿破仑便亲自参加了修改宪法草案的工作，最后搞出一部适合拿破仑意愿的新宪法，即所谓《1799 年共和八年宪法》。这部宪法经过全民投票，结果有 300 万人赞成，1562 人反对，得到通过。1799 年2 月 24 日正式公布。

新宪法规定，领导共和国的最高行政权力机关是由三个执政组成的执政府。确定拿破仑·波拿巴为第一执政，康巴塞雷斯为第二执政，勒布伦为第三执政。第一执政享有全权，其余两名执政只有发言权，没有决定权。执政每 10 年改选一次，得连选连任。新宪法规定，只有第一执政有权提出法案和公布法律，只有第一执政有权任免各部部长和一切高级公职人员，也只有第一执政有权决定宣战、媾和及同外国签订条约。新宪法还规定，立法机构由三个院组成，即元老院（60人）、立法院（300人）和保民院（100人）。这三个院的成员，均由第一执政选择和任命。同时，由第一执政组建国务院。国务院根据第一执政的提议，草拟法案，提交保民院审议。保民院只能讨论不能表决，再交立法院。立法院对于议案只能表决，不能辩论，即交元老院审批，最后交由第一执政签署颁布。当时立法院被称为"三百哑巴院"。此外，第一执政还有权不经其他两院同意将议案直接送交元老院，即可生效。由此可见，第一执政在立法程序中起着决定性作用。各级司法人员，除初级法院法官外，都由第一执政和元老院任命。为了加强侦察工作，拿破仑建立了近卫军；为了监督富歇领导的警务部，拿破仑还建立了一个直接向他负责的巴黎警察总署。

1800年2月16日，拿破仑颁布了地方行政改革法，取消了地方自治，把全国划分为88个郡。每郡设郡长一人，由中央任命，对中央负责，实际上即对拿破仑负责。各县、区和市镇的领导均由郡长任命。过去地方官吏是由当地选举有声望的资产阶级或贵族绅士担任，具有很大的独立性。拿破仑取消了选举制，由他任命的官吏都是从各地招募来的，他们变成了领取国家薪俸的行政官吏，从而摆脱了地方的旧势力，而直接隶属于中央政府。地方议会虽然被保留，也只有咨询性质，形同虚设。这样一来，拿破仑的命令可以畅行无阻，能够得到彻底的贯彻。拿破仑就这样地从中央到地方建立了一整套的集权统治机构。他把国家的立法、行政、司法、外交和军事等各种大权都集中在他一人之手，实行军事独裁，到1800年春，拿破仑完成了新国家机构的重建工作。这时，他才30岁。

拿破仑的军事独裁是新旧大资产阶级统治的一种政权形式，并没有改变统治的阶级内容。拿破仑统治时期的政策，在经济上，保护资产阶级私有制、小土地所有制、工商业经营自由，其目的在于巩固资产阶级的社会经济基础，发展资本主义生产；在政治上，它防止封建复辟，镇压人民革命和抵制反法同盟的进攻。

　　拿破仑深知要想巩固其政权，必须打败反法联盟。1800 年 5 月 8 日，他离开巴黎率军开始第二次远征意大利。那时，第二次反法联盟还没有崩溃，英国与奥地利还同法国处在战争状态。北意大利已被苏沃洛夫率领的俄军所占领，法军已被逐出该地。后来，俄军又将北意大利让给了奥地利。奥军在北意大利驻扎一支强大的军队。该军司令官是奥国的优秀将领梅拉斯。梅拉斯错误地认为拿破仑进军决不会从瑞士越过艰险的大圣伯纳德山口。因此，他没有在那里严密设防，只留少数部队把守。然而，拿破仑善于运用迷惑战术，正是选择了这条极其艰苦的行军路线。拿破仑首先命令兰恩将军率领先头部队，携带大炮，冒着暴风骤雨，翻山越岭，奔向大圣伯纳德山，接着就是拿破仑率领的全军。5 月 21 日，拿破仑带领的主力军到了大圣伯纳德山峡，法军先头部队同一小股奥军发生冲突。奥军寡不敌众，被法军击溃。法军继续向南推进。5 月末，拿破仑全军离开阿尔卑斯山南部峡谷。1800 年 6 月 2 日，法军占领米兰，在奥军的后方展开攻势。当时，奥军统帅梅拉斯正率领大军进攻法军马塞纳将军防守的热那亚，并夺下了该城。但是，拿破仑在伦巴底的出现，使奥军占领热那亚已失去了意义。梅拉斯急忙回师迎击从北部突然赶来的法军，从而出现了著名的马伦哥战役。马伦哥是位于亚历山大城和托尔道纳之间的一个小村庄。这次决战不仅关系到法国的对外关系，而且关系到拿破仑执政府的存亡。所以，整个法国都十分关注。保王党人每天都在祈祷，希望拿破仑阵亡，法军战败。波旁王朝已准备好回国复辟。欧洲各国也十分关注事态的发展，如果奥军获胜就加入反法联盟。这一切，拿破仑都非常清楚。从当时法、奥双方的军事力量来看，拿破仑的军队不仅人少（仅有 2 万人）而且还是疲惫之军，由于穿越山地，仅带有 15 门炮；而梅拉斯的军队有 3 万人之众，100 门炮，而且弹药供应又十分充足。

　　6 月 14 日清晨，法奥两军在马伦哥展开激战。最初，法军失利。到下午 2 时左右，法军已溃不成军。下午 3 时，欢喜若狂的梅拉斯派信使去维也纳报捷。法军虽然已经陷入混乱，但是拿破仑仍很镇静，他反复向部下强调，战斗尚未结束。到了下午 4 时左右，形势真的发生了意想不到的变化，德塞将军率师赶到了。这个师是拿破仑派往南方去切断敌人从热那亚撤退后路的。当时，奥军正在休息吃饭，毫无防备，在法军出其不意的反击下，惊慌失措四处逃窜。到了下午 5 时，奥军已经完全丧失了战斗力。在这次战役中，德塞将军在追击敌人时被冷枪击毙。拿破仑失去了一员猛将，深感悲痛。法军在马伦哥战役中取得的胜利是拿破仑战争史上以少胜多的典型战例之一。

最初，维也纳宫廷还不知道奥军在马伦哥战败，还以为奥军已经取得胜利，他们正在歌舞庆祝胜利，后来突然传来奥军战败的消息，全场为之惊愕。

巴黎政府是在战争结束后的第六天才得到消息的。6 月 20 日上午，巴黎还到处传播谣言，说法军战败，拿破仑阵亡了。可是，上午突然一个信使带来确实消息说，在马伦哥战役中奥军已被彻底粉碎，意大利北部又落入了法军之手。于是全城礼炮齐鸣，欢欣若狂。对于这次胜利法国资产阶级非常高兴，就是市民和工人的情绪也异常高涨。只有保王党人表示沮丧，民主派分子则表示沉默。这次胜利的结果使拿破仑的地位更加巩固了。

1801 年 2 月 9 日，法奥签订了《吕内维尔和约》，其中规定：（1）奥地利完全放弃比利时，让出卢森堡与莱茵河左岸的领土；（2）承认巴达维亚共和国（荷兰）和赫尔维谢共和国（瑞士）；（3）承认南阿尔卑斯共和国和里古利亚共和国（即伦巴底和热那亚）。事实上，这些地区均已成为法国的附属地。这样，雾月政变前，法国所失去的占领地均已全部收回，并有所扩大。

马伦哥战役之后，拿破仑施用外交手腕，极力拉拢沙皇俄国，企图分裂反法联盟。他一再向沙皇保罗表示，要把 1799 年秋以来法军俘虏的俄军送回俄国。他并不要求交换战俘，因为俄国几乎没有法国战俘。沙皇保罗非常高兴，特派斯普连科坡尔琴将军去巴黎。1800 年 12 月中旬，斯普连科坡尔琴将军到了巴黎，受到非常隆重的款待。拿破仑吹捧沙皇是一位品德高尚而又伟大的君主。他不仅命令遣返俄军战俘，还从国库中拨款为俄军战俘 6000 多人制作新制服和皮靴，并把武器交还给他们。拿破仑还给沙皇写了一封热情洋溢的友好信件，只要保罗派一名全权代表到巴黎，法俄之间立刻就能签订和约。拿破仑的阴谋策划，迷惑了沙皇保罗。保罗回信表示欣然同意，并希望欧洲和平。拿破仑不仅同沙俄签订了和约，还要进一步缔结军事同盟，计划联合出兵印度。法俄之间突然和好，友好关系迅速发展，使整个欧洲感到不安。因为这两个国家的联合，就会控制整个欧洲大陆。对法俄同盟，英国尤其感到震惊和愤怒。所以，欧洲各国王室都惶惶不安地等待着可怕的 1801 年春季的到来。可是 3 月 11 日，在俄国发生了意外的事情，沙皇保罗在米海洛夫宫遇刺身亡。新沙皇亚历山大继位后，情况发生了根本变化，法俄同盟解体了。这意外的事件，使拿破仑不得不尽快地与英国签订和约。

那时，英国的处境也很困难。它几年来用金钱、武器和弹药支援反法联盟和法国亡命者都没有成功。由于战争，英国工商业资产阶级同欧洲大陆通商关系已经断绝，经济状况有些恶化。他们非常希望和平。同时，爱尔兰反抗运动又不断骚扰，使英国政府苦于应付。这时，积极主张同法国作战的皮特首相业已辞职，新首相亨利·阿丁顿和外交大臣赫斯伯里爵士都愿意同法国签订和约，在这种情况下，英法签订和约的条件成熟了。

1802 年 3 月 26 日，英法在亚眠签订了和约，史称《亚眠和约》。该约规定：（1）英国把九年战争中所占领的领土还给法国及其附属国；（2）将马耳他岛归还给马耳他骑士团；（3）英国军舰从在战争期间所占领的亚得里亚海和地中海上的所有据点撤出；（4）法军从埃及和罗马撤军，把罗马教皇领地归还教皇。显而易见，《亚眠和约》并不利于英国。英国决不会就此罢休。所以，《亚眠和约》也只是英法的暂时休战。拿破仑深知战争还是难以避免。可是，他想利用这个喘息时间，积极致力于国内建设，以便健全制度和发展经济，同时也没有放弃备战。拿破仑的统治基础主要是在《亚眠和约》以后奠定的。

（二）拿破仑的各项统治政策

拿破仑在用人方面，重视人才。凡是拥护拿破仑者，不论其出身与经历，只要有才干就加以任用。所以，他的领导班子包括各种人物。其中财政部长戈丹，就曾在路易十六时期做过财政总监的助手；外交部长塔列朗是奥顿的主教，原督政府时代的外交部长；警务部长富歇，曾是山岳党人，做过督政府的警务部长。此外，银行家、工业家、作家、学者、科学家，甚而还有革命前的贵族，都在执政府中担任了重要职务。这种尊重人才，排除派系的兼容并蓄的政策，使得拿破仑的官僚机构非常精干。这些人员多半都在大革命时期受过锻炼，是具有丰富经验的各界代表人物，办起事来效率很高。同时，他们各有官职，消除疑虑，对于稳定政局也大有好处。

拿破仑对于敌对势力采取恩威并施政策。拿破仑取得政权之初，国内盗匪四起，旺代与朱安党人叛乱仍然十分猖獗。政府发布通告，凡是放下武器，拥护拿破仑政权者，均实行大赦，给予宽大处理。对于朱安党人采取安抚政策，同他们实行停战谈判，给予优厚待遇。对于那些死不悔改同拿破仑作对到底者，则予以坚决镇压。在这种政策的感召下，有许多叛乱头子向政府投降，并得到赦免。1800年2月底，国内叛乱全被平息下去了。此后，拿破仑认为他有两种敌人：一是左派即雅各宾派分子；二是右派即保王党。他对待这两种敌人的态度并不一样。对付保王党他采取软硬兼施政策，公开表示愿意同保王党人和平谈判，只要他们甘心为拿破仑服务，诚心诚意地拥护拿破仑政权，拿破仑就对他们实行大赦并给予优厚待遇，行政部门也可以采用有声望的保王党人任职。可是，拿破仑对待雅各宾派则采取无情的镇压。他逮捕了许多雅各宾派分子及与雅各宾派有牵连的群众。在这种政策下，保王党人对于拿破仑便产生了幻想。他们希望他充当英国的蒙克。路易十八给拿破仑写信，要求他恢复波旁王朝，并允诺给予他及其家族和朋友极高的职位和奖赏，还要保障其后代的幸福。最初，拿破仑没有答复，因为他的地位还不够巩固。1800 年马伦哥战役后，拿破仑的政权巩固了，他自己怀有称帝野心，岂能将王位让给波旁呢！这时，路易十八再次写信，向拿破仑提出同样的要求时，拿破仑加以严厉痛斥。他在回信中说："你休想回到法国，你要回来就得用十万死尸作代价！为了法国的安宁和幸福，牺牲你的利益，历史是会为你记上一笔的！"

亡命者与保王党人认识到任何利诱与威胁都打动不了拿破仑的心。于是，他们便决定暗杀他。1800 年 10 月 10 日晚，在巴黎歌剧院，当密谋者带着武器正在向第一执政的包厢行进时，便遭到了逮捕，并被绞死。同年 12 月 25 日晚上，当拿破仑经过圣尼凯斯大街正去歌剧院的途中，他乘坐的马车附近，突然发生了炸弹爆炸。炸死炸伤许多群众，而拿破仑同其妻子约瑟芬却安然无恙，幸免于难。拿破仑确认这次暗杀是雅各宾派分子干的。富歇的警务人员便大肆逮捕与迫害民主派分子，结果有 130 多人被无辜流放。后来，捕获了一些保王党分子加以审讯之后，才证实这次暗杀事件是保王党人的阴谋。此后，拿破仑虽然仍然坚决镇压雅各宾派，而对于保王党人也不留情。可是，对于那些宣誓拥护拿破仑政权而不再搞波旁王朝复辟活动的保王党人则仍给予宽恕，不追究其罪恶。1802 年 5 月，执政府颁布一项法令，规定任何亡命者只要宣誓效忠新的国家，就可以取得回国的权利。这个法令公布之后，许多在国外已经混不下去的、贫困的亡命者，都回到了法国。

在思想意识上，拿破仑极力控制人们的思想。他取消了地方自治和政治自由，取缔新闻自由，压制自由思想。拿破仑不仅禁止写革命和谈革命历史，还不准提"革命"两个字，更不能写或提到革

英 法 近 代 史
YING FA JIN DAI SHI

命时期的历史人物。他要使人们把革命置于脑后，忘得一干二净，永远不要回忆革命时代。1800 年 1 月，他下令封闭 60 家报纸，到 1800 年底，巴黎的报纸只剩下了 9 家。

拿破仑为了达到禁锢人民思想的目的，成立一个巴黎警察总署。它虽然服从警务大臣，但同时又直接隶属于第一执政。拿破仑要把巴黎警察总署变成一个实行监察的谍报机关。在法国，拿破仑的警察渗透到社会的各个阶层，不仅监视公民，就是军队、机关也到处有他的警察网。拿破仑还故意把政治警察分成几个部分，让他们也互相监视。在拿破仑统治时期，法国已成为了政治警察无孔不入的警察国家。

宗教对于拿破仑来说，不是什么信仰，而是统治者统治人民的精神武器。他认为，为了更好地统治人民，就应当保留和加强宗教信仰。他曾说过："如果我要统治一个犹太人的国家，我必须重建所罗门寺院。"拿破仑在埃及时，就曾自称是伊斯兰教徒。

大革命时期，法国先后没收了教会的土地和财产，取消了教会的特权和什一税，剥夺了教会参与政治的权利和对于教育的垄断权等。这些革命的措施，曾遭到教会的疯狂反抗，许多教士拒绝宣誓效忠革命，纷纷逃亡国外；有些教士与王党勾结，到处煽动叛乱。法国人民，尤其是占人口绝大多数的农民多半信仰天主教。他们在天主教世世代代的影响下，已有了根深蒂固的宗教习惯和感情。在革命过程中，狂热地反对天主教和出现的反天主教的狂热运动，极大地伤害了信教人民的宗教感情。因此，有许多农民在教士的煽动下参加了保王党的叛乱，不断地进行骚扰，造成社会经常动荡不安。拿破仑吸取了历史教训，他认为可以不必取消天主教。他看到封建君主怎样利用天主教愚弄人民，维护其统治有一千多年。那么，他为什么不可以使这个宗教为他的统治服务？他要像富歇所领导的警察那样把天主教作为黑衣警察，加强他的统治力量，把它变成维护其统治的有力精神武器。因此，他进行了宗教改革。

1801 年 7 月 16 日，拿破仑与罗马教皇签署一个《教务专约》

(Concordat)。根据这个条约，在法国正式恢复天主教会，规定天主教是法国人民中大多数人的宗教；大主教、主教均由政府任命，并由罗马教皇给予"宗教授职"，规定不准追还革命时期没收的教会的土地和财产，不准恢复已经取消的教会什一税；教士的薪俸由国家支付，教会的裁判权交给政府司法机关处理，教皇的咨文、训谕、宣言和命令，只有得到政府许可，才能在法国宣读。这一改革，虽然把革命时期已经消灭的宗教又恢复起来，但是它还保留了革命时期对于宗教的各项主要的革命措施，不过使之符合于资产阶级的统治。《教务专约》公布以后，在法国各学校中立即设置了教义必修课，让学生背诵"上帝赋予拿破仑为行使自己权力的代表，成为自己在人间的化身"，"谁要反对拿破仑，就是反对上帝，就要永远毁灭，坠入地狱"。在教堂祈祷时要背诵"上帝保佑共和国，上帝保佑执政"的祈祷书。

由此可见，拿破仑的宗教改革的目的，只是使天主教不再为封建统治者服务，而为资产阶级的统治服务。

拿破仑为了巩固和加强他的独裁统治，特别注意制定各种法典，以便用法律形式把他自己的权力和资产阶级私有制巩固起来。

1800年7月13日，拿破仑下令组成"法典起草委员会"，开始起草"法典"，拿破仑亲自领导并积极参加了制订法典的全部工作。1804年3月21日，正式颁布和实施《民法法典》，1808年颁布和实施了《商法典》；1810年又颁布和实施了《刑法典》。这些"法典"都是以保护资产阶级私有财产不受侵犯为目的而制定的，其中《民法典》最为重要。1807年，这部《民法典》改称为《拿破仑法典》，该法典共有2281条，整个内容都是以法国大革命的社会成果为依据，并把这些成果转化为法律，涉及社会生活各个方面。这个法典，是法国启蒙运动思想家的各派思想和法国革命胜利成果的体现，它肯定了资产阶级对封建阶级的胜利，否定封建特权，宣告私有财产不可侵犯、契约自由以及权利平等原则。因此，这部法典在当时历史条件下，是有很大进步意义的，是一部初期的、较为完整的资产阶级法典。

这部法典的基本内容是：（1）《法典》规定了保护资产阶级私有制和确立了农民对土地的所有权。《拿破仑法典》把革命的胜利成果转化为法律，这就把法国革命以来最主要的革命成果，形成为资本主义社会经济制度基础，从而为资本主义的发展，开辟了广阔的道路。（2）《法典》不仅明确地规定资本主义私有制的原则，还具体规定了它的实际内容。例如，法典规定"个人对属于自己的财产有自由支配之权"，又规定"土地的所有权包括地上和地下的所有权"。法典的这些规定说明法律保证资产阶级可以不受任何限制地利用他们所得到的生产资料进行自由买卖、自由竞争和发财致富。（3）《法典》明确承认了农民在革命中取得的土地所有权，维护和保证小农土地所有制，为小农经济发展创造了有利条件。这对于促进当时法国资本主义的发展具有巨大作用，同时也是拿破仑所以能够得到农民支持，利用农民力量，一再打败国内外封建势力复辟活动的根本原因，因而使他成为"充分表现了 1789 年新形成的农民阶级的利益和幻想的惟一人物。农民阶级把他的名字写在共和国的门面上，就是宣布要对外进行战争，在国内要为自己的阶级利益进行斗争"。（4）《法典》巩固了新兴资本主义制度的经济基础，有力地粉碎了封建势力恢复"旧基础"的复辟企图。（5）《法典》对于摧毁欧洲的封建秩序，促进欧洲各国资本主义的发展也起到积极的作用。拿破仑在同欧洲封建势力作战的同时，也把《拿破仑法典》带到了被征服的国家，用资产阶级法权代替封建法权，削弱了那些国家的封建关系，促进了那些国家资本主义关系的发展。同时，《拿破仑法典》对于欧洲资产阶级各国的立法，也起了很大作用，成为它们"编纂新法典时当作基础来使用的法典"。拿破仑自己也认为"这部法典比他打多次胜仗都重要，可以留传后世"。

以上所述，说明《拿破仑法典》在当时历史条件下，有其巨大的进步作用，是法国大革命留下的最宝贵财富。

雾月政变时，法国国库异常空虚。拿破仑首要的任务必须解决财政困难问题。他深知要想解决财政困难必须依靠有产者。为此，他宣布废除督政府一切不利于资产阶级的各项法令，如强制公债、人质法令、征发制度和不准军需供应商人预支款项等。与此同时，他大力支持戈丹整理财政的计划，取消督政府实行的地方政府每年分配税款并征收部分直接税的权力，改由中央政府派税收专员直接收税。此外，他恢复了期票证券制度，使金融资本活跃，满足金融资本家的心愿。政府也实行税收期票由各家银行购买。在执政府支持下，1800年2月成立法兰西银行。该行股份有3万多个，每股1000法郎，其中大股东有200人，即后来法国著名的"二百家族"。法兰西银行成立后，立即认购政府税收期票3百万法郎，缓和了执政府的财政困难。拿破仑主要依靠"以战养战"的办法解决军费问题，因此，国库负担也得到减轻。

在拿破仑统治时期，还实行了许多有利于资本主义生产发展的措施，是为了满足工商业资产阶级的要求，同时也是为了战争，必须创造雄厚的经济实力。为此，拿破仑向工业提供补贴和机器设备，鼓励采用新技术。1801年成立由工业家、科学家组成的"促进民族工业协会"，协助政府实施对工业的监督和领导，鼓励生产，奖励发明。继之又组织了"工场和工场委员会"，调查和研究法国工商业发展的基本原则，实行保护关税，保护民族工业，抵制外货，尤其是英货。法国工业在国内有财政津贴，在国外随军进入被征服国家后则取得工商业垄断权。拿破仑还大力发展交通事业，1800年，法国开始修建各条公路和开凿运河。

总之，在拿破仑统治时期，法国资本主义经济有显著的发展，工业革命开始起步，开始更多地采用了机器生产。到1812年，国内已有200多家机械纺纱厂。1811年，工业生产总额比1789年提高50％。在农村由于消除了封建关系，农业发展也很快。实行了轮耕制，采用了新品种，扩大了耕地面积。例如，亚麻、大麻，从国外移植过来的油料作物以及染料植物，甜菜、烟草、酿酒所需的葡萄都有较大幅度的增长，从而为工业提供了更多的原料。法国也开始广泛地种植马铃薯。畜牧业尤其是牧羊业有了很大的发展。同时，城市的资本又纷纷向农业渗透，加速了农业资本主义的发展。

六、法兰西第一帝国的建立及其对外战争

（一）法兰西第一帝国的建立

《亚眠和约》之后，法国有一个短暂的休战时期，在这个时期中，拿破仑在巩固其政权的同时，便想做皇帝。因此，他为做皇帝创造了许多条件。第一，建立各种宗教组织。根据《教务专约》，拿破仑在法国设置了9个大主教区和41个主教区，每个主教区都设有教会参事会。大主教与主教由国家任命，名义上受罗马教皇管辖，实质上都受拿破仑控制，从而为他称帝做了思想准备。第二，1802年5月，拿破仑提出建立荣誉军团制度，由有终身爵位的军官组成，共有15个大队，分成几个等级。每队有7名二等大校军官，20名三等少校军官，30名四等士官军官和150名五等普通团员。第一执政任军团长，这便为他称帝奠定了组织基础。第三，《亚眠和约》签订后，5月8日，元老院宣布拿破仑·波拿巴连任十年第一执政。同年8月4日又正式宣布拿破仑·波拿巴为终身第一执政，并有权为自己挑选继承人。第四，在国外，1802年8月26日和9月11日，拿破仑先后把厄尔巴岛和皮埃蒙特并入法兰西共和国。10月9日，他占领了帕尔马公国。10月21日，又派遣一支3万人的军队进入了瑞士。1803年，法军远征圣多明各，表面上是去收复叛乱的法属殖民地，实质上想要恢复法国在美洲的殖民帝国（早在1800年西班牙即将北美路易斯安那让给了法国）。可是，1803年，英法之间再度爆发战争。波拿巴与美洲的交通往来受到英国海军的威胁，拿破仑在海地的军队又因疾病和当地黑人的反抗死伤惨重，因此，他才把重建法国在美洲帝国的念头放弃了，

并把路易斯安那卖给美国。

《亚眠和约》签订之后只有一年多时间，英法关系便又开始紧张，最后终于决裂。英国资产阶级与土地贵族看到，英国的商品不能输入拿破仑辖下的欧洲大陆市场，法国控制的比利时和荷兰，又直接威胁着英国海岸而法军又随时都有入侵英伦的危险。更重要的是，英国决不能容忍拿破仑的法国在欧洲和地中海称霸。所以，英国除了积极备战，还积极地拉拢俄国及欧陆各国，准备组织第三次反法联盟。法国也在积极准备战争。

流亡在国外的法国亡命者鉴于拿破仑称帝意图已决，便乘英法决裂战争即将开始之机，蠢蠢欲动，大肆活动起来。他们在英国支持下，妄图利用有利时机，准备策划阴谋活动，刺杀拿破仑。这批亡命者的为首者是皮什格鲁和乔治·卡杜达尔，前者是果月18日政变被放逐的将军，后者是朱安党的领袖之一。阴谋分子在法国海岸秘密登陆，潜入巴黎，同莫罗将军取得联系。这时，莫罗已被其妻拉进保王党。但是，警务机关早已侦破他们的阴谋，监视着他们的踪迹。当他们正在准备动手时，警务机关就将其中大部分主要人物逮捕起来了。1804年2月，终于破获了这个阴谋集团。乔治·卡杜达尔被处决，皮什格鲁在狱中自杀，莫罗被监禁两年，后改为流放。

拿破仑对于这次保王党的阴谋叛乱活动，极为震怒。据查，这次阴谋活动的主谋是一位亲王，他准备到巴黎领导这次活动。但是这位亲王究竟是谁，并没有查明，可是，拿破仑竟怀疑这位亲王是孔代亲王的儿子当甘公爵。3月15日，拿破仑派一支军队进入巴登大公国，在埃登海姆宫堡绑架了当甘公爵，把他押到万森，经过军事法庭几小时的审讯，就在城堡外的壕沟里，把他枪决了。其实，当甘公爵与阴谋事件毫无关系。对他来说，这是天降大祸；对拿破仑来说，就是杀一儆百，进行报复，同时也表示他要彻底消灭企图颠覆其政权的阴谋分子。那时，法国大资产阶级与人民也是最怕波旁王朝复辟的。所以对于拿破仑的所为，国内没有多大动荡。

六、法兰西第一帝国的建立及其对外战争

破获和处罚乔治·卡杜达尔和皮什格鲁的阴谋集团，处决当甘公爵和准备对英战争，所有这些都成了拿破仑建立帝制的阶梯。

保民院、立法院和元老院先后都通过了建立帝制的决议，拥戴拿破仑为皇帝。1804 年 5 月 18 日，立法团通过《共和十二年宪法》，宣布成立帝制。同年 12 月 2 日，拿破仑与其妻约瑟芬在巴黎圣母院大教堂举行加冕典礼。教皇庇护七世特地从罗马赶来主持这次盛典。然而，拿破仑并不尊重教皇，在典礼上，他不等教皇给他戴上皇冠，就拿过皇冠为自己和皇后约瑟芬戴上，带有明显地轻视神权与教皇之意。从此，拿破仑成了法国的皇帝，称拿破仑一世，约瑟芬被立为皇后，法国变成了法兰西第一帝国，亦称拿破仑帝国。

（二）拿破仑帝国的对外战争

1803 年 5 月，英驻法大使撤离巴黎后，英法关系恶化，英国未经宣战，就没收了停泊在英国各海港的法国和荷兰的船舶约有1200 多艘，实际上战争业已开始。1804 年 5 月 10 日，威廉·小皮特重新组阁。他曾同革命的法国战争了九年之久，现在又重新担任内阁首相，又要担负起再同拿破仑较量的重大任务。小皮特首先采取一切措施，防止拿破仑在英国海岸登陆。

拿破仑下令占领汉诺威，使英国在欧洲大陆上失掉一块阵地，因为汉诺威是英国王室汉诺威选侯的领地。接着拿破仑下令法军占领南意大利的一些据点，命令荷兰和西班牙为他提供海军和陆军援助法国。拿破仑下令在一切法国附属国和地区没收英国商品，逮捕和拘留居住在法国的英国人。

拿破仑早在布伦（隔海就是英国）就已建造庞大的布伦大营。训练和集结了一支强大的装备精良的精锐部队，准备在英国登陆。拿破仑认为，"只要下三天大雾，他的军队就可以顺利地出现在英伦"。

261

英 法 近 代 史
YING FA JIN DAI SHI

这时英国首相小皮特也正在积极地拼凑第三次反法联盟。奥地利并不甘心失败。它在《吕内维尔和约》以后，损失很大，拿破仑控制着西部和南部德意志小邦，严重地威胁着奥地利。既然英国出钱，它还想继续战争，因此，又参加了反法联盟。英国也拉拢俄国。沙皇俄国自从保罗逝世以后，亚历山大一世即位，他停止了同法国建立同盟的一切谈判。由于俄国贵族向英国销售农业产品和原料，极其关心同英国亲善。俄国沙皇也感到奥地利、那不勒斯、普鲁士均会参加这一联盟。因此，俄国也参加了这个联盟。拿破仑杀害当甘公爵事件引起欧洲君主国不满，沙皇也非常愤慨。他曾向拿破仑提出过强烈抗议，认为拿破仑破坏了"国际法"。沙皇在国内还为当甘公爵举行过哀悼。

英国首相同意拨款援助俄国，而且预先表示他还要拨款帮助奥地利、那不勒斯、普鲁士以及所有愿意拿起武器反对拿破仑的国家。1805年，第三次反法联盟就这样逐渐地组成了，只是普鲁士还有顾虑没有参加。

拿破仑看到第三次反法联盟的组成进展十分缓慢，一时还不敢发动大战。于是，他便做了妥善的安排。一方面，积极准备在英国登陆，直捣英伦老巢；另一方面，吞并皮埃蒙特、热那亚和卢加，建立北意大利王国。1805年5月26日，拿破仑在米兰加冕，接受王冠，自兼国王。同时他将德意志西、南各邦附属小国的一些领土，分给法国的德意志盟国如巴伐利亚等，以便巩固和加强法国的防务。那时，德意志诸小邦的王公和封建领主，从1801年吕内维尔和约以后，奥地利已完全无力保护他们，他们便把全部希望都寄托到拿破仑，求其保护和恩赐。这些小邦的王公又彼此互相暗算，互相告发，在拿破仑身边转来转去，为了自己的利益他们向塔列朗一再哀求和行贿，甚至达到奴颜婢膝的地步。

1805年秋，正当拿破仑准备乘雾季向英伦进军之际，突然发生了两件大事，使情况发生了变化。

第一，地中海的法国舰队，准备越过直布罗陀海峡，同守在英

六、法兰西第一帝国的建立及其对外战争

吉利海峡的法舰队会合，以便实现进攻英伦计划。但是，在特拉法加同英国舰队遭遇，在海战中，英舰司令纳尔逊虽然阵亡，但法舰队却遭到歼灭。因此，法军失掉了渡海的条件。

第二，1805 年，英、俄、奥和那不勒斯组成的第三次反法联盟业已完成，普鲁士当时尚未参加，西班牙被迫成为法国的同盟国。俄军已经开出，并已向德意志西、南各邦进攻。奥军全部出动。费迪南大公与麦克将军指挥的奥军有 9 万人已跨过莱茵河，侵入慕尼黑；约翰大公所部奥军 3 万人已占领了提罗尔；查理大公率10 万大军向阿迪杰河方向挺进，两支俄军正准备与奥军会合。

拿破仑根据以上新的军事情报，立即改变了登陆英伦的计划，重新做了进攻奥俄联军的部署。拿破仑利用他所建立的严密的军事组织，动员了庞大的布伦军营，用新的编制加强了这支军队，从英吉利海峡岸边出发，穿过整个法国，开往与法国结盟的巴伐利亚。

奥地利用一年多时间做了充分准备，其统帅麦克是一位久经战场的老将，他率领的军队训练得很好，装备精良，可谓是一支劲旅。但是，拿破仑进军神速。他首先占领了德意志西南诸邦，把巴伐利亚、巴登和符腾堡争取到法国这边。为了稳定各邦，拿破仑还把从奥地利手中夺得的领土分给各邦，作为奖励。法军打通了巴伐利亚之后，继续前进。他们从各方面以最快的速度，奔向多瑙河。贝尔纳多特、达乌、苏尔特、兰恩、内伊、马尔蒙和奥热罗等元帅指挥的军团以及缪拉的骑兵部队，都在拿破仑亲自部署和指挥下，准确无误地执行拿破仑的命令。

当时法军共七个军团，共有士兵 18.6 万人。每个军团都有步兵、骑兵和炮兵以及所有军队必须设置的机关。拿破仑想使每个军团本身都成为一支战斗的独立的军队，但是又得听从他的直接指挥。主要的炮兵和骑兵队伍不隶属于某一个元帅，不编入这七个军团，而是单独组成特种部队，由皇帝直接指挥。在必要时，拿破仑能够调动整个的炮兵队和骑兵队支援某一个军团。

10 月 1 日，拿破仑率领 60 万人渡过莱茵河，6 日，进入巴伐

利亚。法将马塞纳在意大利挡住了查理亲王。拿破仑采用急行军战术在德意志作战。几天之内，法军渡过多瑙河，进入慕尼黑，取得了韦尔廷根的胜利。1805 年 10 月 15 日，在乌尔姆要塞法军同奥军展开决定性的激战。内伊元帅率领一支法军强夺了乌尔姆周围的高地。苏尔特、缪拉、兰恩、马尔蒙和贝西埃尔等各军团从四面八方包围过来，奥将麦克陷入绝境，最后全军覆没。麦克和许多奥国将领被俘。总共被俘的奥国官兵约有 61000 多人，大炮 200 多门，其他辎重无数。奥军惨败。在此次战役中，法军仅损失 1500 余人。

占领乌尔姆之后，法军乘胜追击，直捣奥都维也纳。11 月 13 日，拿破仑以缪拉骑兵队为先导，在近卫军护卫下，进入了维也纳，住进奥皇皇宫肖恩布鲁恩宫。奥皇弗兰茨及其主要大臣逃到奥尔莫乌茨（今捷克的阿罗木次）。他曾向拿破仑求和，但遭拒绝。当时，奥军虽被击溃，俄军仍在作战。1805 年 10 月，俄皇亲至柏林，劝诱普王威廉三世加入反法联盟，普王虽然没有明确表示同意，但表示要出面调停，阻止法国，如果拿破仑不接受条件，普鲁士就加入联盟对法宣战。11 月 22 日，俄军与奥军一部会合，壮大了联军力量。

拿破仑连战皆捷，士气旺盛，势不可挡，占领维也纳后继续进军，北上到了布尔诺。那时，沙皇亚历山大一世御驾亲征，已经到了奥地利。俄国著名将领库图佐夫向沙皇建议，在后续部队未到来之前暂时缓进，采取拖延战术。可是年轻的沙皇刚愎自用不听劝阻，命令俄军向布尔诺急进，要与拿破仑决一雌雄。从而出现了著名的奥斯特里茨战役。

进入奥地利的俄军共约有 75000 人。奥军还剩下 15000 多人。俄奥联军在奥斯特里茨总兵力约有 9 万人。俄皇亚历山大和奥皇弗兰茨也在军中。俄皇急于击败拿破仑，在没有等待俄军后续部队到达之前，就于 11 月 27 日贸然进兵，企图切断在布尔诺附近的法军退路。法军在布尔诺地区只有 65000 人，难于马上攻击，但又不能久拖，因为俄军后续部队很快就会赶到。拿破仑为了摆脱兵力暂时不足的困境，遂取缓兵之计。拿破仑推迟接见普鲁士派来调停的特使，并以暧昧的态度使普鲁士举棋不定；同时急令贝尔纳多特和达乌元帅火速回兵增援布尔诺；又遣使谒见俄皇，要求停战 24 小时，以使法俄两国皇帝能够面谈。拿破仑的这些策略，使法军得到了宝贵的一天。在法俄两国派员谈判失败后，双方便围绕着奥斯特里茨以西，维也纳以北 120 公里的普拉钦高地准备决战。

法军利用河川沼泽，以不足万人的兵力部署在右翼防线，牵制俄军，主力部署在中部和左翼。为了诱使俄军分兵和推迟决战时间，等待达乌军团的到来，拿破仑果断地决定主动放弃普拉钦高地。俄军轻取普拉钦高地后，果然分兵迂回。以主力 4 万之众开始攻击法军右翼，企图切断法军的后路。拿破仑不失时机地抓住战机。12 月 2 日清晨，以 6 万之众对中部及左翼的 4 万联军发起了进攻，形成了主要方向上的优势。7 时 30 分，拿破仑命令苏尔特军团乘隙攻取普拉钦高地。9 时许，达乌第三军团赶到。中午，法军再次夺回普拉钦高地。在右翼，法军以有利地形成功地抗击和牵制了联军。普拉钦高地失守后，联军开始腹背受敌，溃不成军，慌乱地向萨地斯湖上的狭隘地区退却，遭到法军炮火猛击，冰破溺死、冻死和被炸死者甚多，俄国近卫军几乎全部被歼，沙皇与奥皇各自一方，落荒逃走，幸免被俘。当天夜里，战斗结束了。拿破仑在他的一大群元帅和近卫军将军们的陪同下，在士兵的热烈欢呼声中兴高采烈地穿过了广阔的平原，占领了奥斯特里茨。

奥斯特里茨战役法军仅损失 9000 人，而俄奥伤亡约有 15000人，此外还有 2 万多人被俘，炮兵几乎被全歼。事实上，俄奥联军已经崩溃。奥皇向俄皇表示不能继续再战。沙皇同意奥国与法国讲和，但是，俄军仍在战斗。奥斯特里茨战役是拿破仑战争史上最杰出的以少胜多的又一战例。

奥皇弗兰茨写信给拿破仑求和。拿破仑要求俄军残部立即从奥地利境内撤出，并要求奥皇只有在无条件投降后，才能停止战斗。奥皇无奈只好表示同意。1805 年 12 月 26 日，法奥在普莱斯堡签订了和约，欧洲第三次反法联盟终于解体了。

1805 年 12 月 26 日，法奥在普莱斯堡缔结和约，史称《普莱斯堡和约》，其内容如下：（1）奥地利将威尼斯、伊斯特里、达尔马提亚割让给意大利，并承认拿破仑为意大利王国的国王；（2）在该约中，拿破仑巧妙地利用奥国与德意志各邦国之间的矛盾，迫使奥国将提罗尔割给巴伐利亚，把德国西部边界以外的奥国领土割给符腾堡与巴登。拿破仑的目的在于扶植德意志各小邦，以削弱普奥大邦。总之，在这次和约中，奥地利丧失了 1/6 的人口，丢掉了大片土地，并且付出赔款 4000 万法郎。

《和约》签订之前，拿破仑就已同巴伐利亚、符腾堡和巴登订立了严密的攻守同盟。同时，拿破仑又命令法军入侵南意大利（即那不勒斯王国，属波旁王朝的一个支系）。那时，南意大利暗中同英俄交往，敌视法国，仇恨拿破仑。那不勒斯王后玛丽·加罗琳娜是法国王后玛丽·安托瓦内特的亲姊妹。她与革命的法国，特别同拿破仑是势不两立的。奥斯特里茨战役之后，拿破仑就派军侵入那不勒斯王国，占领了该国的全部土地。波旁王室逃往西西里岛，得到英舰的保护。拿破仑占领那不勒斯王国后，便任命其兄约瑟夫·波拿巴为那不勒斯国王。

此外，拿破仑在西部与西南部德意志诸邦中建立了一个"莱茵同盟"。德意志各邦的君主，根据拿破仑的命令，于 6 月 12 日签订了相应的条约。参加莱茵同盟的有巴伐利亚、符腾堡、莱根堡、巴登、贝尔格、赫逊、达姆什塔特、纳骚（两个家族），还有八个德意志公国。"莱茵同盟"选举拿破仑皇帝为自己的保护人，并规定同盟各邦有义务在发生战争的情况下提供 63000 名士兵，归拿破仑指挥。1806 年，奥皇被迫放弃了神圣罗马帝国皇帝的称号，并取消了神圣罗马帝国，这个从中世纪在德意志建立的封建堡垒，从此便寿终正寝。

拿破仑建立的莱茵同盟，将德意志各小邦置于自己控制之下，直接威胁了普鲁士的安全，引起普鲁士的恐惧。于是，普鲁士主战派又抬头了。他们极力主张同英俄联盟，不惜同拿破仑一战。于是，英国便乘机发起组建第四次反法联盟。参加这次联盟的有：英国、俄国、普鲁士和瑞典。

1806 年 10 月 8 日，拿破仑下令进攻普鲁士的盟国萨克逊。法军分三路穿过弗兰孔森林，奔向易北河，直捣普军的后方，10 月 9 日，法军与普军在什列茨展开第一次战役。普军为法军所败。10 月 14 日，在耶拿，法普两军展开决定性战斗。法军击溃普军主力后，乘胜追击，长驱直入柏林。11 月 8 日，普鲁士最后一支军队向拿破仑投降，结果，整个普鲁士全军覆灭。1806 年 11 月 21 日，拿破仑在柏林签署《封锁大陆的法令》，该法令宣布封锁不列颠群岛，禁止同英国通商，不准与英国人通邮及其他联系。最后，还宣布在欧洲大陆各处拘留所有的英国侨民，并没收其商品和财产。

拿破仑企图用经济封锁政策，扼杀英国。他下令欧洲大陆一切附庸国或半附庸国必须遵守并执行关于封锁的法令。与此同时，拿破仑又命令元帅们逐步地完全占领北海与波罗的海沿岸诸城，以便加强对英国的防范。

为了对付拿破仑和法继续战斗，英国极力拉拢俄国，并以大量的金钱和物质支援俄军。沙皇亚历山大仍想同法国继续打下去。为了击败俄军，拿破仑下令法军继续占领沿海城市如汉堡、不来梅和卢卑克，与此同时，法军大举进攻波兰，并向已经开到东普鲁士边境的俄军展开了进攻。1807 年 2 月 8 日，俄法两军在东普鲁士的艾劳城展开了战斗。这次战斗双方不分胜负。6 月 5 日，俄军又开始进攻。6 月 14 日，俄法两军在弗里德兰展开了激烈的战斗。尽管俄军非常勇敢，由于总司令别里格森的战略错误，使俄军遭到惨败。俄军死伤累累，被俘被淹死者不计其数。弗里德兰战役之后，6 月 19 日，拿破仑的军队直奔涅曼河右岸。俄残军渡过涅曼河，法军便停留在提尔西特。弗里德兰战役后，沙皇决定停止战斗，请求拿破仑签订和约。拿破仑表示同意。1807 年 6 月 25 日，沙皇与拿破仑会晤于涅曼河中一个木筏上。7 月 7 日，签订了《法俄和

约》，7月9日，签订了《法普和约》。在《法普和约》中，拿破仑
迫使普鲁士接受极其苛刻的条件。《法普和约》规定，普鲁士割让
易北河以西的全部普鲁士的领土和在瓜分波兰时分得的领土。拿破
仑把划出的普鲁士领土与汉诺威和萨克逊的领土组成威斯特伐利亚
王国，立其最小弟弟热罗姆·波拿巴为国王。与此同时，他把从普
鲁士夺得的波兰领土（即波兹南和华沙）建立一个华沙大公国，任
命萨克逊国王为大公。普鲁士的军队只能保留4万人。普鲁士赔款
1亿法郎。此外，拿破仑又同沙皇亚历山大签订了秘密的攻守同
盟，规定俄国必须执行拿破仑的大陆封锁政策，法国出面调停俄土
战争，迫使土耳其与俄国缔结和约。

　　提尔西特和约签订后，欧洲形势发生了巨大的变化。拿破仑几
乎占领了整个的欧洲大陆，只有葡萄牙与西班牙还没有屈服。

　　拿破仑从提尔西特返法后，就开始准备派军通过西班牙远征葡
萄牙，其目的主要是加强大陆封锁政策，企图从经济上窒息英国。
1807年10月，拿破仑派朱诺将军率27000法军通过西班牙的领土
向葡萄牙挺进，之后，又派杜邦将军率领24000人增援。此外，拿
破仑还派出了将近5000名骑兵。葡萄牙的摄政王向英国请求保护。
1807年11月29日，法军进入葡都里斯本。葡王室在两天前就已
乘英舰逃往巴西。拿破仑征服葡萄牙后，就要征服西班牙了。

　　当时，西班牙内部有矛盾。国王查理四世懦弱无能、优柔寡
断。国王、王后及其宠臣伐多伊同王位继承人斐迪南矛盾重重，西
班牙的贵族与资产阶级都支持斐迪南。拿破仑利用了这种矛盾，
1807年冬和1808年春，率军侵入西班牙，占领马德里，推翻了西
班牙旧王朝，扶植斐迪南即位。然而不久，拿破仑又用狡猾的手段
把西班牙的旧国王与新国王及其王室宠臣，都押送到法国，推翻了
西班牙王朝。1808年5月，拿破仑派其兄约瑟夫·波拿巴担任西
班牙国王，将缪拉元帅派到那不勒斯做国王。

　　西班牙王室虽被征服，但是西班牙人民的反抗非常激烈。西班
牙全国各地都出现了人民游击队，不时给予法国侵略军以沉重打

击，使法军坐卧不安，不敢离开城市。西班牙民族解放运动的火焰越烧越旺。所以，法军虽然占领了西班牙的城市，并没有征服整个的西班牙。

奥地利并不甘心失败，它鉴于拿破仑的军队困在西班牙，便想东山再起，准备同拿破仑决一死战。1809 年 4 月 14 日，奥国名将查理大公率军侵入巴伐利亚。在阿本什堡战役中，奥军又被法军击败；此后几次战役中，奥军连吃败仗，法军渡过多瑙河，追击奥军。5 月 8 日，拿破仑占领了肖恩布鲁恩的奥皇宫廷，5 月 13 日占领了维也纳。虽然如此，奥军仍不认输，继续战斗。1809 年 7 月 6 日，在瓦格拉姆战役中，奥军遭到彻底毁灭。这次战斗之后，奥军丧失了战斗力，被迫求和。1809 年 10 月 14 日签订了《维也纳和约》。该约规定：（1）奥国让出卡林西亚、克拉纳、伊斯特里亚、的里雅斯特和的里雅斯特省；（2）奥国割让奥国西部和西北部大片土地和加里西亚的一部分；（3）赔款 1.34 亿法郎，由于奥皇一再恳求减免，最后改赔款为 8500 万法郎。

根据这次和约，奥国遭到彻底的清算，丧失了最好国土的1/3。此后，奥地利对于拿破仑只有俯首帖耳，参加了大陆封锁体系，并把公主玛丽·路易丝许配给拿破仑，同拿破仑联姻。由此可见，奥地利多次反抗拿破仑均遭失败，最后这次失败，不仅损兵折将，割地赔款又赔了公主。到这时，拿破仑帝国达到了极盛时代。

七、拿破仑帝国的极盛时代

（一） 拿破仑帝国控制下的欧洲

在《维也纳和约》签订后，拿破仑得意洋洋地返回巴黎。这时欧洲大陆主要的国家普鲁士与奥地利都已听命于拿破仑，俄国也委曲求全只图自保，法兰西帝国几乎已经征服了整个欧洲大陆。1809年5月，拿破仑正式将教皇领地（罗马）并入法国。使之成为法兰西帝国的一个省份。6月10日，法军开进罗马。7月6日，将教皇囚禁于热那亚湾的萨沃纳。法国还吞并了荷兰以及整个的北海沿岸。同时，瑞典也接受了大陆体系。至此，法兰西帝国在全欧洲已拥有130个省（郡），其面积约有75万平方公里，人口约有4400万人。伊里林省尽管已并入帝国，但一直是单独管理，没有列入130个省之内。总之，从1809年到1812年，拿破仑帝国的版图极为广阔，它已成为大法兰西帝国，其统治范围，北起波罗的海，南至地中海，东至涅曼河，西至比利牛斯半岛。

这时，法国的陆军威震欧洲，几乎所向无敌。拿破仑还准备加强海军建设，积极地建造巨舰、炮舰和运输船只，计划将军舰增加到140艘，海军扩充到20万人。总之，到1812年，拿破仑的法国在欧洲的边界已扩大到了顶点，拿破仑帝国已达到极盛时代。

拿破仑控制整个欧洲大陆之后，便建立波拿巴王朝。在北意大利，建立北意大利王国，由拿破仑兼任国王，其继子欧仁·博阿尔内做副王（亦译总督）；其妹妹埃利兹夫妇则统治托斯堪纳大公国；在南意大利（即那不勒斯王国）最初由拿破仑之兄约瑟夫为国王，后来，约瑟夫调任西班牙王国做国王，便任命其妹夫缪拉为那不勒斯王国国王；1806 年 6 月，改荷兰共和国为王国，由其弟路易·波拿巴为国王，后因路易·波拿巴执行大陆封锁政策不利而被撤调，便将荷兰并入法兰西帝国，将荷兰划分成几个郡，直属法国管辖；此外，帝国任命省长治理不来梅、汉堡、卢卑克、奥尔登堡和威斯特伐利亚沿岸。在德意志东部建立威斯特伐利亚王国，由其弟热罗姆·波拿巴任国王；在波兰建立的华沙大公国，由其同盟国萨克逊国王任该国国王，在德意志西部和西南部各小邦建立了莱茵同盟，由拿破仑做其"保护者"。此外，拿破仑还是瑞士的调停人。拿破仑的兄弟姐妹均被册封为亲王和公主。帝国宫廷生活穷奢极欲，其豪奢并不亚于波旁王朝的宫廷。例如，皇后约瑟芬在 1804～1809 年间花去服装费竟达 6647580 法郎。1808 年 3 月颁布帝国贵族制度，授予亲王、各部大臣及其他高级官吏以伯爵称号，授予各大城市的市长以男爵称号。荣誉军团的成员皆被封为骑士。拿破仑与奥地利联姻后，又把帝国的宫廷体制改变成旧时期的宫廷体制。1812 年，宫廷里有 16 名御马官和 85 名侍从官，宫廷里任用前朝人的现象越来越明显。掌管皇后服饰的贵妇人和内廷侍从多半都出身于旧贵族。此外，拿破仑还非常慷慨地将宫殿、巨额年金和奖赏赐给他的元帅和高级官吏。

早在 1800 年拿破仑还做执政时，元老院就打算授予他世袭的权利。那时，拿破仑就产生了跟约瑟芬离婚的念头。因为她没有给他生儿育女。1804 年称帝之后，拿破仑对于解决离婚问题越发迫切。1809 年 12 月 14 日，约瑟芬在全体亲王和帝国大勋爵的会议上宣布同意离婚。接着元老院通过决议加以认可，但还保留她的皇后称号，并拨给她一座马尔梅松宫殿居住和一份优厚的财产。此后帝国大臣们便建议，为了帝国的福祉，请皇帝另娶一位妻子。

拿破仑称帝之后，就存心要同一位出身于帝王之家的公主结婚，把她扶上皇后的宝座。随着拿破仑帝国政权日益贵族化和专制化，他就更想使帝国成为正统的皇朝。提尔西特和约之后，拿破仑曾向沙皇亚历山大一世的妹妹求过婚，试图同沙俄联姻。沙皇的母亲皇太后以女儿年幼和宗教信仰不同为理由，拒绝了这门婚事。其实沙皇亚历山大一世也不情愿。沙皇俄国拒绝拿破仑的求婚之后，奥地利驻法大使梅特涅积极怂恿法奥联姻。拿破仑向奥地利皇帝弗兰茨的女儿玛丽·路易丝公主求婚，得到了奥皇的同意。最后达成了协议。拿破仑派元帅贝尔蒂埃代表他前往维也纳迎接新娘。1810年3月22日，玛丽·路易丝抵达斯特拉斯堡，拿破仑前往离巴黎不远的康边森林路上迎接，然后带她到圣克卢。4月2日，在巴黎圣母院大教堂举行婚礼。1811年3月20日，玛丽·路易丝生下一子，被封为罗马王。法奥联姻之后，奥地利便完全追随了拿破仑的政策，从而加强了大陆体系。这时，拿破仑就只须集中力量对付俄国和英国了。

（二） 拿破仑对外战争胜利的原因

拿破仑对外战争所以能取得如此巨大的胜利，其基本原因有以下几点：

第一，法军是由农民组成的，他们为了保卫在革命时期所取得的土地，所以英勇善战。而欧洲的同盟军尤其是普奥的军队，多半是由农奴组成的。他们是在军官的监督下被迫作战，难以发挥主动性、灵活性与机动性。

第二，法军将领多半出身于下层阶级，并且具有相当的才干和战功。而欧洲联盟军队中的将领，却都是贪生怕死的贵族。

第三，法军继承了法国革命的传统，受过革命的洗礼，并沿袭了1793～1794年的革命战略与战术。因此，在作战时，其行动非常敏捷，欧洲联军则相反。

第四，拿破仑本人出色的军事才干也是法军能取得胜利的基本原因之一。

拿破仑是资产阶级杰出的军事家和外交家，拿破仑帝国对外战争所以能够不断地取得胜利，除了以上概括的一些主要原因外，与他本人的军事天才和外交才干也是分不开的。

第一，拿破仑继承了法国资产阶级革命的传统，废除雇佣兵制度，采取征兵制与志愿兵制。由于农民有强烈地反封建意识，从而能够广泛地动员和征集农民入伍。农民的革命性与作战自觉性都非常强，这样便保证了军队的素质和数量。因此，兵源不竭，屡战屡胜。

第二，拿破仑选拔将领，不拘一格，不受资历和阶级的限制，采取量才任用的政策。他说："每个士兵的背囊里都有一根元帅的指挥棍。"他从军队中有才能的英勇善战的士兵和下级军官中选拔指挥官。拿破仑的军队中有许多著名的将领，如缪拉、勒费弗尔、兰恩和贝尔纳多特等人都是普通士兵提拔和晋升的。这种注重择优选将的用人制度，打破了封建时代不分贤愚，只有贵族出身的人才能当军官和包揽军务的腐朽制度，从而提高了法军的素质和增强了战斗力。

第三，拿破仑对于统兵将领的才干非常重视。他认为，"狮子统率的绵羊军队要比绵羊统率的狮子军队更可怕。"所以，他要求将领必须具有冷静的头脑、独立判断问题的能力和临危不惧的精神，在战斗中坚毅果敢，在战争情况发生突变时有应变的指挥能力；此外，将领还必须具有为人表率和身先士卒的优秀品质和大无畏的精神。

第四，拿破仑一贯主张在战斗中力争主动。他非常重视积极进攻，夺取战争的主动权。这是他在作战上的突出思想。他认为防卫战也不可无进攻，而进攻战也不可无防卫，必须两者有机结合，突出进攻的军事思想。拿破仑的进攻，主要着眼于歼灭敌人的有生力量，敢于以少击众和善于集中兵力，化劣势为优势和各个击破敌人。为了击溃敌人，拿破仑往往采用机动灵活的运动战。拿破仑经常采用快速攻击，快速转移，快速穿插，分割敌人，趁敌不备出奇制胜的战略。这也是他在多次战役中能取得胜利的原因之一。

第五，拿破仑特别重视炮兵兵种的建设。昔日欧洲各国均把炮兵作为辅助部队，不承认其为一个兵种。拿破仑却把炮兵作为正式兵种，并加以发展和加强。他认为步兵、骑兵和炮兵应互相配合。骑兵比步兵更需要炮兵。法军的炮兵在攻城和支援步、骑兵作战时都发挥过重大的作用；拿破仑积极地加速骑兵建设，使法国骑兵的战术得到不断地改进与提高。像缪拉、贝西埃尔、拉萨尔、克勒曼这些杰出的指挥官，在他们指挥骑兵作战时都屡建奇功。这也是拿破仑在战争中取得胜利的因素之一。

第六，拿破仑非常重视军队的教育和训练。他要求军队有爱国精神和民族的光荣感，对于叛国投降者视为大逆不道。为了激发荣誉感，他建立荣誉军团，并以官阶、金钱、奖章和表扬，奖励有杰出贡献的官兵。他还重视通过军事学校培养军官。军队中还建立了短期学习的随军学校。为了加强部队的训练，他还时常建立训练兵营，例如，著名的布伦兵营就是集中训练正规军的基地。在训练中他对于战术与技术均有严格的要求，并特别注意士兵身体素质的训练和快速行军的训练。"兵贵神速"是拿破仑一贯掌握的作战原则。

第七，拿破仑在建军中特别重视武器与装备的改善，也特别重视科学技术的发明。他组织了一批科学技术专家为军事建设服务。他鼓励科学家进行军事科研工作，并提出任务。要求他们研究改进火药、武器、行军炉灶、面包烘制以及发明罐头等军事用品。这些都对军队建设产生过积极和重大的影响。

（三）拿破仑战争的性质及其对欧洲各国的影响

拿破仑战争是处在18世纪末和19世纪初期，那时正是欧洲封建主义走向崩溃和资本主义开始兴起的历史时代。因此，对于拿破仑战争的性质必须做全面的、历史的分析。

拿破仑时代和法国大革命是一脉相承、不可分割的。拿破仑就是在法国大革命中成长和崛起的。拿破仑的政权在形式上无论是执政府还是帝国，都是资产阶级政权，是为法国资产阶级的利益服务的。因此，拿破仑的对外战争必然带有侵略性、掠夺性和争夺霸权的性质。

就其掠夺性来说，拿破仑采用以战养战的战争方针，他对于占领国大肆征发军事税，征用军用物资，加重了被占领国人民的负担。1804年，他从占领国家中征集的款项总额竟达1.23亿法郎，占法国全年总收入的1/7。在1807～1809年期间，拿破仑从普鲁士等国强征了10亿法郎。此外，他从罗马教皇和意大利诸国抢劫了许多古典文物和艺术珍品，都源源运回巴黎；就其战争的扩张侵略性来说，拿破仑曾把比利时、荷兰及意大利一部分合并为法国领土；他入侵埃及，攻打莫斯科，还想霸占西班牙，以及派兵远征海地等等，都是拿破仑对外战争的扩张侵略性的体现。此外，当拿破仑征服一个国家时，便强迫被征服的国家降低关税或干脆取消关税，以利于法国商品的倾销。同时，他也从被征服的国家中夺取原料和财富。所有这些都有利于法国的工商业发展。拿破仑还在被他征服国家的学校中强制推行法语，加重人民的捐税，大量地征兵，用被征服国家的人力、物力来扩大对欧洲的侵略。拿破仑的对外战争也带有残酷性。拿破仑在从埃及进军叙利亚时，曾俘获4000多名土耳其军队中的阿尔巴尼亚人，竟毫不留情地统统把他们杀掉；在开罗，只因几名法军士兵遭到杀害，竟下令烧毁并洗劫一个村庄。在意大利他为镇压帕维亚的暴动，曾火烧了比纳斯科城，还放纵法军任意抢劫达数天之久。在西班牙的马德里，法军在攻下城市之后，还屠杀了2万多名西班牙的守备部队和3万多市民。由此可见，拿破仑的对外战争给欧洲各国人民带来空前的浩劫。以上所述就是拿破仑对外战争的侵略性、掠夺性、残酷性和争夺霸权的性质。

在当时的历史条件下，拿破仑战争还具有保卫法国大革命的胜利成果，并把法国革命思想和革命制度推行到欧洲，破坏欧洲的封建秩序，动摇欧洲的封建制度，为资本主义在欧洲的发展创造前提的作用。拿破仑战争的这些历史进步作用也是不能抹杀的。

第一，"反法联盟"作战的目的虽然具有同法国争夺欧洲霸权的性质，但是它要扑灭法国革命，恢复欧洲封建秩序的目的也是坚定不移的。拿破仑多次击败"反法联盟"则是保卫法国大革命的胜利成果。最后拿破仑虽然失败，但由于他在战争中的多次胜利，一次又一次地挽救了革命的法国，保卫法国革命成果有17年之久，使之在法国得到巩固，并具有不可动摇的强大生命力。后来即使波旁王朝复辟也无法彻底清除和消灭革命的成果。

第二，拿破仑战争冲破了欧洲各国的封建秩序，加速了欧洲各国实行资产阶级性质的改革。那时，欧洲多半都是一些封建君主专制的农奴制国家。法国革命前，德意志名义上是在神圣罗马帝国统治下，实质上它是由300多个小诸侯国组织而成的，政治上四分五裂，封建割据，经济上极端落后。在各诸侯邦国之中，王公贵族横行霸道，愚昧落后，工业得不到发展，百业凋敝，民不聊生。

拿破仑击溃第三次反法联盟，占据了莱茵河左岸及许多小邦国之后，在那里赶跑了封建王公贵族和主教，取消了各种徭役和封建贡赋及教会什一税，消灭了封建特权和等级制度，宣布公民平等与自由。后来建立的莱茵同盟有16个邦加入，普遍实行了资产阶级改革，推行拿破仑《民法典》，取消了历时八百多年的神圣罗马帝国。拿破仑战争首先使莱茵区加速了资本主义的发展，为莱茵区后来成为世界瞩目的工业基地奠定了坚实的基础。拿破仑战败普鲁士，也使普鲁士受到法国资产阶级革命的洗礼与改造。普鲁士由于面临亡国危险，为了民族复兴，便开始实行资产阶级性质的改革，例如，施泰因改革。这个改革通过颁布的法令先后废除了贵族的某些特权，废除了农奴制，使各城市获得了自治权，改善了国家最高行政管理机构。1811年9月14日，继任普鲁士首相的哈登堡援引莱茵同盟的改革政策，发布《调整敕令》，继续进行改革，进一步解除了农民对地主的负担和劳役。1810年10月27日的财政敕令中，规定了取消贵族豁免土地税的权利，取消了行会限制，实行自由就业。在自由平等的原则下，1812 年 3 月 11 日的法令，还规定了犹太人在普鲁士享有公民权。可见，施泰因和哈登堡的改革，是具有一定转变社会性质的改革，从而使普鲁士发生了根本的变化，为普鲁士发展资本主义开辟了道路，推进了普鲁士的历史进程。总之，拿破仑战争使德意志由 300 多个分裂的小邦合并成为 30 多个大邦，为德意志民族统一创造了条件。这是历史上一种进步现象。恩格斯曾写道："拿破仑清扫了德国的奥吉亚的牛圈，修筑了文明的交通大道，为他们做了极大的贡献。"拿破仑以战争手段涤荡了德意志诸邦以及意大利诸国和波兰、比利时等欧洲国家的封建制度，为资本主义在欧洲的发展创造了条件。

第三，拿破仑战争传播了法国大革命的思想，推动了欧洲的资产阶级革命运动。法国大革命提出的平等、自由与博爱的资产阶级革命思想，随着拿破仑战争传播到被拿破仑征服的封建各国，给予了那些封建国家里的人民以反对封建主义的思想武器。拿破仑在他征服的国家和地区中，扶植当地的资产阶级先进人士建立共和国，实行法国的革命制度、革命原则和拿破仑的《民法典》，从而使法国大革命时期的自由与平等思想在欧洲各国人民当中生根发芽，极大地冲击了欧洲的封建秩序和封建制度。例如，拿破仑在意大利建立的利古利亚共和国和阿尔卑斯山南共和国，都制订了宪法，基本上接受了法国革命的原则。他们都废除了封建贵族的特权，没收教会土地，实行公民一律平等，颁布出版自由，甚至还采用三色旗为各共和国的国旗。后来，阿尔卑斯山南共和国改为意大利王国，但是并没有改变其资产阶级政权的阶级实质。这个王国仍然受到意大利资产阶级先进人士的热爱与拥护。他们"总是把这个意大利王国摆在倍加爱护的地位上，把王国的建立作为走向民族统一和独立的第一阶段"。

此外，拿破仑在意大利统治了 14 年之久。在这 14 年当中，他不仅修建了良好的道路、桥梁、建筑、学校、公园，更重要的是财政的改革与有效率的法国式管理制度，尤其是拿破仑法典在各地的强迫施行。这样一来，便废除了封建制度，使旧式的错综复杂的法律体系可以简化，所有的公民不分贫富贵贱在法律面前一律平等。在意大利，随着旧的国家界限消失，人民开始把自己看作是意大利人，而不是托斯堪纳或皮埃蒙特人，于是一种民族自觉的思想开始显露出来。由于拿破仑的政绩，使得法国的革命思想深入意大利人民之中，在意大利人民思想上扎了根，为意大利后来的统一奠定了思想基础。

拿破仑还用战争手段把法国革命的影响带到了波兰、比利时、荷兰、西班牙等国。在波兰，拿破仑扶植了"华沙大公国"，在那里制定的宪法也规定实行法国《民法典》。拿破仑使波兰市民阶级与贵族在法律上平等，取消农奴制，教会服从国家政权，改革了社会行政机构。这样，法国革命的思想在波兰也根植于人民之中，为以后资本主义在波兰的发展创造了前提。在比利时，拿破仑首先使它从奥国的桎梏中解放出来，而且把它并入法国，使之充分地接受了法国革命的影响。拿破仑在比利时的建设，奠定了现代比利时的雏形。比利时经过拿破仑占领而彻底地革除了封建性的弊端，扫清了发展资本主义的障碍。因此，比利时接受法国的实际影响更为深刻。在荷兰，在拿破仑时代，荷兰几度改变国名，由巴达维亚共和国，荷兰王国到变成法兰西帝国的一部分。可是，不论其国名如何变化，受法国革命的思想影响则是一贯的。荷兰进行过成功的财政和教育改革，实行《拿破仑法典》。拿破仑垮台后，荷兰恢复独立，但有很大部分拿破仑时代的改革仍然沿袭下来。

总之，拿破仑战争在摧毁欧洲封建秩序和封建制度以及促进欧洲资本主义发展方面，在历史上起过巨大的进步作用。这也是不可抹杀的历史事实。

八、拿破仑帝国的崩溃

（一）拿破仑帝国的危机

拿破仑于 1806 年在柏林宣布大陆封锁政策之后，1807 年 1 月又宣布了华沙法令，1801 年 10 月又宣布了封腾布罗法令，从而把大陆封锁政策加强起来。拿破仑严格地实施了大陆封锁。他派出两千多名缉私人员，在沿海各地搜捕英船，没收英货，禁止英货及英国殖民地商品输入欧洲。此外，被拿破仑所占领和控制的国家，以及普、奥、俄和瑞典等国家也都参加了大陆封锁政策。

可是，英国却用反封锁政策回答拿破仑的大陆封锁。1807 年 1 月，英国颁布了枢密院令："凡开到法国及法国的同盟国去的一切商船，均无条件加以捕获。"在英法经济战中，英国的反封锁取得了胜利。因为英国有强大的海军，易于封锁大陆。而大陆各国虽然被拿破仑征服，但是，领土面积大，内部复杂，拿破仑难以控制。所以英货的走私得到成功。结果，大陆封锁政策并未打垮英国，反而损害了法国。此外，由于大陆封锁政策造成法国对外贸易顿减，从 1806 年到 1811 年，法国对外贸易总额由 4.56 亿法郎降到 3.22 亿法郎。同时，法国的工业也逐渐地缩减。1810 年丝织工业工人为 92000 人，到下半年减到 59000 人，到年底竟剩下 37000 人了。英国的反封锁竟使法国沿海各港如马赛、波尔多及北海沿岸等城市的工商业都陷于萧条。这样一来，便引起了法国工商业资产阶级的不满与怨恨，因而对拿破仑帝国逐渐产生了厌恶和敌对情绪。

这一时期，农民也不满意拿破仑了。因为旷日持久的战争加重了农民们的兵役与赋税；工人对于拿破仑的统治更不满。1810 年到 1811 年的工业危机，工人失业日益增多，在业工人工资不断下降。在行动上，工人们备受《列·夏普利埃条例》及工人身份证的限制。因此，工人们对拿破仑的统治非常怨恨。

至于法国的旧贵族与僧侣，始终都在图谋恢复波旁王朝，对于拿破仑帝国自然更为仇视。总之，在 1810 年后，法国社会内部的阶级矛盾异常复杂和尖锐。由此可见，拿破仑统治集团的势力逐渐在缩小。这一切便成为帝国崩溃的内在原因。

拿破仑帝国是资产阶级君主国，然而它又逐渐地倒退与封建势力勾结起来，从而失去了广大群众的支持与拥护。拿破仑除了保留和恢复了旧贵族和僧侣的势力外，还创造出一批新贵族，恢复了等级特权，破坏了革命原则。

拿破仑取得政权后，一方面打击王党复辟阴谋活动，另一方面也极力谋求同旧贵族妥协，使他们依附于他。例如，1802 年 4 月，拿破仑曾大赦法国亡命者，允许他们回国，并把未出售的地产归还原主。这些人后来在经济上和政治上仍具有强大的势力。

所谓新贵族，就是指拿破仑称帝前建立的荣誉军团的成员和享受元老俸禄制的那些人。前者主要是军人，包括少数文官、自由职业者（在 32000 荣誉军团成员中，只有 1500 个文职人员）年金自 9000 到几百法郎不等；后者是指创建帝国有功的元老，他们除官邸外，每年还被赠予 20000～25000 法郎的赏金。这些人都变成了新贵族。

帝国成立后，1804 年 5 月，拿破仑设置了 18 个元帅，其中只有 4 个是出身于平民，其他多半都出身于旧贵族或与旧贵族有姻亲关系。随着帝国的扩张，拿破仑在国外建立了许多附庸国。1806 年 7 月设置了一批世袭的封土爵位，分别赏赐给文武功臣，出现了分封制。这些封土在德、意、波兰都有。这种分封制虽然与封建制不同，受封者不直接享有领主的权利，只从这些附庸国征收的封建地租中拔出一部分作为赏赐。例如，从威尼斯各省就征收了 3000 多万法郎。但是，受封者既享有贵族称号又可将封得的土地传给长子。这就具有了封建的因素和色彩。由此可见，在拿破仑帝国这个资产阶级社会中，竟出现了一大批新贵族。他们的每年收入是非常惊人的。奥热罗元帅每年能得到 20 万法郎的收入，内伊元帅则为 30 万法郎，马赛纳元帅收入更高，为 120 万法郎。这仅仅是固定的收入，至于拿破仑对他们的额外赏赐还没有计算在内。外交大臣塔列朗和警务大臣富歇等高级官员也接受了封爵和赏赐。

1808 年，拿破仑正式创立帝国贵族。于是，一整套宫廷官制建立起来。例如，大选帝侯、大总督、大法官、大司库、大司马、首席帝国大臣、海军元帅都被封为贵族爵位——亲王、公爵、伯爵、男爵。这同革命前波旁王朝统治时期没有什么两样。进入宫廷的公卿、侍臣、宫女都与旧贵族有着千丝万缕的联系。有些人本身就是几代的贵族。与此同时，拿破仑还恢复了朝仪，宫廷生活异常豪华。

此外，拿破仑同奥国公主结婚是同封建王朝的政治联姻。恩格斯说："拿破仑最大的错误就在于他娶奥国皇帝的女儿为妻，和旧的反革命王朝结成同盟，他不去消灭旧欧洲的一切痕迹，反而竭力和它妥协；他力图在欧洲帝国中间取得首屈一指的声誉。因此，他尽量把自己的宫廷搞得和他们的宫廷一样，他降低到了其他帝王的水平"。1881 年 3 月 20 日，王后玛丽·路易丝生了一个儿子，拿破仑封他为罗马王。

拿破仑称帝，大权独揽，人民没有自由，这种统治局面只有在战争不断取得胜利的情况下才能维持。一旦战争失利，贵族和大臣随时都可能背叛。因为军队业已腐化，思想早已变质，失去了战斗力。

拿破仑在被征服的国家中所实行的殖民统治也激起普遍的仇恨。第一，横征暴敛。例如，从 1807 年到 1809 年，他从普鲁士掠去了 10 亿法郎，从威斯特伐利亚王国征用了 4500 万法郎。第二，以武力推销法货于被征服的国家。例如，强迫意大利降低法货关税，规定棉织品只能从法国输入，而意大利的生丝、羊毛等原料，只能输出到法国。第三，大陆封锁政策给欧洲各国人民及资产阶级带来灾祸，使各国经济蒙受重大的损失。物资缺乏，物价昂贵，各被征服的国家人民势必购买价格很高的法国商品。第四，拿破仑在被占领国家内实行征兵政策，成千上万的欧洲各国青年被征入伍，为拿破仑打仗。

从拿破仑在被征服国家中所执行的这些政策来看，不难了解拿破仑的掠夺性的战争，给欧洲人民带来无比的灾难，其结果必然要激起各被征服国家人民的民族意识，必然要遭到被占领国家内部广大人民的反抗。

1808 年，从法军占领西班牙起，西班牙人民就展开了猛烈的反抗。全国各地都发动了游击战争，法军到处挨打。同年 7 月间，在巴连，西班的游击队包围了法军，并俘虏杜邦将军指挥下的法军一个师，迫使约瑟夫·波拿巴不得不退出马德里。同年，葡萄牙人民也奋起反抗法国占领军，英军在葡萄牙人民的协助下曾一度在沿海登陆。8 月底，法军被英军逐出葡萄牙和西班牙。

拿破仑不愿放弃西班牙。1808 年 11 月 5 日，他亲率大军 20 万进攻西班牙，12 月间法军重新占领马德里，约瑟夫·波拿巴又重新复位。但是，这并未制止住西班牙人民的反抗。西班牙人民在全国各地仍然展开广泛的游击战争。这种战争一直继续到 1813 年，牵制法军 24 万人之多。

除西班牙人民起义外，奥地利也发生了民族解放运动。当 1809 年法、奥于瓦格拉姆交战时，在提罗尔爆发了农民起义。起义领导者是饭店主人安德莱·荷弗尔。他们曾三次攻占因斯布鲁克。因为奥军统帅轻视人民的武装力量，不给予支持，最后失败。

反抗拿破仑压迫的民族起义也发生在普鲁士。普鲁士的陆军少校希尔及陆军上校乔尔堡所领导的起义，得到了民众的支持，他们曾多次同法军激战。总之，这些民族解放运动，尤其是西班牙的民族解放运动都大大地动摇了拿破仑的统治。拿破仑虽然击败了各国君主和各君主国的雇佣军队，但是对于各被征服国家中的人民运动，却深感头痛。这些人民运动加深了拿破仑帝国的危机，加速了它的崩溃。

由此可见，拿破仑帝国是建立在沙滩上的。拿破仑征俄失败后，这座帝国大厦便开始土崩瓦解了。

（二） 拿破仑帝国的崩溃

拿破仑不仅要消灭英国，而且也想打垮俄国。当拿破仑征服了欧洲大陆一切国家而只剩下俄国时，他就把目标放到俄国。他想征服俄国，然后利用它的力量，再去进攻英国。他深知，若想统治欧洲，必须首先战胜俄国，只有战胜俄国才能取得对英国的最后胜利。

在 1807 年俄法签订的提尔西特和约与 1808 年订立的爱尔福特盟约，双方都不是怀有诚意的，而是建立在彼此利用的基础上，因此，并不巩固。其实，俄国是一个农业国家，一切农产品都需要向英国输出。俄国又极其需要英国的工业品。拿破仑的大陆封锁政策，切断了俄英贸易，使俄国商人及地主蒙受很大损失。此外，俄国贵族深恐法国革命的影响会动摇俄国国内的农奴制。拿破仑控制了整个德意志和建立了华沙大公国之后，也大大地威胁了俄国。

1810 年 12 月，俄皇放弃了大陆封锁政策，开始允许英货入口，并对法国输入的奢侈品。例如，丝织品、天鹅绒和酒课征高税。这就更加激起了拿破仑加紧准备侵俄的战争。至于俄国也做了准备。例如，它同英国达成谅解，并与土耳其媾和。1812 年 2 月，拿破仑迫使普、奥与他缔结军事同盟条约，加入了反俄的军事联盟。

1812 年 6 月间，为了先发制人，拿破仑率领 67 万大军未经宣战便越过涅曼河侵入俄境。在进攻俄国时，拿破仑的军队除了自己的主力军外还有欧洲被征服国家的军队，其中有德、意、波、荷、比、瑞、西班牙等各国的军队，大约有 20 多个种族。他们都是被拿破仑强征来做炮灰的。

当拿破仑入侵俄境时,俄军的总数约有 24 万,而且多半分散在国境各地。最初俄军的统帅伯尔克莱·德·托利诱敌深入,避免决战。由于众寡悬殊,俄军败退。后来俄军的总指挥由俄国最优秀的司令官库图佐夫担任。俄法两军在斯摩棱斯克展开了一场激战。俄军在战斗中表现出十分顽强的精神,使拿破仑颇感吃惊!

9 月 7 日,俄法两军在莫斯科附近的波罗季诺展开一场极为惨烈的大血战。在这次战斗中,双方损失都非常惨重。波罗季诺战役可以说是当时历史上最为激烈的战役之一。结果,俄军虽然暂退出波罗季诺,但这并不意味着法军的胜利,因为俄军是为保存实力而撤退的。

库图佐夫从波罗季诺退到莫斯科后,便召集军事会议讨论是否再战的问题,将领们意见分歧。这时俄军的供应与新兵补充也成问题。在困难重重的情况下,库图佐夫认为与法军不能速战速决,应保持俄军的主力和有生力量,现在不宜再战。于是,库图佐夫毅然决定撤离莫斯科。莫斯科居民也随军离开了首都。9 月 14 日,拿破仑的军队只剩下 10 万人,进入了所有守军和居民都已撤走的莫斯科空城。只有少数外国人和来不及走的居民仍留在那里。

当天晚上,莫斯科起了大火。仓库、商店和货摊都被烧光。全城烧了六昼夜。这是拿破仑事先有计划对这座大城市进行的破坏。这种野蛮行径连一个法国将领都承认,“从斯摩棱斯克开始,拿破仑的法军侵入俄国便具有蛮族入侵的性质。”

莫斯科的陷落,并未使俄国人民丧失继续决战的信心,反而使他们保卫祖国的民族意识更加强烈。离开莫斯科城的居民踊跃参加了义勇军。各地农民组织游击队,发动游击战争,协助库图佐夫军队,处处打击法军。反抗拿破仑的战争立即带上了民族解放战争性质。在游击队中也出现了许多民族英雄,如盖拉辛·库林、伐西利莎·科西娜等。

法军占领莫斯科后,仅仅驻守一座空城,既缺乏粮食,又缺乏防寒设备,因此,法军士兵饥寒交迫,多半染上疾病,死亡甚众。拿破仑企图同俄军谈判,可是,库图佐夫拒绝了任何谈判,而加紧围攻莫斯科的法军,击败了缪拉兵团。不久,法军士气更加消沉,拿破仑只好准备撤退。10 月 19 日拿破仑放弃了莫斯科,开始从俄国撤退。最初,他想取道南方物质丰富的卡卢加撤退,但是,俄军拦住了他的退路。最后,他只得沿着原来入侵的旧路斯摩棱斯克大道撤军。当法军退却的时候,沿途遭到俄军及游击队的猛烈袭击,加上酷寒与饥饿,法军死亡惨重。到 12 月底,只残留 3 万多人了。

拿破仑抛弃了溃败的残军,带着副官与传令兵,坐着马车经过德国返回巴黎。1812 年的俄国卫国战争是一次正义的战争。在这次战争中,俄国士兵的英勇,游击队和农民的活跃以及整个俄国人民的团结一致,最终消灭了拿破仑的所谓"大军"。拿破仑帝国遭到这次打击之后,便开始走向了崩溃。

拿破仑侵俄失败之后,被占领国的人民纷纷起来争取民族独立。首先,西班牙人的民族独立斗争更加激烈;其次,德意志和意大利各邦国的独立解放运动也普遍的高涨。普鲁士与奥地利的封建统治者也利用人民的反法情绪,以期打垮拿破仑。这时,英国开始组成了第六次反法联盟,其中包括英、俄、普、瑞典、西班牙与葡萄牙,后来,奥地利也参加了。1813 年 3 月 16 日,普鲁士对法宣战。新的反法联盟组成后,即向拿破仑提出条件,要求他放弃所占领的土地,遭到拿破仑拒绝。于是,战争又爆发。拿破仑集结新军40 万,在德意志境内的萨克逊同联军展开战斗。最初,拿破仑打几次胜仗,使联军大为震惊。10 月 17 日到 19 日,拿破仑同联军在莱比锡进行决战,双方投入的总兵力有 60 万人。在决定胜负的最后时刻,原来附庸于拿破仑的萨克逊军队在战场上倒戈,使法军寡不敌众,遭到决定性打击,退出了萨克逊。

法军在莱比锡战役失败后,拿破仑帝国内部便陷入了分崩离析和众叛亲离的境地。威斯特伐里亚王国的国王在俄军袭击下逃之夭夭,莱茵同盟也瓦解了,那不勒斯国王缪拉元帅也背叛了拿破仑,投到联盟国去了。西班牙人在英国元帅威灵顿军队的帮助下，从比利牛斯半岛赶跑了法军，荷兰与意大利北部也都动摇了，并准备摆脱法国的统治。这时，拿破仑帝国就像一座火山正面临着崩溃。联军乘胜追击，向法国展开全面进攻。拿破仑虽然在法国境内还打过几次胜仗，但兵员越战越少，他的元帅们由于战争旷日持久也都厌战了。外交大臣塔列朗动摇了，逐渐地倒向联军而处处出卖帝国。在这种情况下，战事急转直下，联军势如破竹，直捣巴黎。1814年3月31日，俄皇亚历山大与普王威廉三世统率联军攻入巴黎。在联军进入巴黎时，以塔列朗为首的王党、贵族及背叛拿破仑的高级官吏都夹道热烈地欢迎。4月1日，波拿巴王朝被废，4月6日，拿破仑在枫丹白露被迫宣布退位，并被送往厄尔巴岛。联盟国将该岛送给他作为终身的财产。拿破仑在枫丹白露同自己的元帅、部队与近卫军告别之后，带领1000多人离开法国，到了厄尔巴岛。于是，法国的波旁王朝复辟了，路易十六的弟弟普罗温斯伯爵登上了王位，号称路易十八。这是拿破仑的第一次退位。

路易十八即位后，颁布一个《宪法》，史称《1814年钦定宪章》。该宪章规定法国的政体是君主立宪制，设立两院即贵族院与众议院。贵族院由国王指定的世袭贵族议员组成；而众议院议员则由选举产生。但是，选举的财产资格规定得很高，只有年交纳300法郎直接税者才享有选举权。在当时能够获得这种选举权的人数很少，而且这指的只是选举人的财产资格，至于议员候选人的财产资格则规定更高，必须年交纳1000法郎直接税者才能取得这一资格。根据这种规定，当时能取得议员候选资格的人，还不到15000人。此外，宪章还规定只有国王才享有立法的提案权，并有否决权。国王还有不经过立法机关直接颁布法令之权。由此可见，1814年宪章把法国政体规定成为一个君权极为广泛的君主立宪制的国家。

《1814年宪章》还保留了旧有的法国行政组织和《拿破仑法典》，并且还保障了拿破仑时代的新贵族和旧有贵族的权利，同时也保障了拿破仑时期购买被没收的旧财产而变成新的所有者的财产的权利，把这种权利视为神圣不可侵犯。总之，这部宪章是贵族地主和上层资产阶级之间的妥协，法国的广大人民仍然被排斥在国家政治生活之外。

1814 年 5 月 30 日，欧洲联盟同法国在巴黎签订和约。该约规定，法国让出它在共和国和帝国时期所占领的一切领土，恢复1792 年的疆界。这个和约引起军队和工商业资产阶级与农民极端不满。此外，波旁王朝复辟后，将高级官职都给予了从前的亡命贵族，大量撤免在革命时期被提升上来的将官，同时又加重了税收，遂引起法国人民对于旧王朝的憎恨，而又怀念拿破仑了。所有这些说明复辟王朝并没能安定民心，而遭到人民的敌视。与此同时，在巴黎和会和后来维也纳会议中，联盟各国分赃不均，矛盾重重，这样便为拿破仑东山再起创造了机会。

在厄尔巴岛的拿破仑听到国内动荡不安，人心浮动，便准备卷土重来，东山再起。他想重返法国恢复帝制，再同欧洲联军进行较量。虽然只有千名士兵和几名元帅，但他认为如果他登上法国大陆，农民、士兵，甚而原来的旧部都会归顺，支持他。1815 年 2月初，拿破仑决定回到法国，恢复他的帝国，但他没有同任何人谈过此事。这个想法确定后，他首先同他的母亲谈了，他的母亲感到非常惊讶。他的母亲莱蒂齐亚沉默了一阵，才表示同意。她回答说："出发吧！我的儿子，遵循着你的使命，也许你会遭到失败而马上丧失你的生命，但是你不能留在这里，我看到你在这里的情况也感到十分悲哀。我希望，在那么多次战争中都护佑过你的上帝，再一次护佑你吧！"。她说完这些话就紧紧地拥抱自己的儿子。

在同母亲谈话之后，拿破仑立刻召见当时在厄尔巴岛始终跟随他的将军贝特朗、德鲁俄和坎布隆。他们听到这个决定都非常赞同，并十分高兴。

拿破仑这次想制定一个政治纲领，给予法国人民更多的自由，作为号召人民的策略。拿破仑相信这样会有号召力的。1815 年 2月 26 日，他的三位将军秘密地准备好了一切工作，武装的 1100 名士兵登上小船，设法躲避过英舰的封锁，驶向法国南岸港口。在 1815 年 3 月 1 日上午，小船靠到法国海岸，在离昂提布海角不远的儒安港口上了岸。港口海关人员与卫兵一见到拿破仑，便吃惊地脱帽向他致敬。后来拿破仑经过格勒诺布尔和里昂，沿途的军队都投奔了他，尤其是农民成群结队地护送他。巴黎派出军队企图阻止拿破仑前进，然而，这些军队不仅不执行命令，反而对拿破仑表示欢迎，向他高呼"皇帝万岁！"。这时，过去那些民主势力、革命者也都纷纷倒向拿破仑，起来反对波旁王朝。

3 月 5 日晚，路易十八得知拿破仑卷土重来并已登陆的消息之后，3 月 7 日才允许报纸登载这个消息。国王派内伊元帅统军前往阻止拿破仑。可是，士兵纷纷哗变，内伊也投向拿破仑了。这样一来，拿破仑没放一枪，未伤一人，就在 3 月 20 日，在随从人员及骑兵的护卫下，前呼后拥地进入了巴黎。此时，国王及其大臣和家族成员均已逃到英国。

拿破仑回到了巴黎，受到成千上万群众的热烈欢迎。在 19 天之内，拿破仑从地中海沿岸到达巴黎，并赶走了波旁王朝，实现再度复位。但是，拿破仑很明白，要想保住政权还得打仗，因为欧洲各国不会让他再起。所以，拿破仑复位后便立即着手军事准备。

拿破仑复位之后，颁布宪法，取消路易十八的宪章。拿破仑这次颁布的新宪法带有较多的自由主义色彩以便笼络人心。该宪法降低了选举人与被选举人的财产资格限制，出版自由也得到了较多的保证。4 月 23 日，正式公布宪法。6 月 11 日，拿破仑接受"人民代表"的祝贺。6 月 12 日，他便到军队中去积极准备同欧洲联军作战。他委任达乌元帅做国防大臣，组织新军。

3 月 13 日，当欧洲反法联盟各国的君主和代表正在维也纳召开战后分赃会议，并争论不休的时候，突然听到拿破仑在法国登陆的消息，便立即停止争论，共同研究如何对付拿破仑的问题。他们首先宣布拿破仑"不受法律保护"，并重申拿破仑是"世界和平的扰乱者和人类的公敌"，会议决定举兵讨伐。

八、拿破仑帝国的崩溃

3月25日，英、俄、普、奥、意、荷、比等国又组成了第七次反法联盟，决定火速调兵遣将进攻法国。联军制定计划组成五路大军从三个方面进攻法国。英荷联军由英国元帅威灵顿公爵指挥，部署在比利时首都布鲁塞尔附近，直至蒙斯，兵力约有93000人；普军由布留赫尔指挥，约有117000人，部署在比利时沙勒罗瓦以南一带，包括那慕尔、列日、直至莱茵河；奥军由施瓦岑贝格指挥，兵力约有21万人，集中在莱茵河上游；俄军由巴尔克雷指挥，兵力约有15万，集中在莱茵河中游；奥意联军由弗里蒙特指挥，兵力约有75000人，集中在意大利北部的法意边境上；另外联军还组织了30万的后备部队。这次联盟军动员总兵力大约有百万之众。第一批进攻法国的部队有65万。

按照威灵顿和布留赫尔的意见，联军的作战计划应尽速向法国进军，直趋巴黎。可是维也纳联军会议不同意急进，主张稳扎稳打，待俄奥军队开抵法境后，再分进合击。其作计划是：由威灵顿、布留赫尔、施瓦岑贝格所率领的英、普、奥三路大军直扑巴黎，即使其中某一路军队被击败或受挫，其他两路仍可继续前进；由巴尔克雷率领的俄军前往增援；弗里蒙特指挥的奥意联军以里昂为目标，直捣里昂。总之，联军拟从北、东、南三方面进攻巴黎。并预定在6月27日至7月1日之间，各路军队同时越过法境。可是，正当军队在集结的时候，拿破仑先发制人，业已发动了进攻。

拿破仑重返巴黎后，本想重建法兰西帝国，暂放弃对外扩张。所以他向各国发出通告，愿意承认《巴黎和约》限定的法国疆界，请求罢兵媾和。但是，欧洲各盟国已不容忍他的政权存在，拒绝了他的要求。拿破仑也深知战争不可避免，所以他积极重整军备，准备战斗。到5月底，拿破仑已征召和组织了正规军284000人，辅助兵222000人。这时拿破仑的军队素质远非昔日可比了。征召的士兵没有很好的训练，又缺乏足够的枪械、弹药和马匹，高级将领尤感不足。拿破仑昔日骁勇善战的元帅马尔蒙业已效忠波旁王朝；马塞纳和蒙塞都已年老力衰；莫蒂埃、朱诺有病；缪拉则已离心背

289

叛；当时能够效命于拿破仑老将只有达乌。其次是内伊和苏尔特以及勒费弗尔和旺达姆等人。4 月 30 日，拿破仑下令组成五个军团，任命苏尔特为法军参谋长，格鲁希为骑兵指挥官，下编莱茵、罗里、阿尔卑斯和比利牛斯等军团分守各地；北方军团为主力，约124500 人，由拿破仑亲自指挥。

6 月 14 日，拿破仑率军侵入比利时，战争开始了。法军迅速向威灵顿部队和布留赫尔部队之间的地带推进，并扑向布留赫尔；法军占领了沙勒罗瓦，还把战争带过桑布尔河。但是，法军右翼活动慢了一些。而且法军将领布尔蒙又叛逃到普军中去了。

拿破仑命令内伊元帅在 6 月 15 日占领通向布鲁塞尔道路上的卡特尔·布拉的一个村庄，以便牵制英军，然而内伊行动迟缓，任务完成得不好。6 月 16 日，拿破仑同布留赫尔普军在里尼展开大战，法军获胜。不过这次战役，普军虽然战败，其主力并未被消灭，而转移到另外地方去了。法军不知该军撤到何地，也未立即追击。6 月 17 日，拿破仑才命令格鲁希元帅率部队前往追击布留赫尔，同时另派一部分骑兵去攻击牵制法军的英军。可是，由于倾盆大雨冲毁了道路，追击部队中途受阻，被迫停止下来。拿破仑自己带领主力部队同内伊所部会合后直奔布鲁塞尔。那里，威灵顿率领的英军已占领了距离布鲁塞尔 22 公里的一个高地，这个高地位于滑铁卢村之南。威灵顿在高地上积极修筑工事等待拿破仑，同时也等待布留赫尔所部普军的增援，6 月 17 日晚，拿破仑带领法军向这座高地前进。6 月 18 日清晨，法军与英军展开了一场异常激烈的浴血大战。当时，拿破仑约有 72000 人，而威灵顿有 70000 人，在战斗中法军虽略占优势，但难以扩大战果，双方都在等待援兵。拿破仑等待格鲁希元帅，威灵顿在等待布留赫尔。然而，由于格鲁希元帅行动迟缓，既没能及时追歼或阻截布留赫尔的普军，又在追歼无望的情况下拘于成命，未及时回师滑铁卢，反而被普军的少数兵力所牵制，致使布留赫尔的主力 3 万人巧妙地摆脱了法军的追击，赶到了滑铁卢战场，使法军主力腹背受敌，法军终于全线溃败。格鲁希的迟到使 拿破仑遭到毁灭性的失败。但是，从作战指挥来看，拿破仑也犯了致命的错误。一是未能不失时机地追击普军，致使布留赫尔的普军有了喘息之机；二是法军兵力分散，临时调遣，贻误了战机。

拿破仑战争失败的原因可以归纳为以下几点：

第一，拿破仑战争有着保卫和巩固法国大革命胜利成果的进步作用。因此在革命前期，它能唤起法国人民的热情，发动全民族的保卫战，这是拿破仑战争胜利的基本因素。后期，由于战争性质的改变，拿破仑企图称霸欧洲，穷兵黩武，大肆侵略扩张，结果必然激起国内外人民的普遍反抗。因此，他不能广泛而有效地武装群众。

第二，拿破仑后期的军事思想没有新的发展，联军学会了拿破仑的一整套战略战术，使联军的指挥艺术和部队的战斗力有了很大提高。在莱比锡战役中，联军根据历次战败的教训，研究法军，特别是拿破仑的战略战术，采取了多方牵制，集兵攻击的战法，取得了战争的最后胜利。在滑铁卢战役中，遭受惨败的布留赫尔，能在法军的追击下，以一小部队牵制敌人，而使主力部队快速而巧妙地摆脱追击，突然出现在滑铁卢战场，就是采用拿破仑的战略，体现了拿破仑惯用的大部队正确而迅速的运动是确立战役有利形势和确保优势力量的重要手段的军事思想。

第三，拿破仑的霸权主义破坏了拿破仑自己奉行的作战原则。马克思说：拿破仑"曾制定两条看来差不多是老生常谈的作战原则：第一，'只做力所能及的事情，只做最有胜利把握的事情'；第二，'主力只用于战争的主要目的——消灭敌人。'"拿破仑由于坚持了这些原则而赢得了胜利。但是，随着霸权主义的推行，他的战线越拉越长，兵力越来越分散，欲望也越来越大，并且超过他的力所能及，这就必然破坏了他自己的战略原则，使他完全陷入了不能自拔的境地。

第四，由于连年战争，军费消耗巨大，加重了法国人民的兵役

英 法 近 代 史
YING FA JIN DAI SHI

与赋税负担,使法国经济也陷入危机。旷日持久的战争,使法国人民精疲力竭,普遍产生了厌战情绪。从保卫法国革命成果的战争,转变为侵略扩张,争夺欧洲霸权的战争,使法国人民失去了战争初期的革命热情,士气低落,在侵俄战争中已经明显地表现出来。在莱比锡战役后,众叛亲离,缪拉元帅也不愿再战。拿破仑的外交大臣塔列朗暗中与联盟国来往,处处出卖拿破仑。这也是战争必定要失败的重要原因之一。

第五,拿破仑推行的霸权主义使他同时要在两个广阔的战场上作战,即同封建欧洲和英国资产阶级作战,又同附庸国、占领国的广大人民作战,从而大大削弱了他抵御封建欧洲武装进攻的力量。正如恩格斯所说,拿破仑战争的失败"完全不是计划本身或计划执行上的原因,而是政治方面和战略方面的原因;其中主要的原因就是联盟国方面在兵力上占有巨大优势,一个在1/4的世纪内连年战争因而力量消耗殆尽的国家,已不可能单独抵抗整个武装起来的世界对它的进攻。"滑铁卢战役后,拿破仑回到了巴黎,他深感战争已无法再继续下去,他的政权已难以挽救,决定再次退位。6月22日,拿破仑宣布退位,让位于其小儿子(他在奥皇祖父家)罗马王。当然,这是难以实现的一种梦想。从1815年3月20日到1815年6月18日,拿破仑第二次即位约有一百天,故史称"百日政变"。

6月28日,退位后的拿破仑到了马里美松。他想乘船到美洲去,可是被英舰封锁,他无路可走只好任由英国去摆布。联盟国决定把他流放到圣赫勒拿岛。随拿破仑一同到达该岛的有拉斯卡斯将军、贝特朗将军、蒙托隆将军、古尔果将军和一些仆人。在圣赫勒拿岛拉斯卡斯将军经常记录拿破仑的谈话。这些谈话文献便成为后人研究拿破仑事迹的可贵资料。后来,贝特朗、拉斯卡斯、蒙托隆和古尔果等人又编纂一部《拿破仑回忆录》。尽管这部回忆录有些地方不能充分反映客观的历史真实性,但对于后世研究拿破仑时代历史仍有很大的参考价值。1821年5月5日,拿破仑在圣赫勒拿岛与世长辞。

九、法国复辟王朝和七月王朝

（一）法国的复辟王朝（1815～1830 年）

　　从 1815 年拿破仑帝国彻底崩溃到 1830 年七月革命的法国历史称之为复辟王朝时代。1815 年，路易十八重新即位之后，便开始实行他在 1814 年第一次复辟时期颁布的"钦定宪章"。根据这个宪章的规定，法国的政体是君主立宪制，实行两院制的议会制度。上议院议员由国王任命；下议院议员由选举产生，每 5 年改选一次。下议院议员的选举资格规定得很定，只有年满 30 岁每年交纳直接税 300 法郎以上者才有选举权；只有年满 40 岁每年交纳直接税一千法郎以上者才能获得被选举权。在当时 3000 多万法国总人口中，享有选举权者只有 5 万多人；至于享有被选举权者还不到 15000人。绝大多数法国人民都被排斥在选举之外。国王不仅享有最高的行政权，而且还可以否决议会的法案。此外，国王也可以不通过议会直接颁布法令。"宪章"宣扬王权神授，国王的意志是上帝恩赐的。"宪章"承认了《拿破仑法典》，并保护土地财产的新的所有者的利益。由此可见，复辟王朝建立的政体是一种君权极为广泛的君主立宪制。显然，这种政体不同于革命前的法国封建专制，也不完全同于英国的君主立宪制。这种政体是旧贵族与上层资产阶级之间的政治妥协的产物，而封建贵族在政权中占主导地位。这说明路易十八不能在法国完全恢复封建专制的统治，他只能做到把革命期间被没收的而尚未出卖的土地发还给地主与僧侣，尽力保护和恢复封建大地主、贵族和天主教高级僧侣的利益和特权。

　　可是，以国王的弟弟阿多瓦伯爵为首的一小撮"极端保王党

英 法 近 代 史
YING FA JIN DAI SHI

人"并不甘心放弃封建特权。他们不顾革命时代的教训，想反攻倒算，企图恢复革命前的旧制度。在复辟王朝的头一年，他们大搞白色恐怖。反动的僧侣与贵族雇用暴徒在法国各地大肆殴打、屠杀共和派人和波拿巴主义者。在亚威农一带就有 500 多人被杀。此外，复辟王朝还组织特殊法庭，逮捕和审判参加过革命的主要分子，并大量地清洗军队和政府人员中的革命者。约有 10 多万人被定为"政治危险人物"，被开除了国家职务。亡命归国的贵族纷纷到军队和政府机关承担重要领导职务。天主教会的僧侣在宫廷、行政部门和学校占据重要地位。除了白色恐怖外，法国人民还要遭受外国占领军尤其是普鲁士占领军的蹂躏。这种外国占领军要到 1818 年才能撤离。战败的法国还须向战胜国支付 7 亿法郎的军事赔款。这笔费用也都落到法国人民的身上。由此可见，复辟王朝建立之初，法国人民的生活便陷于水深火热之中，他们不断起来同保王党的武装部队和外国占领军进行斗争，火烧地主森林事件层出不穷。

　　1815 年 8 月，复辟王朝在外国驻军和白色恐怖的统治下，举行议会议员选举，结果，绝大多数地、主贵族和高级僧侣都被选进了议会。这个议会被极端保王党人所控制，称之为"无双的议会"。"无双议会"企图恢复封建专制统治和封建特权，主张把学校交给天主教僧侣，把土地完全归属于贵族，甚而主张恢复拷问制度，迫害一切进步人士，限制各种自由活动。极端保王党人的反动措施，不仅激起法国人民的无比痛恨，也引起某些上层资产阶级与具有自由主义色彩的贵族的忧虑。他们深怕过于反动将会遭致新的革命。路易十八非常恐惧革命。所以，1816 年 9 月 5 日，解散了"无双议会"，派具有自由主义色彩的贵族黎塞留（Richelieu）出来组阁。从 1816 年到 1820 年，在黎塞留内阁时期，法国实行了一些温和政策。例如，扩大选举权、取消对出版的严格检查制度等等，并提前付清了最后两年的战争赔款，从而恢复了被占领的土地。可是，到了 1820 年，西班牙和意大利都发生了革命。这些国家的革命使得欧洲各国反动统治集团异常恐惧，因而加强了国内的反动统治。同

九、法国复辟王朝和七月王朝

年，法国发生了一个狂热工人行刺国王的侄儿贝利公爵的事件①，使法国统治阶级惶惶不安。1821 年，为了加强统治，国王改组内阁。极端保王党人维勒尔组阁，从此，反动统治在法国又重新加强起来。从 1821 年到 1830 年七月革命为止，法国的政权一直操纵在极端保王党人之手。

然而，法国已经经历过一场翻天覆地的资产阶级革命。封建经济基础早已遭到破坏，封建专制曾被推翻，要想死灰复燃，谈何容易。何况，法国资本主义经济已获得相当的发展，资产阶级实力业已壮大，在这种历史条件下，复辟王朝要想完全恢复革命前的旧秩序，实在是痴心妄想，决不可能了。所以，在极端保王党人统治时期，社会矛盾异常尖锐，从而出现了三个政治集团。

第一，极端保王派。这一派代表封建贵族和天主教高级僧侣的利益，主张恢复旧制度和旧秩序，其主要代表人物是波纳尔子爵。他极力主张加强教会和王权的统治，大肆宣扬一切科学都是人类的罪恶，攻击启蒙思想，反对君主立宪。第二，君主立宪派。这一派代表部分官僚、大地主和工商业资产阶级的利益，其主要代表人物是哲学家罗瓦耶·科拉尔。他反对完全恢复封建君主专制。他认为贵族的特权已经不能复活，应该给予资产阶级一定的政治地位，实行君主立宪，使新旧法国得到结合。第三，自由派。这一派代表中小工商业资产阶级和银行家的利益，其主要代表人物是本杰明·康斯当。他认为君主立宪制是最好的体制，但在这一政体中，资产阶级应占据统治地位。他反对政权属于人民，但他还想利用人民群众的力量同反动势力作斗争，以便实现他们的政治目的。

1821 年，法国又出现了烧炭党人。这是一个秘密团体。它是法国自由派资产阶级效仿意大利烧炭党人建立起来的，其中有大学

---

① 贝利公爵（due de Berry）是查理十世之子，亨利·尚博尔伯爵之父，革命初期，他随父流亡国外，1792 年在孔代军中服务，属于极端派。1820 年 2 月在巴黎歌剧院门前被刺。

英 法 近 代 史
YING FA JIN DAI SHI

生、律师、店员、退伍军人和自由主义工业家。这个团体主张用武装起义推翻复辟王朝。可是，烧炭党人内部意见分歧，有些人主张实行共和制，有些人主张实行君主立宪制；其中还有波拿巴派分子，他们主张恢复拿破仑王朝，拥护拿破仑一世之子赖喜斯塔特（Due de Reichstadt）为国王；还有一些人拥护奥尔良公爵的儿子路易·菲利浦（Lauis—philippe）为执政。烧炭党人领导多次起义只因采取狭隘的密谋活动，脱离群众，加之内部意见不一，领导人缺乏果断等原因，致使起义遭到镇压，结果都失败了。

1815 年以后，法国农业生产较 18 世纪有了改进，例如，北部已大量采用新式农具，惟有南部仍然使用原始的农具。农村的封建土地所有制业已发生根本的变化。小农经济在农村中占据优势。除了小农经济外还有资本主义农场。但是，所有这些，还不能使法国农业得到快速发展。19 世纪上半期，法国的农业依然落后，基本上仍然是一个农业国家，农民在全国总人口中占 80％左右。

19 世纪上半期，法国农民虽然已摆脱了封建压迫，但不久又遭受到资本主义地租、商业和高利贷剥削，日益走向贫困。此外，苛捐杂税和复辟王朝的政策。例如，1819 年提高输入粮食税的条例，又加速了农民的破产。由此可见，法国农民在复辟王朝统治时期生活是异常困苦的。

至于工商业呢？复辟王朝的政策阻碍了工商业的发展，例如，1815 年允许羊毛输出，使羊毛在国内市场价格飞涨，结果阻碍了呢绒工业的发展。其次，1819 年 7 月颁布的加重输入粮食税的法令也不利于工商业家。在复辟王朝时期，法国丧失了许多海外市场和殖民地，也对工商业发展有极大影响。纵然如此，从 1815 年到 1830 年法国处在和平的环境里，国内市场已经扩大，1825 年英国取消了机器出口的禁令，法国可以从英国购得大量机器；与此同时，法国也出现了一些发明家，能够自造某种机器。所有这些，对于工商业发展也有促进作用。所以，在复辟王朝时代，法国的资本主义工业的发展也获得了显著的成就。例如，棉织工业已开始机械化，其他制造工业部门也采用了机器，特别是毛织、丝织和造纸方面的工业。法国工厂使用蒸汽机的数目由 1820 年的 65 架，增加到 1830 年的 625 架。冶金生产的产量也显著的增加，1814 年法国炼铁工业冶炼了 1 亿公斤的铁。到 1825 年则增到 1.6 亿公斤。1818年开始用煤炼铁。但是一般说来，冶金工业的发展还是非常缓慢，而工业部门所用的蒸汽机为数还不多，大部分还是水力发动机。总之，在复辟时代，法国的大工业并没有大规模地发展起来，小工业还占着优势。例如，巴黎制衣、制鞋、香料、首饰和娱乐奢侈品等等，多半还都是小手工业经营，这种情况一直到 19 世纪中期还是如此。

在法国复辟时代，也出现了一些思想家，比较有代表性的如空想社会主义者亨利·克劳德·圣西门（Claude Henride Saint—Simon，1760~1825 年），他出身于贵族家庭，青年时代深受启蒙思想的熏陶，参加过北美独立战争，在法国大革命时期自愿放弃了贵族爵位。他努力钻研改造社会的方案，渴望建立一个人人平等和幸福的新社会，主要著作有：《日内瓦书信集》、《工业家问答》、《新基督教》等。圣西门尖锐地批判了资本主义制度，并力图证明新社会的历史必然性。他在其第一部著作《日内瓦书信集》中就提出了"一切人必须劳动"的命题。圣西门认为"游惰者"毫无价值，在将来的理想社会中只有劳动者。至于什么贵族、牧师以及其他游惰者，都是要消灭的。他说："每一个人都要做某种工作。人人都有义务用他个人的能力来增进人类的利益。"他主张"对于人的政治统治权，应当转变为对于事物的管理以及对于生产过程的指导。"他说："把法国改变成为一个工厂，照一个大工厂的样子来组织国家。""新制度之目的，在于扩大人对物的支配。"1816 年，圣西门宣称："政治学是关于生产的科学"，并预言"政治学将要被经济学所完全包括。"所有这些，就体现出在圣西门的理想社会中已具有"废除国家"的思想。但是，圣西门还有许多不切合实际和错误的看法。他把法国社会的第三等级与特权阶级之间的对立视为"劳动者"和"游惰者"之间的对立。他企图用说明或宣传的方法使上层分子实现他的理想社会。他脱离现实生活,脱离群众。因此,他的理想社会变成了"乌托邦",其失败是必然的。

(二) 1830 年七月革命

1824 年 9 月 16 日,路易十八病逝,其弟阿多瓦伯爵继承王位,号称查理十世。阿多瓦是路易十六最年轻的弟弟,在大革命时期他最早逃亡到国外。他是一个极端仇视革命的高级贵族。在复辟王朝时期他是极端保王派的首领。查理十世即位后,竭力维护封建贵族和高级僧侣的利益,企图恢复封建专制统治。1825 年 4 月,他颁布一道《渎神法》,规定对于亵渎圣体者处以死刑,对于盗窃宗教物品者处以终身苦役,国王有权随意建立教团等等;与此同时,他还颁布一道《赔偿法案》,该法规定用金钱赔偿革命时期亡命国外的贵族所失去的土地和财产,总数达 10 亿法郎。这一笔巨款的取得是用降低公债利息筹集起来的。这样不仅损害了资产阶级的利益,也增加了人民的负担,势必遭到资产阶级与人民群众的不满。此外,查理十世还严格地限制出版自由,极力压制一切反对政府的言论与活动,让天主教神甫接管各级学校,宣传神学,为其恢复封建专制作思想准备。

为了反对这些公然恢复旧制度的反动措施,在报界与议会里形成了一股强大的反对派。不久,巴黎街道上便出现了"打倒内阁!""打倒耶稣会!"的标语和口号。1827 年 3 月底,当国王检阅国民军时,从军队行列中发出一片"打倒耶稣会! 打倒内阁!"的口号声。国王十分恐慌,立即解散国民军。但是,这并不能制止住群众的不满情绪,反而更加引起对于政府的仇视。

1827 年 11 月的选举,自由派获得 250 个席位,其他各派仅有 200 个席位。国王不得不改组政府,免去维勒尔的首相职务,让君主立宪派玛蒂尼亚克(martignac)组阁。玛蒂尼亚克为了缓和紧张局势，实行一些温和政策。例如，重新给予报刊某些自由，并采取一些措施，禁止耶稣会教士开办新的教育机构，以满足文教权派资产阶级的要求。此外，他还限制了规模小的神学院中的学生人数。可是，这些措施并没能使自由派满意，反而引起极端保王党人的强烈反响。不久，查理十世就把玛蒂尼亚克撤换了。1829 年 8 月，查理十世让其亲信、最反动的家伙玻利雅克公爵（Due de polignace）组阁，这个内阁是法国复辟时期最反动的一届内阁。法国人民把它叫做"极端的极端"。自由派报纸《环球报》宣称"这是把法国分成两个部分：一是宫廷，另一个是国民。"

1829 年 8 月 14 日，自由派具有代表性的《辩论报》刊登了一篇辱骂玻利雅克的文章。该文写道："科布伦茨、滑铁卢，1815 年，这就是三条准则，这就是内阁中三位大臣的人品。不论从那个方面来看内阁，它都令人惊骇、令人发怒……挤压，绞拧这个内阁吧，它流出来的只是凌辱、灾祸和危险。"极端保王党人的《白色旗报》宣称："统治权属于国王……国王就是多数。"这就展开了国民议会同国王之间的斗争。所有自由派办的报刊立即掀起了一个运动，《国民报》发表文章加以怒斥；《环球报》和《论坛报》也刊登嘲笑论文；《立宪主义者报》也在慷慨陈词。总之，资产阶级组织了许多"拒绝交纳捐税联盟"。极端仇视和抨击现存制度的小册子到处在传播。骚动已遍及全国。这时有 221 名下院议员向国王呈递"请愿书"，书中宣称："只有议会掌握国家命运，内阁要对议会负责，法国应实行代议制，玻利雅克政府的所作所为已失去民心，并引起了全国的愤怒……。"可是，查理十世置若罔闻，他说："我的决定是不可能改变的。"于是反对政府的情绪日益高涨，使得查理十世一时不敢召开议会。

1830 年 3 月 2 日，国王被迫召开议会，在议会开幕时，银行家拉菲特、卡齐米尔、佩里埃领导的自由派议员，要求内阁辞职。5 月 16 日，国王解散了下院，宣布举行新的议会选举。同年六七月间，举行新选举，结果新的议会议员反对国王的数目更多。在新选出的428名议员中，有274人属于自由主义者，拥护政府者仅有143人。这就说明政府派的失败；同时也说明反动的统治已失去人心，遭到资产阶级和广大人民群众的深恶痛绝。革命成为不可避免的了。

1830年，玻利雅克内阁发动一次侵略阿尔及尔战争，并取得了暂时的胜利。查理十世认为这次胜利可以提高他的政府威信。他的态度更加强硬，并要一意孤行地加强其反动统治。1830年7月25日，国王根据宪章14条款，颁布了《四项令》，亦称《七月法令》。该法令的主要内容是：（1）禁止未经政府允许的各种出版物和报刊出版；（2）解散新选出的下院；（3）减少选民数目，由10万人减为2.5万人，并修改选举法，惟交纳土地税者始有选举权，这就把金融、工商业资产阶级和人民群众均排斥在选举之外；（4）按照新选举法，举行选举。然后，查理十世又公布了一批完全是极端保王党人充任的各种高级官吏的名单。

查理十世的《四项法令》及各项反动措施显然是要坚决地压制一切反对者，恢复封建专制统治，公开地与人民和资产阶级为敌。但是，19世纪20～30年代，法国资本主义有所发展，资产阶级对政权的要求十分迫切，他们决不会容许在法国恢复封建专制，工人与小生产者尤其是农民对封建专制制度和波旁王朝更加痛恨。在复辟王朝统治期间，他们不断遭到破产，生产每况愈下，当然他们更加仇视波旁王朝。总之，查理十世的反动统治越来越凶，而反抗他的力量也越来越大。《法令》的公布便成为革命的导火线。

查理十世的《四项法令》公布后，次日，自由派的报纸、著作家、记者纷纷起来鼓动革命。《国民报》的记者梯也尔和阿尔芒·卡雷尔不久便成了反对派的首领。他们在《国民报》上发表宣言，其中写道："如果政府违背法制，我们就可以不服从它！"这是在鼓动革命。巴黎群众义愤填膺，革命情绪无比高涨，革命火焰即将燃烧起来。

7月27日深夜和凌晨，武装的群众筑起巷战工事与街垒，并和王军发生了冲突。7月28日，革命群众8万多人，攻占了市政厅，在巴黎圣母院的塔楼上升起了三色旗，并高喊："打倒波旁！自由万岁！"王军的统帅玛尔蒙（marmont）指挥8000名军队，进行镇压。在战斗中，革命群众前仆后继，异常英勇，打死打伤王军2500多人，群众死伤200人。这时，有些军队士兵倒向了革命，声势更为浩大。7月29日，起义者占领卢浮宫和推伊勒里王宫。玛尔蒙无奈只好将军队撤离巴黎，开往郊区。正在圣·克鲁打猎的查理十世，听到巴黎发生了革命，便把王位让给他的孙子尚博尔伯爵，自己逃到英国去了。至此，七月革命胜利。

七月革命的胜利，完全取决于人民群众的果敢、英勇和坚决的革命行动。7月31日，以奥尔良派占优势的下院议员，在银行家拉菲特家中聚会，决定把王冠授给与大资产阶级有联系的奥尔良家族的路易·菲利浦公爵。开始了七月王朝的统治时期。从此，法国政权便落到法国金融贵族之手。旧贵族被赶下台，建立了金融贵族的资产阶级君主国。

七月革命在当时历史条件下是有其进步意义的。在国内，它推翻了门阀贵族的政权，粉碎了恢复各种形式的封建专制的统治。此后政权已经从封建贵族完全转到资产阶级之手；不过并不是转到整个资产阶级手里，而只是转到其中一个集团，即金融贵族（即大工商业资产阶级和银行家）手里，从此，法国建立了资产阶级君主国。

七月革命具有重大的国际意义。法国推翻了复辟王朝，沉重地打击了神圣同盟体系，促进了欧洲许多国家的民主运动和民族解放运动的高涨。当时，各国的先进人士听到法国反动派的垮台，无不欢欣鼓舞。海涅把报道巴黎七月革命胜利的消息称作为"包在纸里的阳光"。莱蒙托夫写了一首诗歌颂这一革命事件，在诗中他严厉谴责了查理十世，欢迎巴黎人民高高举起的"自由旗帜"。

法国的七月革命对于欧洲各国的影响是非常大的。在法国七月革命的影响下，1830年8月间，比利时爆发了革命，脱离荷兰而建立了独立的比利时王国。后来成为永久中立国。9月间，德意志邦联诸国中也有几个邦，如巴伐利亚、黑森都发生了革命。11月间，俄属波兰发生了起义。1831年2月初，在意大利诸国中，也有许多邦国举行了起义，反对奥地利的统治。此外，1832年英国发生了议会改革运动，瑞士加强了对宪法民主化的斗争。所有这些，都说明了法国七月革命在推动欧洲各国的革命运动和冲破神圣同盟的反动体系上起了巨大的作用。因此，法国七月革命后，事实上，神圣同盟已经开始瓦解。法国在七月革命之后也退出了神圣同盟。

（三）法国的七月王朝（1830～1848年）

七月革命后，法国的历史进入七月王朝的统治时期。七月王朝是从1830年七月革命胜利后到1848年二月革命时为止，一共统治了18年之久。

七月王朝的政体是君主立宪制，但国王已经不是封建的，而是资产阶级的。但国王也不是代表整个资产阶级，而只是代表资产阶级中金融贵族进行统治。所谓金融贵族是由银行家、包税人、军火供应商和国家特许公司股东等社会势力构成的金融资产阶级。这个阶级最早产生于大革命前封建专制君主统治时代。他们在大革命中通过买卖"国有产业"，投机牟利而成为金融工商界巨富，同时，又以支持热月党人和拿破仑将军先后发动的"热月政变"和"雾月政变"而跻身于政治舞台。1800年法兰西银行创办后，他们之中有些人在官场位居要职和受封爵位，在政治上有一定的势力。他们的经济势力非常大，能左右国家政治。七月革命就是这些金融资产阶级操纵了政局。他们拥戴路易·菲利浦登上王位，建立了由他们操纵的资产阶级君主立宪政体，即所谓七月王朝。

路易·菲利浦出身于奥尔良家族。他是大革命时期奥尔良公爵的儿子。1792年他在共和国军队中服役，参加过热马普战役。

九、法国复辟王朝和七月王朝

1793 年大恐怖时代，他亡命国外，曾在瑞士、瑞典、挪威和美国等中立国家居住，那时他以教授法语维持生活。他在国外流亡了 21 年之久，到复辟王朝时期才返回法国。他虽然出身于王室贵族，但他同波旁家族后裔不同。他倾向于资产阶级。他不仅有土地也有企业与森林；他的生活方式同资产阶级一样。他的政治思想倾向于英国式的君主立宪政体。这就是法国金融资产阶级所以赏识他并立他为国王的一个重要原因。他即位时已经 57 岁，时常手拿雨伞，身穿一套浅黑色的衣服，头戴高帽，出入于大街小巷，俨然以普通公民自居，最喜欢人们称他为"公民国王"。实质上，他是金融贵族的总代表。

路易·菲利浦上台之后，重新制定了《新宪章》。《新宪章》仍然保留 1814 年《宪章》的基本内容，只是修改了专制主义的字眼。《新宪章》规定，法国议会为两院制。议会两院都有立法权。贵族议员由国王任命，只为终身职，不能世袭。众议院议员由选举产生。各部大臣对议会负责，不对国王负责。《新宪章》规定，降低选民的财产资格，由缴纳直接税 300 法郎降低到 200 法郎（包括营业税）；议员候选人的财产资格也从缴纳直接税 1000 法郎降低到 500 法郎。选民人数较复辟王朝时略有增加，不过只增加了 16.8 万人。这个新选举法使城市中等资产者享有了选举权，而小资产阶级和劳动人民还被排斥在政权之外。金融资产阶级就是利用这种选举控制了众议院，对法国实行统治。

《新宪章》还规定，天主教不能成为国教，禁止天主教僧侣购置不动产，宣布宗教信仰自由，让每个法国人都可以"沿着自己所喜欢的道路进入天堂"。此外，还清洗了国家机关和陆海军中贵族反动分子，取消了对定期出版物的限制。承认出版与集会结社的自由，为了保卫新政权，还建立了国民自卫军。参加国民自卫军必须自己支付购武器和装备的费用。国民自卫军选举自己的军官，他们必须忠于国王。这样的国民自卫军只有工业家、商人、食利者和官吏的子弟才能参加。显而易见，它已成为保卫资产阶级政权的一支武装力量。七月王朝自称是全民族的王朝，取消了镶有荷花徽的旗帜，以三色旗为国旗。反对复辟，要求彻底消灭正统主义；反对神圣同盟，要求恢复法兰西的国际地位，颂扬拿破仑的业绩，可是不准拿破仑帝国复辟。总之，这一新政权名义上标榜民主，实质上是金融资产阶级专政。

七月王朝刚建立就有许多反对派。一是被撵下台的波旁王朝的旧势力，即所谓正统派。他们并不甘心失败，梦想复辟。新政权建立后不久，他们在圣日耳曼近郊发动一次反对"街垒国王"的运动，但没有效果。他们虽然失败，可是在外省的城市和乡村中，正统派的贵族和僧侣的势力仍然很大，并且十分顽强。另一派是波拿巴派，他们也想恢复拿破仑帝国。自从 1832 年拿破仑之子赖喜斯塔特逝世之后，拿破仑之侄路易·波拿巴企图鼓动起事。由于他当时名声不大，缺乏号召力，起事也遭失败。正统派和波拿巴派对于七月王朝的威胁似乎不大，而最使七月王朝深感忧虑的是资产阶级共和派。在七月革命刚取得胜利时，资产阶级共和派就想在法国建立共和国，只因势孤力单没有成功，结果政权便落到金融贵族之手。在新政权建立后，共和派仍在继续进行斗争。共和派的成员主要是知识分子、自由职业者、新闻记者、技术干部和某些军人。他们因受传统的革命思想的影响，坚持法国应实行共和制，在其中主要人物有新闻记者阿尔芒·马拉斯特（Marrast）、阿尔芒·卡雷尔（Armand Carrel）、律师加尼埃·帕热斯、学者拉斯伯伊和有名望的资产者卡芬雅克（Caraignac）等等。这时《国民报》[①] 已被共和主义者所控制，它已成为共和派宣传其政治主张的机关报。共和派也组织了一个秘密团体称做"人民之友社"或称"人权社"，极力号召工人参加。这个团体的成员非常复杂。在表面上，他们都反对七月王朝，但其中有自由派资产阶级，他们仅仅主张实行改革，扩

---

① 《国民报》是 1830 年 1 月梯也尔和卡雷尔等在银行家拉菲特支持下共同创办的报纸。

大选举权；还有激进的共和主义者，他们主张推翻七月王朝的君主立宪制，实行普选权，建立共和国。

　　路易·菲利浦组成政府之后，为了巩固其政权和稳定社会秩序，便对反对派和工人运动实行镇压。1830 年 11 月，他任命银行家拉菲特组成内阁，由于他应付不了动荡的政治局面，翌年便宣告辞职。接任他的是银行家卡齐尔·佩里埃（Casimir perier）① 他属于自由主义派，主张维护《新宪章》，他在担任政府首脑时期曾镇压过 1831 年里昂工人起义，在 1832 年他就逝世了。同年，在巴黎发生共和党人起义活动之后，国王为了加强其统治，任命苏尔特元帅（Marshal sault）组阁，布罗伊公爵（Duc de Broglie）任外交大臣，梯也尔任内政大臣，基佐任国民教育大臣。苏尔特只是内阁的名义首相，实权操纵在梯也尔与基佐之手。梯也尔与基佐是奥尔良王朝的忠实拥护者。他们极力打击正统派的复辟活动，无情镇压工人运动。梯也尔是镇压 1834 年里昂工人起义的策划者，又是 1834 年 4 月 13 日血腥镇压巴黎工人、市民和共和派举行抗议示威游行的刽子手。1835 年 7 月 28 日，为了暗杀国王，有一个科西嘉人菲厄斯基（Fieschi）在坦普尔大街的林荫道上安放一枚炸弹，准备在国王检阅路过该地时炸死他。可是，只炸死卫队士兵 28 名，国王却安然无恙。梯也尔利用这次事件加强了镇压。1834 年 9 月，政府不顾宪章条款的规定，制订了严厉的法律，限制言论自由，凡是侮辱国王、政府官吏和财产制度的报刊，其编辑与社长都要受到严厉的惩罚，或罚以巨款，或处以监禁；凡是讽刺国王和政府的漫画，也要受到同样的处分。这条法令被称为"九月法令"。

　　路易·菲利浦及其大臣深知，为了巩固统治，仅靠镇压是不够的，还必须树立某些威望。当时法国人均希望消除复辟王朝时期法国对外国卑躬屈膝的屈辱状态，极力要求恢复法国在国际上的威望

---

① 卡齐米尔·佩里埃（1777～1932 年）是法兰西银行的董事，属于自由主义反对派。七月革命后任下院议长，1831 年任内阁首相。1832 年逝世。

与地位。为此，路易·菲利浦巧妙地将拿破仑帝国时期的深孚众望的旧官吏吸引到自己这一边，给他们加官晋爵。在七月王朝统治期间有十几个首相，其中有 3 人是原拿破仑的高级将领，如苏尔特、热拉尔和菲蒂埃等①。路易·菲利浦还从帝国的旧官吏中遴选各省省长，把拿破仑的塑像重新竖立在旺多姆园柱顶上。1840 年 12月，他还派一位亲王前往圣赫勒拿岛取回拿破仑的遗体。当遗体运到巴黎时举行庄严的仪式，迎接队伍从星形广场一直排列到残废军人院。这都是为了迎合法国人民的民族主义的心理，取得人民的好感。但是，政府对于拿破仑的业绩公开表示尊敬，并不等于支持波拿巴派的复辟活动。1836 年路易·波拿巴在斯特拉斯堡的起事，和 1840 年他在布洛涅的登陆都被政府无情地粉碎了，并毫不留情地把皇帝的侄儿囚禁在昂堡。

1836 年，梯也尔担任首相兼外交大臣，1840 年秋，梯也尔因违背国王的意愿遭到下院攻击，其内阁垮台，基佐被召组阁任外交大臣。从 1840 年到 1847 年，法国内阁首相名义上是苏尔特，1847年 9 月苏尔特退休后，基佐才获得首相头衔。然而，从 1840 年到1848 年，基佐始终是事实上的政府首脑，他掌握实权。

基佐早在 1833 年任国民教育大臣期间，曾制订一个《教育法》，提出发展教育问题。该法规定每个市镇都要有一所学校，由市镇政府提供经费。同时，在每一个地区的首府设立一所高级小学，各省建立一所培养小学师资的师范学校。这个《教育法》实施后，使小学生的人数从 1830 年的 200 万人增至 1848 年的 350 万人。这些措施对于普及法国初等教育起了一定的作用，但是未能实施义务和免费教育，小学教师还得受世俗和宗教名流的监视。

1840 年，基佐当政期间，积极提高国王的权力，破坏内阁对议会负责的代议制原则。他说："国王不仅要统，而且要治"因此，他甚得路易·菲利浦的赏识。基佐在大选时采取各种贿赂手段，争

---

① 参见皮埃尔·米盖尔著《法国史》中译本，第 347 页

九、法国复辟王朝和七月王朝

取选民，以便使下院多数派站在国王与内阁一边，支持内阁的各项政策。政府的政策只保护一小撮大金融家、大商人和上层工厂主的利益，损害了资产阶级和其他阶层的利益。例如，政府对于煤、铁和棉花均征收高额进口税，使煤炭大王和其他工业巨头获得厚利，可是对于其他大多数中小企业主却极为不利，因为增加了生产成本，便削弱了法国商品在国际市场的竞争能力。政府的政策也有利于证券交易活动和商业投机，因此大银行家与高利贷者能够依靠高额信贷利息，大发横财。与此同时，基佐政府贪污腐化和贿赂公行也极为盛行。

七月王朝的对外政策也是由其政权的阶级性质决定的。路易·菲利浦最怕战争，他的口号是"不为荣誉花一文钱！"金融贵族所以害怕战争，乃因战争会使公债跌价，影响到他们的利益。所以，七月王朝一再宣扬尊重和平，它对待英、俄总是采取容忍让步的政策，甚至不惜以法国人民的民族感情遭受凌辱作为代价，力求实现英法和善。然而，对于扩张侵略战争，七月王朝却从不畏惧。它曾派兵侵占阿尔及利亚。

法国对于阿尔及利亚的侵略早在复辟王朝时期就已开始。1830年6月，玻利雅克政府曾派远征军去征服阿尔及利亚，并占领了阿尔及利亚的首都阿尔及尔城。后来，阿尔及利亚诸部落奋起保卫祖国，同法国占领军展开了激烈的战斗。法国陷于困境。七月王朝政府先后又派卡芬雅克、拉摩里西尔、彼里西埃与尚加尼埃等将军前往征服阿尔及利亚。到1847年底才击溃阿尔及利亚人民的反抗，占领了阿尔及利亚。可是，此后阿尔及利亚人民的反抗斗争从未停止。法国政府对于阿尔及利亚的侵略，历时甚久，给法国人民带来巨大的损失。

七月王朝在法国的历史进程中较之复辟王朝前进了一步。因为七月王朝消除了旧的封建贵族与高级僧侣的统治，为法国资本主义发展扫除了一些障碍。在七月王朝时期，法国的工商业有所发展，工业革命发展的速度也加快了。例如，1830年法国投入工商业资

英 法 近 代 史
YING FA JIN DAI SHI

本总额为 300 亿法郎，而 1848 年全部投资则增加到 450 亿法郎；1830 年工业中蒸汽机的数目为 625 台，到 1847 年便增加到 4853 台；又如路易·菲利浦统治的末年，法国工业生产总额为 403700 多万法郎，其中有 44500 万法郎为毛织工业生产的；37400 万法郎为冶铁工业生产价值的；35500 万法郎为丝织工业生产的价值。就工业生产来看，煤的开采在 1839 年的产量为 200 万吨；1847 年的产量则增加到 500 万吨。同时，煤矿工人从 1830 年的 15000 人增至 1847 年的 35000 人；关于铁的开采，1833 年产量为 70 多万吨，到了 1847 年则增加到 160 多万吨。至于工业中机器的使用，1840 年法国工业中使用机器共 2540 架；1847 年机器使用增加到 4853 架。法国的铁路建设早在复辟王朝时期就已经开始。到了七月王朝则得到更大的发展。1835 年，法国共有铁路 150 公里，到 1845 年增加到 880 公里，到 1847 年铁路长度则增到 1832 公里，随着铁路建设的发展，法国的冶金工业和机械工业也都发展起来。总之，19 世纪中叶，法国的工业生产居世界第二位，较之英国还落后很多。

值得注意的是，法国的工业发展是很不平衡的。大工业主要是纺织工业发展得较快。其中棉纺织业、毛纺织业和亚麻纺织业多半在法国北部的里尔、西北部的卢昂和东部的阿尔萨斯与洛林一带成长起来；冶金工业在罗亚尔河流域得到迅速发展；在巴黎主要生产服装、装饰品、奢侈品和名贵家具。那里的工业多半是每家只有工人 2 到 10 人的中小企业。在 1847 年，巴黎只有 10% 的雇佣工人 10 人以上的企业主，大多数企业都是个体手工业者或者雇佣一个工人的小业主的极小的作坊；这种小业主作坊都是替包买商或者手工工场企业主加工生产。里昂是法国第二大都市，并且是丝织工业的中心。但在里昂的工业中，仍然是分散的工场手工业占据优势。大型的手工工场通常只设订货分配事务机构。这种机构把原料分配给拥有一至六台工作机的和相当数目帮工、助手和学徒的小作坊主，向他们订货。还有许多小作坊主是不雇工人的单干工匠。在许多省份中，手工工场场主都愿意把订货分配到农村，因为农村的劳动力比城市便宜。

19世纪中叶，法国农村还是小农经济占据优势。那时，农民虽然已摆脱了封建剥削，却陷于资本主义剥削的困境。在资本主义制度下，农民需向国家交纳苛重的土地税和繁重的间接税；农民受高利贷债务的压榨更为严重。除了极少数农民变为富农外，绝大多数人陷于贫困和破产。小农经济力量极为薄弱，根本不可能购买机器，即使有了农业机器，在小块土地上也不适宜使用，至于采用其他新技术和改良土壤也都遇到种种困难。所以，在七月朝时期，法国的农业虽然有所发展，但要同英国比较起来还是非常缓慢的。

七月王朝的政策只保护一小撮金融资本家、大商人和上层工厂主的利益，损害资产阶级其他阶层的利益，因而阻碍了工商业的发展。例如，对于煤、铁和棉花征收高额进口税对于大多数企业主极为不利，因为增加了生产成本，势必削弱法国商品在国外市场的竞争能力。可是，银行家与高利贷者却可依靠高额信贷利息大发横财。

在七月王朝时期，法国劳动者的劳动条件与生活条件都是非常艰苦的。工人每天工作日长达13～15小时，甚而有时长达到18小时。工人所得的工资很微薄，低得难以维持最低生活，而且投机盛行，加剧了物价的高涨，使工人阶级生活更加恶劣。劳动者为生活所迫，势必把妻子和儿女送到工厂去做工，于是女工与童工日益增多，而女工与童工的增多，其结果便不断地排挤男工，同时也使在业工人的工资下降。据统计，一个男工一天至少劳动13个小时才能挣得两个法郎，而妇女只能挣得20个苏（19法郎等于100个生丁，1苏等于5生丁）儿童只挣10个苏，一公斤面包卖30个生丁，一套男人的衣服卖80法郎。工厂工人的平均寿命不到30岁。[①]就连这样的微薄的工资也是没有保障。此外，妇女进入工厂，儿童便失去了母亲的照顾，所以死亡率特别高，至于那些有妻

---

① 参见皮埃尔·米盖尔著《法国史》中译本，第351页。

室的而未得到工作者，有年迈父母而无妻子者，其生活往往在饥饿线上挣扎。

在七月王朝时期，工人的生活条件恶劣，多半住在阴暗的，没有任何家具的地下室里。加之空气恶劣和潮湿，有许多的工人和儿童患得瘰疬症。工人的贫困，在工业危机的年份里，就更加困难了。同时，在七月王朝时期，工人不仅没有"工厂法"得以保护，连工会也不许组织，工人群众只能组织带有行会性质的劳动互助团体，即同业工会。而这种带有封建性质的组织，却成为当时团结工人的惟一组织。工人多半团结在同业工会的周围，经常举行罢工运动，但是最初的罢工运动，主要是要求增加工资，减少工作时间。当时是以 12 小时作为斗争的口号。因此，最初的斗争仅限于经济领域，后来经济斗争逐渐地发展和演变成政治斗争和武装起义。1831 年与 1834 年，里昂曾发生过两次规模较大的工人起义。

里昂是法国著名的丝织工业的最大中心。那里约有 3 万多丝织工人。不过，在里昂的丝织工业中，使用机器生产的工厂还很少。工业生产的主要组织形式是分散的工场手工业。在这种资本主义工业生产组织里，有三部分人：一是制造商或称手工工场场主；二是小作坊主；三是帮工、学徒、女工和童工等。小作坊主、帮工、学徒及女工与童工都是为制造商进行加工生产，得到一点加工费。1826 年，法国发生经济危机，丝织业企业家借故缩减工人本来就很微薄的工资。1831 年，里昂工人要求增加工资，态度坚决，斗争剧烈。在群众压力下，资本家被迫让步。劳资双方订立一个工资协定，确定了一个较高的新的计件工资定额。可是，不久，资本家违反协定，不履行协定的规定，因而激起里昂工人的革命行动。1831 年 11 月 21 日，为了抗议资本家破坏新议价，工人宣布罢工。这次罢工演变成武装起义。起义者高举"工作不能生活，毋宁战斗而死"的旗帜，经过三天的战斗，将政府军驱逐出里昂。工人占领里昂有 10 天之久，结果，这次起义在 12 月 3 日被由巴黎调来的政府军镇压下去了。

九、法国复辟王朝和七月王朝

　　1834 年，里昂工人又发生了第二次暴动。这次暴动的原因是：1833 年末到 1834 年初，里昂的丝织业又发生了新的恐慌。在这一时期，资本家打算减低工人工资，又激起工人罢工。这时工人中已经有了"互助会"的团体。政府下令严禁这种组织并逮捕了工人互助会的领袖。4 月初，当政府审判被逮捕的互助会领袖时，工人立即起来暴动，包围法院，开展了剧烈的巷战。这一次起义带有极明显的政治性质。工人根据亲身的经验，深深感到如果没有政治自由，就不可能获得社会解放，就不可能解决生活与工作问题，所以，1834 年的里昂起义者高举为民主共和国而战斗的旗帜。提出要建立共和国的战斗口号。他们下定决心要为这个目标斗争到底。同时，他们还发表了庄严的起义宣言，其中写道："我们的事业是全人类的事业，是我们的幸福，是未来的保证。"在里昂的街道上，起义者同政府军展开了六天的激烈战斗。起义的主要策源地是克洛瓦——鲁斯工人区。在那里工人们构筑的防御工事非常坚固，四面都有战壕。街垒上插满了红旗。起义者的战斗口号是"不共和毋宁死！"起义者的领导人中有英勇而坚定的共和党人拉格朗日、博恩、科西迪耶尔、卡利埃，还有职工会和互助会的活动家。政府对于起义者加以残酷的镇压，并且使用了炮兵，终于把起义镇压下去了。

　　里昂的第二次起义，得到了巴黎、圣亚田、格累诺布尔、马赛和国内其他一些工业城市的响应。起义也扩及到某些农村地区，特别是产酒地区。在阿尔布瓦，农民拿着棍棒，前来支持起义的共和党人。起义者曾经一度占领该市。

　　在巴黎，武装斗争持续了将近两天（4 月 13～14 日），也残酷地被镇压下去了。在镇压了 1834 年起义之后，政府进行了大规模逮捕和审讯，审判几乎持续了一年。许多被告被判处苦役和流放。

　　七月革命后，胜利果实为金融贵族所篡夺。为了反对金融贵族独揽政权，资产阶级共和派大肆宣传共和主义思想，要求改革选举制度。他们组织"人民之友社"为反对七月王朝进行斗争。其中激进的共和主义者号召人民武装起来推翻"七月王朝"为实现共和制度进行斗争。1832 年，该社 15 人遭到逮捕，组织遭到破坏。1835
年 7 月 28 日，巴黎曾发生谋刺路易·菲利浦的暗杀事件。政府十
分惶恐，它利用这一事件颁布了许多镇压共和派和工人运动的法
律，不顾《新宪章》的规定，限制言论自由和集会结社。在反动统
治加强镇压的情况下，资产阶级共和派的斗争销声匿迹，而少数激
进的共和主义者依靠工人群众仍在坚持斗争。

1835 年，以布朗基为首的一群革命者组织一个秘密组织叫做
"家族社"。它的纲领是用武力推翻七月王朝，建立平等的共和国。
次年 3 月，由于有人告密，该组织遭破坏，布朗基等人被捕，被判
两年监禁。1837 年 5 月，恰逢政府颁布大赦令，布朗基等得以获
释。同年，布朗基同巴尔贝斯建立了一个新的秘密团体叫做"四季
社"。该社纪律与组织极为严密，会员须宣誓，宗旨是推翻七月王
朝，建立理想的社会制度。1839 年 5 月 12 日，布朗基领导 500 多
武装革命者，在巴黎发动武装起义，攻占了市政厅。由于布朗基只
搞少数革命者的密谋活动，结果这次起义很快地就被镇压下去了。
巴尔贝斯被捕，布朗基在逃往瑞士途中被捕。他被判处死刑，后改
为无期徒刑。1848 年法国二月革命爆发后，才得以获释，恢复了
自由。

路易·奥古斯特·布朗基（1805～1881 年）在 1805 年 2 月出
生在法国滨海省普格德尼县城一个资产阶级官吏家庭。其父在大革
命时期曾是吉伦特派，做过国民公会议员，其母也是革命者始终支
持布朗基的革命活动。布朗基幼年时代就受过资产阶级革命思想的
影响。他曾受过大学教育。1824 年，他加入了秘密的革命结社烧
炭党，从事反对复辟王朝的革命斗争。1829 年 8 月，他在圣西门
主义者创办的《环球报》当记者，结识了圣西门与傅立叶的信徒，
受到了空想社会主义者思想的影响。在七月革命的日子里，他曾奋
不顾身参加了街垒战斗。七月革命后，他参加了小资产阶级共和派
组织的"人民之友社"。发表过激烈的演说，号召人民起来斗争，
推翻七月王朝。因此，曾被捕，判处一年徒刑。

出狱后，布朗基逐渐地由资产阶级共和思想转向社会主义思想，更主要的是他接受了巴贝夫主义的思想。他反对和平改造社会，主张用武装斗争推翻现存政权，建立贫民专政。1835 年，他建立了秘密组织"家族社"；1837 年，他同巴尔贝斯建立了新的秘密组织"四季社"。1838 年，他领导巴黎起义失败被捕，最初判处死刑，后改为无期徒刑。1848 年 2 月获释。1848 年革命和 1871 年巴黎革命，他都参加过，都曾被捕入狱。他一生中在监狱里度过 37 年，曾被判过两次死刑，后都改为无期徒刑。

19 世纪 30～40 年代随着法国工业革命的发展，小生产者破产日众，工人数目剧增，社会矛盾日益尖锐，在这种历史条件下，法国出现了许多社会主义者。然而，19 世纪 30～40 年代的法国社会主义者都是一些小资产阶级社会主义者，其主要代表人物是路易·勃朗和蒲鲁东。

路易·布朗（louis blanc，1811～1882 年）是法国著名的历史学家、新闻记者和小资产阶级社会主义者。1811 年 10 月他出生于西班牙东德里城，当时他父亲在拿破仑军队中任财政监督官。那时正在出使西班牙。路易·布朗的家庭是世代相传的保守党人。祖父在雅各宾专政时期被处死，布朗幼年时代家庭贫寒。在复辟王朝时期，因得路易十八发给的抚恤金，布朗始获受教育的机会。他先进入罗德斯大学，后来到巴黎求学。为了解决学费与生活费用，他还做过抄写员和家庭教师的工作。

最初布朗曾为巴黎民主刊物如《良知》杂志等撰稿，从此开始了他的新闻记者的生涯。1838 年，布朗创办了自己的报纸《政治·社会和文学进步评论》。1839 年布朗在自己创办的刊物上陆续发表了他的重要著作《劳动组织》。这部著作受到当时工人群众的欢迎，是一部畅销书，给布朗带来了很大声望。1843 年，布朗在民主刊物《改革报》工作，又先后发表了一些作品。布朗最重要的著作是他撰写的 1789 年以后的法国历史著作。

比埃尔·约瑟夫·蒲鲁东（Pierre—Joseph Proudhon，1809—

313

英法近代史
YING FA JIN DAI SHI

1865 年）是法国小资产阶级社会主义者，也是无政府主义创始人之一。1809 年 1 月出于法国东部贝桑松城附近一个破产的手工业者家庭。其祖先是农民，其父原为农民，后改行经营制桶商店，并酿造啤酒，从此，成为一个小手工业者。蒲鲁东幼年时代放过牛，12 岁当过旅店小伙计和排字工人。1821 年，他在少年时代，由于亲友的帮助才到学校读几年书，读了许多神学和伦理道德书籍，受到了资产阶级的教育，不久就失学了。后来，他主要靠自学掌握一些文化知识。

1840 年，蒲鲁东写了一部《什么是财产?》。在这本著作中，他批判了大私有制，认为"财产就是盗窃"。1846 年，他又写了一部书叫做《贫困的哲学》，1848 年写了《社会问题的解决》1849 年写了《一个革命家的自由》，1851 年写了《十九世纪革命的总观念》，1861 年写了《战争与和平》和 1864 年写了《工人阶级的政治能力》等。他在这些著作中宣扬无政府主义、小资产阶级的社会主义和改良主义。

法国大革命之后，在文学上曾出现过反动的浪漫主义与革命的浪漫主义。前者的代表是夏多布里昂（1768～1848 年）。反动的浪漫主义文学是为适应被打倒了的贵族地主阶级妄图复辟的意图。它宣扬神秘主义，鼓吹逃避现实，美化中世纪封建宗法生活。其内容反映了贵族阶级没落的政治情绪。

在复辟王朝时期，法国出现了革命浪漫主义文学。在创作中，他们宣扬个人与社会对立、个人理想与现实对立，借以表达没有掌权的法国资产阶级的政治要求。这一派文学家片面地强调主观感情和幻想。它与民主主义和空想社会主义的思想有着密切的联系。其典型代表人物是维克多·雨果（Hugo rictor，1802—1880 年）。

雨果 1802 年出生于法国东部的具藏松，其父是拿破仑手下的一名将领，其母笃信旧教，拥护波旁王室，在政治上非常保守。雨果青年时代因受母亲影响，最初思想有些保守。后来，他看清了复辟王朝的反动实质，思想有些转变。1826 年，他开始反对复辟王

314

朝，表示同情革命。1846 年，他的思想便从资产阶级自由主义转向资产阶级共和主义。雨果的文学思想同他的政治思想是有联系的。

雨果写的剧本《克伦威尔》，虽然不符合舞台的要求，未能上演，但是他为此剧本写的"序言"却产生很大的影响。在这篇序言中，他正面地阐述了浪漫主义的文学主张，批判新古典主义，反对反动的浪漫主义，有力地推动了革命浪漫主义文学的发展。后来，雨果写了许多著作，其中有《巴黎圣母院》、《悲惨世界》和《九三年》等作品，都贯彻了这种革命浪漫主义的创作原则。因此，人们称他为浪漫主义文学运动的旗手。

雨果认为成熟的浪漫主义文学应该是通过美丑的对照，来描绘美的典型的文学。它不是为了描写丑，而是通过描写丑来表现美。只有把美丑对照来写，才能产生强烈的艺术效果。雨果在《九三年》著作中还塑造了许多个人英雄人物，揭露了宗教的虚伪和封建统治者的残暴。在《九三年》中，雨果同情革命，但对革命斗争的残酷性和人道主义精神之间的矛盾与对立，始终未能解决。他是一位人道主义者。

十、1848年法国革命与
法兰西第二共和国

（一）法国的二月革命

法国七月王朝的政权是掌握在金融贵族之手。在七月王朝统治的 18 年中，法国社会经济及社会各种关系都有了很大的变化。19 世纪 40 年代，新企业和铁路在法国都迅速地发展起来。当然，按程度还不及英国，大工业在法国社会生产中还不能占统治地位。当时法国还是以农业为主。

可是，伴随资本主义经济的发展，金融贵族的敌对阶级与阶层便多起来了。首先是工商业资产阶级（主要指中、小企业家）的势力增长起来。七月王朝所实施的庞大的借贷制度、所操纵的铁路建筑垄断权、所实行的关税政策，乃至于对外政策，尤其是法国对英国的让步，所有这些都大大地阻碍法国整个工业的充分发展，因而引起工商业资产阶级的不满。工商业家的势力增大之后，迫切要求参预政权，提出降低选举资格，扩大选民范围。

其次是小资产阶级。金融贵族操纵国家经济与从事投机事业，加重了小资产者的贫困与破产。小生产者在政治上无权，在经济上日益贫困，因此，他们普遍地反对金融贵族的统治。至于工农劳苦大众的情况，就更坏了。工人在政治上毫无权利，在经济上由于资本主义的发展，失业贫困和死亡就更为严重。农民由于赋税的繁重，以及资本主义在农村中的发展，破产已成为普遍的现象。总之，随着资本主义的发展，工人与农民对金融贵族的统治已经深恶痛绝。

十、1848 年法国革命与法兰西第二共和国

这样一来，七月王朝变成了工业资产阶级、小资产阶级、农民及工人阶级最痛恨的敌人。因此，各被统治阶级便不断地掀起反对政府的斗争，尤其是从 1840 年基佐组阁以后，由于基佐内阁的更加反动，使民主改革的斗争日益剧烈起来。非难与辱骂金融贵族统治的小册子，像洪水一般地充满在巴黎各地。在反对金融王朝的斗争中，各被统治阶级形成了各种政治派别。

1. 王朝反对派也称君主立宪派，这一派是参加国会的少数派。他们多半是工业资产阶级的代表。它并不反对君主制，只要求实现若干改革，扩大选举权，清洗行政机构，反对贪污，建立廉洁政府。这派的领袖是巴洛。

2. 资产阶级共和主义者，这一派是"国民报"派，又称纯粹共和主义派。其所以称为"国民报"派，因为这一派是以巴黎的"国民报"为中心结合起来的，其所以称为纯粹共和主义派，因为他们的政见是要求以资产阶级统治的共和国的形式去代替君主国的形式。这一派的中心人物是一些律师、著作家，怀着共和主义政见的资产者、军官和官吏等。他们代表着资产阶级利益，尤其是在政治上无权的中、小工业者的利益。这一派当时在议会中有自己的代表，在报界有很大的势力范围。

3. 小资产阶级民主主义共和派，这一派又称为"改革报"派。他们要求普选权和其他的民主改革，要求改善下层群众的生活状况。其所以称为"改革报"派，因为他们团结在 1843 年创刊的"改革报"周围。"改革报"为卢兰所创办，他是"改革报"派的领袖，此外还有佛罗孔。总之，"改革报"派是小资产阶级的代表。他们要求普选权，以便取得政治地位，以保障小生产者的利益。他们反对共产主义，拥护私有财产制度。

4. 社会民主主义派，就当时历史条件来说，这一派是代表工人阶层的，他们的要求比起小资产阶级共和主义派则更进了一步。他们的代表曾说："1789 年革命为农民及资产阶级争得权利，1830 年革命为大资产阶级带来利益，下次的革命，应该是改善工人阶级

英 法 近 代 史
YING FA JIN DAI SHI

生活的了。"他们又说:"他们要求社会变革,至于选举权的获得虽然很好,它不过是达到社会改革的一个手段。""我们的目的是公平分配社会的负担及利益,并且建立平等的完全统治。"这一派要求模糊的所谓"社会的共和国",要求"劳动权利"和"劳动组织"。其首领是路易·布朗和亚尔柏、卡贝。而路易·布朗的思想在当时对工人的影响是很大的。这是因为当时法国的资本主义发展得还不够充分,所以,劳动权与民主改革的要求,自然就成为当时工人阶级革命的要求,因而得到了工人的拥护。当时社会民主主义派还不能形成为一个独立的政派。它和小资产阶级的政派"改革报"派合作,并成为小资产阶级民主派附属物。而路易·布朗后来也参加了"改革报"派。

综合以上所述,七月王朝统治时期的经济政治的发展,使社会各阶层的矛盾发生了剧烈的变化,七月王朝的反对者越来越多。它们所形成的政治派别,虽然阶级利益不同,政见有差别,但在起初反对政府时,他们是在"改革选举"的口号下,联合起来的。这种反对七月王朝的斗争,到了七月王朝的末年,因为两大经济事件的发生,就更加剧烈起来,并成了二月革命的导火线。

1845年和1846年法国发生了马铃薯病虫害和歉收,接着1847年发生了经济危机;这两大经济事件使法国劳苦大众的生活更加恶化和痛苦,使工业家也在破产,从而加速了革命的危机。

1847年经济危机首先发生在英国,而后波及到法国和欧洲大陆上的其他国家。法国在经济危机的年份里,工厂倒闭的更多了,银行业务也大受影响。结果工人大批的失业,随着失业的增多,工资急剧下降。所以,在1847年冬天,城市劳苦大众的生活是非常悲惨的,对于政府的反感则更加深了。而经济危机对于法国小资产阶级的打击更大。因为在危机时期,法国的大工业、大银行家和大商人已不能做国外生意,他们把资本大量投到国内,在国内开设大商店,举办大工业,独占大工业,从而加剧了工商业的竞争,使中、小企业家,尤其小生产者、小商人和摊货商等大量地破产。因

318

此引起了小生产者极端的痛恨。中小工业家在危机时期的破产，对于金融资产阶级利用危机来进行投机和兼并的行为更加不满了。

此外，在这一时期，瑞士自由主义者革命的胜利，也提高了法国资产阶级反对派的自尊心，在巴勒摩民众的流血起义，也唤起了法国民众对法国人民过去伟大的革命的记忆和热情。

总之，七月王朝 18 年来的统治，法国社会政治经济的发展，加深了国内阶级矛盾的尖锐化。国外的革命影响，使法国劳动人民和工业资产阶级更加敌视七月王朝，而法国资产阶级及王朝反对派就利用了人民不满情绪发动民主改革运动。这一运动终于演成了革命。

1847 年的经济危机，使法国社会陷于艰难的境地。无论是资产阶级的国会反对派，资产阶级的共和主义派，小资产阶级民主共和派，都认为这是七月王朝的政策所造成的。资产阶级的报纸，公开地说："如果法国不实行根本的改革，法国就会陷于绝境。"

资产阶级国会反对派利用当时人民的革命情绪，提出了改革的口号，并于 1847 年立法会议中，提出了改革选举制度扩大选民范围的方案。但是在国会中，资产阶级为改革选举制度的斗争，屡遭失败，议会的多数派与基佐坚决地否决了他们的提案。资产阶级反对派在国会中的斗争没有取得胜利，于是便把这一斗争转移到国会之外，想要和群众结合起来，利用群众力量，来达到他们的目的。因而国会中资产阶级反对派就在法国各处发动了改革选举制度的宴会，来进行群众性的改革选举运动，当时资产阶级所提的口号，其特点是："实行改革是为了避免革命的爆发"。

"改革选举"的口号在客观上加速了法国国内民主势力的团结。法国各阶级与阶层都支持了这个宴会的召开。于是国内的政治危机便成熟了。这一危机必然要转变成革命的危机。

1848 年 2 月 22 日又预定召开一次规模较大的宴会，并准备在那一天举行游行示威。政府得到这一消息，决定禁止和镇压这次宴会。到了那一天工人、手工业者和学生们却把这一斗争转变成为人

英 法 近 代 史
YING FA JIN DAI SHI

民的武装起义，政府对示威群众采用了镇压手段。为了回答这一镇压，人民群众建造街垒，进行巷战。政府召集了国民警卫军，可是国民警卫军在人民群众的感召下，多半投向人民群众的起义队伍。革命就这样地开始了。

在群众革命的压力下，路易·菲利浦罢免了基佐，八年来最反动的基佐内阁垮了台。国会中的资产阶级反对派对于基佐的下台欢欣鼓舞，而资产阶级共和派也认为从此可以分享政权，他们均认为所提出的目标已经实现。但是，他们没认识到在 1848 年中所形成的形势和 1830 年是不同的。

2 月 23 日，政府派了一个最残暴的武夫步岩，率军向起义者进攻，杀死了 15 人，更激起了人民群众的愤怒。2 月 23 日夜起义的规模发展的更大了。革命的巴黎群众都武装起来了。2 月 24 日晨，又有一些国民警卫军转到人民这方面来，起义者占领了所有的兵营和城市的战略据点。

在人民起义的节节胜利的情况下，国会的自由资产阶级反对派，迫使路易·菲利浦退位，把王位让给他的长孙巴黎伯爵，由他的母亲奥尔良公爵夫人摄政。这一企图就是阴谋保持君主国和奥尔良王朝。可是起义者决心要求废黜七月王朝，建立共和国。

在这一时期，工人武装已控制巴黎，他们继续向推伊勒里王宫推进。当人民武装攻进市政厅与王宫时，路易·菲利浦从地道溜出王宫，携眷逃出巴黎。人民群众冲入王宫后，就把王位宝座付之一炬，意味着人民群众对君主国的愤怒；同时也意味着七月王朝的垮台；意味着二月革命的胜利。这一胜利推动了欧洲国家的革命运动。德国与意大利均在法国二月革命的影响下发生了革命。

法国的二月革命是一次资产阶级民主革命。因为在这次革命中，人民群众从开始就带着独立的要求，积极地参加了革命。所以，它不同于 1789 年和 1830 年 7 月的各次革命。

从路易·菲利浦政权被推翻之日起（1848 年 2 月 24 日）到立宪会议开会时止（1848 年 5 月 4 日）。这一时期是临时政府的成立及其所实施的各种政策的时期。

七月王朝在 2 月 24 日被推翻后，当时只建立了临时政府。资产阶级马上把临时政府的主要职位把持起来。2 月 23 日晚，宣布政府委员名单共 11 人，其中多半是国民报派分子，如拉马丁、阿尔曼、马拉斯特，还有小资产阶级民主派的代表，如卢兰与佛罗孔。工人有两个代表参加，即路易·布朗和亚尔柏。这是工人阶级提出代表参加政府有史以来的第一次。

在临时政府中，明显地存在着彼此敌对的阶级，"它们分享胜利果实"，它们只是"不同的诸阶级之间的妥协。"而临时政府的人员极大多数是资产阶级的代表资产阶级在临时政府中占主导地位，他力图独占这一统治，不容它的同盟者，尤其是无产阶级分占其利益。甚至连共和国也迟迟不宣布。

2 月 25 日午后，拉斯拜尔带着工人代表团，以巴黎无产阶级的名义，要求临时政府宣布共和国，并限其于两小时内答复，否则，就带领 20 万人使用武力促其实现。在工人阶级的压迫下，资产阶级的临时政府才宣布建立共和国。可是建立什么性质的共和国呢？资产阶级要建立资产阶级的共和国，而当时法国的工人阶级对于共和国的概念是非常模糊的，它们在这一时期只知道要求"劳动权"和"劳动组织"。

临时政府见于工人阶级力量很强大，在群众的压力下，采纳了路易·布朗的建议，颁布了劳动权利法令，建立了一个"常设的特别委员会"。委托这个委员会去"研究"改善劳动状况的方案，并以路易·布朗与亚尔柏为该委员会的主持人。委员会设在卢森堡宫，所以，又称为卢森堡委员会。

2 月 26 日临时政府又宣布组织"国立工场"。临时政府组织"国立工场"的目的，在于使工人阶级体验一下自己所相信的"社会主义"（即路易·布朗的社会主义）是无出路，借以转移工人阶级对社会主义的同情。此外，设立国立工场，增加小生产者尤其是农民的负担，激起他们对工人们的不满，从而使小资产阶级尤其是农民倒向资产阶级，并共同来反对无产阶级。

　　国立工场于3月1日成立于巴黎，当时，法国国内失业者甚多，仅巴黎在3月间失业者就不下5万人。失业群众涌到国立工场。除巴黎外，在里昂和马赛等地也组织了国立工场，在国立工场的工人，仅做些非生产的工作，例如，挖土筑城等工作。这种工作并非人人能做。每周工人只做两天工，每日领2法郎工资。如无工作，每日领一法郎。工场实行严格的管理，非人的待遇，恶劣的生活就不待言了。工人们自然不满意。可是，主持工场的最敌视工人的托马斯对工人说："这就是你们所希望的社会主义！这就是劳动权！"

　　临时政府用维持国立工场借口把国税增加了45%，主要加到农民和小生产者的身上，自然使广大农民和手工业者不满。临时政府宣传说："这是为了养活工人。""工人不但要使你们加税，他们还要夺取你们的土地，实行社会主义！"因此农民对附加税的愤怒，立刻转移到对工人阶级的愤怒。结果，工人阶级就陷于孤立了。

　　工人阶级越来越了解临时政府的性质，在揭露临时政府政策的欺骗性质上起重大作用的是布朗基（二月革命时出狱）、加贝、拉斯拜尔和巴尔贝斯及其他革命俱乐部的领导者。革命俱乐部号召组织游行示威以达到选举延期的目的。巴黎的工人阶级立刻响应了这一号召。在3月17日，他们重新走上街头要求临时政府延期选举，并将正规军撤离巴黎。临时政府不敢公开镇压，只好决定把选举延到4月23日举行。

　　革命俱乐部的号召，对当时巴黎人民群众革命的情绪起了重大影响，可惜革命巴黎和外省当时处在隔绝状态。反动势力控制了广大地区，确保了他们在选举中的独占势力。

　　临时政府感到势态日益严重，决定对革命巴黎实行武力打击。把10万人以上的军队调到巴黎，4月16日，巴黎工人阶级在工人协会倡议下，集合练兵场和跑马厅。当时工人有10万多人，准备再往市政厅请愿，但当工人们正集合于练兵场与跑马厅时，顿时一片谣言说："工人阶级武装，要推翻临时政府，宣布成立共产主义政府！"以这一谣言为借口，政府派出 10 万军队，国民警卫军喊出"打倒共产主义者！""打倒路易·布朗！打倒布朗基！"的呼声。结果，4 月 16 日的和平示威，遭到了国民军的镇压。

4 月 16 日的和平示威，并未发展成武装冲突。但是，这证明了国内阶级矛盾日益尖锐起来，证明了社会的中间阶层即小资产阶级与农民都被资产阶级拉了过去，使无产阶级陷于孤立。4 月 23 日，立宪会议举行选举，结果是小资产阶级与农民跟资产阶级走，资产阶级取得了选举的胜利，工人阶级遭到了全盘的失败。

（二）六月起义

1848 年 5 月 4 日，立宪会议开会。在立宪会议中，资产阶级共和主义者占了优势。5 月 10 日，执行委员会代替了临时政府，在新内阁中，除了资产阶级共和派，还有小资产阶级民主派的代表，如卢兰。工人阶级的代表被排挤出去了。

立宪会议成立后，资产阶级就公开地向无产阶级进攻。例如，在新内阁中清除了工人代表，否决了劳动部提出的请愿权的法令。

立宪会议这些措施，自然造成人民大众普遍的不满。5 月 15 日，革命的巴黎群众在布朗基、拉斯拜尔和巴尔贝斯等及其革命俱乐部的领导下，举行了示威游行。无产阶级打算以武力迫使立宪会议改变其政策，并企图以武力解散立宪会议。示威群众占领了立宪会议的大厦，并提出自己的要求。他们的要求是把对波兰人的援助和内政问题结合起来。关于内政，他们要求加征富人税，军队撤出巴黎，"组织劳动"，"消灭贫困"。结果，5 月 15 日的示威被资产阶级国民警卫军和别动队镇压下去了。布朗基、拉斯拜尔和巴尔贝斯均遭逮捕。

5 月 15 日示威运动失败后，立宪会议通过了一系列的法令：封闭布朗基与拉斯拜尔所领导的革命俱乐部，严厉禁止集会，宣布取消缩短劳动日（3 月 2 日颁布的）的法令，取消卢森堡委员会。6 月 4 日，立宪会议宣布解散国立工场，并宣告：国立工场的工人非巴黎人放逐到外地去从事土木工程，有的要送到外省农村去种田。此外，立宪会议宣布把单身工人送到军队去。

立宪会议宣布解散国立工场后，6 月 22 日，工人们走到街头。在巴黎举行了大规模的游行，他们高喊着：保存国立工场，建立民主的社会共和国，实行劳动法令，解散立宪会议，释放被捕的革命者，并要求把军队撤出巴黎等。

从 6 月 23 日清晨起，巴黎工人武装起来，开始构筑防卫堡垒。开始时，在工人和贫民住宅区建筑街垒，战垒的数目也很快地增到 400 多处，几乎占据了巴黎的大半个城。当时革命的中心在圣·安东工人区。参加起义的，除了国立工场工人外，巴黎其他工厂的工人，乃至妇女与儿童都投入了战斗。起义具有广泛的群众性。

不过，这次起义，在无产阶级这方面，只有无产阶级自己。小资产阶级和农民都站在资产阶级那方面去了，无产阶级是在孤军作战。

6 月 24 日，资产阶级共和政府把整个的政权交给了军事部长卡芬雅克。卡芬雅克实行军事独裁，把军队调到巴黎，运用一切残暴的手段，来对付这次起义。到 6 月 25 日，起义终被资产阶级残酷地镇压下去了。

十一、路易·波拿巴政变与法兰西第二帝国

（一）1848 年宪法与路易·波拿巴当选总统

六月起义失败后，资产阶级共和派紧紧地把持政权。小资产阶级代表卢兰也被排除在政府之外。由此可见，六月起义后，资产阶级共和派独占了统治。从此它们把临时政府所颁布的一些社会民主改革法令都取消了。同时，资产阶级共和派也对小资产阶级开始进攻。8 月 9 日否认了累进税的法令。8 月 22 日政府又否决了延期还债的法律，并实施了将负债者禁锢的法律。

立宪会议在 9 月 4 日开始草拟宪法，11 月 4 日通过，这就是 1848 年宪法。资产阶级共和派急速宣布这个宪法，其目的在于从法律上来巩固自己的统治地位。

1848 年宪法虽然在选举制度上没有改变普选权，但它的精神实质完全是资产阶级的。其中的规定虽然有一些改变，但这只是形式上改变，而不是内容的改变，只是名称的改变，并未改变实质。因为 1848 年宪法所规定的普选权，并不是毫无限制的。例如，该宪法规定只有在该选区居住 6 个月以上者才有选举权。这就排斥了相当一部分工人的选举权。

宪法也宣布了自由、平等和博爱。例如，在宪法中规定了出版、言论和集会结社等自由权利，并且把这些自由规定的是法国公民的绝对权利，是神圣不可侵犯的，在宪法的另一条文中，又附加了注解，即只当其不受"别人的同一权利与公共安全"所限制时，不受"法律"所限制时，才是无限制的。

　　宪法规定立法权赋予立法会议，立法会议的议员由年满 21 岁的法国男子选出。行政权赋予总统，总统由国民投票选举，任期四年，总统享有宣战、媾和、缔结条约、统率军队和任命高级行政官吏等广大的权限。立宪会议通过宪法后，决定于 1849 年 12 月 10 日举行总统选举。资产阶级共和派提出镇压六月起义的卡芬雅克为候选人。小资产阶级民主派提出勒特路·卢兰为候选人。社会主义俱乐部提出拉斯拜尔为候选人。此外还有大资产阶级提名的路易·波拿巴为候选人。路易·波拿巴是拿破仑一世的侄儿。

　　总统选举的结果是在 12 月 10 日公布的，路易·波拿巴以 700 多万张选票中的 500 多万张当选了总统。路易·波拿巴何以能当选总统呢？

　　资产阶级共和派在当时虽然是当政的集团，但它们不能确保卡芬雅克一定当选。因为这时国内阶级力量的对比已经发生了变化，反对卡芬雅克的不仅有无产阶级，而且还有被他们弄得破产的农民和小资产阶级，此外一些暗中想恢复帝制的大资产阶级如正统派和奥尔良派也反对他。这就是卡芬雅克所以不能当选的主要原因。

　　至于路易·波拿巴不仅有大资产阶级支持，更主要的是农民支持他。农民在法国人口中占压倒多数，所以对他的拥护起了决定性的作用。农民所以拥护路易·波拿巴，因为农民在拿破仑帝国时代，土地得到过保障，自拿破仑帝国崩溃后，无论在复辟时代或七月王朝时代，农民都负担着苛重的捐税，并时遭破产。二月革命后，在共和国时期，情况不仅未改变，反而更重。所以法国农民总是怀念老拿破仑时代。于是，由于拿破仑分子的鼓动宣传，这就使农民认为只有建立帝国才能解决自己的生活，因而"拿破仑在农民看来，并不是一个人，而是一个纲领。"所以，"他们拿着旗，打着鼓，吹着喇叭，向选举场前进，高呼着：'废除租税！打倒富人！打倒共和政府！皇帝万岁'！"路易·波拿巴之所以当选，农民对他的支持起了决定性的作用。

　　此外，其他阶级对路易·波拿巴的支持也有一定的作用。

十一、路易·波拿巴政变与法兰西第二帝国

一部分无产阶级与小资产阶级投了路易·波拿巴的票。无产阶级支持路易·波拿巴是对卡芬雅克的惩罚，是对立宪会议的反抗。而小资产阶级支持路易·波拿巴，是因为他们痛恨资产阶级共和派的财政政策。

最后，军队也投票选举路易·波拿巴，因为"国民报派的共和主义者，对于军队没有给予任何荣誉或增加军饷。""军队选举波拿巴是反对别动队，反对和平的牧歌，而赞成战争。"

尽管选举路易·波拿巴的各不同阶级，有不同的目的，但是喊出同一口号："打倒国民报派！打倒卡芬雅克！打倒立宪会议！打倒共和政府！"

1848年12月20日，路易·波拿巴就任总统。路易·波拿巴为了增强自己的力量，和秩序党取得了联合。秩序党是当时最有力量的大资产阶级党派，它是正统派与奥尔良派联合组成的一个党派。正统派就是在复辟王朝时代握有统治权的大土地所有者。奥尔良派是在七月王朝时代掌握政权的那些金融资本家与大工业家。路易·波拿巴的第一个措施就是任命君主主义者奥尔良派的奥第伦·巴洛为第一届内阁总理。一切重要内阁席位，多半都为君主主义者所把持。正统派的将军盛加尼埃被任命为国民警卫军、别动队与正规军第一师团的联合司令官。由此可见，路易·波拿巴开始就把行政权和军权从共和派手中转到君主主义者（即秩序党）之手，作为他恢复君主制的桥梁。

1849年5月，举行立法会议的选举。由于农民的支持，秩序党占了上风。

（二）路易·波拿巴政变与革命的失败

立法会议在1849年5月29日开幕。在立法会议议员的选举中，纯粹的共和主义者失败，小资产阶级与资产阶级联合组织的社会民主主义党（亦称新山岳党）占了相当的席位。惟秩序党在立法

会议中占绝大多数。属于波拿巴派的议员，为数也很少，它只能暂时成为秩序党的附属物。

立法会议一开始工作，秩序党就展开了反对共和党和建立君主制的活动。因此，它便和"共和派"发生冲突。这个冲突首先表现在对外政策上。秩序党主张法国对 1849 年成立的罗马共和国进行军事干涉。路易·波拿巴也极力主张以武力恢复被罗马革命分子所推翻的教皇政权。同时，路易·波拿巴想借此把国内天主教僧侣吸引过来，使之成为团结农民和进行反革命政变的工具。民主派议员卢兰在立法会议中尖锐地抨击这一反动政策，并提出抗议。他指出这种反动行动是违反宪法第五条"禁止干涉一切国家的革命行动"的规定。卢兰并提议将破坏宪法的路易·波拿巴交付法庭审判。可是，立法会议否决了他的提案。

民主派为了拯救共和国，于 1849 年 6 月 13 日，号召人民群众组织游行示威，要求保护宪法。但是，六月起义后，无产阶级对共和国失去了幻想，且自身也疲惫无力，因而不能也不愿支持民主派。这样，民主派所发动的这次游行，终为盛加尼埃的军队所驱散。6 月 13 日示威游行失败后，接着，民主派的报纸被封闭，甚而连"民主——社会共和国"的口号也被宣布为有罪。此外，有 34 个民主派议员被控，卢兰逃英。

民主派的失败就是秩序党的胜利。此后，反对共和国、恢复君主制的企图，就更为厉害了。

自从 6 月 13 日示威游行被压制下去以后，秩序党在立法会议中就加强了反对共和制的活动。路易·波拿巴也支持这一活动，他想借机建立帝国，自己要做皇帝。

路易·波拿巴为了达到建立帝国的目的，他用尽一切阴谋手段进行活动。他收买巴黎的流氓团伙，纠合一批波拿巴主义的反动军官和将领，组成了"12 月 10 日社"。他把这一组织作为政变的支柱。他们在军队中、工人中和农民中进行鼓动宣传。

秩序党在立法会议中取得独占势力后，就通过一些反动的法

十一、路易·波拿巴政变与法兰西第二帝国

令。首先是恢复葡萄酒税。酒税的恢复引起人民大众的不满。可是，路易·波拿巴在农民面前佯装是酒税的反对者，装着他是被立法会议所迫来实行的。这就使农民对立法会议敌视，而对路易·波拿巴好感。其次，立法会议又通过了废除无信仰状态的教育法。把教育交给天主教僧侣。所有这些措施遭到人民群众的憎恨。在1850年5月10日立法会议的补充选举会上，人民极力拥护左派共和主义者，选出左派分子德佛罗特、维达尔、伊波里特、卡尔诺。这是对于立法会议的威吓。结果引起大资产阶级君主主义者的恐怖。5月31日竟宣布废除普选制。进一步剥夺了工人阶级的选举权。这是大资产阶级又一次公开地破坏宪法。

这时，路易·波拿巴已开始进行推翻共和国，建立帝国的活动。为了达到目的，他不仅要击溃共和派的反抗，还须要打败仇视拿破仑帝国的君主派。因为在秩序党中，正统派企图使波旁王朝的后代查理十世的孙子尚博尔伯爵复辟，而奥尔良派企图把路易·菲利浦的孙子——巴黎伯爵推上王位。因此，无论奥尔良派或正统派都反对路易·波拿巴做皇帝。

路易·波拿巴在与共和派作斗争时，曾联合秩序党，但当共和派被削弱之后，他就对付秩序党。

路易·波拿巴通过他的亲信，到处进行鼓动宣传，一方面说共和制的无能，另一方面骂"波旁"与"奥尔良"的反动。以此把农民吸引到他这方面来，并用甜言蜜语来欺骗工人，用金钱、酒肉来收买军队。大部分军队逐渐地被路易·波拿巴拉了过去。政变的主要条件于是形成了。1851年的经济恐慌，使工商业资产阶级、大资产阶级惊惶不安，他们极其渴望能有一个独裁的政权来保护它们的利益。这样一来，政变的客观条件也具备了。于是路易·波拿巴便准备实行政变。

1851年12月2日，路易·波拿巴用武力逮捕了一切反对派的议员，宣布解散立法会议。同时宣布恢复普选权的法令，用以欺骗群众来掩盖其反革命的实质。对于路易·波拿巴的反革命政变，左

派共和主义者曾组织"抵抗委员会",发布宣言,宣布路易·波拿巴的非法罪行,并号召人民武装起来保卫宪法。在 12 月 3～4 两日,在工人住宅区仅有少数工人建筑街垒,企图从事斗争。但大多数工人因为六月起义后已被解除了武装,他们已无能为力了,这种微弱的没有广大民众的抵抗,在 12 月 4 日即被全部镇压下去。

12 月 2 日政变后,接着就是空前的反革命恐怖。21 个省实行戒严。据官方统计仅巴黎一地被捕者就有 2.6 万人以上。其中,工人、手工业者、民主主义者和社会主义者占大多数。在被捕的 2.6 万人中,有 1545 人被逐出巴黎,2800 多人被监禁,9530 多人被流放,5450 人被管制。

11 月 20 日和 21 日,在极端恐怖的情况下,举行了人民投票,结果有 740 多万票赞成政变。1852 年 1 月 14 日公布了新宪法。新宪法规定总统的任期延长至十年,自此全部政权落入路易·波拿巴之手。1852 年的 12 月 2 日,建立了帝国,史称法兰西第二帝国。路易·波拿巴称帝,号称拿破仑三世。

十二、普法战争与法兰西第二帝国的倾覆

（一）拿破仑三世的统治政策

法兰西第二帝国初期，拿破仑三世推行专制统治政策。帝国的军政大权、立法权都掌握在皇帝手中，帝国各省由代表皇帝权力的省长进行统治。元老院、立法团以及各级官员必须服从宪法、效忠皇帝，言论、集会、结社受到严格的限制。一些资产阶级共和派的领导人物受到迫害，或被囚禁或被流放国外。

当时，法国工人阶级的生活状况极端恶化，普通工人每天工作长达 15 小时，女工与童工受到更加残酷的剥削与虐待。为了监视工人，拿破仑三世于 1854 年又恢复了早已废除的"工人身份证"制度。在工人与雇主发生利害冲突时，法院多方偏袒雇主，损害工人的合法权益。城市小商人、小业主和小职员等在交易所的投机活动和苛捐杂税的盘剥下度日艰辛。广大农民的生活状况也极其困难，许多农民陷入破产境地。

鉴于社会各阶层不满情结日益强烈，拿破仑三世于 19 世纪 50 年代末 60 年代初开始推行缓和国内矛盾的政策，以维护其统治。

1859 年 8 月，拿破仑三世对政治犯实行大赦，凡遭监禁的政治犯，不论其何种政治面目，一律予以释放；凡流亡国外的政治犯，均可合法地返回法国。此举对于稳定动荡的法国政局起到重要作用。此后拿破仑三世在政治、财政、公民权利等方面又采取了一系列措施。

在政治方面，主要是增加议会的权力，调整议会与皇帝的关

331

系。1860 年 11 月，元老院发布一项法令，议会的议员获得"请愿权"；1867 年，发布第二项法令，立法团、元老院获得对政府的"质询权"；1869 年 9 月，发布第三项有关法令，立法团与皇帝共同享有"立法创议权"，改变了以前皇帝一人拥有此项权力的局面。到了 1870 年 5 月，"立法创议权"则由立法团、元老院与皇帝三者共同享有，皇帝必须将新法案提交立法团或元老院讨论通过。同时规定，立法团、元老院皆有权讨论与通过法令。

在财政方面，1861 年与 1869 年两次实行改革，改变了立法团无权控制政府财政预算的局面，使立法团有权对政府各部大臣的预算案逐条进行投票表决，从而加强了立法团对财政的干预。到第二帝国末年，拿破仑三世已经必须依靠立法团、元老院来治理国家，皇帝独断专行的局面已不复存在。另外，元老院也失去某些单独拥有的权力，从而与普通的上议院相同。至此，法国的议会制度已大体恢复，帝国的政治体制有了明显的改变。

在社会生活方面，1864 年 5 月的一项法令，在不得危害社会秩序的前提下，恢复了集会结社和罢工的权利；1868 年 5 月的一项法令，废除了政府对报刊出版的预先批准手续，只须预先申报登记即可。

法兰西第二帝国时期，经济也有迅速发展。拿破仑三世采取一系列措施推行鼓励经济发展的政策，诸如：政府支持大公司修建新铁路，并向铁路公司提供巨额贷款；对煤、铁、机器制造以及其他一些工业品减少税收；鼓励私人自由创办股份有限公司；对银行系统进行调整，各大银行在全国建立分行，鼓励创办贴现银行；60 年代，政府先后同英国、意大利、西班牙、奥地利等国签订自由贸易商约，推动对外贸易。拿破仑三世的政策推动了经济的发展，加速了法国工业革命的进程，到第二帝国末年法国已经完成了工业革命。

（二）普法战争发生的原因

1866 年普鲁士战胜奥地利后，将北德诸邦统一起来，于 1867 年组成了北德意志联邦，于是普鲁士便成了北德意志联邦的领导者。但是德意志的统一还没有彻底地完成，因为南德的四个邦——巴伐利亚、符登堡、巴登和黑森并没有划入德意志的版图。南德的四个邦与法国比邻，法国害怕在它的东边出现一个强大的、统一的德意志，因而极力阻碍德意志的统一。显而易见，德国若想完成彻底的统一，势必要和法国发生冲突，俾斯麦看到了这点，所以当普鲁士战败奥地利之后，普鲁士立即准备对法战争。俾斯麦一方面跟南德四邦订立秘密攻守同盟；另一方面玩弄外交手段，离间英法之间的关系，争取俄国对普鲁士接近，使法国在外交上陷于孤立。

至于法国呢？拿破仑三世的对外政策是屡遭失败的。第一，当俾斯麦准备对奥作战时，为了使法国中立，曾允许法国扩张领土，所以，拿破仑三世在 1866 年的普奥战争中，并没有帮助奥国。可是，普鲁士得到胜利后，法国什么也未得到；普鲁士建立了以它为首的北德意志联邦后，反而成为法国的威胁，因而引起法国资产阶级的愤怒。第二，1867 年 11 月间，拿破仑三世曾派遣法军与教皇的雇佣军在门塔那击溃了加里波的军队，从而使意大利的统一暂时没有得到完成。这种干涉意大利人民争取自己民族统一的行动，在法国的民主阶层引起很大的愤慨。同时意大利人民对于拿破仑三世百般阻挠意大利统一的狡黠行为，也是深恶痛绝的。意大利人期望法国遭到一次失败的战争，这样法军才能撤出罗马，意大利才能彻底地实现统一。由此可见，意大利是站在法国的敌对方面。意大利既然敌视法国，法国也难与奥国建立联盟。因为普法之间一旦发生战争，奥国若站在法国方面，就会遭到意大利自南方来的进攻，而且也会受到俄国自北方来的攻击。因此，奥国也不敢轻易与法国建立联盟。第三，1860 年，法与英缔结的自由贸易商约，英货得以自由在法国市场上流通，损害了法国资产阶级的利益。此外，英法之间的关系也不好。当时法国开凿苏伊士运河，英国认为这会威胁印度。而俾斯麦又极尽挑拨之能事，扬言法国要侵占比利时，这也使英国恐惧万分。第四，1866 年后俄国的当权阶级对于普鲁士的统一，也感到某些威胁，并开始和法国接近。但是，拿破仑三世并没有积极地采取办法与俄国建立联盟，以致没有把俄国争取过来，这也是拿破仑三世在外交上的失策。第五，拿破仑三世曾发动一系列的侵略战争，如对非洲、越南和墨西哥等殖民地的几次远征。这些侵略战争都是耗费大和徒劳无功的。它不仅引起法国广大人民的不满，也引起一向拥护第二帝国的法国工商业资本家的不满。总之，从 1866 年以后，法兰西第二帝国的对外政策屡遭失败，在国际上已陷于孤立。

法兰西第二帝国时期政治、经济的发展变化，使资产阶级共和派重新活跃起来了。其中主要的人物如共和派的政论家安利·罗什福尔和共和党议员甘必大，都尖锐地批评第二帝国的政策，并提出某些民主改革的纲领。小资产阶级共和派、社会主义者以及城乡劳动群众，都希望推翻帝制、建立共和政体。60 年代，罢工运动也日益增多。例如，1869 年 6 月间罗亚尔矿工的罢工运动和 1870 年初克勒左工厂的罢工运动，这些罢工运动都带有鲜明的政治性质。随着城市工人运动的增长，乡村也爆发了农民运动。所有这些运动都严重地威胁着拿破仑三世的统治，从而造成了法兰西第二帝国的危机。为了缓和危机，拿破仑三世便想发动对普鲁士的战争，借此转移群众的革命情绪来挽救他崩溃的命运。由此可见，无论是普鲁士或者是法兰西第二帝国，都蓄意发动战争。既然普法双方都要发动战争，那么发动战争的口实，俯拾即是。恰好那时发生了西班牙王位继承问题，这一问题便成为普法战争的导火线。

1868 年的西班牙革命，推翻了伊萨伯拉王朝。以普利姆将军和塞拉诺将军为首的西班牙临时政府，在 1869 年决议将王位给予普鲁士国王的堂兄弟，即出自霍亨索伦雪玛根族的列奥波尔亲王，

十二、普法战争与法兰西第二帝国的倾覆

他是葡萄牙国王的女婿。1870 年春，这一消息传到法国后，拿破仑三世认为如果由普鲁士王族中选出一个亲王入嗣西班牙的王位，这将会威胁法国的安全。因此，他命令法国驻普鲁士大使倍内得提向普王提出抗议。

普王和法国大使的谈判是在爱姆斯避暑的离宫举行的。威廉一世对法大使倍内得提表示他没有权利禁止或容许同族的列奥波尔亲王是否入嗣西班牙的王位。虽然如此，威廉一世决定向拿破仑三世让步，他愿意暗中迫使列奥波尔亲王放弃西班牙的王位。列奥波尔亲王已接受了普王的劝告，实际上已拒绝了入嗣西班牙的王室。这样一来，问题本可以结束，可是，法国当局还不甘心。极力主战的皇后欧坎尼与外交大臣葛拉蒙大公怂恿拿破仑三世向普王提出新的要求。

1870 年 7 月 10 日，法外交大臣葛拉蒙命令驻普大使倍内得提重赴爱姆斯向普王提出"保证永不令霍亨索伦族继承西班牙的王位。"威廉一世对于拿破仑三世的这种傲慢无理的要求虽然愤懑，但对倍内得提仍然以礼款待。普王虽然拒绝给予什么保证，还仍然再度表明列奥波尔亲王已打消继承王位的意图。普王把与法使谈判的结果，以比较缓和的语气从爱姆斯打电报通知在柏林的俾斯麦，并让其转送巴黎。可是，俾斯麦力图进行战争并不亚于拿破仑三世。他把西班牙王位问题视为促使法国首先发动战争的最好机会。这样，普鲁士就可以用防御侵略的名义对法作战。当俾斯麦接到威廉一世的爱姆斯电报之后，他在参谋总长毛奇和陆军大臣鲁恩的支持下，改变了电报的比较温和的语气。这份修改后的电报宣称："普王严词驳斥了倍内得提的要求，并根本拒绝再与法国大臣谈判。"俾斯麦命令将这个修改的电文在报纸上公布出来，以此刺激法国，使它走上战争的道路。于是，这个"语气原本和缓的谈判电文，现在却变成了激烈的挑战书"。

俾斯麦公布的这份伪造的爱姆斯急电，在 7 月 14 日传到了巴黎。法国社会各阶层极为激愤。主战派高呼："打到柏林去！"绝大

多数议员和部长都激愤地高呼法兰西的荣誉受到了污辱，主张立刻对普作战。立法院议员询问陆军大臣对战争准备的怎样。陆军大臣列·伯弗将军答复道："我们准备好了，已经完全准备好了，连绑腿上的最后一颗纽扣也准备好了。"同时，这位陆军大臣还骄傲地说："普鲁士陆军吗，并不存在，我否认它。"其实，这完全是一些空话，法国的军事一点也没有准备。此外，拿破仑三世与主战派还认为一旦与普鲁士发生战争，意大利与奥匈帝国会同法国站在一起对普作战，南德四邦也未必能加入普鲁士。这些估计却都是错误的。法国就在这种不利的情况下，于1870年7月19日对普鲁士正式宣战。就普鲁士来说，这次战争是消灭德国政治上的分裂，建立统一的民族国家的战争，所以，普鲁士的作战目的，在客观上是一次防御性的、具有历史进步性的战争；但是领导这一战争的是普鲁士王朝，俾斯麦为了确保霍亨索伦王朝在德国的统治而发动了这一次战争。因此，俾斯麦的野心就不会限于德国的统一，而会将这一防御性的战争转变为侵略战争。

（三）普法战争的过程、性质与法国的失败

法国对普鲁士宣战以后，欧洲列强没有一个国家帮助法国。英国在7月19日宣布中立，俄国在7月23日宣布中立，而意大利与奥地利最初采取观望态度，以后也先后宣布中立。至于普鲁士呢？虽然没有得到欧洲任何一个列强的支持，但是南德四个邦在战争爆发后，就加入了普鲁士与北德意志联邦，共同与法作战。这样，法国就不仅是对普鲁士作战，而是与整个德意志作战了。显而易见，拿破仑三世及其好战的部长们，对于当时国际形势的估计是错误的。

就法国的军事准备的情形来看，在战争开始时法军就呈现出混乱的现象。士兵找不到长官，长官也找不到自己的部队。一位法国将军密契尔从培尔福前线电告巴黎说："我找不到连部，也找不到

师部，我也不知道团部在那里，怎么办啊！"这种现象说明法国还没有一个统一的作战计划。军事组织是非常松懈的。其次，军官到前线找到了大炮，没有炮弹；找到了马匹，没有马鞍；法军不仅缺乏武器、弹药和野营设备，而且也缺乏粮食，甚而连军事地图也不对头。普鲁士在军事上的准备比起法国好得多。普军素有训练，军纪严明，且有很好的准备。在运输上又非常敏捷，不到两个星期就将几十万军队开到前线。在这种力量对比之下，法国的失败是不可避免的。

战争开始后，普法双方均采取攻势。普军按毛奇的战略分成三路向法国的洛林与阿尔萨斯挺进，其主要目标，是要攻取梅斯与斯特拉斯堡。法军为二路。一路由拿破仑三世亲自率领，准备由洛林向德境进犯；另一路由麦克·马洪元帅所率领，准备由阿尔萨斯向德境进犯。法军作战的总目标，首先要占领德国的莱茵省，切断南德与普鲁士的联系。

1870 年 8 月初，普法两军开始接触。8 月 4 日，法军在威生堡吃了败仗，接着 8 月 6 日在威尔特和弗尔巴克两地又遭惨败。此后，普军势如破竹攻入法境。8 月中旬，普军在阿尔萨斯与洛林两省之内接二连三地取得胜利。8 月 11 日，普军占领马萨里，8 月 16 日，占领马斯拉图尔，8 月 18 日，又占领格拉维罗特，法军派到西境的阻击部队也被普军切成两个部分，从而普军包围了防御梅斯的法国将军巴森的主力部队。此外，在阿尔萨斯省，普军还包围了斯特拉斯堡、涅希利沙克与贝尔福等主要城市。这样一来，法军放弃了洛林与阿尔萨斯，开始撤退。拿破仑三世与麦克·马洪所率的法军，经过察伦斯于 8 月 30 日退至色当。

9 月 1 日，退到色当的法军也遭普军包围。被包围的法军惊惶失措，异常混乱。法国文豪左拉在他所著的《毁灭》小说中，曾这样地描写过："成群的人像浊流一样涌进色当城壕沟里，活像从山上冲刷下来一堆堆泥块和石头被卷到溪底里去……常有没人骑的马飞驰而过，将兵士踏翻，并在人群中造成恐怖。随后是一团战败的炮兵队驾着大炮飞闪过去,炮兵们像疯子一样狂奔着,沿途自相践踏。杂乱的脚步声始终不断,人们成群结队地奔逃着,一会儿工夫就把城跟前的隙地挤满了,大家都本能地想尽快逃进城墙里面的避难所去。"

法军已经不能战斗下去了。9 月 2 日,拿破仑三世下令升起白旗。法王、法国元帅、39 个将军与 8 万多士兵,都成为普军的俘虏,色当的惨败,不仅决定了法军失败的命运,也决定了法兰西第二帝国的崩溃。

拿破仑三世被俘的消息一传到巴黎,9 月 4 日,巴黎工人和国民军就涌入皇宫,进入立法团的会议厅,要求建立共和政体和保卫祖国。他们强迫甘必大宣布废黜帝国,重建共和。甘氏是立法团中少数共和派代表之一。

在巴黎人民群众的压力下,马上就组织了临时政府。新组成的临时政府自命为"国防政府"。在这个政府中,最有权势的是奥尔良王朝的拥护者,他们掌握了军队和警察。例如,"国防政府"的首脑兼陆军部长特洛舒将军,就是一个奥尔良王朝的拥护者,此外还有资产阶级共和派。

在色当战役后,普鲁士政府决定继续进行战争到彻底战胜法国为止,其目的要割夺法国的阿尔萨斯与洛林二省。因此,就普鲁士来说,这时已由进步的战争转变成侵略的战争;而就法国来说,它已陷入民族危机,战争的性质已变成抵抗侵略者、保卫祖国的正义战争。

当法国人民对侵略的普军作拼命的抵抗时,10 月 27 日,在梅斯被围的法军司令巴森元帅率军 17.3 万人向普军投降了。这样一来,普军便腾出大量的兵力,来对付继续抵抗的法军及游击队,法国彻底失败了。

（四）法国国民议会的投降政策与法兰克福和约

1871 年 1 月 28 日，法国的"国防政府"跟普军订立巴黎投降和大部分战线停战协定。根据这一协定，普军撤除对巴黎的包围，但一部分炮台仍需为普军占据。法国需要付军事赔款 2 亿法郎。但是，这个协定还需待法国的国民议会选出后，才能讨论与正式批准。

2 月 8 日是法国国民议会议员选举的日子。此时德国还占领着法国的 43 个郡，因此，根本就不能进行任何选举前的鼓动宣传。国民议会在波尔多开幕，在 750 个代表中，有 450 个是保皇党人。保皇党人梯也尔被选为政府的行政首领。

阿道夫·梯也尔原为新闻记者和历史学家，后来成为奥尔良王朝的拥护者。国民议会先在波尔多开会，后来迁到凡尔赛。他们之所以不把国民议会迁到巴黎，因为在巴黎的工人、手工业者和知识分子当中，正滋长着热烈的革命情绪。

梯也尔见于巴黎革命势力的增长，他便积极地加速与德国订立和约。1871 年 2 月 26 日，梯也尔在凡尔赛与俾斯麦谈判，缔结了一个预备和约。

根据这一和约：第一，法国除停战时已付赔款 2 亿法郎外，还要付出赔款 50 亿法郎。第二，法国将阿尔萨斯全部和洛林的一部分（包括梅斯）割给德国。第三，在赔款未付清之前，法国的某些要塞和炮台仍由普军占据。

3 月 1 日，法国国民议会以 546 票对 107 票通过了停战协定及法国与普鲁士所订的耻辱的预备和约。

1871 年 5 月 10 日，在莱茵河上的法兰克福城，法佛尔与俾斯麦才正式在和约上签了字，史称《法兰克福和约》。这一条约确认了 2 月 26 日在凡尔赛预备和约中所规定的条款。总之，这是德国对法国的一个劫掠的和约。德国之所以吞并阿尔萨斯与洛林，在当时主要是战略上的意义。德国利用这一胜利为它保障最有利的战略边界。但是，德国的所得，就是法国的所失，因而，这个和约也种下了以后法德之间关系恶化的种子。

普法战争在欧洲政治中造成了深刻的影响。其中最主要的有以下几点：

第一，普法战争普鲁士取得胜利后，霍亨索伦王朝自上而下地完成了德意志的统一，并建立了一个德意志帝国。此后，德国的资本主义经济获得迅速的发展。到 19 世纪末，它超过了老牌的资本主义国家。与此同时，德意志帝国在政治上更加反动，对外实行疯狂的掠夺与扩张。

第二，在普法战争中，拿破仑三世在色当惨败之后，意大利即进军罗马，彻底地完成了意大利的统一。此后，意大利半岛成为一个完全统一的民族国家。它的经济与政治也获得了相当的发展，并能在国际舞台上与欧洲列强相抗衡。

第三，俄国乘法国在战争中的失败，于 1871 年 1 月间宣布废除 1856 年的巴黎条约，即废除黑海的中立。根据 1871 年 3 月 12 日的伦敦协定，废除了巴黎条约中关于黑海中立的条款，惟仍保留鞑靼尼尔海峡不许外国军舰出入的原则。俄国从此恢复了在黑海的权力。这也种下了以后近东纠纷的种子。

第四，德意志与意大利完成统一以后，在欧洲出现了各大国之间的领土彼此紧紧地连接在一起的局面，从而使国际情势更加紧张。这种紧张局面随着资本主义在各国中的不平衡发展，此后就更加复杂了。

十三、法兰西第三共和国与第一次世界大战爆发

（一）法兰西第三共和国的建立

早在 19 世纪中叶，法国就已是先进的资本主义国家之一，它在工业发展上，仅次于英国，而居世界的第二位。但是，普法战争以后，法国工业的发展便缓慢下来。

就铁的产量来看，1872 年，法国为 121.8 万吨，1881 年增至 188.6 万吨；到 1891 年则增至 189.7 万吨。这样，法国在 1891 年的生产量较 1872 年才增加了 67.9 万吨。在同一时期，德国却曾加了 300 多万吨。法国还没增加到 1 倍，而德国增加到 3 倍多。就钢的产量来看，1872 年，法国为 13 万吨；到 1881 年增至 34 万吨；到 1891 年则增至 47 万吨。这样，1891 年钢的生产量较 1872 年仅增多了 34 万吨。而在同一时期，德国钢的产量 1891 年比 1871 年却增加了 210.1 万吨。

总之，从 19 世纪 60 年代起，在冶金工业方面，美国赶上了法国，70 年代起，德国又追上了它；80 年代以后，法国在工业生产方面落居世界第四位。仅仅在奢侈品、装饰品、香料及纺织品等生产上尚称霸于世界。

法国工业发展得所以缓慢，除了它和英国一样都是先进资本主义国家，在技术上保守不能充分利用现代科学技术外，法国还有它本身原因：普法战争时，法国遭到德国的残酷劫掠，并赔款给德国 50 亿法郎，同时德国又从法国夺走了富有铁矿的阿尔萨斯与洛林。

此外，法国虽曾有丰富的铁矿，但是矿中含磷很多，长期不能大量开采，及至 1878 年，采用了汤姆士制钢法的发明后开采的规模与速度才扩大。此外，法国还缺乏煤。尤其重要的是法国还是一个资本大量输出的国家，资本的大量输出也影响到国内工业资金的积累，阻碍工业的发展。

在 19 世纪最后 30 年中，法国工业发展既然缓慢，这样一来，农业也难以有很大的变化。在这一时期，农业在法国经济生活中仍占重要地位。法国人绝大部分是经营农业的。在农村中仍然是小农经济占主导地位，因此，土地的占有非常零散。就是大地主的大片土地，也多半是分成小块租佃给农民。这样，并不是说在法国就没有发生过土地集中化的过程。实质上，在法国，全部耕地的 70％掌握在富农和残存的地主之手。有 300 多万贫雇农受着极少数的地主与富农剥削，生活非常悲惨。

而在农村中的自耕农，也因负债累累和受富农经济的排挤，倾家荡产的现象层出不穷。

小农经济既然受到剥削、排挤与繁重赋税的压迫，自然难以改进农业生产，势必停滞在落后的技术水平上。此外，法国小农经济的大量存在和土地占有的极端分散，也阻碍了农业机器的使用。在法国农村中，这时还有许多中世纪的农耕方法，大部分还是用牛马耕地。由此可见，在农业技术上，法国不是先进的。在农业生产水平上，法国落后于其他国家，如丹麦、比利时、德国和英国。

在法国农业中，除了大麦、小麦、蔬菜、水果和糖外，还有若干特殊的农作物如葡萄、南方的鲜花和奇异的名贵蔬菜等。这些农作物多半以高价销售于国外。但因 1873 年农业危机的打击，和葡萄虫的蔓延与人工葡萄的生产，大大打击了这些农作物生产的积极性，使法国农产品对外贸易锐减。

农业技术落后和农民生活困苦，使人口增长也缓慢起来。法国在 18 世纪末曾是欧洲人口最多的国家。19 世纪末，法国的人口增长便落后于许多国家，甚而落后于德国。从 19 世纪 70 年代中期到

十三、法兰西第三共和国与第一次世界大战爆发

90 年代中期，法国人口从 3540 万人增加到 3760 万人，而德国的人口从 3920 万人增加到 4780 万人。

工业发展的缓慢与农业落后，使法国对外贸易也大大减少了。1872 年法国出口 37.62 亿法郎，而进口则为 47.68 亿法郎。由此可见，法国在 19 世纪末对外贸易上还是一个入超国家。

总之，由于工业发展的缓慢，在城市中还有大量的中、小企业；因为农业落后，小农经济依然普遍地存在，使法国社会中的小资产阶级人数便特别多，阶级关系因此也异常复杂，反映在政治上，散漫性与动摇性也就特别厉害。

从法国的经济特点来看，我们可以理解在 19 世纪晚期，法国社会的阶级关系是非常复杂的。除了工农劳动者外，法国不仅有在政治上既动摇又散漫的众多的各种各样的小资产阶级；而且还有大资产阶级、中等工商业资产阶级和残余的地主。当时，在国民议会中，有两大政治集团。

1. 保皇党，又称帝制派。它的内部存在着三个派别：（1）正统派。这一派是残余地主势力的代表者，查理十世之孙尚博尔公爵成为这一派的首领；（2）奥尔良派。这一派是大资产阶级势力的代表者，路易·菲利浦之孙巴黎公爵为其首脑。（3）波拿巴派。这是为数不多势力不大的波拿巴主义者。这三个派别，所以被统称之为保皇党，因为他们都企图在法国恢复君主制。惟有在推谁做国王这一问题上，各派有所不同。最初保皇党在国民议会中占多数，法国天主教会也站在保皇党方面，僧侣在传教时号召恢复君主政体。

2. 共和党，这是法国资产阶级政派，这一派主张在法国实行共和制。其重要领袖人物有甘必大、斐力、格来维和克雷孟梭。共和党最初在国民议会中的议员仅有三分之一，势力不大。但当保皇党人对王位候选人的问题正在争执不决时，共和党人在国民议会中的势力便逐渐增长起来。

国民议会原来是在普法战争后期为了结束战争而成立的，因此它是暂时的。普法战争结束后，按理说应成立一个永久性的政府。

英 法 近 代 史
YING FA JIN DAI SHI

可是保皇党企图继续维持现状。它不敢解散国民议会重新改选，害怕共和党借机得势，但保皇党又不能即刻恢复帝制，因为他们之中还存在对王位候选人的分歧意见。所以，只有暂时维持国民议会和共和国的形式。

1871 年 8 月 31 日，国民议会按《里韦法案》（Rivet Law）推选梯也尔为总统和政府首脑，并决定国民议会有立宪权。但是这时的共和国是没有共和派的共和国，大权完全操纵在保皇党之手，他们只是保留共和国的形式，为法国君主制的复辟创造条件。因此，共和国并没有正式地建立起来，一旦保皇党内部和谐了，就可以公开改为帝制。所以引起共和派的激烈反对。

梯也尔也是保皇党人，他原为奥尔良派。他做总统以后，有些意见与其他保皇党人不同，梯也尔认为在目前形势下，如果恢复帝制，会引起新的革命。因此，他主张政体形式应是共和的，而政策可以是保守的。梯也尔对他的同僚说："我们的共和国是保守的，否则宁无。"

的确，在梯也尔任总统时期，一切政策都带有保守性。例如，梯也尔政府否决了共和派所提出的所得税案，限制出版自由，加强中央集权削弱地方自治，并允许奥尔良王室返国，归还他们的财产。

为了使法国迅速地从德国占领军手中解放出来，梯也尔发行了两次公债，偿付了对德国的赔款。1873 年 9 月，德军完全退出法国。在 1872 年，法国以普鲁士军事制度为典范改组全国军队，从此，实行普遍义务兵役制。男子均有服兵役 5 年义务（1889 年减为 3 年，1905 年又减至 2 年）。此外，在德法交界处加紧设防准备。在凡尔登与贝尔福两地建筑坚固的炮台。

虽然梯也尔主张形式上保留共和制，实际政策倾向于保守主义，但是极端保皇党人还不信任他，认为他不主张在法国公开恢复君主制而反对他，极端保皇党人斥责"共和国是激进主义、无政府、暴乱的产儿。"1873 年 5 月，议会弹劾梯也尔，把他挤下总统

344

十三、法兰西第三共和国与第一次世界大战爆发

的宝座。保皇党的国民议会选任顽固君主派、共和国的死敌麦克·马洪为总统兼内阁总理，奥尔良派的布罗伊公爵任副总理兼外交部长。

在麦克·马洪的总统任期内，实际上是以布罗伊公爵为首的保皇党人和教会专权派掌握着政权。他们的方针是，不让共和派在中央和地方取得实权，不正式确定共和政体，支持复辟势力与天主教会的反动活动。天主教会积极地以尊王拥君论进行复辟宣传。

保皇党人为了维护麦克·马洪政府，使国民议会通过一个"七年任期法案"，把麦克·马洪的总统任期改为七年。其次，在保皇党人的操纵下，通过了一系列的反动措施。例如，批准极端反动的所谓"道德秩序令"（Moral order）。决定在蒙玛特尔区建立"耶稣圣心"教堂，并举行朝拜"圣地"。他们庇护天主教，迫害共和派；严厉限制出版和新闻的自由，甚而对剧院也实行检查，阻止共和派的鼓动宣传。在政府文告中也禁止用"共和"字样。

保皇党人的另一步骤，是积极进行复辟活动。奥尔良派因为正统派的王位候选人尚博尔伯爵没有子嗣，退位后应由奥尔良王室之子继位，因此同意拥戴尚博尔为国王。但尚博尔伯爵，坚持用白旗（法国君主制传统旗帜），要求放弃三色旗（革命的象征）。但国民议会因恐引起人民的愤恨和革命，不同意这样做。而尚博尔伯爵坚持不变，于是保皇党就暂时放弃了复辟计划。使保皇党的复辟计划不能实现的更主要的原因是工人阶级和农民群众的反抗。他们支持共和派。

保皇党的复辟诡计，在这时已昭然若揭，共和派便积极地进行反对君主制的活动。甘必大周游全国各地，到处演讲，揭露保皇党的阴谋，要求按普选制成立政府，确立共和制。当时极得工农大众的拥护。就农民来说，过去的经验教育了农民群众，他们"不再指望从帝国所允许的奇迹中获得自己地位的改善，因为这些奇迹是路易·波拿巴所不断允许，但永未兑现过的。"因此，农村群众已转向于共和了。总之，人民群众很明显地支持共和制，反对君主制。

于是反对保皇党的声浪便遍及于全国。

在市议会与地方政府中，共和党人与保皇党及其走狗互相敌视。居民们不举行教会的婚礼和葬礼仪式，以示反抗教会的政策。在补选中，人民群众支持共和党，许多共和派分子当选，在地方市议会中增强了力量；在国民议会中共和派首领甘必大在各省群众大会上不断发表演说，斥责保皇党人和教会专权派。这样一来，保皇党大大地失去了人心。在这种情况下，它不能不再考虑确定国家政治体制的问题了。为了缓和革命情绪，在1875年1月31日，以超出一票的多数通过了一个宪法，史称1875年宪法，确立法兰西为共和国，这就是法兰西第三共和国。

保皇党被迫承认共和国后，便竭力使这个共和国带有更多的保守主义，尽可能少的民主主义性质。

在宪法中，规定总统的产生由参众两院联席会议以多数票选出之，任期七年，得连选连任。总统职权规定得很大，有统率军队和委任一切文武官吏之权；有解散众议院之权。立法权由众议院和参议院共同行使。众议院议员在形式上是根据普选原则选举产生，但妇女没有选举权。选举以前，在该选区居住不满六个月的男子也没有选举权，这就限制了工人的选举。至于在殖民地出生的为数甚多的法国人民，也几乎完全被剥夺了选举权。参议院议员的产生则更带有保守性质。根据宪法的规定，参议员不是由人民选举，而是以郡为单位组成的特殊选举委员会选举的。这个委员会系由郡议会或州议会的议员和代表组成。而这些郡或州的议员都是由有产者选出的，因此参议院的选举是由有产者决定。参议院有最后批准法律权力，它充分保障了有产者的利益。

从宪法内容的分析中，我们不难了解1875年法国宪法是保护有产阶级利益的资产阶级宪法，是一部反民主的宪法。纵然如此，在当时历史条件下，这一宪法确立了法国为共和国，是有其进步意义的。

争取共和政体的斗争，并不因宪法的通过而告结束。总统仍是

十三、法兰西第三共和国与第一次世界大战爆发

麦克·马洪，保皇党和教会专权派仍操纵大权。不过，在 1875 年宪法通过后的第一次选举中，共和派在众议院中的议员占了多数（在 530 个议员中共和派占 363 名）。而参议院议员仍为保皇党所控制。这样，在 1876 年，法国政治情形十分奇特，众议院是共和党人，而参议院、总统和行政官吏都是保皇党分子。

由于共和党控制了众议院，麦克·马洪不得不于 1876 年 12 月委任资产阶级共和派分子裘利·西蒙为内阁总理。但是，麦克·马洪总统并不信任西蒙，他要求内阁总理对总统负责，不对众议院负责。其实这是违宪的，因此便展开了总统与众议院的斗争，实质上就是保皇党与共和党的斗争。

1877 年 5 月 4 日裘利·西蒙接受众议院提出的斥责教会专权派威胁法国安全的阴谋的法案，从而引起麦克·马洪的愤慨。在同年 5 月 16 日，总统迫使裘利·西蒙辞职，另委任保皇党首脑勃雷公爵组阁。但众议院反对新内阁。同年 6 月 25 日，麦克·马洪便下令解散众议院，重新选举。但重新选举的结果，共和派在众议院中的议员仍然是多数。这样一来，麦克·马洪便无可奈何了。1879 年 1 月他被迫辞职。两院联席会议选出共和党人裘利·格莱维为共和国的总统。自此，复辟的企图终于完全失败，而法国的共和政体从此才得以巩固下来。

共和党之所以能取得胜利，这是和变化了的法国当时社会阶级力量对比分不开的。在当时法国工人阶级"一心一意地支持共和国作为自己当前最重要的任务。"而农民在第二帝国崩溃之后，也对君主派大失所望，他们也跟着共和党走，甚至"真正的工商业资产阶级也是具有共和主义情绪的。"这样一来，共和党便获得广大群众的支持，而保皇党呢？它仅得到天主教会的领导集团和一小撮银行家支持，而且保皇派内部又存在着矛盾，一时不能解决。因此，胜利是属于共和党了。

在当时的历史条件下，共和党的胜利是有很大意义的。第一，保皇党复辟的企图完全失败了，今后法国帝制派的复辟不再有任何

希望，而"共和国本身在实际中成为资产阶级统治的典型形式，同时也是这个统治开始崩溃的典型形式。"第二，这一胜利表明农村群众已转向共和，这具有极其重大的意义。它意味着今后城市工人与乡村农民有获得联盟的可能。

（二）共和党温和派当权及其政策

1879 年，共和党温和派裘利·格莱维被选为总统后，法国的共和政体始告完全巩固。为了纪念这一胜利，宣布将政府由凡尔赛迁到巴黎，将"马赛曲"定为法国的国歌，将 7 月 14 日定为法国的国庆日。

取得政权的共和党，是以甘必大为首的温和派。他们执政之后，就不想实现他们在与保皇党斗争时对人民群众所提出的民主改革，如取消参议院，使教会与国家分离，取消总统职位或限制总统权力和实施累进所得税计划。这些民主改革都已石沉大海，成了空头支票了。

共和党温和派之所以称为温和派，因为他们主张一切民主必须最慎重地在"合宜的时候"才能实行。这一派反映着当时法国大工业资产阶级和金融资产阶级的利益。其领袖人物除了甘必大外，还有裘利·格莱维、裘利·菲力和瓦尔第克·卢梭等。

共和党温和派执政后的政策都是从法国大资产阶级的利益出发的。在对教会的政策上，它没有实行使教会与国家彻底分离的措施，仅采取一些反对所谓圣会的办法。1880 年，解散耶稣教圣会，但同时规定如得到政府的特别允准也可以活动。在国民教育方面，1882 年，总理兼教育总长裘利·菲力实施一个初级教育改革方案。规定了 6 岁到 13 岁儿童的强迫教育制度，由政府筹款办学校，在公立学校中取消宗教课程，只能以公民和修身来代替。但在学校之外，讲授神学是允许的。这个教育改革方案对于女子教育也加以鼓励。总之它具有某种进步意义。

十三、法兰西第三共和国与第一次世界大战爆发

共和党温和派在对内政策上所实行的改革是有限而渺小的，这是受到大资产阶级利益的限制，而其对外政策则完全代表了大资产阶级的利益。

共和党温和派的政府为了便于大资本家的海外投资，从 80 年代起就实行对外扩张的殖民地政策。裘利·菲力内阁是执行扩张殖民地政策的最积极的内阁。

1881 年，法国占领了北非的突尼斯，1883 年，它又占领了印度支那半岛的安南。除此之外，法国在 80 年代还在西非的塞内加尔和上几内亚，中非的刚果和马达加斯加开始进行殖民地领土扩张。

90 年代，法国继续在非洲推行其扩张侵略政策。1896 年，法国完成了对马达加斯加岛的占领，并把该岛置于法国的保护之下。法国在非洲的扩张，曾与英国发生过冲突。1898 年，在东苏丹的法绍达，险些引起英法战争，后来法国让步才和缓下来。总之，到 20 世纪初，法国在非洲掠夺到很多的殖民地。1860 年时，法国殖民地领土的总面积仅有 20 万平方里；而殖民地人口在这一时期也从 340 万增到 5640 万。法国掠夺这么多的殖民地，主要是满足一小撮金融资本家的利益。

为了防止德国对法国的进攻，摆脱法国在国际上的孤立地位，法国政府在外交上竭力拉拢俄国，企图和俄国缔结军事同盟。为此，法国金融资本家经常贷款给沙皇政府，以便讨好俄国。而俄国在 90 年代后，因巴尔干半岛问题，俄奥之间的关系非常恶劣，德国曾一度拒绝签订再保险条约，并有和英国接近的企图。德奥意三国同盟也威胁着俄国，因此，俄国也想接近法国。1891 年，俄法之间开始关于结盟谈判。这一谈判因为俄国举棋不定而拖延了两年之久。及至 1893 年 12 月 27 日，法俄军事同盟才正式签订。

法俄同盟缔结后，改变了欧洲力量的对比，在欧洲开始形成了两个敌对的军事联盟。后来它们之间为重分世界而进行了大战。因此，法俄同盟也有侵略的性质。此外，法俄同盟缔结后法国已不再

处于外交上的孤立了。

资产阶级是有不同阶层的,因此,资产阶级共和派,从它一形成,其内部就存在着分歧。不过在与保皇党作斗争时,暂时是团结的。

共和党取得政权后,共和党温和派的政策,不久就遭到以乔治·克雷孟梭为首的激进派的攻击与反对。激进派主张实现比较彻底的民主改革,要求解散参议院,限制总统权力,实行累进所得税,并提出"社会革新"的一些模糊要求人。这一派人常常标榜是18世纪法国革命时雅各宾派的继承者。克雷孟梭就自夸为"法兰西大革命的子孙"。这一派代表着小资产阶级和一部分中等资产阶级的利益。他们的纲领充满着煽动的意味,博得一大部分小资产阶级和工人的同情与支持。因此,他们的势力在与温和派作斗争中,逐渐地增强起来,实质上,激进派共和党和温和派共和党在本质上是一样的,都是代表法国资产阶级利益,不过激进共和派是利用民主词句来拉拢人民群众而已。

在对外政策上,激进派竭力主张法国在欧洲巩固地位,主张扩军备战,以便雪普法战争失败之耻,收复阿尔萨斯和洛林的失地。因此,克雷孟梭在众议院中竭力攻击菲力内阁,认为殖民地冒险政策会削弱法国在欧洲的地位,并妨碍对德报复的准备工作。

温和派共和党执政后,交易所投机倒把非常嚣张,政府官吏与银行家和经纪人的暗中勾结,弄得法国社会乌烟瘴气。此外,80年代经济危机的打击,工农业的一度萧条,更加速了城乡小生产者的破产和扩大了工人的失业。所有这些,引起广大群众对政府的不满,就在这种情况下产生了所谓布朗热主义。

布朗热在1866年是温和派共和党傅莱辛内阁中的陆军部长,他是一个政治野心家。布朗热企图利用当时社会的不满情绪,抬高自己的威信,实行政治投机。他大肆宣扬:法国人民的穷苦与不幸是根源于议会的共和政体。他认为总统应由国民直接选举,不应由议会产生,其目的在于颠覆第三共和国;他还号召对德国作战,收复失地，用民族主义激励法国人民，以便取得群众的拥护。当时激进共和派支持他，并赞扬他是"民主将军"，而一向宣传民族主义，并鼓吹对德复仇政策的以第鲁列特为首的"爱国同盟"，也公开支持他。保皇党人也支持他，他们企图利用他推翻共和制。其次在动摇的小资产阶级中，布朗热也得到了拥护。布朗热常骑马驰骋于巴黎大街之上，时有群众包围他，对他热烈欢呼。由此可见，他的危言耸听一度曾俘虏了相当多的群众。温和共和党政府已把布朗热视为危险的人物，1887 年更换内阁时，便把布朗热免了职。

布朗热被免职后，在外省竭力利用法国人民的爱国情绪进行鼓动宣传，在每次选举中都获得相当多的票数。当时，法国总统格莱维的女婿丹奈尔·威尔逊利用总统的势力，在总统府内买卖荣誉勋章，贪污受贿。这一案件轰动全国，引起广大人民群众的愤慨。总统格莱维也被迫辞职。继任者为沙吉·卡诺（任职期为 1887—1894 年）。这一事件更有助于布朗热的活动。到 1889 年举行众议院补充选举时，布朗热运动也达到最大的规模。布朗热在赛纳郡被提为候选人，并以绝对多数票当选。

布朗热是一个政治冒险家，他妄想在法国成为一个独裁者。为了这个目的，他在政治上玩弄两面手法：一方面拉拢激进共和党人；另一方面也接近保皇党人，主要是奥尔良派的领袖们。他故意提出一个极其含糊的修改宪法的口号，但不明确应该怎样修改。布朗热这一企图，逐渐地被以克雷孟梭为首的激进派共和党所识破，终于和他决裂。以后，布朗热就更加接近保皇党。在 1889 年的选举日子里，保皇党人希望布朗热发动政变，但他迟迟未敢进行。政府决定逮捕他，他便逃到布鲁塞尔去了。法庭宣布缺席判决他无期徒刑。布朗热这种非常不巩固的威望从此便消失了。1889 年 9 月间，众议院议员选举，布朗热派当选者极少，仍然是共和派当选者多，布朗热主义完全破产。1891 年布朗热在沮丧失望之余便自杀了。

布朗热主义的破产，给予保皇党和教权派很大的打击，但是这不等于说温和共和党的统治就已高枕无忧了。政府集团贪污腐化案件又发生了。80 年代末，以斐迪南·雷塞布为首的法国股份公司开始建筑巴拿马运河，但因管理不善，使公司大亏其本，数千个公司的小股东因此破了产。为了推销股票，公司贿赂了政府的高级官吏和议会议员。受贿者不仅有温和派共和党人，也有激进派分子。这一受贿案在 1893 年暴露出来，众议院讨论了这个问题，并把受贿者提交法庭审判。但因受贿者得到政府的袒护，而被宣判无罪。这一丑恶的贪污事件暴露了政府和议会的贪赃枉法，揭露了金融寡头的势力，因而资产阶级政党便失去了信任。工人阶级开始脱离激进党的影响，而转到社会主义者方面去了。90 年代初，工人运动高涨，社会主义者的力量更加扩大了。

90 年代初，在工人运动和社会主义运动的增长中，温和共和党人更趋于保守，它们逐渐接近了保守集团和教会专权派；而保皇派与教会专权派在 90 年代以后也改变了以前的态度，竭力与温和共和党靠近，以便共同对付反对派和社会主义者。1892 年，教皇列奥十三世发表教令，指示法国天主教徒在目前形势下，应承认共和国，并尽量参加共和国的工作；与此同时，在温和共和党中又出现所谓"进步派"，这一派实质上公开地保护大资产阶级的利益，与教会专权派密切接近，坚决与社会主义者为敌。总之，反对势力在 90 年代以后增长起来，阶级斗争也就更加复杂化和尖锐化。

1894 年，法国总统卡诺被无政府主义者在里昂刺死，后由菲力克斯·佛尔继任。在他任总统时期，法国资产阶级政府做了一件可耻的事情，即对法国军官德莱福斯的审判案。在这一年，有人在德国大使馆发现一张字条，据此判断有人将法国的军事秘密出卖给德国政府。法国情报局坚决认为这是法军总参谋部的试用军官阿福来特·德莱福斯（Alfred Dreyfus）干的。德莱福斯是犹太人，在总参谋部中受那些出身贵族家族、在教会学校受过教育的法国军官的歧视。尽管没有任何证据，也硬把德莱福斯提交军事法庭审判。而法庭判决的结果，将德莱福斯流放到法属圭亚那附近的魔鬼

岛 （Devils Island），终身服苦役。

几年后，法国情报局新任局长乔治·比加尔上校，发现将秘密军事文件出卖给德国的，不是德莱福斯，而是另一个总参谋部的前任军官瓦尔申·埃斯特哈兹（walsin—Esterhazy）。但是，政府坚持维护所谓法军的威望，而不承认他们的错误。为了免除后患，政府便把比加尔调到遥远的突尼斯去工作。但比加尔所揭发的事实真相已被报纸公布出来，引起了广大人民群众的注意和愤慨。德莱福斯的哥哥要求军事法庭审判埃斯特哈兹，而释放德莱福斯。1898年，在群众的压力下，军事法庭审判了埃斯特哈兹，但用了一些假的事实，宣告他无罪而释放。这样一来，剧烈的斗争就围绕着德莱福斯案而展开了。

在 1898～1899 年，全国人民对于德莱福斯案件愤慨已达到很高程度。这时形成了德莱福斯派与反德莱福斯派两个阵营。参加前一个阵营的有工人和知识分子，他们出来保卫无罪的德莱福斯，反对反动军人，其中有几个著名作家，如爱弥儿·左拉、安那托尔·法朗士、奥克塔夫·米尔波等。属于后一阵营的有保皇派、教会专权派和国家主义者。他们诽谤犹太人，进行反犹太人的宣传。这些人还利用不知真相的人进行游行示威，并用武力进攻德莱福斯的保卫者。他们逮捕左拉，并企图把他交到法庭判刑，左拉逃至英国，始免遭迫害。

围绕德莱福斯案件的斗争是一场政治斗争。反动的法国军人和与他们有密切联系的保皇党与教会专权派，竭力企图利用这一形势进行反对共和国，恢复帝制。他们借口政府不够热诚地保护法军的"光荣"，而想发动一次政变。但是法国人民大众对于反对派是深恶痛绝的。因此，反对派的阴谋没有得逞。1899 年，支持反德莱福斯的菲力克斯·佛尔总统逝世。同情德莱福斯的属于温和共和党人的爱弥儿·鲁比当选为总统。反对派的一切企图终归于失败。

综合以上所述，我们不难了解温和派共和党人当权之后，既没有实施任何民主改革，又贪污腐化，贿赂公行，从而遭到激进派和广大法国工农群众的极度愤恨。为了巩固统治和加强他们的力量，温和派不惜靠近被法国人民所共弃的保皇派与教会专权派。这样一来，便利了保皇派的活动。在80年代末，专制主义者一度死灰复燃。若不是广大工农群众对共和制的支持，并积极地抵制反对派的阴谋活动，共和制就很危险了。90年代以后，保皇派与教会专权派的势力已经垮台，复辟的危险过去了。

德莱福斯案件引起法国社会阶级矛盾的进一步尖锐化，并有演变成群众革命的可能。因此，当政的温和派共和党人不得不考虑如何改变政策，缓和革命，以期巩固他们的政权。

鲁比当了总统以后，接着在1899年6月间瓦尔第克·卢梭做了内阁总理。瓦尔第克·卢梭是一个狡猾的政客，是温和共和党领袖之一。他组阁后，为了防止围绕德莱福斯案件的斗争进一步发展，便首先解决这个问题。1899年夏，军事法院重审了德莱福斯案件；但德莱福斯仍被判为有罪，不过改判刑期为10年，后由鲁比总统颁布命令予以赦免。这种处理十足说明资产阶级政府的欺骗性。它虽然把德莱福斯释放了，但并没有肯定他无罪，也没有追究真正间谍埃斯特哈兹的罪行。这样既可缓和民愤，也可安抚一下反对派。

其次，卢梭任总理后，声明联合一切拥护共和国的人，不论他们属于何种党派，都可担任内阁部长。因此，卢梭组阁后，任用了镇压巴黎公社的加里福将军做陆军部长，同时也邀请了"社会主义者"米勒兰任工商业部长。

米勒兰能参加政府工作，在法国和其他国家的社会主义集团中，都引起了很大的震动。在第二国际代表大会上，曾再三讨论过这个问题，并把这一问题称之为"米勒兰事件"。在法国，米勒兰的入阁引起社会主义者分裂为两派：（1）以盖德和拉法格为首的反入阁派。他们认为社会主义者不应参加资产阶级内阁，因为这不意味着工人阶级取得政权，反而给工人阶级造成有害的幻想。（2）以饶勒斯为首的改良主义者们，拥护米勒兰入阁，被称为入阁派。他们认为社会主义者可以和资产阶级合作，共同反对保皇派。其次，饶勒斯还认为社会主义者可以和平取得政权。

（三）法国帝国主义的形成和激进派共和党人当政

法国也和其他资本主义国家一样，在 19 世纪末到 20 世纪初，已由垄断的资本主义进入到帝国主义。

法国的工业在 19 世纪末到 20 世纪初虽然落后于英、德和美。但在工业普遍落后的情况，冶金业却有突出的增长。例如，生铁的熔铸量在 1900 年为 271.4 万吨，到 1905 年增至 307.7 万吨，到 1913 年则增至 520.7 万吨；而钢的产量在 1900 年为 56.9 万吨，到 1905 年增至 266 万吨，到 1913 年则增至 469 万吨。其所以如此之快，一方面，由于 80 年代后，法国采用了汤姆士制钢法的新发明，而能广泛地开采法国蕴藏甚丰的铁矿；另一方面，法国积极准备战争，法国资本家大做军火生意，获取高额利润，在日俄战争和巴尔干战争时期，法国军火商人曾接受大批军火订货单即为一例。这样一来，就使法国冶金工业及与军火工业有关的其他工业，突飞猛进地发展起来。

重工业的增长，需要大资本，从而加速了资本的集中，并首先在冶金业方面引起了垄断。在 1876 年，法国只有 13 家最大的冶铁公司，到 19 世纪末便合并成为辛迪加垄断组织。到 1914 年，在布里埃流域的最大的冶铁工业区，集中着全国铁矿产量的 80%。这里有 39 个矿山，其中三分之一的矿产是出自四个矿山上。总之，这一时期，在法国已出现了铁矿、煤矿、冶金厂和机器制造厂的巨大联合公司，如万德尔、什尼德尔、马林·奥姆古尔公司等就是这类的垄断组织。至于法国的运输企业，在商船方面，有三个股份公司垄断了法国的商船吨数的一半。在铁路方面，法国的少数最大资本家早就加以垄断了。爱德华·罗德希尔特男爵、塞杜、里希蒙和

英 法 近 代 史
YING FA JIN DAI SHI

安奈尔等就是著名的"铁路大王"。这些大资本家不仅操纵铁路，同时也控制冶金工厂和银行。例如，安奈尔不仅是巴黎和里昂到地中海沿岸的铁路公司经理，还是圣埃健炼钢厂董事长和冶金工业的巨子，并且也是里昂的银行家和议会的议员。再如，达龙·贝尔维尔，他不仅是锅炉工厂的厂主，而且还是海军机器厂辛迪加董事长。除了冶金和煤炭企业外，在化学工业与纺织工业中，也有许多企业都已经联合起来成为卡特尔垄断组织。麻织品辛迪加垄断了全国麻织品总产量的90%。

法国银行资本家很早就已发展强大，到20世纪初，法国的银行也走向了垄断。当时最大的几个银行，如里昂信贷银行、国家折算办事处、银行总会、工商信贷银行、巴黎联合银行、巴黎荷兰银行和土地信托银行，它们之间不仅密切联结着，而且这些银行的领导者还控制着法国的国家银行——法兰西银行。因此，法国所有的财政，几乎都集中在这几家银行之手。

工业的积聚和银行垄断的形成使银行和工业间的相互关系发生了根本的变化。19世纪末到20世纪初，法国已出现了财政资本家，其中最突出的约有200个最富的家族。这一小撮大财阀拥有大量的财富。他们既是工业家又是银行家，从而控制着全法国的国民经济命脉。在政治上，他们也支配一切。

显然，法国工业的增长是非常不平衡的。重工业仅限于某几个地区。如布里埃流域的铁矿，法国北部及加来海峡沿岸一带的煤炭和纺织业，南部如克勒左和得卡斯维尔的工业区，佛日斯的纺织区，除了这些大工业和大港埠外，其他各地还普遍地存在着小生产者。就是在巴黎和里昂的工业仍以手工作坊为主体。法国的农业简直没有什么发展，一直停滞在落后的状态。总之，法国工业发展就整个来讲是落后的。只是在某些新兴的大工业中，和某些与军火生产有关的工业中，才发展成为垄断组织。这种垄断组织和银行资本家密切结合着，因此就出现了财政资本家。所有这些，说明法国到19世纪末和20世纪初已成为一个帝国主义国家。

十三、法兰西第三共和国与第一次世界大战爆发

法国帝国主义除了和其他帝国主义国家有共同的特征外，也有它自己的特点。

到了 20 世纪初，法国在工业生产的规模上仍然落后于德国和美国，但它在资本输出上却仅次于英国而保持世界第二位。在 19 世纪 80 年代，英国的资本输出为 220 亿法郎，而法国则为 150 亿法郎，到了 90 年代初，英国输出的资本增到 420 亿法郎，法国则增至 200 亿法郎。到第一次世界大战之前，英国的资本输出为 750 亿至 1000 亿法郎，而法国则增至 600 亿法郎。那时，德国的资本输出为 440 亿法郎，美国的资本输出还没有起重大的作用，输出的资本还不到 100 亿法郎。由此可见，资本输出在法国的经济生活中是占据重要地位的。

值得注意的是，法国的资本输出与英国的资本输出有所不同。英国把资本多半投入到殖民地和一些落后的国家去。而法国呢？在 20 世纪初，它虽然仍是世界上第一个拥有殖民地的强国，可是由于工业发展缓慢，殖民地在经济生活中所起的作用较小，法国人口增长得慢，因此在对外战争中，多半将殖民地作为"炮灰"的供应地。因此，法国的资本输出多半贷给欧洲各国，其中绝大部分是贷给俄国、土耳其、西班牙和巴尔干诸国。贷给俄国资本有四分之一是借给俄国的政府；贷给土耳其的资本有三分之二是借给土耳其政府。法国以贷款形式把资本借给其他国家，不仅可以从债务国收取高额利息，并且可以利用贷款作为军事上和政治上拉拢那些国家的手段。

在法国资本大量输出的条件下，国内急剧地增长着食利阶层，到第一次世界大战前，法国食利者阶层人数达到 200 万之多。由此可见，法国这个帝国主义国家"由于这种资本主义的变态，整个经济生活条件也起了深刻的变化。在人口、工业、商业活动的发展都陷于停滞的情形下，'国家'却可以因高利贷而富足起来。"因此，法国帝国主义是一个高利贷的帝国主义国家。

随着法国资本主义转入帝国主义阶级，财政寡头便成为法国的

英 法 近 代 史
YING FA JIN DAI SHI

实际统治者。可是，法国工人运动在 20 世纪初不断增长，而社会
主义的势力也逐渐扩大，财政资本家以君主制形式来统治法国的企
图已经成为泡影。这样一来，他们便改弦更张，不得不放弃坚持保
守政策的温和派共和党人，而依靠尚能笼络群众的激进共和党人，
来维持他们的统治。资产阶级激进派只是打着左的招牌，要对社会
现状实施一些改革，实质上，他们并不想动摇资本主义制度，所
以，大资产阶级在万不得已时也可以利用他们。当时激进派共和党
人还取得以饶勒斯为首的社会党人的支持，势力很大。

1902 年，在众议院议员选举时，激进派共和党和社会党当选
者甚多。他们联合起来在众议院中成为多数派。接着，卢梭内阁垮
台，激进派共和党人爱弥儿·孔勃做了内阁总理。

孔勃任总理后，他坚持继续实施"集会法"（Association
Law）。1903 年，封闭了 3000 多个未获议会许可的教会学校，解
散了 54 个修道院的团体。1904 年，政府又颁布法令，在 10 年内
废除所有的教会学校。同年，鲁比总统去访问意大利国王，罗马教
皇对此非常愤怒，于是孔勃政府和罗马教皇断绝了外交关系，召回
法国驻梵蒂冈教廷的大使。1905 年在鲁维耶内阁时期，法国政府
正式解除 1801 年拿破仑一世与罗马教皇缔结的宗教条约，规定嗣
后凡关于宗教事业，政府不再予以补助费，惟对服务甚久的年老教
士，给予年金，其他教士的俸给一律停止供给，此外又宣布一切大
礼拜堂、教堂、主教住宅和其他属于教会的建筑物，均收归国有，
交地方新设的文化协会管理。此项财产虽归国有，但宗教团体仍可
使用之。所有这些政策就是使国家与教会分离的法律。在孔勃政府
时期就逐渐贯彻这一政策，而实现这些政策的是孔勃以后的继任
者。这种政策在执行时自然也遭到教皇和法国主教及教士的反对，
但因群众对教会已经非常愤恨，所以反抗没有什么结果。

除了实施国家与教会分离的法律外，孔勃还想清洗军队，想把
军队中的一切反动势力和保皇派分子清洗出去。为此他对军官的政
治观点做了调查，但遭到议会的反对而未实现，1905 年 1 月 19 日

十三、法兰西第三共和国与第一次世界大战爆发

孔勃因此也不得不下台。他的继任者是激进党右派的卢维厄。他仍继续执行孔勃的国家与教会分离的法律，但不够彻底。

在 1906 年法国的众院普选中，激进派共和党人在众院议员中占据绝对多数。这时他们已用不着社会党人的支持，而能自行其是。1906 年 10 月，激进党的领袖克雷孟梭组织内阁。乔治·克雷孟梭从前在大资产阶级的心目中是一个社会革命者，实际上他是敌视社会主义的。当法国保皇党的势力增大并威胁共和国时，克雷孟梭是以资产阶级民主主义者的姿态出现，反对温和派的保守政策，被称为"倒阁专家"。然而，克雷孟梭是在劳资之间的矛盾剧烈化时掌的权，一上台就成为资产阶级的真正代理人。他严厉地镇压工人运动，实施反动政策，和温和派共和党一样主张实行改革要谨慎小心。总之，激进党在阶级本质上是小资产阶级民主主义政党。但在大战前夕，他们取得政权后，也成了财政资本家的代理人。

1906 年 3 月间，克雷孟梭派 2 万多军队镇压了因库里耶公司的矿井惨案所引起的罢工运动。1905 年 5 月 1 日，克雷孟梭又绞杀了全国各地的总同盟罢工。克雷孟梭的反动政策如此猖獗，甚而使机会主义者饶勒斯都反对他，并放弃对激进党的支持，而转为政府党的反对派。

1909 年，克雷孟梭内阁垮台，他的继任者是阿利斯泰德·白里安。白里安是激进党人，后来参加了社会主义党。但他并不是一个真正的社会主义者。他支持米勒兰的入阁，也符合饶勒斯的主张，并参加了独立社会主义者集团。白里安做内阁总理之后，继续执行政教分离政策，并用各种手段竭力压制工人运动。例如，他对 1910 年铁路员工的镇压和对 1911 年北工业区反对物价上涨的群众运动的镇压等。

19 世纪末，法国在非洲和印度支那已掠夺了广大领土，此外还占领了大洋洲和西印度群岛的许多岛屿。在 20 世纪初，激进党上台后，仍继续执行温和派共和党的对外侵略政策，实施新的殖民地占领。这时，法国政府侵略的锋芒指向摩洛哥。

英 法 近 代 史
YING FA JIN DAI SHI

　　在扩张殖民地问题上，法英之间时有冲突，并曾发展到剑拔弩张的程度。在法绍达事件时，英法军针锋相对，几乎酿成战争。可是，到了20世纪初期，英法为了共同对付德国逐渐接近起来。

　　1904年日俄战争爆发之后，俄国的军事力量被牵制在远东。这样一来，如果德国进攻法国，法国便没有足以借重的同盟者，所以它需要英国的支持。而英国，它与德国的矛盾日益尖锐。德国在近东、非洲和世界各地的大肆扩张，意味着德国企图再分割世界。这便大大威胁英国。为了对付德国，英国势必要和它的旧日竞争者法国接近，同时也尽可能把俄国拉过来。这种国际间的新变化，就成为英法缔结协约的历史背景。

　　早在1903年春，英王爱德华七世在访问巴黎时宣称：英法的敌对已成过来，现在应该开始友好。英王的巴黎访问就成为英法亲善的序幕。1903年夏，法国总统鲁比也回访英国并进行了初步的谈判。1904的日俄战争爆发后，便加速了英法协约缔结的完成。

　　英法协定是在1904年4月8日签订的。它的条文共分两部分。一部分是公开的，另一部分是秘密的。在公开的条款中，宣布关于埃及和摩洛哥的问题。法国将不妨碍英国对埃及的侵略，而英国也承认法国对摩洛哥的侵略。在秘密协定的条款中，规定无论在摩洛哥或在埃及的"政治地位"都是能够改变的。这就是说在可能形势下都可以把侵略的地方变成自己的殖民地。但是有一个附带条款，英国并吞埃及后，不得破坏苏伊士运河的航行自由；法国并吞摩洛哥，不能在摩洛哥海岸靠近直布罗陀海峡处设防。在1904年的英法协定中，除了这些主要内容外，其他还有一些次要的殖民地问题，也获得了解决。

　　总之，1904年英法协定，暂时消除了英法之间在殖民地问题上的矛盾，并能共同与德国进行斗争。虽然条文上并没有提到共同抵制德国的计划，但这个协定的实质就是"准备对德国作战"。

　　英法协定缔结后，法国便对摩洛哥开始行动。法国外交当局向摩洛哥政府提出了"改革"方案，实际上就是法国要对摩洛哥实行保护权。法国的行动立刻引起德国的仇视。德国企图破坏英法的阴谋，决定威胁法国。

1905年3月，德皇威廉二世以普通旅行者的名誉，访问地中海沿岸国家，在丹吉尔上岸，摩洛哥政府派人去欢迎他。德皇乘此作了一个威胁性的演说，要求法国放弃对摩洛哥的企图。之后，德国总理毕洛提出将摩洛哥问题提交国际会议讨论，并暗示如果法国拒绝这个建议，德国将不惜一战。由此可见，1905年因摩洛哥问题，几乎发生了德法战争。法国因为没有准备好战争而对德国让步，同意将摩洛哥问题转交国际会议解决。1905年7月间，德法达成召开国际会议的协议。

1906年1月16日，根据1905年7月间德法所达成的协议，在西班牙阿尔赫西拉斯城举行了国际会议。这次国际会议一直开到4月7日才告结束。在这次会议上签订了一个确定摩洛哥"独立"的条约，但是给予法国在摩洛哥组织警察权以维护该国的秩序。另外，法国还取得了阿尔及尔边境上的海关监督权，而里阜区域则归西班牙。由此可见，阿尔赫西拉斯的国际会议虽然承认了摩洛哥的独立，实际上，法国得到了逐步占领摩洛哥的便利。此后，法国的激进党内阁都注意摩洛哥的动态，企图找机会吞并这个国家。

1911年春，摩洛哥首都非斯城近郊发生暴动。法国政府在保护法侨与维持秩序的借口下，占领了非斯。1911年7月初，德国的炮舰"豹号"开抵阿加迪尔，随后又有一只德国巡洋舰"柏林号"驶入摩洛哥海面。这样一来，战争便有一触即发之势。后由于英国坚决支持法国，不容许德国在摩洛哥西岸立足，才迫使德国让步。1911年11月，最后签订了德法协定。德国无条件承认摩洛哥归法国保护，交换条件是德国得到法属刚果的一个部分。

（四）大战前夕的法国与战争的爆发

20世纪头10年中，法国国内社会矛盾异常尖锐，国际形势也非常紧张。法国政府为了压制国内革命和加紧准备对德作战，特别需要有一个强有力的政府。因此，1912 年 1 月间，激进派内阁垮台，以莱蒙·普恩加莱为首的极右派共和党人起而组阁。

普恩加莱出身于官僚之家，学过法律，曾以律师身份为法国许多大公司服务。因为他常同金融资本家接触，便同他们有密切关系。普恩加莱组阁后，其内阁的主要政策有二：第一，团结一切反对工人和农民革命运动的资产阶级和小资产阶级，其中包括激进党人和教权派，建立统一战线，加强统治；第二，1911 年第二次摩洛哥危机后，帝国主义之间的战争似不可避免。普恩加莱积极地准备对德战争，因此，他被称为"战争的普恩加莱"。普恩加莱的政策，完全符合法国金融资本家的利益，所以，法国大资本家对他十分欣赏，并大力支持他。1913 年 1 月，普恩加莱在教权派、王政派和部分激进派党人的支持下当选总统。右派共和党人巴尔杜做了内阁总理。在他们执政时期，为了对付德奥而实行大量扩军，把兵役年限由 2 年增加到 3 年。这一法律实施后，曾遭到士兵和社会主义者的猛烈反对。法国政府一方面用武力镇压，同时又用沙文主义宣传来鼓吹战争，终于制止了一切反抗活动。

在 1914 年的众议院选举中，法国社会主义者获得 139.7 万张选票，取得很大的胜利。但是，法国社会党已变成典型的议会政党，变成机会主义者。当帝国主义战争即将爆发时，盖德派和饶勒斯派对于帝国主义战争都没有正确的理解。盖德派教条主义地认为只要与资本主义作斗争就够了，资本主义一消灭，战争就会消灭。饶勒斯的观点是把战争分为防卫性的与进攻性的两种。他号召人民为反对进攻战争而斗争，但他的反战仍是从和平主义出发，仅仅是号召和平，没有号召反战的革命战争。饶勒斯到处演说维持和平，反对战争，因而在 1914 年 7 月 31 日被一个沙文主义帝制派人士所刺杀。1914 年 6 月 28 日，奥匈军队在波斯尼亚举行军事演习。这次军事演习是以塞尔维亚作为假想敌人，带有挑衅性质。奥匈帝国皇储斐迪南大公夫妇亲临检阅。军事演习结束后，斐迪南夫妇进入

十三、法兰西第三共和国与第一次世界大战爆发

萨拉热窝时，被塞尔维亚爱国青年普林西刺死，这就是挑起第一次世界大战的"萨拉热窝事件"。事件发生后德国想借此挑起战争，表示全力支持奥匈，俄、法表示支持塞尔维亚。法国还发表声明，如果俄德之间发生战争，将履行自己的义务。8月1日，德国对俄宣战，8月3日，德国又对法宣战，第一次世界大战爆发。

第三篇

近代英法的科学技术与工业化时代

一、封建时代的集市城市与近代科学技术

在城市文明出现以前，人类就已经掌握了大量的生存技术、工具和技能。到新石器时代人类开始了定居的农业生活。然而，新石器时代的农业生产使土壤很快耗尽了肥力，定居者不得去寻找新的土地。而在印度河、底格里斯河和幼发拉底河、尼罗河等流域，这种情况就比较少，因为一年一度的河水泛滥每次都给耕地带来一层肥沃的新淤泥，人们排干沼泽，引水灌溉荒芜的土地，使耕作面积不断扩展，定居者不断增多，村社的规模也不断扩大。到公元前4000年时，底格里斯河和幼发拉底河流域的先民发明了犁，使大规模农业生产成为可能。在生产实践中，人们又创造了用动物拖拉的轮车、简单的船舶和用陶轮制成的陶器。这些工艺技术的产品要由祭司掌管和分配，于是由僧侣祭司管理的体制也发展起来了。到公元前3000年左右，在底格里斯河和幼发拉底河流域以及尼罗河流域出现了最早的城市文明。这时期城市的主要功能是组织人们日常活动和为农业生产服务，所以可称为"古代的农业城市"。可见，在城市文明出现以前，城市化就开始了。

到古希腊罗马时代，在欧洲又出现一批与"古代的农业城市"不同类型的新城市，这些城市都是当地政治、文化和宗教活动中心，在城市里商业和手工业处于从属地位，城市的生活消费超过城市的生产能力，城市的物质生活主要依靠农村供给。但是到公元5世纪时，随着西罗马帝国的衰败，蛮族的入侵，古希腊罗马时代城市的功能都被摧毁了，许多城市也不复存在，在各地代之而起的则是贵族的城堡和一座座基督教的教堂，整个社会也进入了封建时代。

英 法 近 代 史
YING FA JIN DAI SHI

　　封建社会初期，人们的生活主要是以庄园经济为主，从事农业生产，手工为副业，过着自给自足的自然经济生活。那时社会生产力低下，科学技术不发达。到封建社会后期，由于手工业生产得到进一步的发展，手工产品日益增多，便出现了手工业脱离农业而独立的局面，商品交换发展起来了，与此同时出现了商人和货币，交换场所主要选择在城堡和教堂附近。在城堡和教堂附近的市集日益扩大，这些市场逐渐地演变成为初期的城市。初期城市多半是手工业商人居住与活动的场所。历史学家保尔·芒图（Paul Mantoux）这样形容当时英国的封建社会："自古以来，在工业活动兴起很久以前，遍地皆牧场的英国饲养着许多羊群，同时经营着羊毛生意。羊毛大部分是卖给外国人的，或者同法国南部交换酒类，或者为法兰德斯的纺织机提供原料。诺曼人征服英国后，法兰德斯的工匠们便渡过海峡去教英国人自己利用这种资源。他们的迁入，受到王室的奖励。王室屡次三番地、尤其是在 14 世纪初，力图借助这些外国的先驱者来创设自己的民族工业。从爱德华三世时代起，这种工业不断发展和繁荣起来。它普及到各村镇，成为全国人民的主要财源"。那时，英国的城市既小又少，并且非常简陋，还没有摆脱封建领主的控制。封建领主具有土地的所有权，对城市征收土地税，并持有政治特权。初期城市由于交通不便还处于分散状态，城市之间联系很少。那时城市在国民经济生活中不占主要地位，占主要地位的是农业、羊毛业和农村家庭纺织业，人口绝大部分集中在农村，人们过着幽静的田园生活。封建社会在政治上是封建君主专制的统治，在文化思想上是宗教统治一切，人们的思想世世代代受着宗教迷信的束缚，愚昧无知非常落后。只是到了 15 世纪末，新航路发现之后，海内外贸易逐渐活跃，西欧出现了资本主义生产方式，商品经济有所发展，人们的视野才不断地扩大。15～16 世纪欧洲出现了文艺复兴运动和宗教革命，人文主义与自然科学开始兴起。

　　近代科学的建立，从特定意义上看，是 15 世纪前后开始的文艺复兴运动的产物。"在文艺复兴时期，各门学科的学者们，通过重新发现古代的成果，创造了一个新纪元，从此，近代科学才得以诞生"。在西欧各国发生的文艺复兴运动，冲破了宗教科学和经院哲学的禁锢，为近代科学的建立开辟了道路。15 世纪前后西欧展开的航海活动，也为近代科学建立创造了必要条件。文艺复兴运动、开辟新航路和其他生产技术的发展，不仅为近代科学的建立提出了迫切需要，而且也为城市的建立和发展创造了必要条件。

这时期，波兰天文学家、日心说的创立者哥白尼（Nicolas Copernicus，1473～1543）于 1543 年出版了《天体运动论》一书，成为自然科学从神学中解放出来的宣言书。同年，尼德兰解剖学家维萨留斯（Andreas Vesalius，1514～1564）出版了《人体构造》一书，开始向传统观念提出了庄严挑战。意大利物理学家伽利略（Galilei Galileo，1564～1642）提出了匀加速运动、惯性运动、抛物体运动和运动的相对性等原理，冲破了亚里士多德等人的传统观点，为牛顿创立牛顿力学三定律奠定了基础；法国天文学家刻卜勒（Johann Kepler，1571～1630）发现了行星运动三定律，成为牛顿万有引力学说产生的最重要的前提。此外，荷兰物理学家惠更斯（Christian Huygens，1629～1695）发现了向心力定律；英国的数学家纳普尔（John Napier，1550～1671）发明了对数，使计算大为简化；法国的数学家韦达（Fvancois Vieta，1540～1603）使代数符号化；法国的巴斯格（Blaise Pascal，1623～1662）对无限小量进行研究，成为微积分的创始人之一；法国的数学家费尔玛（Pierre de Fermat，1608～1665）和科学家笛卡儿（René Descartes，1596～1650）开创了解析几何，把代数与几何学联系起来，使许多用几何学方法无能为力的问题得到了解决。就是在这些重要科学发现的基础上，英国物理学家牛顿（Isaac Newton，1642～1727）把物体运动的规律归结为三条基本定律和一条万有引力定律，由此建立起一个完整的力学理论体系，实现了物理学的第一次大综合，在科学史上开创了一个新时代，即近代自然科学的时代。

　　科学技术的发展促进了海外贸易，从 16 世纪到 18 世纪，西欧的资本主义商品经济得到迅速发展，英国的变化更为典型。这时期英国农村的土地得到改良，家畜供应量大幅度提高，乡村制造业非常活跃，在工业革命前夕和整个工业革命期间英国农村掀起了经济变革热潮，为工业革命的到来奠定了基础。科学技术的发展也促进采煤业和炼铁业的快速发展，1600～1660 年英国东北部采煤业的发展景象得到了诗人约翰·克里夫兰（John Cleveland）的赞美：英国就是一个完整的世界，无所不有，它甚至拥有西印度群岛的全部财富，应该重新校正一下地图，纽卡斯尔就应该是秘鲁的！英国炼铁厂在 16 世纪时使用的是土法吹炼，17 世纪开始使用水力、风力和鼓风炉，效率提高了 5～10 倍，铁的产量也有所增长，16 世纪 50 年代英国铁的产量为 500 吨，到 17 世纪 50 年代增至 2.3 万至 2.4 万吨。英国历史学家克利顿·罗伯特和戴维德·罗伯特（Clayton Roberts and David Roberts）形象地描述了工业革命前夕的英国经济景象：到 18 世纪 60 年代，英国的工业出现了异常繁荣的景象，但是对企业来说要继续发展则出现了三大障碍，那就是工厂还没有足够的能力把大量的廉价的棉线尽快地纺成棉纱；由于长期大量的砍伐，木炭的供应日趋减少；铁工厂由于水力和风力不足使熟铁的产量无法提高。然而，到 18 世纪 60 年代，由于经济的繁荣和科学技术的进步，英国人普遍相信这些困难很快就会被克服。商品经济越发展，越需要扩大生产，越需要科学技术与技术革新。18 世纪后期，蒸汽机发明问世之后，工业革命首先在英国开始。近现代的城市化就是在工业革命的基础上发展起来的。工业革命开始后，城市发展迅速，在英国 10 万以上人口的城市由伦敦的一个增加到 9 个，5～10 万人口的城市已经达到 18 个。可见，近代科学技术的出现是英国和欧洲大陆国家从封建时代的集市城市向工业化时代的近代城市过渡的里程碑。

二、英国工业革命的前提条件

（一）资本原始积累

1688 年政变之后，英国建立了议会制度，并初步地创建了内阁制，新的政治制度，促进了资本主义经济的发展，为工业革命创造了条件。18 世纪中期英国开始工业革命。

英国资产阶级执政之后，首先，他们以"议会立法"扩大圈地运动。这种圈地运动使成千上万的农民丧失土地，变成一无所有的、出卖劳动力的雇佣劳动者或变成了无家可归的乞丐；其次，对外扩张，疯狂地掠夺殖民地，从而加速了资本原始积累。18 世纪，英国为了同法国争夺殖民地霸权，不断地参加反法战争。例如，1701 年发生的"西班牙王位继承战争"和 1756～1763 年的七年战争。在这些战争中，主要是英国对付法国。多次打败了法国之后，英国得到了许多殖民地。根据 1713 年《乌特勒支和约》，英国取得直布罗陀海峡及地中海的通航权，取得美洲沿哈得逊湾的大片土地，同时，还获得与西班牙殖民地进行贸易和"贩卖奴隶"的权利。七年战争之后，英国几乎完全占领北美，并控制了印度。此外，英国海员还发现了成百个岛屿，并宣布澳大利亚属于英国，由此可见，18 世纪英国就已开始建立不列颠殖民帝国。此后，英国任意压榨殖民地的人民，尤其对印度人民的掠夺更为严重。从 18 世纪 60 年代起，英国的东印度公司就强迫印度农民从事鸦片生产，并把毒品运往中国，获取巨额利润。在七年战争后，英国从印度掠夺的财富有 10 亿英镑之多。1670 年，英国在北美创立的哈得逊公司，到 1720 年其财产就增加了 7 倍。英国独占世界奴隶贸易市场

371

之后，从 1680 年到 1775 年，英国人运送黑奴到美洲约有 300 多万。英国的利物浦正是由于这种可耻的贩运黑奴而发达起来的。总之，直接掠夺殖民地、消灭土著居民、贩卖奴隶、对殖民地野蛮的强盗式的贸易等等，就是英国资产阶级资本原始积累的主要方法之一。此外，英国新贵族与资产阶级通过议会制度，还利用国债制度和现代租税制度，获取大量的国内资本。这也是一种积累资本的方法。

从 17 世纪末到 18 世纪，在这 100 多年间，英国资产阶级积累了大量资本，并造成了大批自由劳动力。与此同时，英国以手工技术和分工为基础的工场手工业的生产能力，已经满足不了日益扩大的国内外市场的需要，于是提高生产力的发明创造就成为时代的需要。

（二）技术革新的条件业已成熟

早在 16 世纪下半叶，英国出现了清教徒运动。清教徒宣扬宗教的职责是从事"有益的事情"，其中包括科学活动在内。这就使英国热心于科学的人日益增多。那时外国的工匠也大量地涌向英国。17 世纪上半叶，英国的科学运动蓬勃发展。这个运动以 1660 年英国皇家学会的成立达到高峰。这时期，实验科学家吉尔伯特就非常重视为天体运动提供一个物理解释。他写的《磁力论》一书，充分地论述了宇宙学说。吉尔伯特之后，有弗兰西斯·培根。他特别强调实验和经验，注重科学在工艺和工业技术上的实际应用，并主张在此基础上建立一种新的自然哲学。培根还主张建立一所科学院，推动科学的发展。培根建立科学院的倡议和他的著作在 17 世纪中期深受欢迎。1687 年，牛顿写的《自然哲学的数学原理》一书问世后，更震动了整个科学界。著名的牛顿三大定律和以万有引力为核心，以大量实验和观测事实为依据，进行严格的逻辑论证和精确的数学分析，而形成了经典力学的完整体系。

二、英国工业革命的前提条件

到 18 世纪，英国的科学家主要的是些实验家，并且多半都是从实践中来的工程师、仪器制造者和工匠。18 世纪中叶，各种学会在各地纷纷出现。最早的是 1766 年在伯明翰成立的太阳学会，接着又出现了曼彻斯特学会，基本会员都是一些注重实用的人们。他们组织自己的科学团体，建立自己的学校，广泛吸收世界各地的先进技术，使英国的科学研究工作更加普及，科学学术活动日益高涨，从而为工业革命培养了一批科技人才。科学技术的出现也是英国工业革命成熟的重要条件之一。

18 世纪中叶，英国已具备了扩大生产的三个先决条件，即自由出卖劳动力的劳动者；积累了大量的资本和先进的科学技术。因此，工业革命就在英国出现了。

18 世纪，英国的手工工场已经普遍地发展起来。手工工场是以雇佣手工工人为基础，采取技术分工进行商品生产的资本主义企业。它的技术分工精细，生产过程分解为一系列的分解组合的操作。各种生产工序日益专门化，并不断地出现适于各种工序专门化的生产工具，有了把这些工具联结在一起成为机器的可能性。同时，精细的分工使长期操作某一工序的工人，久之便成为这一操作过程具有专门特长的熟练工人和机械师。他们积累了丰富的生产经验与生产技能，具有发明机器和使用机器的能力。此外，那时手工工场的生产已经不适应当时国内外市场的大量需求，迫切需要技术革新，以便提高生产效率，生产出更多的商品。于是，发明新机器便成为当时社会生产发展的必然趋势。

三、英国工业革命技术改革的过程

（一）纺织机器的发明

纺织业在很长时期内是英国工业的最重要部门，纺织工作机的发明、改进和推广是英国工业革命的起点。为什么英国的工业革命首先从棉纺织业部门开始呢？其原因：第一，棉纺织业是一种新兴的工业，没有旧行规的束缚，没有政府的严格限制，也不受旧习惯、旧传统的阻碍。这样新技术才易于推行。第二，当时英国棉布不如印度手工印花布物美价廉，为了与印度竞争，英国也需要首先从棉纺织业的技术改良开始。英国工业革命的过程是发明促进发明，各工业部门发生连锁反应。从轻工业到重工业，从工作机到发动机，互相促进，互相推动，最后形成一个机器生产的完整体系。

英国棉纺织业的重大发明就是织布机。在织布机的技术改进之前，工人用双手操作，生产数量少，质量差。1733 年机械师约翰·凯伊发明了飞梭，改变了过去用手穿梭的织布操作，工人只要用脚踏动踏板，就可以使梭子把纬线与经线编织起来，因而提高了织布的效率，还加宽了布的幅度。织布技术改进之后推动了纺纱机的发明。1738 年，惠特等制成了滚轮式纺纱机，纺出了不用手指织的棉纱，揭开了 18 世纪工业革命的序幕。

1764 年，织布工人哈格里夫斯发明珍妮纺纱机，这是哈格里夫斯以其妻子之名命名的。珍妮机可以使 16～18 个纱锭同时工作，把引纱和捻纱操作机械化，还能纺出既细又匀的纱线，但不结实，还得用人力来转动，极不方便。1769 年，钟表匠理查·阿尔克莱特利用木匠海斯的设计，制成一架用水力带动的纺纱机，使生产过程用自然力代替了人力。1771 年，阿尔克莱特建立了第一所装置水力发动机的纺纱厂。这座工厂便成为用机器操作的近代式的第一座大工厂。在这个工厂里可容纳 200～600 或更多的工人。请注意，这时的生产方式已经发生了性质的改变，从手工作坊的"工场"转变为用机器生产的"工厂"了。可是水力纺纱机生产出来的线虽结实但不均匀。1779 年，童工出身的塞缪尔·克隆普顿综合了珍妮机与水力纺纱机的优点，制成了纺线既结实又均匀的纺纱机，称为缪尔纺纱机即骡机。骡机有 300～400 个纱锭，效率很高，它是近代工业革命中的重大发明，骡机的出现，使织布落后了。于是，又推动了织布业更进一步的发展。

1785 年，牧师卡得莱特发明了自动织布机，将织布的工作效率提高了 40 倍，从而克服了织布业落后的现象。从此，在英国出现了大规模的织布工厂。到 18 世纪末，英国的纺织业基本上都使用机器，而不再用手工操作了。由于纺织工厂的出现，与纺织有间接关系的工业如漂白、染色等化学工业也相应地采用了机器。纺织业生产实现机械化后，英国的棉布生产无论是数量或是质量都得到提高，从而英国棉布畅销到国内外市场，并击败了印度棉布的竞争。

（二）瓦特发明蒸汽机

随着纺织机和其他工作机的出现，动力机也需要有所变革。仅用水力作发动机的动力有很多困难，如工厂的建设地点要受到季节与地区的限制。为了解决这种困难，就需要新的发明。于是便出现了瓦特发明的蒸汽动力机。

詹姆斯·瓦特（1736～1819）发明蒸汽机是工业革命中最重要的事件。瓦特是格拉斯哥大学的教具制造员。1765 年，瓦特研制成功了汽缸分离的冷凝器，提高了热的效率。新的蒸汽机在煤矿抽水中得到了应用。但是，这种蒸汽机仍是单向动作，还不能成为工厂生产中的动力机。瓦特又经过多次研究和试验，终于在 1784 年研制成了在各种工厂里都能使用的联动蒸汽机。同年，他取得了这种新蒸汽机的专制特许证。瓦特蒸汽机的出现为整个工业和交通运输业提供了一种有效的通用动力机。从此，动力机、传动机、工作机结合成了机器生产的系统。这是人类生产技术上的重大飞跃，是认识和利用自然力的重大突破。

在工业上广泛地使用蒸汽机，必然扩大了对金属的需要，从而推动了冶炼业和采煤业的发展。1784 年，工程师柯尔特发明"搅炼和碾压法"，使生铁产量增加 14 倍。在苏格兰、兰开夏郡和约克郡开凿了许多新的煤井，使煤的产量猛烈地增长。1700 年，英国煤产量为 260 万吨，到了 1790 年则增到 760 万吨，1795 年超过了1000 万吨。煤铁产量的剧增促进了机器制造业的发展，从而又推动了农业和交通运输业的技术革命。在农业上，英国农村出现了许多农场。农场应用改良的工具和先进的耕作方法，从事农业经营。农业生产力的提高又为工业生产提供了必需的原料，为城市提供了较丰富的食品。农民的土地由于圈地而被剥夺，使成千上万的失地农民变成了无产者，又为工业提供了大量的雇佣劳动力。同时，变成无产者的农民生活用品多半依靠市场供应，从而使国内市场扩大。在交通运输业方面发展的也很快。1779 年，在塞文河上架设了第一座铁桥。1790 年英国制造了第一艘铁甲船。1807 年美国人富尔顿发明汽船。1814 年，英国人史蒂芬逊发明机车。1825 年，英国建成了第一条从斯托克顿到达林敦的铁路。1830 年，又建成了从曼彻斯特到利物浦的铁路。交通运输业的革新又促进了工农业生产的发展。

总之，18 世纪英国的工业革命是以技术革命为中心内容的一场社会变革，是人类历史上生产力空前发展的巨大转折。这次工业革命是在资本主义自由竞争的条件下兴起的，工业革命又促进了资本主义经济的发展和资本主义制度的巩固，并且加剧了自由竞争。19 世纪 40 年代，英国已成为世界上最先进的资本主义国家。

四、英国工业革命的社会后果

(一) 大机器生产的出现与工业城市的兴起

工业革命开始之后，英国的大机器生产逐渐地代替了手工工场生产，出现了工厂制度，使英国开始从农业国向工业国转变。机器生产使社会生产力飞速地发展起来，商品经济在社会生产中逐渐占据主导地位，从而彻底地摧毁了封建经济基础。伴随着机器生产的出现，也出现了许多工业城市如曼彻斯特、伯明翰和利物浦等，从而也改变了工业革命前那些落后的西部和北部地区的面貌。与此同时，农村人口大批地涌向城市，许多破产的手工业者也加入了雇佣劳动者的队伍，使城市人口剧增。工商业的迅速发展，使财富更加集中，贫富悬殊，两极分化异常严重。

(二) 工业资产阶级的出现和要求议会改革的斗争

在工业革命开始前，土地贵族和商业、金融资产阶级的经济势力强大，他们控制着政权。此后，工业资产阶级的经济势力日益增长，但他们在政治上无权。因为按旧的选举制度，新兴的工业城市都没有选举权，新兴的工业资产阶级必然被排斥在政权之外。因此，他们迫切要求议会改革。可是，当时执政的辉格党根本不想改革议会制度。这个党在执政期间，盗窃国家财富和劫掠殖民地，使一小撮政客和大商人发了横财。因此，他们操纵着政权不肯变革。后来在辉格党中分裂出"左翼"。辉格党左翼代表工业资产阶级的

要求，主张议会的改革，在议会中逐渐地形成为反对派，又称为
"激进派"。然而，18 世纪中叶，工业资产阶级力量还不够强大，
还没有能力组成代表他们利益的议会政党，因而他们的任何改革计
划和议案都被下院否决了。激进派的议会改革运动屡遭失败。只有
到了 19 世纪中叶工业革命完成以后，工业资产阶级的愿望才能得
到实现。

五、法国工业革命

（一）工业革命的进程

法国工业革命开始于 19 世纪初，到 19 世纪 70 年代基本完成。法国工业革命没有明显的飞跃，而是一个渐进过程，整个过程大体分为三个阶段。

从 1789 年法国革命开始到 1815 年拿破仑帝国统治结束，是工业革命的起步阶段。在这个阶段，法国的新兴资产阶级、自由派贵族通过购买已经没收的教会、贵族产业的担保债券，进行投机活动，积累了大量资本，开始了创办商业和工业企业的热潮。同时，由于英国工业革命的影响，法国一些地区也开始采用机器生产，18 世纪末珍妮机在法国北部已普遍使用。冶金和采煤部门也开始使用蒸汽动力，1789 年时，安新煤矿公司拥有 12 台蒸汽机，著名的冶金企业克鲁佐公司，不仅使用了蒸汽动力，而且建造了用马拉车厢的铁路，拥有四个大熔炉和两个大铸铁厂。法国资产阶级革命后，政府大力发展工商业，特别是拿破仑当政后，采取各种措施鼓励工商业的发展。

拿破仑雾月政变时，法国国库异常空虚。拿破仑首要的任务必须解决财政困难问题。为此，他宣布废除督政府一切不利于资产阶级的各项法令，如强制公债、人质法令、征发制度和不准军需供应商人预支款项等等。与此同时，他大力支持戈丹整理财政的计划，取消督政府实行的地方政府每年分配税款并征收部分直接税的权力，改由中央政府派税收专员直接收税。此外，他恢复了期票证券制度，使金融资本活跃，满足金融资本家的心愿。政府也实行税收期票，由各家银行购买。在执政府支持下，1800 年 2 月成立法兰西银行。该行股份有 3 万多个，每股 1000 法郎，其中大股东有 200 人，即后来法国著名的"二百家族"。法兰西银行成立后，立即认购政府税收期票 300 万法郎，缓和了执政府的财政困难。

在拿破仑统治时期，他还实行了许多有利于资本主义生产发展的措施，这一方面是为了满足工商业资产阶级的要求，同时也是为了战争，必须创造雄厚的经济实力。为此，拿破仑向工业提供补贴和机器设备，鼓励采用新技术。1801 年成立了由工业家、科学家组成的"促进民族工业协会"，协助政府实施对工业的监督和领导，鼓励生产，奖励发明。继之又组织了"工场和工场委员会"，调查和研究法国工商业发展的基本原则，实行保护关税，保护民族工业，抵制外货，尤其是英货。法国工业在国内有财政津贴，在国外随军进入被征服国家后则取得工商业垄断权。拿破仑还大力发展交通事业，1800 年，法国开始修建各条公路和开凿运河。

总之，在拿破仑统治时期，法国资本主义经济有了显著的发展，开始更多地采用了机器生产。到 1812 年，国内已有 200 多家机械纺纱厂。1811 年，工业生产总额比 1789 年提高 50%。在农村由于消除了封建关系，农业发展也很快。实行了轮耕制，采用了新品种，扩大耕地面积。例如，亚麻、大麻，从国外移植过来的油料作物以及染料植物，甜菜、烟草、酿酒所需的葡萄都有较大幅度的增长，从而为工业提供了更多的原料。法国也开始广泛地种植马铃薯。畜牧业尤其是牧羊业也有了很大的发展。同时，城市的资本又纷纷向农业渗透，加速了法国农业资本主义的发展。

1815～1848 年，是法国工业革命的大规模进行时期。在这个阶段，纺织业作为法国最主要的工业部门，率先采用机器生产，棉纺织业中不仅使用珍妮纺纱机和飞梭织布机，而且还采用了水力和蒸汽动力。在阿尔萨斯的牟罗兹附近，采用动力棉布机的速度最快。1823 年开始试用，1830 年达到 2000 台，1846 年增至 1 万台。丝织业中使用的机器甚至比英国还要好，1846 年就有 1 万台，

1847 年增至 9 万台。其中 2/3 集中在法国的丝织业中心里昂。法国生产的丝织品一半输出国外，成为世界上精美丝织品的供应者。

在冶金业，法国引进英国先进的冶铁技术，使生铁产量从 1818 年的 11 万吨增到 1830 年的 22.5 万吨，1846 年达 59.2 万吨。铁路发展也非常快，1848 年时已达 1931 公里。蒸汽机使用数量急剧增加，1815 年 15 台，1848 年则达到 5200 多台，可以看出法国工业发展的速度和机器制造业发展的情况。最初，机器制造业常和冶铁业联系在一起，机器由较大的炼铁厂生产。30 年代以后，刨床、切削机床等机器日益被采用于工业生产中。此后，机器制造业开始专门为纺织业制造机器和蒸汽机。

法国工业革命的最后完成阶段，是在 1848 年革命后到 1870 年。1848 年革命失败后，路易·波拿巴建立了法兰西第二帝国，国内出现了一个暂时稳定的局面，为工业革命发展提供了有利的条件，工业革命发展速度加快。

首先，冶金业几乎全部使用煤炭为燃料，使生铁的产量增加了两倍。1862 年后，采用先进的柏塞麦炼钢炉，钢产量迅速增加。1869 年，钢铁的产量仅次于英国，居世界第二位。其次，钢铁业的发展，推动了机器制造业的发展，蒸汽机的广泛使用成为法国工业发展的一个重要标志，1850 年到 1870 年，蒸汽机的马力增加了 4 倍多，1869 年共有蒸汽机 3.2 万多台，到 1870 年，主要工业部门都采用了机器生产。第三，铁路继续得到迅速发展，1870 年法国以巴黎为中心形成了全国性的铁路网络，总长度达 1.79 万公里，巴黎拥有 12 个火车站，成为世界上最大的交通枢纽之一。此外，轻工业仍保持着较高的发展速度，纺织业各部门中机器生产普遍代替了手工劳动。农业机器化程度也有很大提高，播种机、打谷机、干草收割机等农业机械得到广泛应用。1862 年，法国农村共有 10 万台打谷机、1 万多台播种机和 8900 台收割机。

总之，经过 19 世纪 50～60 年代工业的迅速发展，机器生产在法国工业中已取得优势地位，工厂制度得到确立，法国工业革命基本完成。法国的工业总产值从 1850 年 60 亿法郎增加到 1870 年 120 亿法郎。工业生产水平仅次于英国，居世界第二位。

（二）法国工业革命的特点

法国工业革命有下面一些特点：首先，工业所需的燃料、原料如煤、铁、棉花、羊毛等产量较少，从而对法国工业革命的迅速进展产生了不良影响。其次，由于法国没有发生过英国那样大规模的圈地运动，在法国资产阶级革命后形成的大量小土地所有者使小农经济在农业中长期居于统治地位，农村人口向非农业领域转移缓慢，没有出现能为城市工业提供的大批自由劳动力，因而限制了法国工业的发展。第三，直到法国工业革命基本完成，千人以上的大企业仍然为数不多，小企业所占比重甚大。例如，1866 年巴黎共有 44 万多工人，但其中在大企业中工作的不超过 5 万人。整个第二帝国时期，雇工 10 人以下的小企业仍占企业总数的 75%，其雇工人数占 60%。与此同时，还存在着相当数的手工工场。第四，重工业在整个工业革命期间所占的比较小。据估计，19 世纪 60 年代末，轻工业占工业总产值的 72.6%，其中奢侈品的生产又占有相当重要地位。这些都直接影响法国工业革命，使法国工业化呈缓慢发展态势。

（三）19 世纪晚期至 20 世纪初期法国的经济发展

19 世纪晚期法国经济的发展速度与第二帝国时期比较，明显地呈缓慢发展趋势，甚至在 80～90 年代出现严重的衰退现象。从 1875 年起，农业陷入困境，葡萄遭受病虫害几乎绝收，小农在外国粮食大量涌入的情况下纷纷破产。工业生产下降，由于销售不足，工业投资剧减。到 19 世纪末，法国在世界工业生产中所占的比重已由第 2 位降到第 4 位。

19 世纪晚期法国经济发展缓慢的原因主要有下述三个方面：

其一，普法战争使法国大约损失了 200 亿法郎的资金，导致国内投资严重不足，陈旧的机器设备不能及时更新。战争的失败还使法国割让了阿尔萨斯和洛林，失去了两个工业化程度极高的省份，并使洛林的铁矿资源落入德国手中。其二，1860 年以来与英、意、西等国签订的商约虽然有一定的积极作用，但也带来很大的消极影响，出现外贸逆差，并对农业造成打击。其三，大量资本以借贷方式外流，也造成国内投资不足。

法国经济经过 20 余年的衰退之后，在 20 世纪初又开始高涨。1900～1910 年，法国的钢铁生产增长率超过了英国和德国。1904～1913 年每年平均投资额比 1886～1895 年高出 72%，1890 年国内生产总值达 220 亿法郎，1913 年增至 388 亿法郎。1906 年，全国已有 1000 人以上的大工厂 189 个，雇佣工人 43.6 万，占全国工业部门就业人数的 12%。尽管轻工业在国民经济中仍占重要地位，但纺织业在国民经济中的主导作用已被冶金业逐渐代替。此外，汽车、化学、机电等工业部门也都得到很大发展。

六、工业革命时期的英国城市化

18世纪60年代到19世纪40年代,第一次工业革命时期,英国的社会面貌、经济结构、人口结构发生了重大变化,从而完成了从传统的农业社会向现代城市社会的转变,成为近代城市发展得最早最为典型的国家。英国的城市化是与工业革命同时发生的。工业革命的深入使城市原有的规模日益扩大,城市数量不断增多,城市人口的成分也日益复杂。工业革命后还出现了许多新兴的工商业城市。在棉纺织业发达的地区,就出现了一些以棉纺织业为中心的城市。例如,曼彻斯特、兰开夏、利兹等。在过去土地贫瘠偏僻荒凉的西北地区,由于煤铁矿藏异常丰富,便涌现出许多新兴的重工业城市。例如,伯明翰、设菲尔德、南威尔士和格拉斯哥等。在交通要道和港口,则出现了许多新兴的交通枢纽城市和港口城市,如赫尔、布里斯托尔、加的夫、多佛尔、南安普敦等。

由此可见,工业革命后,英国各地的城市像雨后春笋般地出现了。城市的类型也不断增多,诸如工业城市、商业城市、港口城市、旅游城市等。由于交通发达,使城市之间的独立状态也发生了改变。此后城市间的联系日益密切,尽而走上互相联合,共同发展的道路,环绕大城市而形成城市群,进而形成大都市区。例如,伦敦与其周围城市连成一气的"集合城市"(Conurbation),又称为大伦敦(the Great London)。随着教育和科学技术的发展,城市的文明在不断提高,人们生活的内容也在不断改变和丰富。可见,城市的兴起是文明的象征,城市的发展是生产力提高和文明进步的标志。

在英国工业革命的早期并没有出现城市人口膨胀的趋势,但是随着工业革命的发展和城市的扩大及新兴城市的纷纷出现,农村人口开始大量流入到城市。使城乡人口的比例不断发生变化。英格兰和威尔士地区的城市人口 1801 年占全部人口的 32％，到 1851 年为 50.1％。1801 年英国实行第一次全国人口普查时，城乡人口的比例是 3：7，城市人口只占全国人口的 32％；但是，到了 1851 年时，英国的城乡人口已经各占一半；到 1871 年，英国的城市人口超过了农村人口，城市人口占全国人口的 75％了，这种人口比例，在当时的世界是首屈一指的。

城市居民都是非农业生产人口，依靠商品经济生活。城市人口不断地增加，不仅需要工业原料，也需要有充足的粮食和农副产品。这就需要加强农业技术革新，改造农耕方法和创造发明农业机器，以便扩大农业生产。早在工业革命开始之前，英国就开始了农业革命。16 世纪英国的圈地运动已经使农村发生了巨大变革，它不仅为工业生产提供了大量的雇佣劳动力，同时还破坏了农村的自然经济基础，出现了一些牧场与农场，开始使用化肥，并出现了改良农耕方法的研究风气。工业以前，英国的农业在整个国民经济中仍占很大比重。1688 年前后，农业生产约占英格兰和威尔士国民收的 40％，从事农业的劳动力约占全部就业人口的 40％。而制造业、矿业和建筑业加在一起的产值仅占国民收入的 21％。18 世纪英国工业迅速发展，又推动了大规模的圈地，到 19 世纪三四十年代，在英国工业革命接近完成的同时，英国农村已经出现许多大农场，取消了敞地制度，并开始实行农业生产机械化，在农场中出现了播种机、蒸汽拖拉机和康拜因等机械。农业科技的发展促进了农业革命，提高了工业原料和粮食生产的数量，为工业发展和城市化创造了物质基础。由此可见，农业科学技术的发明与创造，不仅促进了农业革命，也促进了工业革命和城市化的发展。工农业生产的发展是相辅相成的，没有农业革命就不可能有工业革命，没有工业革命，当然也就谈不上近代城市化了。

工业革命前，乡镇在英国经济发展中发挥了重要作用。在城市尚不发达的时候，小市镇共计 780 个，其中三分之二为农村集镇，到 18 世纪初，这样的小市镇仅在英格兰就多达 700 个。科学技术的发明与创造是工农业革新先导，也是城市化发展的重要因素。工业革命是随着科学技术不断的发明和创造，才得到不断的纵深发展，城市人口也随着日益增多。例如，1600 年，英格兰和威尔士居民有 500 万人，1650 年有 550 万人，1700 年有 600 万人，1750 年有 650 万人，在 150 年内，人口只增加了 150 万人。而从 1750 年至 1801 年的 50 年间，人口增加了 250 万人。人口的增长率较前一时期增至 4 倍。1750 年，人口开始向北移动，人口向大西洋方向进展，因为海商的发达以及利物浦和布里斯托尔日益增多的财富吸引人口到那去，在人口最多的地域形成一个三角形，这个三角形的大底边是在西部并向北部伸张直至达勒姆郡。到 1801 年，英国地图的面貌终于完全改变了。曼彻斯特原本是一个偏僻的农村小镇，1801 年有人口 3.5 万人，1840 年为 30.7 万人，增加了近 10 倍。同时期，伯明翰的人口从 2.3 万人增加到 18.1 万人，增加了近 9 倍。其他城市如利兹与设菲尔德也各增加了 3 倍。恩格斯在 1844 年写道：60 年至 80 年前，英国和其他任何国家一样，城市很小，工业少而不发达，人口稀疏而且多半是农业人口。现在它却是和其他任何国家都不一样的国家了。有居民达 250 万的首都，有许多巨大的工业城市，有供给全世界产品的工业，而且几乎一切东西都是极复杂的机器生产的，有勤劳而智慧的稠密人口，这些人口有三分之二是从事于工业。工业革命是随着科学技术不断发明和创造才得到不断深入，随着城市化的不断发展，城市人口日益增多，城市的规模与面貌也在不断变化。城市居民都是非农业生产的人口，他们的生活方式与农村迥然不同，"当英国从农业的文明过渡到工业的文明时，从乡村生活过渡到城市生活时，'城市化'使人们开始脱离乡村生活和农业劳动，集中在城市内，受工厂工作和办公时间纪律的约束"。从家庭手工业到手工工场的出现，从手工工场的兴起到工厂制的形成，每一次技术的重大变革都给城市带来了翻天覆天的变化。交通业的发展给城市带来生机，商品交换，贸易往来，文化交流使城市的生活内容日益丰富，人们的文化素质不断提高。城市建设需要科技，生产发展需要科技，人民生活水平提高也需要科技，城市的改造同样需要科技。可见城市文明是人类文明程度的标志，它与科学技术的发展息息相关。可以说，城市的出现是科学技术发展的产物，城市化的进程是科学技术发展的结果。城市化使城市的社会功能加强和增多了，诸如政治活动、宗教活动主要在城市中进行，城市也成为各种教育的基地。大批农业人口涌入城市，大量厂房、住宅和各种辅助建筑物拔地而起，城市的发展也使市政建设和各种服务性产业发展起来了，城市居民所需要的一切需要仰仗市场，仰仗各种服务性机构。"从工业化开始，服务业的发展便紧紧跟随工业化的发展，有时还要超过"。城市服务业内部的社会分工更加细密，专业化、社会化的程度越来越高。城市的商业性娱乐活动更是兴旺，成为市民文化活动的重要组成部分。值得注意的是，从16世纪下半叶到19世纪中叶，荷、英、美、法、德、意等国相继发生了社会革命，使他们摆脱了封建时代的枷锁，出现了一个兴旺发达的经济繁荣时期并为这些国家的近代城市化提供了政治保障。另外也要看到，从18世纪中叶到19世纪中叶是第一次工业革命时期，那时正处在蒸汽机时代，只是轻工业得到了迅速发展，而重工业还是很落后的，因此，城市化还处在低级阶段。

七、社会发展与城市建筑风格的演进

(一) 克里特建筑风格

根据考证，最早对西方建筑风格产生影响的应属早期希腊的建筑。属于希腊区域的克里特岛位于爱琴海南部，是地中海上交通的要冲。它东西长约 260 公里，南北最宽的地方约有 55 公里，最窄处约只有 12 公里，总面积为 8252 平方公里。这里土地肥沃，气候温和，适于发展畜牧业和农业。公元前 6000 年，克里特岛就有人类居住。约从公元前 2600 年起，克里特人便开始使用青铜器。大约公元前 2000 年，在克里特出现了宫殿建筑和象形文字式。在首批宫殿中，比较著名的有克诺索斯宫和马利亚宫。这些宫殿由众多连贯的宫室环绕，由长方形的院落，贯通的走廊和豪华壮观的门扉组成。克里特的古代国家是一种独特的宫廷国家，一个规模宏大的宫殿建筑是它的宗教活动和政治活动的中心，而城市只是宫廷的附属品。到公元前 17 世纪左右，这批宫殿建筑被战争摧毁。公元前 16 世纪，经过了长期的战争，米诺斯人终于统一了克里特岛。人们在原有宫殿的遗址处又重建了克里特岛的第二批宫殿。它的建筑格局和风格与前次相似。墙上满是色彩鲜艳的珍贵壁画。画面多是通过宗教的主题或花卉来表达生活的欢乐和人们自发奔放的生活激情。

米诺斯王朝不仅控制了整个克里特岛，还向周围地区扩张。当时克里特与爱琴海诸岛、希腊半岛，以及埃及、小亚细亚等地有频繁贸易往来，手工业和农业都有很大发展。克里特岛上的宫殿都是依山而筑，用石柱支撑。墙壁的下部用石头砌筑，上部则用砖砌成。这些砖坯都没有经过焙烧是自然晒干的。克里特岛的殿房有二层和三层的，布局不求对称，中央是一个长方形的庭院，四周是各种不同用途的厅房。各建筑物之间有长廊、阶梯互相连接，宫内还铺设了不同口径的管道，有供水的，也有排水的。办公用房在庭院的西部，其中最重要的厅室在楼上，那里有宽阔的楼梯。在办公用房的西面是仓库重地，一排排房子里放置了各式各样的陶器，里面装有各种生活必需品。宫殿的许多房间和走廊的墙壁上都有色彩鲜艳的珍贵壁画，它们的主题各不相同，有描写庆典游行的，有表现宫中日常生活的，有宗教祭祀的，有描绘自然景物的。画中人物的面目、衣着细腻而真实，动植物生动而逼真。这些主题表达了人们对美好生活的向往。

公元前 1400 年左右，克里特文明开始衰落。公元前 12 世纪后期，希腊多利亚人入侵，克里特文明从此被遗忘。

（二）迈锡尼建筑风格

公元前 14 世纪迈锡尼国家进入了强盛时期。迈锡尼位于希腊半岛的南端，阿尔卑斯地区的东北部。这时期在迈锡尼出现许多规模宏大的建筑。迈锡尼的建筑风格是极力摆脱克里特的影响，创造着自己的形式。迈锡尼在克里特垮台之后，由于不断战争建造了强大的防御城堡，其外形与克里特慷慨大度的、依山面海而建的、开放式的建筑风格形成鲜明对比。与克里特的宫殿不同，迈锡尼的宫殿都建在山丘顶端，并且由巨石构筑起坚固的城墙。这种巨石一般2～3米长，厚 1 米，石块之大惊人。传说巨大的石块只有独眼巨人才能搬动它们，所以这种建筑又称为"独眼巨人式"。在迈锡尼时期的建筑中，以梯林斯宫保存的最完好。梯林斯宫建于公元前 15 世纪，它有一个长 12 米，宽 10 米的长方形大厅，在厅的中央有一个圆形的圣灶，灶的周围有 4 根柱子，靠近圣灶设有国王的宝座。大厅向南通向围有柱子的内院，院内有祭坛。在大厅的墙壁上装饰有精美的壁画。克里特和迈锡尼建筑都属于希腊早期建筑，也是西方最早的建筑风格。

（三）罗马建筑风格

罗马城位于地中海中部亚平宁半岛的拉丁平原上。拉丁平原有条台伯河，罗马城就在台伯河左岸的小山上。公元前 1000 年左右，这里便有人类居住，开始是一些独立的小部落，到公元前 800 年左右，这些部落开始为一族，便形成了早期罗马人。到公元前 510 年，罗马成为一个寡头政治的共和国，设有两个行政长官和元老院，贵族成为元老院的成员。此后的若干世纪，罗马人开始统一意大利半岛。公元前 5 世纪到公元前 3 世纪，在意大利半岛上，开始"罗马化"，推行罗马文字和罗马人骄傲的"城市"文化，各地方原有的神灵送到罗马的万神殿被保存下来。此后，罗马不断地向外扩张，到公元 2 世纪，罗马帝国已经占据了整个地中海周边地区以及北非海岸和叙利亚、高卢、希腊、马其顿、西欧和中欧的一部分。罗马人羡慕希腊文化，征服希腊后，并把它吸收到罗马文化中，对罗马文化后来的发展产生重要影响。这时期被征服的各地区的如此众多的文化艺术，在帝国境内放射着奇光异彩。而罗马人在吸收先进文化的基础上，在建筑、雕塑、装饰等方面体现出的风格则是实用和崇尚宏伟气魄。

罗马建筑从公元前 2 世纪起表现出自己特有的个性。它试验成功了填料技术，即在灰浆内混杂石块。这种可塑的材料成为罗马建筑结构的主要材料。并用这种材料建造了拱穹和穹窿顶，这三种形状的建筑，构成了罗马建筑的主要风格。由于建筑物表面的砂浆看上去不太美观，因此，罗马人将它打磨成砌面。最为壮观的建筑和最为优美的内部，都要求使用大理石砌面。有些建筑也常用砖来作砌面，砌面成为一种极为重要的装饰，它促进了逼真性装饰的发展。同时砂浆的巨大技术能量也使人们得以设计出愈来愈宏伟的建筑，这与罗马人对实用和宏伟气魄的热爱是相一致。

七、社会发展与城市建筑风格的演进

罗马民用建筑要符合两大要求：一方面是实用性；另一方面是把宏伟气势与纪念性事件混在一起予以体现。罗马建筑的四种主要形式：会堂、公共浴池、剧院和竞技场。

罗马会堂呈长方形，分为三个厅堂，主厅比两旁的偏厅高些，并在顶部开了窗。主厅的后面是一个半圆形后厅，是元老院所在地。

竞技场是罗马人发明的，在公元前便被设计出来，用于演出杂技和角斗的场所，至今保留仍完好的是科洛赛竞技场。

科洛塞竞技场开工于公元 70 年，竣工于公元 81 年。这座竞技场是用来供皇帝和贵族们观看节目和奴隶角斗的地方。竞技场是椭圆形的，可容纳 5 万人。它的外尺寸是 188 米×54 米，最大高度为 48.5 米。正面为三层拱廊，上面的第四层是开了一些窗洞的顶楼。这些拱廊使大面积的平坦墙面避免了单调呆板，并引导了巨大石块建筑的冲力，以避免产生裂缝。科洛塞竞技场周边共有 80 座拱门，将它们相互隔开的立柱是用石灰砂浆建筑的，宽 2.4 米，深 2.1 米，每一立柱处都有凸起一半的壁柱。一层壁柱是多利亚式，二层是伊奥尼亚式，三层是科林斯式。在椭圆形竞技场的两个轴端都有一个大门，这四扇大门的入口直抵竞技场地。为了给场内容纳的 5 万人提供交通便利，有一组同心圆形的走廊布置在每层阶梯下面。而内部楼梯则以轴心辐射的方式把各层连接在一起。在上层的中心有一系列托座，支撑起 10 米高的竿子，通过檐口突出部位拉起一面遮篷，使看台免受太阳的烘烤。

与希腊剧场背靠丘陵的建筑方式相反，科洛塞竞技场建在平坦的场地上，它的基础部分使用的是熔岩砂浆，部分地方用了凝灰岩，为了减轻重量拱顶使用的是浮石。科洛塞竞技场这一尽善尽美的建筑是罗马人的骄傲，也是令世界各国人民肃然起敬的名胜之作。此后，建筑家们无不从它的三种立柱式样中汲取经验和感受设计的美感。

（四）诺曼式建筑风格

中世纪是从公元 5 世纪到 15 世纪，是西方进入基督教的时代。公元 479 年西罗马帝国崩溃后，各支日耳曼人的部落纷纷进入西欧各地并定居下来。法兰克人在高卢北部，勃艮第人在高卢东部，东哥特人在意大利，西哥特人在伊比利亚半岛。这些定居下来的日耳曼人逐渐地皈依了基督教，这使他们原有的文化与西欧古老的文化遗产合为一体。于是，建筑和浮雕这些古罗马传统的技艺便被"日耳曼化"了。公元 5 世纪到 8 世纪，欧洲处在动荡时期，到 9 世纪加洛林王朝开始，西方才重新走上政治团结，知识、文化和艺术开始复兴。这时期建筑也开始摆脱原有日耳曼的模式，出现新的建筑风格，称为诺曼风格。从 11 世纪下半叶起，诺曼式建筑风格日趋成熟，12 世纪时达到鼎盛。到 13 世纪，诺曼式与后新兴起的哥特式建筑并存，甚而许多建筑都以诺曼风格开始，又以哥特风格竣工。

最初兴起的诺曼建筑，主要分布在现在的意大利北部、法国和西班牙一带，以教堂为主。最初诺曼建筑的平面十分简单，一般有一至三个殿堂，在最后面加上一个半圆形的后殿，这种建筑比较低矮狭小，非常注重土木工程的石砌面，所以一般都使用碎石模仿砖的形状施工。由于这种建筑十分重视外表覆盖层，所以人们逐渐开始使用石头穹顶取代容易失火的木梁架，石头砌面在这种建筑中也被广泛采用。由于广泛采用石砌面加大了承重，导致人们对支撑材料的思考，于是整块石头的立柱开始被十字形的支柱所取代。这些支柱支撑着立柱或受力的半露柱，加强了楼房内部的节奏，也为提升建筑的高度创造了条件。这种建筑的窗户多半开在墙壁的上部，窗口很小。

11 世纪以后，诺曼建筑的形式日趋成熟。在诺曼建筑中，长方形会堂和拉丁十字架的平面占据着统治地位。此时，主要有三种屋顶覆盖形式：摇篮式、斜坡式和穹窿式。

摇篮式屋顶是放在大厅上面的一种石制的半圆柱，在某些建筑物上，由支撑口的扶拱帮助支起屋顶，因此形成跨度。当屋顶是半圆拱腹时，它的推力便垂直地向外部产生作用，当屋顶为折式拱腹时，推力则向外部分散，并在垂直方向上向墙壁的底部产生作用。斜坡式屋顶由两个成直角切割的摇篮式屋顶组成，主要推力落在犄角处的立柱上。在建筑物的立面上可以打开宽敞的出口。穹窿式屋顶经常用于覆盖耳堂的交叉部，以便美化其空间。有时也可以用一连串的穹窿来做整个建筑的顶部。

诺曼式建筑风格仍忠实于传统的建筑模式，通常把洗礼堂、钟楼与教堂隔开，圣殿正面也多采用双层，著名的意大利比萨的建筑就是如此。

（五）哥特式建筑风格

哥特艺术诞生于 12 世纪中叶，体现在由苏热教士倡议建造的圣德尼大教堂神殿上。此后，这种建筑风格在法兰西兴起，很快照耀了整个欧洲。哥特风格的传播囊括了极其广阔的地域，北起斯堪的纳维亚，东抵波兰，南到拉丁地区，直至塞浦路斯和罗得岛。因此，哥特文化被视为在政治上四分五裂的欧洲的统一凝聚力。

圣德尼大教堂是首批哥特建筑的典范。它的特点是高 4 层，有巨大的拱孔、盲楼、采光楼廊和高层窗户。盲楼是诺曼式风格的残留，被用来作屋顶落向支柱的支撑部分。另外，为了撑起越来越大的屋顶重量，在每一过梁中又多加一个尖拱。它起着假平顶隔栅的作用，其中可增加一些中间支柱。这样，屋顶推力便被分散了。此后建造的拉昂大教堂、苏瓦松大教堂、努瓦扬大教堂时，都遵循了这些原则。1180 年，建造巴黎圣母院时，采用的拱扶垛结构，是一次建筑革命。巴黎圣母院建筑是通过把屋顶的推力掷向外面，导致盲楼消失，由原来的 4 层减为 3 层，减轻了沉重的墙体和拱穹的压力，设计也因此简化。它们由四部分组成，用的是不等长的过梁。这一发明使建筑家们得以增加高度、简化建筑的外部和平面的形状。

　　巴黎是哥特建筑风格的主要源泉，到 13 世纪其光辉普照了整个欧洲。15 世纪是哥特式建筑风格在欧洲燃烧的世纪，欧洲各地的新建筑，不仅结构新颖，又各具自己的特色，内部设计也十分考究，整幢建筑就像被雕刻出来的一样。外部也布满了镂空的三角楣和椭圆窗饰，像火焰一般地伸向苍穹。由于 15 世纪到 16 世纪上半叶波澜壮阔的文艺复兴运动在欧洲广泛传播，建筑家们对哥特式的热情直到 16 世纪中叶才逐渐消失了。代之而起的是更具人性化的巴洛克式建筑。目前，在英法及西欧各国，诺曼式、哥特式和巴洛克式的建筑到处可见，它们都是历史的见证。

八、19 世纪的英国世界工业霸权

英国是世界上最早开始工业革命的国家。英国的工业革命从 18 世纪中叶开始到 19 世纪 40 年代才算完成,大约有 100 年之久。19 世纪 40 年代,英国就已开始用机器制造机器。这标志着英国工业革命业已完成。此后,英国便变成了机器大工业占优势的近代工业国,在工业生产上已经彻底地战胜了手工制造业。19 世纪 50 年代和 60 年代,英国工业进入了高涨时期,成为所谓的"世界工厂",英国工业在世界上开始占据垄断地位。

19 世纪 40 年代,英国工业所以能腾飞,还同英国政府的政策有关。英国政府在 40 年代就废除了《谷物法》和《航海条例》,并逐渐地实行自由贸易政策。这对英国工业的飞跃发展起了很大的推动作用。此外,英国对海外殖民地的掠夺,澳大利亚和加利福尼亚金矿的发现,铁路和航运业的迅速发展,都为英国工业的起飞提供了有利条件。所有这些便是英国工业大发展的原因。19 世纪 50~60 年代,英国经济发展情况如下:

在工业方面,1850~1870 年间,英国的煤产量由 5000 万吨增加到 11200 万吨;这时炼钢技术已出现了贝塞麦转炉炼钢法和西门子——马丁发明的平炉炼钢法,因此可以炼钢。1870 年英国的钢产量为 22 万吨。这时期,英国的工业普遍使用机器,从而使机器制造业得到蓬勃的发展。纺织业发展也很迅速,从 1850 年到 1870 年,英国棉纺织厂从 1932 家增到 2483 家;毛织厂从 1998 家增加到 2579 家;棉纱产量由 52900 万磅增到 10 万磅;棉织品的出口额由 2800 万英镑增到 7100 万英镑;毛纺织的出口额由 1000 万英镑增到 2600 万英镑。20 年间棉、毛织品的出口额各增加了 1.5 倍。

在交通运输业方面,19 世纪 40 年代,英国就出现了铁路建设的热潮。到 50 年代和 60 年代，英国的铁路建设进入了大发展时期。例如，1848 年，英国全国通车的铁路线已长达 4646 英里，到 1870 年，全英铁路长度已达 13500 多英里，比 1848 年增加了 2 倍多。这时英国已建成了密布全国的铁路网。在航运业方面，英国是最早使用金属造船的国家。1850～1870 年，英国造的轮船日益排挤帆船，垄断了国际航运。英国拥有广大的海外殖民地，并有世界上最大的商船队；英国还拥有世界上最大的造船厂，最强大的海军，并占据着许多重要的海军基地。英国银行在世界各地都有分行，伦敦已成为世界金融的中心。

在农业方面，19 世纪五六十年代，英国农业开始了全面的改革。农耕已进入"精耕时代"，即采取新的方法经营土地。如广泛施肥、普遍地采用收割机、切草机，打夯机等等。此外，还实行排水，即将英格兰沼泽地带与湿土地的积水排除去，以利于耕作和提高产量。英国农业在生产技术上的革新，使粮食产量大幅度地提高了。例如，1855 年，英国每公顷小麦产量高达 1840 公斤，比法国高 1 倍。到了 1870 年，英国每公顷小麦产量已增到 2020 公斤了。从 19 世纪 40 年代，英国工业革命完成，到 19 世纪末，英国不仅在工业上称霸世界，农业产品也称霸世界了。

九、第二次技术革命

（一）发电机和电动机的应用

19世纪70年代以后，在各先进资本主义国家，垄断经济迅速发展，蒸汽动力已经远远不能满足它的需要了。这时期，科学和技术的发展促使以电气技术为主导的新技术逐渐形成体系。于是便发生了近代第二次技术革命，即用电力代替蒸汽动力的革命。这次革命于19世纪70年代从德国开始，它以电力技术的广泛开发和应用为主要标志。在这次技术革命中，重大技术发明，特别是围绕电的技术发明层出不穷，并迅速实际应用于世界各国。

因为蒸汽机不仅具有笨重、低速、启动不便和效率不高等弱点，而且它也不能把机械能传输到较远的地方。要解决这些问题，就必须找到一种更加合适的动力。

19世纪初，奥斯特关于电流磁效应的发现和法拉第关于电磁感应的发现已经为制造电动机和发电机提供了科学的基本原理。19世纪中叶以后，在生产需要的直接推动下，发电机和电动机的研制日趋完善。

最初发电机是使用永久磁铁作为场磁铁，尚不能提供强大的电力。1845年，英国的物理学家惠斯通用电磁铁代替永久磁铁制成了第一台使用电磁铁的发电机。但是这台发电机还是靠外加电源来励磁的。1864年英国技师威尔德提出用旋转电枢产生的电流为电磁铁励磁的设想。1866年，德国科学家维尔纳·西门子终于研制成功第一台自激式发电机，并于1867年发表一篇论文题为《关于不用永久磁铁而把机械能转换为电能的方法》，建立了靠发电机自

397

身发出的电流为自己的场磁铁励磁的自激式发电机原理。西门子电机的出现和瓦特蒸汽机的发明几乎具有同样重要的社会意义，标志着一个新时代的开始。

　　1870 年，比利时人格拉姆制成了环状电枢自激直流发电机，并投入了商业生产。1873 年，德国电气工程师赫夫纳——阿尔特涅克又研制成功鼓状电枢自激直流发电机，使发电机达到了更高的效率。1880 年美国著名发明家爱迪生制造出可以为 1500 个 16 烛光的灯泡供电的大型直流发电机。至此，发电机的使用进入了实用阶段。

　　与发电机问世的同时，电动机的设计和制造工作也在迅速进行并开始被试用于工业生产。早在 19 世纪 30 年代，在法拉第制造出他的电动机模型不久，美国机械工人达文波特就将电动机用于木工旋床，1840 年又用于报纸印刷机。1834 年，俄国物理学家雅可比发明了功率为 15 瓦的棒状铁心电动机，1839 年，他又在涅瓦河上进行将电动机用于船舶动力的实验。但是，当时这些电动机还都受到电源供电的限制，所以使用还不方便。直到发电技术完成以后，电动机的设计和制造技术才开始迅速完善。

（二） 照明时代的开始

　　在 19 世纪最后 20 年内，用电磁式发电机发出的电力并没有立即用作工业动力，而是主要用于电气照明。19 世纪初，戴维用伏打电堆产生电弧开创了电照明的历史。但是这种照明方式不仅因使用化学电池花费昂贵，而且碳棒电极材料和碳极间隙的自动调节问题还没解决。到 60 年代初，在法国和英国才开始采用由发电机供电的弧光灯并用于灯塔照明。1876 年，俄国人雅布洛契诃夫发明一种被称为"电气蜡烛"的结构更为简单的弧光灯，很快地被法国和英国所采用，主要用于街道、广场、剧场和商场的照明。

　　从 1820 年起，就有许多人试图研究通过电流把灯丝加热发光的白炽灯。1878 年，英国化学家斯旺终于用碳丝作灯丝制成一种可以实际使用的真空灯泡，但是这种灯泡寿命太短。1878 年，爱迪生决心要解决这一问题。他进行了数百次的实验，到 1879 年 10 月，他终于找到了一种比较理想的灯丝材料——碳化棉线。用这种碳化棉线做灯丝制成的灯泡可以连续照明 40 小时，这在当时来说已经是相当长了。后来，他又找到用一种竹子碳化后制成的灯丝，更加延长了灯丝寿命。

白炽灯泡的改进直到 20 世纪初才告完成。1910 年，美国通用电气公司的库利奇采用热金属钨丝制造灯丝，代替了爱迪生的碳丝。1913 年，兰米尔又首创在灯泡内充入惰性气体氮气，以避免灯丝在真空中蒸发烧断，从而大大延长了白炽灯的寿命。1882 年 1 月 24 日，爱迪生电气照明公司的约翰逊在伦敦建造了第一座发电站，安装了 3 台爱迪生巨型发电机，可以同时为 3000 个灯泡提供照明用电。同时，爱迪生还为许多工厂、商店、运动场和轮船建造了上百个小型发电站。到 1898 年，在纽约又建造容量为 3 万千瓦的火力发电站，从此电灯开始进入了家庭。

（三）高压交流输电成功

发电的问题解决了，可是在输送电力方面还有一些尚待解决的问题。电能通过导线传输的损失与所传导的电流的平方成正比，而电阻一定的导线输送一定数量的电能所需传导的电流则与所用电压成反比。爱迪生最初建造的发电机的电压为 110 伏，因此电能的传输损失是较大的。要在长距离的供电中减少损失的最有效的办法就是提高输电电压。

1882 年法国物理学家和电气工程师德普勒在慕尼黑国际博览会上展出了第一条实验高压输电线路。他把一台容量为 3 马力的水轮发电机发出的电能，以 1500—2000 伏的电压输送到相距 57 公里的慕尼黑，驱动博览会上的一台水泵以造成一个人工喷泉获得成功。可是，德普勒所传输的仍然是直流电。要使直流电大幅度地升压或降压在当时是难以想象的。由此，便导致了交流高压输电方式的发明。

1889 年前后，英国的费朗蒂改进了交流发电机，采用交流高压输电方式。1882 年，英国人高登建造了二相交流发电机。1882 年，法国人高兰德和英国人约翰·吉布斯安按法拉第早已提出的原理而发明了变压器。1884 年，英国人埃德瓦德·霍普金逊又发明了具有封闭磁路的变压器。这样，实现高压交流输电的基本条件具备了。

1888 年，由费朗蒂设计的建设在泰晤士河畔的伦敦大型交流发电站开始输电。由于交流输电取得了成功，美国当时正在准备建设的尼亚加拉水电站最后也决定采用三相交流系统。尼亚加拉水电站从 1891 年开始建设，到 1895 年建成，1896 年投入运行。这座发电站用单机功率为 5000 千瓦的水轮机带动十几台二相交流发电机运行，总容量已接近 10 万千瓦。它将发电机发出的 5000 伏电压用变压器升到 1.1 万伏输送到距离 40 公里的巴法罗市。其强大的电力已不仅仅用于照明，而且开始为正在兴起的电解工业和电冶工业等提供动力和能源了。

（四）电在其他方面的应用

随着交流电的广泛使用，电机工程和电工学理论也取得了迅速发展。1885 年，意大利人费拉利斯发现了旋转磁场并制造出一台小型二相交流电动机。1889 年，德国人多利沃—多布洛夫斯基又根据旋转磁场理论发展了三相交流技术，并研制出第一台功率为 100 瓦的三相交流异步电动机。到 1891 年，又制造成功 75 千瓦的三相交流异步电动机和 150 千伏安的三相交流变压器。三相交流技术已经臻于完备。

以电能为主要动力的电力革命揭开了序幕。进入 20 世纪后，电力不仅迅速发展成为整个工业部门普遍使用的强大而廉价的动力，而且推动了电气信息技术，开辟了电化学工业、电冶金工业、电加工工业、电气铁路运输等一系列新的工业领域，从根本上改变了整个工业生产的面貌。由电力革命所产生的巨大生产力和给整个社会带来的深广影响是 18 世纪的蒸汽动力革命所望尘莫及的。

电的重要意义不仅在于它可以传输能量，而且还在于它可以传递信息。如果说电气动力技术的产生和发展使近代技术经历了第二次动力革命，从而进入了一个新时代的话，那么，电气信息技术的产生和发展则标志着信息控制技术在新的科学基础上的勃兴，它同样地对近代技术的发展具有划时代的作用。

1876 年，英国发明家贝尔获得电话发明专利权；1877 年，爱迪生发明碳粒话筒；1878 年，休兹又发明了"麦克风"，使送话质量得到进一步改善。1878 年 1 月，美国建立了第一个电话交换台——中央电话局。1879 年，巴黎也建成电话交换台。到 80 年代初，欧洲许多城市都相继建立了电话交换台。1891 年，美国人斯特罗齐尔又发明了自动电话交换机。至此，电话进入了普及阶段。

电报和电话最初都是用电流的有线传导来传递信息的，这就要受到通讯线路的限制。无线电通讯的出现第一次打破了线路的局限，实现了通讯技术的又一次重大飞跃。

1896 年，意大利人马可尼和俄国人波波夫分别发明了无线电报。同年，波波夫实现了海上船舶间的无线电联系。1897 年，俄国海军在克朗施塔得建立了无线电报局。1899 年 3 月，马可尼成功地实现了英法海峡两岸之间的无线电通讯。

1877 年，爱迪生发明了"留声机"。1898 年，丹麦的工程师包乌尔森发明了最早的磁带录音机。这样，图像信息和声音信息便可以被贮存起来了。

随着电力工业、电机工程等新部门的出现以及机器的精密化和高速化，从而使钢这种新材料获得了重要的地位。到 19 世纪 80 年代，先后出现了 3 种炼钢法，即贝塞麦炼钢法、西门子炼钢法和托马斯炼钢法，大大提高了冶炼的质量和数量。作为结构材料，钢已经开始代替木材，并且在火车路轨、船舶、大炮铸造等方面，迅速取代了铸铁，完成了一次金属材料的革命。

在有色金属方面，70 年代末开始了电解炼铜法，80 年代开始采用电解炼铝法。轻金属铝的大量生产，对后来航空工业的发展有着十分重要的意义。

19 世纪末，内燃发动机（煤气、汽油、柴油内燃机）的发明和普遍采用构成了第二次技术革命的另一个重要方面。内燃机的出现大大增加了对轻液体燃料的需要。所以许多国家都迫切寻求提高汽油出油率的石油精炼方法。德国、俄国、美国的科学家和工程师们先后发明了在高压、高温的作用下分解石油的新技术。到第一次世界大战前夕，制造合成汽油的工程技术也获得了成功。

与此同时，新的交通工具——汽车、飞机、轮船等出现了。1885～1886年，德国工程师本茨和戴姆勒相继制成了使用汽油内燃机的汽车。90 年代，在许多国家里都开设了汽车工业。1895 年，爱尔兰的发明家邓禄普发明了充气橡胶轮胎，进一步促进了汽车运输业的发展。轮船技术方面，到 20 世纪初，已经开始使用内燃机作动力机。在航空工业方面，19 世纪末 20 世纪初，首先出现的是飞艇和滑翔机，但他们都不是靠动力机进行空中飞行的。1903 年，美国莱特兄弟把他们自制的引擎装到飞机上，驱动螺旋桨，飞行获得成功。这是航空科学技术迈出的第一步。1909 年，法国人布列利奥驾驶飞机飞越了英吉利海峡。飞机试制成功后，首先在军事上获得了应用。开始是两层机翼的飞机进行侦察和指挥，很快又研制成功了能用于空战的单翼机。在第一次世界大战中使用了飞机。继军用飞机应用之后，民用航空也迅速发展起来。

第二次技术革命的第三个重要方面是化学工业的兴起与发展。诸如化学肥料、药物，人工合成染料，人造纤维，塑料与炸药等也相继问世。

（五）第二次技术革命的特点与重大意义

第二次技术革命发生的规模大，涉及的范围极其广泛。从规模上来说，第二次技术革命在轻纺工业等部门出现之后，建立了化工部门、钢铁工业部门、石油工业部门以及其他一些新兴工业部门。从范围上来说，它从首都、大都市向边陲地区发展，向国内各地辐射；从西欧、北美向更广阔的地域奔腾。

第二次技术革命不是直接来源于手工工场等生产活动领域，而是以科学理论为先导，来源于科学实验。由此，科学的发展与生产技术的进步之间的联系开始密切起来，而且科学发展逐渐取得领先地位。

第二次技术革命推动了生产方式的迅速变革。在 19 世纪 70 年代以前，只有英国真正实现了从农业社会向工业社会的转变，而其他一些资本主义国家仍然是农业经济占优势地位。第二次技术革命之后，由于电力、内燃机的广泛应用，钢铁工业、机器制造业、电气工业、煤炭工业等重工业部门迅速崛起与发展，各主要资本主义国家纷纷完成了工业化，确立了大工业部门在国民经济中的主导地位。而各主要资本主义国家工业化的实现，又推动了世界经济结构的变化，使人类社会由农业文明向工业文明过渡。

十、19 世纪 70 年代到 20 世纪初自然科学的新成就

（一）放射性和电子的发现

1873 年英国的物理学家麦克斯韦在法拉第电磁感应定律的基础上建立了电磁场的基本方程，并出版了《电学和磁学论》一书，揭示了光、电、磁现象的本质的统一性，完成了物理学的第三次理论大综合。

19 世纪末 20 世纪初，物理学发生了根本的变革。这时期是物理学从以前的宏观物质运动进入微观物质运动的革命时期。这时期的主要特点是发现了电子、放射性和创立了量子论和相对论。这些发现和创立是新物理学诞生的标志。

放射性和电子的发现。19 世纪 60 年代，在西欧许多国家里出现了真空放电实验研究的热潮。1869 年德国物理学家希托夫发现，如果在管内阴极与对面管壁之间放置一个物体，便会在管壁上的辉光背景上投下该物体的一个阴影。1876 年，德国的物理学家戈尔茨坦再次确认了这一现象，把这种从阴极发出的电磁辐射称为"阴极射线"。

1895 年，德国的一个中学教师伦琴在实验中发现了阴极射线。这种射线能透过铝箔窗、穿透玻璃管，使磷物质发出美丽的光辉。伦琴还发现这种射线能穿透黑纸或木板、金属板后使底片感光。于是，伦琴把这种射线叫"X 射线。"第二年，法国青年科学家贝克勒尔无意中把一小块铀矿石遗放在暗室中的底片上，几天后，他发现在没有任何光线的照射下，这块铀的轮廓竟显现在底片上了。从

而发现了铀有放射性。

1897 年,一位从波兰到法国求学的女学生玛丽·斯可罗多夫斯卡(即居里夫人)开始研究铀的放射性。1898 年,居里夫妇在一块沥青铀矿中研究铀的放射性时,却在其中发现另一种矿物的放射性强度大得惊人,比已知的铀和钍的放射性的总和大许多倍。他们把这种矿物从沥青铀矿中分离出来,这就是新的化学元素镭。镭的放射性比铀强 200 万倍。

放射性是一种元素转化现象。后来进一步的研究表明,在元素转化过程中,原子中要抛出一定质量的物质"碎片",这些"碎片"所携带的能量是巨大的。1905 年,德国的物理学家爱因斯坦推断出原子内部抛出的物质的质量和它所携带的能量之间的关系是能量等于质量同光速平方的乘积(即 $E = mc^2$)。镭的发现揭示了原子内部是一个非常巨大的能源库。而爱因斯坦的质能相当性,则为以后原子能的利用奠定了理论基础。

与放射性的发现几乎同时,许多科学家在真空放电研究中发现了电子。1878 年,荷兰物理学家罗伦兹提出了物质结构的电子学说。电子的发现,第一次打破了自古希腊原子论以来形成的"原子不可再分"的观念。而且开始探索原子的内部结构。这是 19 世纪末 20 世纪初物理学关于物质结构认识的一个决定性进展。

(二) 量子论和相对论

19 世纪末 20 世纪初物理学发展中的另一重大的突破是,提出了量子论和在此基础上建立的量子力学。1900 年,德国物理学家普朗克发表了《论标准光谱中的能量分布》,指出光辐射的能量是以量子化的形式不连续地发射出来的,其能量是和辐射频率成正比。这就打破过去的所谓连续性是一切自然过程的基本性质的概念。1905 年,爱因斯坦发展了普朗克的观点,提出了光量子的概念。使人们由原来只承认光的波动性从而认识到了光也有粒子性。

量子论和量子力学的建立，使人们从根本上改变了只承认连续性和机械力学决定论的经典观念，论证了连续与间断统一的自然观。人们有了量子梯，便可以向物质运动的各个层次深入探讨，各门科学的量子化是 20 世纪自然科学发展的又一个重要特点。

19 世纪末 20 世纪初的物理学革命从原子"实体"破门而入，随之而来的是物质结构的秘密逐层被揭开。

1899～1900 年，英籍新西兰科学家卢瑟福等人用很强的磁场作用于镭发出的射线，根据射线的改变，把它分为三部分作了命名。射线偏转小的带正电的部分是射线，偏转大带负电的部分是 β 射线，不被偏转且穿透力最强的部分是 γ 射线。1910 年卢瑟福用 α 粒子制作炮弹去轰击金属铂片。实验结果表明，在上万个 α 粒子中有 99.99％的 α 粒子可以无阻碍地穿过铂原子。这就证明了原子中大部分是空荡荡的。然而，在射向铂原子的 α 粒子中还有一个 α 粒子被原子反弹回来，形成散射。卢瑟福认为，这是带正电的 α 粒子碰到了原子中一个虽然微小但质量却很大的带正电的核的斥力的原因。他经过计算在 1911 年得出结论：在原子中有一个直径约为 10^{-12} 厘米的核，这个核的体积只有整个原子的一百亿分之一，但它却集中了整个原子质量的 99.99％。电子在原子核外空间里绕原子核旋转，就好像地球绕太阳运行。这是卢瑟福对原子结构的新发现。

发现原子核以后，人们用各种金属作 α 粒子的散射实验，发现不同金属的原子使 α 粒子散射的能力不同。这说明不同物质的原子核所带电荷的数量是不一样的，而原子核的正电荷越多，该原子中的电子也就越多。至此，物理学家们打开了原子世界内部的奥秘。

科学的巨匠阿尔伯特·爱因斯坦（1879～1955 年）对现代物理学作出了开创性的贡献，他是 20 世纪最有影响的科学家。1905年，爱因斯坦在短短 6 个月时间里，在物理学的三个不同领域里取得了重大的突破。第一个是分子运动论；第二个是量子学说；第三个也是最重要的是他创立了具有划时代意义的相对论学说。所以爱因斯坦成为现代物理学的先锋。

十、19 世纪 70 年代到 20 世纪初自然科学的新成就

爱因斯坦 1879 年生于德国，父母是犹太人。1933 年，因受纳粹政权的迫害，爱因斯坦迁居美国。爱因斯坦从小并不显得有超人之处。他大学一毕业就失业了，作过家庭教师。爱因斯坦一生中最重要的贡献是创立了相对论。他在 1905 年发表的《论动体的电动力学》一文中首先创立了狭义相对论。他指出：光的速度是不变的，物体在运动时，它的质量和形状大小要随时间和速度的改变而发生变化。他的理论说明了空间、时间、物质和物质运动并不是彼此孤立无关的，而是不可分地联系在一起的，作为物质存在形式的空间和时间统一成一个四维时空，空间和时间的性质要随着物质的运动而变化。相对论破除了作为牛顿理论体系中的绝对空间、绝对时间的先验论的概念，深刻地揭露了物质世界的统一性。

爱因斯坦这种新的空时概念引出了运动学表述上的重大变革。在过去牛顿力学中，运动速度可以有从零到无限大的任何值，而在爱因斯坦的狭义相对论运动学中，运动速度不能超过光速。物体质量也不能被认为是固定不变的，它要依运动的速度为转移发生改变。在相对论运动学上建立的动力学，是适用于物质高速运动的规律。1916 年，爱因斯坦又发表了"广义相对论"，主要论证了加速运动和万有引力。

爱因斯坦是继牛顿之后世界上最伟大的理论物理学家。他揭示了空间、时间、物质、运动之间的本质上的统一性，并把牛顿的力学理论作为一种特殊情况概括在内，从而完成了物理学的第四次理论大综合，实现了物理科学的大革命。

英国近代史附录

一、近代英国历届首相序列表

首　　相	执政日期
罗伯特·沃尔波 Robert Walpple	1721. 4. 24—1742. 2. 2
威尔明顿伯爵 Earl of Wilmington 1673—1743	1742. 2. 11—1743. 7. 2
亨利·佩勒姆 Henry Pelham 1695—1754	1743. 7. 26—1754. 3. 6
纽卡斯尔公爵 Duke of Newcastle 1694—1768	1754. 3. 16—1756. 11. 1
德温什尔公爵 Duke of Devonshire	1756. 11. 15—1757. 6
纽卡斯尔公爵第二次组阁	1757. 6—1762. 5
布特伯爵 Earl of Bute 1713—1792	1762. 5. 26—1763. 4. 8
乔治·格伦维尔 George Grenville 1712—1770	1763. 4. 16—1765. 7
罗金汉侯爵	

Marquis of Rockingham	1765. 7. 13—1766. 7
老威廉·皮特	
William Pitt	1766. 7. 30—1770. 1. 28
1708—1778	
格拉夫顿公爵	1768—1770
Duke of Grafton	
诺斯勋爵	
Lord of North	1770. 1. 28—1782. 3. 19
1733—1792	
罗金汉侯爵	1782. 3. 28—1782. 7. 1
第二次组阁	
谢尔本伯爵	
Earl of Shelburne	1782. 7. 4—1783. 4. 2
1737—1805	
波特兰德公爵	
Duke of Portland	1783. 4. 2—1783. 12
1783—1809	
小威廉·皮特	1783. 12. 19—1801. 3. 14
1759—1806	
亨利·阿丁顿	
Henry Addington	1801. 3. 17—1804. 4
1767—1844	
小威廉·皮特	1804. 5. 10—1806. 1. 23
第二次组阁	
格伦维尔勋爵	
William Wyndham Grenville	1806. 2. 11—1807. 3
1759—1834	
波特兰德公爵	1807. 3. 31—1809. 9. 30
第二次组阁	

斯宾塞·帕西瓦尔
Spencer Perceval   1809. 10. 4—1812. 5. 11
1762—1812

利物浦伯爵
Earl of Liverpool   1812. 6. 9—1827. 2
1770—1828

乔治·坎宁
George Canning   1827. 4. 10—1827. 8. 8
1770—1827

戈德利克子爵
Goderich   1827. 8. 31—1828. 1
1782—1859

威灵顿公爵
Wellington   1828. 1. 22—1830. 11
1769—1852

格雷伯爵
Charles Grey   1830. 11. 16—1834. 7
1764—1845

梅尔本伯爵
Melbourne   1834. 7. 9—1834. 11. 14
1779—1848

威灵顿公爵   1834. 11. 14—1834. 12. 10
第二次组阁

罗伯特·皮尔爵士
Sir Robert Peel
1788—1850

梅尔本伯爵   1835. 4. 18—1841. 8. 31
第二次组阁

罗伯特·皮尔爵士   1841. 9. 1—1846. 6. 29

第二次组阁
约翰·罗素
John Russell   1846. 7. 6—1852. 2. 20
1792—1878
德比伯爵
Ealr of Derby   1852. 2—1852. 12. 16
1799—1869
阿伯丁伯爵
Earl of Aberdeen   1852. 12. 28—1855. 1. 31
1784—1860
帕麦斯顿
Palmerston   1855. 2. 4—1858. 2. 20
1784—1865
德比伯爵   1858. 2. 25—1859. 6
第二次组阁
帕麦斯顿和罗素   1859. 6. 18—1866. 6. 26
第二次组阁
德比第三次和迪斯累里   1866. 7. 6—1868. 12. 3
第一次组阁
格莱斯顿
William Ewart Gladstone   1868. 12. 9—1874. 2. 16
1809—1898
迪斯累里   1874. 2. 20—1880. 4. 18
第一次组阁
格莱斯顿   1880. 4. 28—1885. 9
第二次组阁
索尔兹伯里勋爵
Marquis of Salisbury   1885. 9. 24—1886. 1. 26
1830—1903

格莱斯顿
第三次组阁
索尔兹伯里勋爵　　　　　　1886. 8. 3—1892. 8. 11
第二次组阁
格莱斯顿　　　　　　　　　1892. 8. 16—1894. 3. 3
第四次组阁
罗兹伯里伯爵
Earl of Rosebery　　　　　1894. 3. 6—1895. 6. 24
1847—1929
索尔兹伯里伯爵　　　　　　1895. 6. 28—1902. 7. 11
第三次组阁
贝尔福
Arthur James Balfour　　　1902. 7. 12—1905. 12. 4
1848—1930
坎贝尔·班纳曼
Henry Gampbell Bannerman　1905. 12. 10—1908. 4. 6
1836—1908
阿斯奎斯
Herbert Henry Asquith　　　1908. 4. 6—1915. 5. 26
1852—1928
阿斯奎斯第二次组阁　　　　1908. 4. 6—1916. 12. 5
劳合·乔治
David Lloyd George　　　　1916. 12. 10—1919. 1. 10
1863—1945

二、近代英国王室序列表

执政日期	王 朝	国王或女王
1625. 3. 27	斯图亚特王朝	查理一世
1649. 1. 30		Charles I

1649. 1. 30	无君主制时期	无君主
1653. 12. 12		
1653. 12. 16	护国主时期	克伦威尔
1658. 9. 3		
1660. 5. 1	过渡时期	
1660. 5. 1	斯图亚特王朝	查理二世
1685. 2		Charles II
1685. 2. 16	斯图亚特王朝	詹姆士二世
1688. 12. 23		James II
1689. 2. 13	斯图亚特王朝	威廉三世
1702. 3. 8		William III
1689. 2. 13		玛丽二世（与威廉三世共同执政）
1694. 12. 28		Mary II
1702. 3. 8	斯图亚特王朝	安妮女王
1714. 8. 1		Anne
1714. 8. 1	汉诺威王朝	乔治一世
1727. 6		George I
1727. 6. 11	汉诺威王朝	乔治二世
1769. 10. 25		George II
1760. 10. 25	汉诺威王朝	乔治三世
1820. 1. 29		George III
1820. 1. 29	汉诺威王朝	乔治四世
1830. 6. 29		George IV
1830. 6. 29	汉诺威王朝	威廉四世
1837. 6. 20		William VI
1837. 6. 20	汉诺威王朝	维多利亚女王
1901. 1. 22		Victoria
1901. 1. 22	萨克斯·库伯	爱德华七世

1910.5.6	格·古塞王朝	Eward Ⅶ
	(1901—1917)	
1910.5.6	萨克斯·库伯	乔治五世
1936.1.20	格·古塞王朝	George Ⅴ
	(1917 年始)	

三、英国近代史大事年表

1588 年	英国打败西班牙无敌舰队
1600 年	英国建立东印度公司
1607 年	英国中部发生农民起义
1629—1640 年	英国无议会时期
1632 年	剑桥郡发生农民起义
1634 年	英国恢复征收船税
1638 年	苏格兰发动反英战争
1639—1640 年	林肯郡发生农民起义
	伦敦工人暴动
1640 年 4 月—5 月	"短期议会"时期
1640 年 11 月 3 日	"长期议会"时期
1641 年 1 月	议会开始讨论"根枝法"
1641 年 5 月 12 日	斯特拉福被处死
1641 年 10 月	爱尔兰起义
1641 年 11 月	议会提出《大抗议书》
1642 年 8 月 22 日	英国内战开始
1642 年 10 月 23 日	埃吉山战役
1643 年 9 月	议会与苏格兰订立《庄严的同盟和圣约》
1644 年 7 月 2 日	马斯顿草原之战
1645 年 1 月	"新模范军"建立
1645 年 6 月 14 日	纳斯比战役

1647 年 8 月 6 日	军队进入伦敦，独立派掌权
1647 年 10 月	平等派提出《人民公约》
1648 年 9 月	英军占领爱丁堡、第二次内战结束
1648 年 12 月	普莱德大清洗
1649 年 1 月 30 日	处死国王
1649 年 5 月 19 日	共和国成立
1649 年 8 月	克伦威尔远征爱尔兰
1650 年 9 月 3 日	邓巴尔战役
1651 年 9 月 3 日	伍斯特战役
1651 年 10 月 9 日	《航海条例》颁布
1652 年 6 月	英荷战争开始
1653 年 12 月 16 日	克伦威尔任终身护国主
1654 年	英格兰、苏格兰合并
1655 年 10 月	英西战争开始
1658 年 9 月 3 日	克伦威尔逝世
1659 年	"长期议会"恢复
1660 年 4 月	查理二世发表《布雷达宣言》
1660 年 5 月 29 日	"王政复古"
1662 年	英国将敦刻尔克卖给法国
1665 年	英、荷发生战争
1756 年 5 月	奥、法签订《凡尔赛条约》
1763 年 2 月	英、法签订《巴黎和约》，七年战争结束
1763 年 10 月	英国政府颁布《英王敕令》
1764 年	英国议会颁布《食糖条例》、《通货条例》珍妮纺织机问世
1765 年	英国议会颁布《印花税法》和《驻兵条例》

英 法 近 代 史
YING FA JIN DAI SHI

1766 年 3 月	废除《印花税法》
1767 年	"唐森德法令"颁布
1769 年	理查·阿尔克莱特发明水力纺织机
1771 年	在克伦福特出现了第一家近代意义的工厂
1773 年	英国议会颁布"五项法令"
1774 年 4 月 19 日	北美独立战争爆发
1776 年 7 月 4 日	大陆会议通过《独立宣言》
1779 年	缪尔纺织机问世
1783 年 9 月	英、美签订《巴黎和约》美国独立
1784 年	瓦特发明联动蒸汽机
1785 年	卡德莱特发明自动织布机
1789 年	法国革命爆发
1790 年 10 月	柏克发表《法国革命观感》
1791 年	"联合爱尔兰人协会"成立
1792 年 1 月	"伦敦通信协会"成立
1794 年	英国议会废止《人身保护法》
1799 年	英国陆、海军起义
1799—1800 年	英国议会通过《结社法》
1801 年 1 月	英、爱合并
1802 年 3 月	英法签订《亚眠和约》
1807 年	美国人富尔顿发明汽船
1811—1812 年	英国卢德运动高涨
1812 年 6 月 18 日	美英战争开始
1814 年 12 月 24 日	美英签订《根特和约》
1814 年	史蒂芬逊发明机车
1814 年—1815 年	维也纳会议

1815 年	英议会颁布《谷物法》
1819 年 8 月 16 日	"彼得卢屠杀"
1820 年 2 月	加图街事件
1825 年	英国电学家斯特金发明了电磁铁
1825 年	英国开始修建从斯托克到达灵顿的第一条铁路
1826 年	英国政府修改《谷物法》
1827 年 7 月 6 日	英俄法签订关于希腊自治的《条约》
19 世纪 30 年代	英国的物理学家惠斯通和美国的莫尔斯分别发明了电报和
1830 年	伯明翰政治联盟的成立
1831 年	英国科学家法拉第发现了电磁感应现象
1832 年 6 月 7 日	议会改革法最后被通过
1833 年	英国通过《工厂法》英国废除奴隶贸易
1834 年	英国政府通过《新济贫法》英国殖民地取消奴隶制
1835 年	英政府颁布《市镇自治机关法》
1836 年初	"人民宪章" 发表
1836 年	英国科学家丹尼尔发明了伏特电池
1838 年 10 月	"反谷物法同盟" 成立
1839 年 2 月 4 日	宪章派全国代表大会开幕
1839 年 9 月 14 日	宪章派全国公会解散
1840 年	英政府颁布《加拿大统治法》，鸦片战争开始
1840 年 7 月 20 日	"全国宪章派协会" 成立

1842 年 8 月	全英各地工人大罢工
1845 年	恩格斯发表《英国工人阶级状况》
1846 年	废除《谷物法》
1848 年	英国议会颁布《城市卫生条例》
1849 年	英国议会通过《1850 年法案》
1851 年	海德公园博览会
1852 年 5 月	《人民报》创办
1854 年 5 月	全英工人大罢工
1854—1856 年	英国参加克里米亚战争
1855 年 5 月	枢密院颁布文官制度法令
1856 年	第二次鸦片战争开始
1858 年	中英签订《天津条约》
1858 年	爱尔兰"芬尼党"成立
1860 年	中英《北京条约》
	签订《英法商约》
	伦敦各业理事会成立
1863 年	英国颁布《公共工程法案》英国强迫日本公开贸易
1864 年 9 月 28 日	"国际工人协会"成立
1865 年 5 月 13 日	全国改革同盟在伦敦成立
1867 年 2 月	芬尼党反英起义
1867 年 8 月 15 日	第二次议会改革法案生效
1870 年 6 月	关于文官制度的枢密院法令颁布
1870 年	英国颁布《爱尔兰土地法》
1872 年	英议会通过《投票法案》
1875 年	英国控制了苏伊士运河
1875 年	英国工程师托马斯发明碱性转

	炉炼钢法
1876 年	议会授予女王以"印度女皇"称号
1877—1878 年	俄土战争
1878 年 6 月 13 日	柏林会议召开
1879 年	英国侵略阿富汗
1882 年	英议会通过《市政府组织条例》
1882 年	英国占领埃及
1885 年	英议会通过《议席重新分配案》
1887 年	英政府颁布《防止罪行法》
	英奥意签订《地中海协定》
1894 年	英政府通过《地方政府改革法案》
1894—1896 年	出现新的"东方危机"
1895 年	爱尔兰的发明家邓禄普发明了充气橡胶轮胎
1897 年	英议会通过《工人补偿法》
	伦敦制造业工人联合罢工
1898 年	英国占领东苏丹
1898 年	爱尔兰社会党成立
1899—1920 年	英布战争
1900 年	达甫盆地铁路工人罢工
	"工人代表委员会"成立
1902 年 1 月	《英日同盟条约》签订
1904 年	《英法协定》签订
1904 年	英国工程师弗莱明发明了用于整流的真空二极管
1905 年	"新芬党"成立
1906 年	"工人代表委员会"改名工党

英 法 近 代 史
YING FA JIN DAI SHI

	劳合·乔治提出《商船条例》
1907 年	劳合·乔治提出《专利和设计条例》《英俄协定》签订
1912 年	爱尔兰自治法案生效
1912—1913 年	两次巴尔干战争
1914 年 6 月 28 日	"萨拉热窝"事件
1914 年 8 月 4 日	英国对德宣战

法国近代史附录

一、法国革命时期共和历

法国共和国的历法虽然是从 1792 年 9 月 22 日算起，但是实际上直到 1798 年 11 月 26 日才开始采用。到 1805 年 12 月 31 日以后，即停止使用。法国共和历，每年 12 个月，每月为 30 天。每年年终，外加 5 天（逢闰年则加 6 天），以便使共和国的历法与太阳历一致。共和国历法的月份如下：

葡月……9 月 22 日至 10 月 21 日

雾月……10 月 22 日至 11 月 20 日

霜月……11 月 21 日至 12 月 20 日

雪月……12 月 21 日至 1 月 19 日

雨月……1 月 20 日至 2 月 18 日

风月……2 月 19 日至 3 月 20 日

芽月……3 月 21 日至 4 月 19 日

花月……4 月 20 日至 5 月 19 日

牧月……5 月 20 日至 6 月 18 日

收月……6 月 19 日至 7 月 18 日

热月……7 月 19 日至 8 月 17 日

果月……8 月 18 日至 9 月 16 日

1796 年（系闰年），从 2 月 28 日到 9 月 22 日止的各月份，在换算时均需减去一天，这是因为置闰，有了 2 月 29 日。2 月份多出的这一天，到共和国历年的年底才予以填平补齐。

二、拿破仑的家庭成员

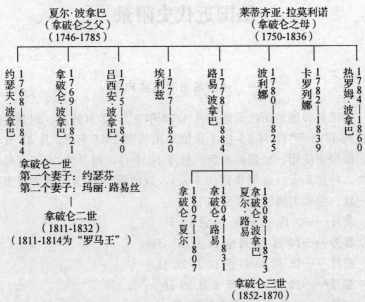

注：拿破仑另有 5 个兄弟姐妹分别在 1765 年、1767 年、1771 年、1773
年、1776 年出生不久即死去。

三、拿破仑帝国御前会议的人员组成

（1804 年 5 月 18 日）

大选帝侯	约瑟夫·波拿巴
首席国务大臣	欧仁·博阿尔内
大司马	路易·波拿巴
帝国大法官	康巴塞雷斯
海军大司库	勒布伦
海军元帅	缪拉

以上 6 人和皇帝一起组成帝国的御前会议。

四、拿破仑任命的二十六位元帅

※奥热罗	Augereau
※贝尔纳多特	Bernadotte
※贝尔蒂埃	Berthier
※贝西埃尔	Bessieres
※布律纳	Brune
※达乌	Davoust
格鲁希	Grouchy
※茹尔丹	Jourdan
克勒曼	Kellermann
兰恩	Lannes
勒费弗尔	Lefebvre
麦克唐纳	Macdonald
马尔蒙	Marmont
※马塞纳	Massena
※蒙塞	Moncey
※莫蒂埃	Mothier
※缪拉	Murat
※内伊	Ney
乌迪诺	Oudinot
佩里尼翁	Perignon
汉尼亚托夫斯基	Poniatowski
塞律里埃	Seruriet
※苏尔特	Soult
圣西尔	St. Cyr
絮歇	Suchet
维克托	Victor

注：带※者是1804年5月19日任命的第一批帝国元帅。同一

天，勒费弗尔、塞律里埃、佩里尼翁和克勒曼四位老将军得到的是名誉元帅称号。

五、法国近代史大事年表

1774 年 5 月	路易十五去世，路易十六继位。
8 月	杜尔果任财政总监，实行财政改革。
1776 年 5 月	杜尔果被免职，内克继任。
1781 年 2 月	内克发表《财政报告书》。
5 月	内克被免职。
1783 年 11 月	卡隆继任财政总监。皮特任英国首相。法国援助北美独立战争取得胜利。
1787 年 2 月	路易十六召开显贵会议。
4 月	卡隆被免职，布里安继任财政总监。
5 月	路易十六解散显贵会议。
1788 年	各省普遍发生城乡人民群众起义。
8 月	布里安被免职，内克继任。
1788 年夏	法国发生严重风雹灾害。
1789 年 4 月	巴黎工人运动，史称"累维伊养事件"。
1789 年 5 月 5 日	三级会议在凡尔赛开幕。
6 月 20 日	第三等级代表在网球厅宣誓。
7 月 9 日	国民议会改名制宪议会。
7 月 11 日	国王把内克免职。
7 月 14 日	巴黎人民群众攻占巴士底监狱，大资产阶级篡夺了政权。
7 月 17 日	路易十六为了表示向巴黎人民让步，接受市长巴伊插在帽子上的红、蓝、白三色旗帽徽。
8 月 5 日	制宪议会公布决议："永远废除封建制度"。

8 月 26 日	制宪议会批准并宣布《人权和公民权宣言》，简称《人权宣言》。
10 月 5—6 日	巴黎人民群众拥入凡尔赛宫，强迫路易十六迁居巴黎。制宪议会也随着迁到巴黎。
11 月 2 日	制宪议会宣布没收教会的财产，并加以拍卖。
1790 年 2—3 月	制宪议会制定反农民的法令，规定农民赎回封建义务时，必须有连环保。
6 月	制宪议会宣布施行《教士法》。
1791 年 6 月 23 日	路易十六出走，在瓦伦市被人民发觉，并被押回巴黎。
7 月 17 日	马斯校场屠杀事件。
8 月 27 日	普奥缔结同盟反对法国，发表《皮尔尼兹宣言》。
9 月 3 日	制宪议会通过《一七九一年宪法》。
10 月 1 日	立法议会开始工作。
1792 年 4 月 28 日	法军开始进攻奥国，但屡遭失利。
7 月 6 日	普鲁士加入反法战争，与奥国缔结军事同盟。
7 月 11 日	立法议会宣布"祖国在危急中"的总动员令。
7 月 27 日	普奥联军总司令不伦瑞克发表《告法国人民宣言》。
8 月 10 日	巴黎公社成立。巴黎人民群众在公社领导下攻陷杜伊勒里宫，逮捕国王及王后，并把他们监禁在腾普尔监狱。从此法国王权寿终正寝。
9 月 2 日	普军攻陷凡尔登要塞，巴黎革命群众镇压监禁中的反革命分子。

9 月 20 日	法军在瓦尔米战役中大捷。
9 月 21 日	立法议会结束，国民公会开始工作。
9 月 22 日	国民公会宣布废除王权，成立法兰西第一共和国。
11 月初	法军攻入比利时。
11 月 30 日	法军进占安特卫普。
12 月	开始审判路易十六，忿激派出现。
1793 年 1 月 21 日	路易十六被送上断头台。
2 月 1 日	英国扣押法国船只，法国国民公会对英宣战。
1793 年春	英国组织了第一次武装干涉法国革命的反法联盟，普奥联军对法展开猛攻，英俄舰队封锁法国沿海。
3 月	法军节节失利开始退出比利时及德国，法对西班牙宣战，旺代发生反革命叛乱，迪穆里埃叛变，逃往奥国。
4 月	救国委员会驱逐勾结保王党的吉伦特派分子，逮捕雅各宾派的里昂公社委员长夏尔利埃。
1793 年 6 月 2 日	巴黎武装人民群众包围国民公会，国民公会被迫清除了 31 名吉伦特派首要分子，雅各宾派上台执政。
6 月 3 日	国民公会颁布一项土地法令。
6 月 11 日	国民公会又颁布一项土地法令。
6 月 24 日	雅各宾派通过《1793 年宪法》。
6 月 26 日	英西联军在保王党分子的策应下，占领了土伦。
7 月	救国委员会改组，罗伯斯比尔、圣茹斯特和库东成为救国委员会的首领。

7月13日	马拉被保王派分子科黛刺死。
7月16日	里昂市长夏尔利埃惨遭保王党人杀害。
7月17日	国民公会又颁布了一项土地法令。
8月	英军包围敦刻尔克；西班牙军队迫近佩皮尼扬；撒丁王国军队在阿尔卑斯展开猛攻。国民公会宣布《全国总动员法令》，并改造军队，组织军火生产。法军收复马赛。
9月上旬	国民公会任命卡尔托将军为土伦前线的司令官。
1793年9月	国民公会颁布惩治嫌疑犯法律；实行全面限价，共和国军队打垮旺代反革命叛乱。
10月5日	国民公会废除旧历法，颁布新的共和历。
10月10日	国民公会通过建立临时革命政府的决议，组织专政机构。
10月16日	王后玛丽·安托瓦内特及21名吉伦特派首要分子被判处死刑。
10月17日	共和国军在肖列战役中击溃了旺代叛乱军。
10月下旬	共和国军从叛军手中收复了里昂、波尔多。
11月8日	国民公会处死罗兰夫人。
11月10日	罗兰在卢昂自杀身亡。
12月19	拿破仑率法军收复土伦。
1794年2月	扎克·鲁被交革命法庭，因拒绝受审自杀。
2月23日	巴黎各区和巴黎公社纷纷向国民公会提交请愿书，要求严厉制止囤积居奇和投机分子，要求认真贯彻惩治投机的法律。
2月26日	圣茹斯特在国民公会发表演说，并宣布《风月法令》草案。

3月24日	埃贝尔派首要分子被处死。
4月1日	丹东派首要分子被逮捕，国民公会通过决议，取消各部机构和临时行政会议，建立十二个委员会。
4月5日	丹东派首要分子被送上断头台，罗伯斯比尔派开始单独秉政。
4月16日	国民公会通过一项法令，该法令规定，今后所有的阴谋犯罪分子，都须解送巴黎革命法庭审判。
1794年春	法军发动新的攻势，皮什格鲁将军率领的法军侵入比利时，屡败英荷联军并进入荷兰国境。
6月26日	茹尔丹将军率领的法军在比利时的布勒鲁斯城击溃奥军，取得辉煌胜利。
7月26日	罗伯斯比尔在国民公会上做最后一次慷慨激昂的发言。
7月27日	热月九日政变，罗伯斯比尔等被处死，雅各宾派专政失败。
12月23日	热月党国民公会正式宣布废除"最高限价法"。
1795年4月1日	芽月起义。
4月	普鲁士和西班牙同法国先后签订了巴塞尔和约，退出反法联盟。
5月19日	牧月起义。
7月15日	拿破仑拒绝带步兵到旺代省镇压反革命叛乱，而被免去少将和炮兵旅司令职衔。
8月	"救国委员会"把拿破仑作为炮兵少将编入地形测量部。
8月22日	热月党使国民公会通过一部宪法，即所谓

	共和国三年宪法，又称《一七九五年宪法》。
10月4日	国民公会以叛徒罪逮捕梅努将军。任命巴拉斯为巴黎卫戍司令。巴拉斯委任拿破仑为副司令，全权负责平息叛乱。
10月5日	拿破仑用大炮镇压了巴黎的叛乱，史称"葡月事件"。当天晚上，拿破仑被任命为中将巴黎卫戍区司令。
10月26日	根据宪法规定，选举了元老院和五百人院，以及第一届五名督政官。
1796年2月23日	拿破仑被任命为远征意大利北部的法军总司令。
4月5日—9日	拿破仑率军越过阿尔卑斯山靠近沿海的隘口。
6月	茹尔丹将军率军渡过莱茵河向德意志境内挺进，被奥军打败。
11月	拿破仑在阿尔科列桥附近的血战中彻底击溃奥军。
1797年1月14日	拿破仑在里沃利一役取得胜利，迫使曼图亚的奥国守军投降。
4月18日	法军已达距奥都维也纳不远的累欧本，迫使奥军签订了一个临时停战协定。
4月	果月18日事件。
5月	督政府逮捕巴贝夫，旋即处死。
10月17日	法奥两国签订《坎波·福米奥和约》。
1798年4月	拿破仑被任命为远征埃及军总司令。
7月2日	拿破仑率军三万，远征埃及。
7月21日	金字塔战役，拿破仑打败埃及统治者马梅路克的主力军，占领开罗。
8月1日	停泊在阿布基尔港的法国舰队被纳尔逊的

	英国海军击沉。
12 月	法国的对外战争处处遭到失败，以英国为首组织了第二次反法联盟。
1799 年春	战争全面爆发，法军在各条战线上均遭失败。
5 月	重新选举两院议员。
6 月 18 日	新选出的两院议员迫使梅兰和勒波两个督政辞职，史称"牧月事变"。
8 月 22 日	拿破仑带几名亲信将领和随从离开埃及。
10 月 9 日	拿破仑及随从在法国南部的弗雷居斯登陆。
10 月 9—10 日	拿破仑发动"雾月十八日政变"取得政权。
12 月 24 日	颁布《一七九九年共和八年宪法》。
1800 年 2 月 16 日	拿破仑颁布地方行政改革法
2 月	法兰西银行成立。
1800 年春	拿破仑完成了新国家机构的重建工作。
5 月 8 日	拿破仑率军开始第二次远征意大利。
5 月 21 日	拿破仑带领的主力军到达大圣伯纳德山峡。
5 月末	拿破仑全军离开阿尔卑斯山南部峡谷。
6 月 2 日	法军占领米兰。
6 月 14 日	法奥两军在马伦哥展开激战，法军获胜。
10 月 10 日	拿破仑在巴黎歌剧院遇刺未遂。
12 月 25 日	当拿破仑与约瑟芬经过圣尼凯斯大街去歌剧院途中，在他们乘坐的马车附近突然发生爆炸，炸死许多群众，而拿破仑与约瑟芬安然无恙。
12 月中旬	沙皇保罗的特使普连科坡尔琴将军到达巴黎。
1801 年 2 月 19 日	法奥签订《吕内维尔和约》。

430

7 月 16 日	拿破仑与罗马教皇签署《教务专约》。
1802 年 3 月 26 日	英法签订《亚眠和约》。
1802 年 5 月	执政府颁布法令,规定任何亡命者要宣誓效忠国家,就可以取得回国的权利。拿破仑提出建立荣誉军制度。
5 月 8 日	元老院宣布拿破仑第一执政连任十年。
8 月 4 日	元老院宣布拿破仑为终身第一执政。
8 月 26 日	拿破仑把厄尔巴岛并入法兰西共和国。
9 月 11 日	拿破仑把皮埃蒙特并入法兰西共和国。
10 月 9 日	法军占领帕尔马公国。
10 月 21 日	拿破仑派遣一支 3 万人的军队进入了瑞士。
1803 年	法军远征圣多明各。
5 月	英国未经宣战,就没收了停泊在英国各海港的法国和荷兰的船舶 1200 多艘,实际上战争业已开始。
1804 年 2 月	破获一起阴谋刺杀拿破仑的案件。
3 月 15 日	拿破仑派一支军队进入巴登大公国,绑架了当甘公爵,并处死。
3 月 21 日	正式颁布和实施《民法典》。
5 月 18 日	立法团通过《共和十二年宪法》,宣布成立帝制。
5 月	拿破仑任命 18 位元帅。
12 月 2 日	拿破仑与其妻约瑟芬在巴黎圣母院大教堂举行加冕典礼。
1805 年 5 月 26 日	拿破仑在米兰加冕,接受王冠,自兼意大利王国国王
1805 年	组成以英国为首的第三次反法联盟。
10 月 1 日	拿破仑率领 60 万大军渡过莱茵河。6 日,

	进入巴伐利亚
10月15日	在乌尔姆要塞法军同奥军展开了决定性的激战，奥军惨败。
11月13日	拿破仑率军进入维也纳
12月2日	法军与俄奥联军在奥斯特里茨展开血战，法军获胜。
1806年	奥军被迫放弃神圣罗马帝国皇帝的称号，并取消了神圣罗马帝国。
6月	改荷兰共和国为王国，路易·波拿巴为国王。
10月8日	拿破仑下令进攻普鲁士的盟国萨克逊。
10月9日	法军与普军在什列茨展开第一次战斗，法军获胜。
10月14日	在耶拿，法普两军展开决战，法军击溃普军后直驱柏林。
11月8日	普鲁士最后一支军队向法军投降。
11月21日	拿破仑在柏林签署《封锁大陆的法令》。
1807年1月	拿破仑颁布关于封锁大陆的华沙法令，英国枢密院颁布反封锁法令。
6月14日	俄法两军在弗里德兰展开决战，俄军惨败。
7月7日	签订法俄和约，史称"提尔西特和约"。
7月9日	法普签订和约。
10月	拿破仑派2.7万法军通过西班牙进入葡萄牙。
11月29日	法军进入葡萄牙首都里斯本。
1807年	《民法典》改称为《拿破仑法典》
1807年冬和1808年春	法军侵入西班牙，占领了马德里。
1808年3月	颁布帝国贵族制度。

5月	拿破仑任命其兄约瑟夫·波拿巴为西班牙国王，任命缪拉元帅为那不勒斯国王。
1808年	颁布和实施了《商法典》
11月5日	法军被英军逐出葡萄牙和西班牙。
12月间	法军重新占领马德里，约瑟夫·波拿巴重新复位。
1809年4月14日	奥国查理大公率军侵入巴伐利亚，在阿本什堡战役中，奥军被法军击败，法军渡过多瑙河，追击奥军。
5月8日	拿破仑占领肖恩布鲁恩奥皇宫廷。
5月13日	法军占领维也纳。
5月	拿破仑正式将教皇领地（罗马）并入法国，使之成为法兰西帝国的一个省份。
6月10日	法军开进罗马。
7月6日	教皇被囚禁于热那亚湾的萨沃纳。
7月6日	在瓦格拉姆战役中，奥军遭到彻底毁灭。
10月14日	法奥签订《维也纳和约》。
12月14日	约瑟芬宣布同意与拿破仑离婚。
12月	俄皇放弃了大陆封锁政策。
1810年	法国颁布和实施了《刑法典》。
4月2日	拿破仑与玛丽·路易丝在巴黎圣母院举行婚礼。
1811年3月20日	玛丽·路易丝生一子，被封为罗马王。
9月14日	普鲁士首相哈登堡发布《调整敕令》。
1812年2月	拿破仑迫使普、奥与法国缔结军事同盟条约，加入反俄军事同盟。
3月11日	普鲁士政府发布敕令，规定犹太人在普鲁士享有公民权。
1812年	拿破仑帝国在欧洲的边界已扩大到顶点。

6月	拿破仑率军越过涅曼河进攻俄国。
9月7日	俄法两军在莫斯科附近的波罗季诺展开激战，双方伤亡惨重。
9月14日	法军进入莫斯科。
10月19日	法军放弃莫斯科，开始从俄国撤退。
1813年初	英国开始组织第六次反法联盟。
3月16日	普鲁士对法宣战。
10月17—19日	莱比锡战役法大败。
1814年3月31	俄皇亚历山大与普王威廉三世率联军攻入巴黎。
4月1日	波拿巴王朝被废除。
4月6日	拿破仑在枫丹白露被迫逊位，被囚于厄尔巴岛。
5月3日	波旁王朝复辟，亡命的路易十六之弟，普罗温斯伯爵即位，称路易十八。
5月30日	欧洲联盟同法国在巴黎签订和约。
1815年2月26日	拿破仑离开厄尔巴岛。
3月1日	拿破仑在儒安港口登陆。
3月20日	拿破仑率军进攻巴黎，路易十八逃走。
3月25日	组成了第七次反法联盟。
4月23日	拿破仑率军侵入比利时。
6月18日	英法两军激战于滑铁卢高地，法军彻底失败。
6月22日	拿破仑宣布退位，拿破仑的"百日"政权瓦解。
6月28日	拿破仑被囚于圣赫勒拿岛。1821年5月5日于该岛逝世。
1815年8月	波旁王朝第二次复辟。
1820年	法国物理学家安培在实验中发现包磁理

论。

1821 年	法国出现烧炭党人秘密团体。
1824 年	法国进行众议院议员选举,极端保王派取得胜利。
9 月	路易十八逝世,其弟阿多瓦伯爵即位,称查理十世。
1830 年 7 月 27 日	巴黎爆发革命。
29 日	起义者推翻波旁王朝,查理十世逃英,奥尔良公爵路易·菲利浦即位,史称七月王朝。
1832 年 11 月 21 日	里昂起义
1834 年 4 月	里昂第二次起义。
1837 年	法国出现布朗基的"四季社"秘密革命团体。
1840 年	基佐组阁。
1848 年 2 月 22 日至 24 日	法国二月革命,推翻七月王朝。
2 月 25 日	法兰西第二共和国成立。
6 月 23 日至 26 日	巴黎六月起义。
12 月 10 日	路易·波拿巴当选法兰西第二共和国总统。
1849 年 6 月 13 日	法国民主派发动游行示威,遭镇压。
1851 年 12 月 2 日	路易·波拿巴反革命政变。
1852 年 12 月 2 日	路易·波拿巴称帝,建立法兰西第二帝国,号称拿破仑三世(1852—1870 年)
1865 年	法国工程师马丁发明平炉炼铁法。
1870 年 7 月 19 日	普法战争爆发。
9 月 1—2 日	拿破仑三世在色当战败,投降。

9月4日	巴黎革命，推翻法兰西第二帝国，成立"国防政府"。
1871年2月26日	梯也尔与俾斯麦在凡尔赛缔结预备和约。
3月18日	巴黎人民起义。
3月28日	巴黎公社成立。
5月10日	凡尔赛政府与德国签订正式和约。
1875年1月31日	法国通过1875年宪法，史称《1875年宪法》。
1879年	格莱维当选总统后，将政府由凡尔赛迁到巴黎，将"马赛曲"定为法国的国歌，将7月14日定为法国共和国的国庆日。
10月	法国工人党成立。
1881年	法国占领北非的突尼斯。
1883年	法国占领印度支那半岛的安南。
1884—1885年	中法战争。
1887年	法国在西非夺取几内亚。
1887—1889年	布朗热运动。
1890年初	德莱福斯案件。
1891—1893年	法俄签订同盟条约
1893年	巴拿马贪污案。
1896年10月	法国侵占马达加斯加（今马尔加什）。
1904年4月8日	英、法签订协约。
1906年10月	克雷孟梭组阁。
1909年	法国人布列利奥驾驶飞机飞渡英吉利海峡。
1913年1月	莱蒙·普恩加莱当选为法国总统，加紧备战。